AF361068

OBSERVATIONS

DES

TRIBUNAUX CRIMINELS

SUR

LE PROJET DE CODE CRIMINEL.

DÉPARTEMENS

Contenus dans ce Volume.

OBSERVATIONS

DES

TRIBUNAUX CRIMINELS

SUR

LE PROJET DE CODE CRIMINEL.

TOME II.

A PARIS,

DE L'IMPRIMERIE IMPÉRIALE.

An XIII.

OBSERVATIONS

DU TRIBUNAL CRIMINEL

DU CANTAL,

SUR

LE PROJET DE CODE CRIMINEL.

OBSERVATIONS
DU TRIBUNAL CRIMINEL
DU CANTAL
SUR
LE PROJET DE CODE CRIMINEL.

SI la lecture du projet du Code criminel a excité d'abord en nous des sentimens d'admiration, de respect, de reconnaissance et d'amour envers le chef suprême de la République et le Gouvernement que rien ne peut distraire du soin de consolider par les lois la liberté publique et le bonheur des familles, l'examen approfondi de ce projet nous a bientôt fait éprouver des sensations pénibles et affligeantes. Nous n'avons pas pu apprécier, sans inquiétude, un système qui tend à faire une nouvelle révolution dans l'ordre judiciaire, en déplaçant, sans nécessité, une foule de magistrats que la Constitution avait établis à vie; en introduisant des innovations étrangères à nos mœurs et au caractère national, et en admettant des formes inconciliables avec la liberté publique, l'indépendance des jurés, la confiance des accusés, la célérité dans l'instruction et le jugement, et avec la considération et le respect dont les organes de la loi doivent être environnés dans tout État civilisé.

Personne ne rend plus de justice que nous aux talens et aux vertus des commissaires dont le travail est offert à nos méditations; personne n'est plus convaincu que nous qu'il est plus aisé de critiquer que de bien faire; personne n'est plus disposé que nous à écarter toute considération personnelle, à faire à la patrie tous les sacrifices nécessaires, même utiles; mais aussi personne n'aura plus de franchise pour exprimer son opinion sur un système qu'une longue expérience nous fait juger impraticable. Puissent nos observations obtenir l'accueil dû au denier de la veuve !

Nous avons dit que le projet des commissaires tendait à faire une nouvelle révolution dans l'ordre judiciaire; et en effet, si le plan proposé était adopté, les présidens actuels des tribunaux criminels se trouveraient sans fonctions; les tribunaux d'appel étant au complet, les autres membres des tribunaux criminels se verraient privés d'un état qu'ils ont embrassé sous la foi nationale. Une nouvelle organisation ne pourrait avoir lieu qu'en admettant des superfétations inutiles , des déplacemens onéreux ou des suppressions inconstitutionnelles ; et l'on sent combien ces variations continuelles peuvent altérer la confiance publique pour un Gouvernement qu'il importe de voir assis sur des bases inébranlables. La loi a consacré les nominations à vie pour les juges nommés par le premier Consul ; la loi ne promet rien en vain. Une nouvelle organisation n'inspirerait pas plus de sûreté, de garantie que la première. Sans doute, ces inconvéniens ne devraient pas arrêter le Gouvernement, si les changemens proposés étaient commandés par la nécessité ou même par une utilité sensible ; s'il en était ainsi, les magistrats se feraient par-tout un devoir d'abdiquer volontairement leurs fonctions, comme leur titre ; mais rien ne peut justifier la mesure qu'on propose.

L'ambulance des juges est une hérésie politique que le bon sens de l'Assemblée constituante lui fit reléguer dans la classe des théories vaines et des aberrations systématiques ; et pourquoi réserve-t-on cette ambulance pour la partie criminelle exclusivement, pour cette partie qui demande le plus de calme, de réflexion, d'impartialité et de travail journalier !

Les préteurs ambulans rappellent le souvenir des chambres ardentes, des grands baillis et grands sénéchaux de robe-courte ; enfin, de ces envoyés du prince ou intendans de justice institués sous le régime féodal pour en modérer les abus, et affermir l'autorité du Gouvernement.

L'ambulance soustrait les magistrats à la responsabilité d'opinion, en les éloignant du théâtre de leurs fonctions. Elle ne laisse aucune prise à la censure immédiate des départemens, et les prive des avantages de l'opinion du pays, qui est une seconde conscience pour le juge.

Elle place les préteurs sous l'influence directe et active de la puissance et du crédit, et par là menace la liberté des citoyens.

Elle ôte aux préteurs la considération personnelle dont un magistrat ne peut pas se passer ; elle le prive du secours souvent nécessaire de la connaissance des intrigues du pays et des coalitions de localité : il est par-tout un envoyé extraordinaire, un inconnu qui peut se permettre, sans risque, comme sans contradiction, tout ce qui lui plaît.

Quelle confiance peut inspirer aux accusés et à la société un magistrat errant, qui ne connaît ni les habitans du pays, ni les accusés, ni les témoins, ni même la procédure qui aura été faite sans lui ; un magistrat qui n'entendra pas l'idiome du pays et ne pourra saisir le vrai sens de la plupart des dispositions ; un magistrat que l'intrigue et l'esprit de parti ont pu choisir d'avance par des surprises faites à la religion du Gouvernement ; un magistrat qui ne vit que sur les routes et dans les auberges, éloigné de sa famille et de tout ce qui peut inspirer de l'humanité !

On craint l'esprit départemental ; mais l'abus du pouvoir est-il moins à redouter ! le passé devrait être une leçon pour l'avenir. On ne craint pas l'esprit départemental pour les jurés, et on le craint pour les juges. On ne le craint pas en administration, ni au civil, et on le craint en matière criminelle, dans une matière où tout est local par sa nature; dans une matière où les circonstances du temps, du lieu, des habitudes, des rapports, sont si essentielles.

Le préteur, dans les vues du projet, serait un proconsul qui viendrait tenir ses assises non sous un chêne, mais sous le dais fastueux, précédé par la terreur, accompagné par le luxe et l'ostentation, et peut-être par des délateurs de profession; peut-on se persuader qu'à son départ, les bénédictions du peuple seront son partage?

Eh! que deviendra l'institution si vantée du jury! elle sera anéantie de fait, telle est la conséquence forcée de l'influence extraordinaire qu'on propose d'accorder au préteur; mieux vaudrait la supprimer; car si le préteur a le droit *d'indiquer aux jurés le prononcé qu'ils ont à faire, s'il fait à lui seul, comme en Angleterre, les jugemens; si son ombre seule fait justice* (1), le jury n'est plus qu'un instrument qu'il faut briser au lieu de l'avilir : quelle anglomanie!

Jusqu'ici on avait pensé que la célérité était un des principaux caractères de la justice. Dans le plan proposé, il n'y a pas de terme aux souffrances, aux angoisses des accusés. L'innocent sera forcé d'attendre dans les fers, pendant plusieurs mois, l'ouverture des assises; encore n'est-il pas assuré d'y être jugé, le préteur étant investi du droit arbitraire de le renvoyer aux assises subséquentes; que sera-ce si le préteur est malade, s'il est retenu ailleurs!

Et comment encore sera-t-il jugé; sera-ce par un tribunal! non, ce sera par un seul homme! Sera-ce par le juge qui a fait l'instruction et recueilli les preuves de l'innocence! non, ce sera par un voyageur qui sera aussi étranger à l'instruction qu'au pays, et qui néanmoins dirigera les jurés et prononcera la peine!

Quelle est donc l'autorité du juge instructeur! aucune; quelle est l'influence du jury! elle est paralysée par la toute-puissance du préteur qui lui dictera ses volontés.

Dira-t-on qu'il s'établira une uniformité de jurisprudence; que les mêmes délits seront punis des mêmes peines, sans acception de personnes ; que le tribunal balancera les circonstances atténuantes pour choisir entre le *minimum* et le *maximum* de la peine! Tout cela pourrait être avec un tribunal sédentaire et délibérant; mais avec des préteurs se succédant chaque année, ayant voix prépondérante sur le juge instructeur, qui seul connaîtra l'affaire, il n'y aura rien d'uniforme, de stable : la peine elle-même deviendra arbitraire.

---

(1) Observations du C.^{en} *Oudart*, page 45.

Les inconvéniens de l'ambulance ne sont pas moindres à l'égard des *propréteurs* et des juges de police, qu'à l'égard du préteur. Toute ambulance de juge est repoussée par l'opinion publique. Il faut pour magistrats des hommes sages, réfléchis, impassibles, instruits ; et peut-on acquérir ou même conserver ces précieuses qualités, en voyageant toujours ! Rarement à courir le monde on devient plus homme de bien.

Faut-il conclure des observations précédentes que le plan des commissaires doit être rejeté ! non ; mais il faut en conclure qu'il doit être modifié.

Si, par exemple, on attachait un officier de police en titre à chaque canton, et alors les maires et adjoints n'exerceraient plus la police judiciaire ; si on attachait un propréteur ou directeur de jury en titre à chaque tribunal d'arrondissement, sauf à réduire ces tribunaux là où besoin serait, et alors il n'y aurait plus d'alternat pour ces importantes fonctions ; si on attachait un président et des juges sédentaires à chaque tribunal criminel dans chaque département, avec un commissaire et un substitut ; si l'on attachait au tribunal de cassation un délégué du grand-juge, qui eût la surveillance directe et spéciale sur les tribunaux criminels, et qui eût le droit d'aller présider aux jugemens par jurés toutes les fois que le Gouvernement l'en chargerait, ou que l'importance des affaires lui paraîtrait l'exiger, alors tous les inconvéniens que nous avons reprochés à l'ambulance, tomberaient, et le plan des commissaires serait cependant rempli ; alors il n'y aurait pas de déplacement, de suppression, d'indépendance d'opinion, de lenteur dans l'administration de la justice, d'arbitraire dans les jugemens, d'influence dangereuse, de surprise ; la confiance accompagnerait par-tout le délégué attaché à un tribunal, et jaloux de conserver l'estime de ses concitoyens et de ses collègues.

Encore faudrait il que le propréteur fût toujours chargé de l'instruction et du résumé, hors le cas où le préteur aurait fait lui-même l'instruction.

Encore faudrait-il que les jugemens fussent toujours rendus à la majorité des voix.

Encore faudrait-il qu'il y eût des sessions chaque mois, comme on le pratique aujourd'hui, pour ne pas retenir l'innocence dans les fers.

Encore faudrait-il conserver la sage disposition du Code de l'an 4, qui laisse, en certains cas, aux accusés, le choix du tribunal criminel.

Nous convenons qu'avec ces modifications, on obtiendrait tous les avantages que se sont proposé les commissaires rédacteurs.

Tout cela suppose la conservation des jugemens par jurés.

On a beaucoup écrit pour et contre cette institution ; les uns la trouvent sublime, les autres détestable ; les premiers ne la considèrent qu'en théorie, sans s'appesantir sur les inconvéniens qu'elle entraîne dans l'exécution ; les autres ne considèrent que les abus qui se sont fait remarquer dans la pratique, et attribuent à l'institution elle-même ce qui n'est dû qu'au malheur des temps et à l'empire des circonstances ; les premiers ne sont frappés que des abus de l'ancienne procédure criminelle ; les autres, oubliant les erreurs de l'ancienne magistrature, et les jugemens qui furent alors flétris aussi dans l'opinion publique, voudraient que les jurés fussent infaillibles ; séduits par l'esprit de parti, et sans avoir assisté aux débats, ils se permettent de flétrir toute déclaration qui n'est pas dans le sens de leurs passions.

Les uns et les autres ont tort sans doute, mais le jugement par jurés n'en est pas moins une heureuse institution, la seule qui soit conservatoire de la liberté ; qu'on l'organise comme elle doit l'être, toutes les plaintes cesseront, et on ne fera pas à la nation l'injure de ne pas la trouver digne de conserver le palladium de sa liberté.

Il ne suffit pas de restreindre ou d'épurer la liste des jurés, l'essentiel est de trouver le moyen de forcer les jurés à se rendre quand ils sont appelés. Sans cela les citoyens de la commune où siége le tribunal criminel deviennent, par l'effet du remplacement, des jurés bannaux ; et c'est peut-être à cette cause qu'on devrait rapporter ces jugemens trop fameux qui ont causé des scandales publics, en supposant encore qu'ils ne soient pas l'effet naturel des orages révolutionnaires qui ne reparaîtront plus.

Il serait à desirer que l'accusé ne connût les jurés qu'au moment de l'ouverture des débats ; mais comment peut-on se flatter de faire arriver pour chaque session quarante-huit jurés, lorsqu'une expérience de plusieurs années prouve qu'on n'a jamais pu en réunir quinze !

Au surplus les listes de jurés présentées par les juges de paix devraient être épurées par les tribunaux, sauf l'épuration de l'autorité administrative ; car les tribunaux sont plus à portée que les préfets, de connaître la capacité et l'impartialité des jurés.

Le système de l'unanimité forcée serait bon, mais il est impraticable. Le système de la majorité après vingt-quatre heures a ses inconvéniens ; peut-être vaudrait-il mieux laisser à la prudence des tribunaux le soin de fixer dans chaque affaire, après quelques heures de délibération des jurés, le temps après lequel la majorité ferait la loi.

Les jurés ont sauvé de grands coupables, mais on ne les accuse pas d'avoir condamné des innocens ; tandis que l'ancienne procédure nous présente des victimes dans chaque pays.

Au surplus, on ne pourrait pas renoncer aux jugemens par jurés sans rétablir de grands corps de magistrature, et ce rétablissement a bien ses dangers.

L'ouverture des débats devrait être solennelle. Les défenseurs et les témoins devraient tous ensemble, en présence de l'accusé, debout et découverts, prêter le serment requis. L'usage de faire prêter le serment par chaque témoin avant sa déposition entraîne des longueurs sans fin, interrompt le cours des débats, et fatigue extraordinairement le président du tribunal, par les questions multipliées qu'il est obligé de faire à chaque témoin , **et** de renouveller à chaque déposition sans aucune utilité sensible.

La position des questions deviendra extrêmement simple dans le système du Projet ; mais il est bien entendu sans doute que le directeur des débats n'oubliera jamais dans le résumé de faire sentir aux jurés la nécessité de peser sur l'intention qui a pu déterminer l'accusé dans le fait qui lui est imputé.

En admettant l'accusé à produire des témoins à décharge , la loi n'a pris aucune précaution dans l'intérêt de la justice et de la vérité. On voit souvent figurer dans ces listes les propres complices de l'accusé. Le nombre des témoins que le prévenu peut faire appeler à décharge n'est pas limité ; les frais de leur voyage sont à la charge de la République : enfin ces témoins , au lieu de déposer sur la moralité de l'accusé , forment le plus souvent une vraie contre-information qui peut en imposer à la conscience des jurés.

On ne peut qu'applaudir à la disposition du Projet qui porte : que les jugemens par coutumace seront rendus sans jurés ; l'expérience a justifié d'avance cette amélioration : les jurés sont en général peu propres à examiner les procédures.

Du reste on n'atteindra jamais le but qu'on se propose , tant qu'on ne rendra pas à la magistrature des départemens la considération dont elle a besoin , tant qu'on n'obligera pas les magistrats à une résidence effective , tant qu'on lésinera sur leur traitement , tant que la ligne de démarcation entre l'autorité administrative et l'autorité judiciaire , ne sera pas irrévocablement fixée , tant qu'on traitera le pouvoir judiciaire comme moins dévoué à la République que les autres pouvoirs , tant que les honneurs et les distinctions seront l'apanage spécial sinon exclusif des autres pouvoirs ou fonctions.

Le Code des délits et des peines nous a paru contenir des améliorations sensibles , les délits sont mieux classés et les peines plus graduées que dans le Code de l'an 4 ; cependant on a remarqué des articles obscurs , qui demanderaient une rédaction plus précise.

Le *minimum* et le *maximum* entre lesquels le tribunal pourra fixer la peine suivant les circonstances , est une heureuse innovation ; pourvu toutefois que cette fixation ait lieu par délibération de plusieurs magistrats , et à la majorité des voix ; car ce changement deviendrait une arme terrible entre les mains d'un seul , ou de deux avec voix prépondérante dans l'un ou l'autre.

La disposition de l'article 15 , livre I, chapitre I.ᵉʳ, titre *des Peines ,* nous a paru plus propre à effrayer les voyageurs qu'à prevenir les crimes ; les abords de certaines villes présenteraient un aspect hideux et révoltant , l'urbanité française semble devoir proscrire cette mesure.

Le projet des commissaires n'a pas prévu le cas de maladie, mort, ou tout autre empêchement subit, qui peut survenir soit dans les juges, soit dans les jurés pendant les débats ; faudra-t-il , en ce cas, renvoyer les débats à une session suivante! n'y aurait-il pas moyen d'y parvenir autrement!

Les suppléans devraient toujours être pris dans le chef-lieu du tribunal criminel ; sans cela à quoi bon en nommer, ils ne sont d'aucune utilité.

Les tribunaux ayant le plus grand intérêt à être bien composés, et connaissant plus particulièrement les qualités et le mérite des prétendans , ce serait une mesure entièrement salutaire que de prendre toujours leur avis sur les nominations à faire dans leur partie.

Peut-être même faudrait-il favoriser les démissions des anciens magistrats en faveur d'un sujet désigné, pourvu que le sujet présenté fût reconnu capable et digne par les tribunaux et par le Gouvernement; ce serait le moyen d'attacher d'avance nombre de sujets à l'étude particulière des lois dans chaque partie, et de conserver ce que la vénalité des offices avait d'avantageux.

Telles sont les observations que les membres du tribunal criminel du Cantal présentent respectueusement au Grand-juge ministre de la justice.

Arrêté en la chambre du conseil dudit tribunal , à Saint-Flour, le 12 floréal an XII de la République française.

Signé Daude, *président ;* Prax, Falcimagne, *juge ;* Teillard , *commissaire.*

OBSERVATIONS

DU TRIBUNAL CRIMINEL

DE LA CHARENTE-INFÉRIEURE,

SUR

LE PROJET DE CODE CRIMINEL.

OBSERVATIONS

DU TRIBUNAL CRIMINEL

DE LA CHARENTE-INFÉRIEURE,

SUR

LE PROJET DE CODE CRIMINEL.

IL en est des Gouvernemens comme des compositions mécaniques ; jamais on ne touche à un des rouages sans perfectionner ou déranger la machine ; ce qui n'améliore pas la chose, la mine ou la détruit.

On propose aujourd'hui une organisation nouvelle dans l'ordre judiciaire criminel. Notre système public doit-il y gagner ! Ce changement apportera-t-il plus d'unité, plus d'ensemble et de force dans notre complexion politique ! ne balançons point à réformer une institution, quoique reconnue bonne, et qu'elle ait survécu depuis son origine aux diverses commotions qui ont tant de fois modifié et changé les formes de notre administration.

Mais si le besoin d'une réforme n'est pas vivement senti, si on a déjà retiré de grands avantages de l'ordre de choses actuel, si on peut s'en promettre de plus grands de son perfectionnement, le renverser au moment où des abus sentis et tacitement corrigés peuvent le perfectionner, c'est voguer continuellement sur un océan de systèmes novateurs ; c'est ne présenter aux yeux de la société et des nations qui nous observent, qu'un Gouvernement douteux, précaire et d'une frêle existence, quand nul autre dans l'Europe n'offre une complexion aussi vigoureuse ; c'est porter l'incertitude dans tous les cœurs, la défiance de l'avenir dans toutes les classes ; c'est isoler l'autorité de toutes les conceptions fortes qui peuvent la seconder ; c'est laisser journellement flotter les talens dans le doute de leur existence politique, lorsqu'il est plus instant que jamais de les rattacher par la stabilité des institutions.

Examinons donc ce qu'offrent d'abord d'avantageux les préteurs substitués aux tribunaux criminels ; ce que doit y gagner ou perdre la société sous les rapports de la politique, de l'économie, de la répression des crimes et de la célérité dans l'expédition de la justice.

Si la réforme embrasse ces quatre avantages, qui constituent le perfectionnement de la justice criminelle, tout doit céder devant une amélioration qui offre la première base d'un Gouvernement fort.

Mais si l'institution ne présentait aucun de ces avantages, quel est l'homme vertueux, animé du bien de son pays, qui voudra que l'intérêt social plie devant une conception dictée à la vérité par l'amour du bien, mais funeste au bien même qu'on se propose !

Voyons si le plan présenté offre les améliorations sans lesquelles une réforme n'est qu'un mal réel.

D'abord, n'a-t-on point pris quelques imperfections dans la chose pour le vice de la chose même !

On propose de substituer les grands-juges et les grandes-assises d'Angleterre aux tribunaux criminels qui existent.

Ce n'est pas parce qu'on veut nous faire prendre les usages d'un gouvernement qui nous fait une guerre d'assassins que nous devons les rejeter. Si un grand bien démontré doit être le résultat de cette adoption, rendons grâce à notre ennemi de nous avoir suggéré une idée de perfectionnement dont nous devons ressentir les effets : le bien est toujours bien, de quelque main qu'il nous vienne.

Mais il faut comparer le système proposé avec le système reçu, pour en apprécier les inconvéniens ou les avantages.

Premièrement, les prétures sont-elles préférables sous les rapports politiques !

D'abord, il est une vérité avouée par la commission : *il n'existe parmi nous ni familles nobles, ni priviléges héréditaires.* Or, dans un pays où l'égalité sociale est proclamée, les préteurs seront-ils vus dans leurs tournées sous cet aspect imposant et magique qu'ils offrent chez une nation autant éblouie par les prestiges de la naissance que par l'appareil du dignitaire ?

Si c'est à raison de la haute vénération qu'on porte au grand-juge en Angleterre, que sa seule présence influe sur l'opinion de ses jugemens, et le rend presque toujours seul l'arbitre du sort de ses justiciables, pense-t-on bien qu'en France, où chaque citoyen a acquis l'habitude de s'estimer autant qu'un autre, où il regarde sa pensée et son opinion comme une propriété sacrée, il pliera, par considération, devant l'insouciance du magistrat qu'entourera l'appareil de sa décoration, et ne cherchera sa pensée que dans la pensée du juge !

Plus on perfectionnera l'institution du jury, plus les jurés sauront, quelque respect qu'ils doivent au délégué du Gouvernement, qu'eux seuls sont les vrais juges, et que lui n'est que l'applicateur de la loi.

Chatouilleux sur l'exercice du droit de la pensée, combien de fois avons-nous vu des jurés se replier avec raideur contre l'ascendant d'un président qui manifestait trop le desir de dominer leur opinion. On ne sait pas sans doute de quels ménagemens circonspects ce magistrat prudent est obligé d'entourer sa propre pensée pour la rendre la pensée personnelle des jurés.

Un préteur se regardant placé dans une plus haute région, ne se croira point asservi à de tels ménagemens, et son influence n'opérant pas le résultat qu'il s'en promettait, la vénération dont il se croira entouré, sera souvent atténuée par l'ascendant même de nos principes et de nos mœurs.

L'institution des préteurs, sous cet aspect, ne paraît donc pas nous convenir.

Mais allons plus loin. L'arrivée du grand-juge en Angleterre est célébrée avec une espèce de pompe et d'appareil qui annonce le respect qu'on porte à sa dignité.

Si cet enthousiasme se soutient toujours chez les Anglais, on doit convenir que, le jour de la réception et de l'installation excepté, le Français, bientôt habitué à cette cérémonie, verra passer le préteur avec cette indifférence qu'il manifeste aujourd'hui, même lorsque les tribunaux criminels se rendent aux audiences les plus solennelles. Si une cause n'offre d'intérêt ni par elle-même ni par les personnages qui en sont l'objet, ils paraissent presque seuls avec les fonctionnaires qui concourent à l'administration de la justice, et le préteur se trouvera le plus fréquemment dans cet état d'isolement qui fera une disparate de plus avec l'éclat personnel dont la loi l'aura entouré.

En France, on a toujours été habitué à trouver la dignité des juges dans leur nombre; et on ne peut se le dissimuler, plus on voit d'hommes publics réunis sous un costume noble et distinct, plus cette réunion en impose et prépare le respect. Les tribunaux actuels sont composés de trois juges; les convenances, la nécessité de les rendre arbitres du *maximum* de la peine pour qu'elle soit proportionnellement appliquée, et l'importance de leurs fonctions, indiquent de les porter au nombre de cinq.

Le tribunal, tel qu'on veut le créer, n'est plus composé que d'un seul; et quelle dignité peut offrir une telle composition, quels que soient les ornemens dont on chargera le costume!

A la vérité, on lui donne un propréteur pour acolyte; mais qu'est, à côté de ce grand dignitaire, un homme qui n'est point son égal, qui délibère et qu'on n'écoute pas, qui a un suffrage et qui ne compte pas, qui n'a point le même costume, qui, avant de s'asseoir à côté du préteur, vient d'être admonesté par lui!

Un tel personnage, par sa nullité complète, n'est-il pas une sorte de ridicule à côté du magistrat imposant dont on cherche tant à rehausser l'éclat!

Ne sent-on pas que tout le reste de la magistrature est ravalé par la seule existence de ce grand personnage! Voila donc, pour un seul fonctionnaire rehaussé, tous les autres magistrats du second ordre avilis et déconsidérés.

Or, entourés d'une telle idée de défaveur, quel bien peuvent-ils faire! quel encouragement peut les porter à l'opérer! De quelle influence seront, dans leur arrondissement, des magistrats qu'on a condamnés la veille aux frais d'un mandat décerné contre eux, et que les citoyens contre lesquels ils se verront forcés de sévir, menaceront d'un nouveau mandat de correction!

La dignité de la chose est donc toute sacrifiée à la dignité d'une seule personne?

Le système criminel des Anglais que nous voulons copier n'offre point de telles disparates.

Qui soutient, en Angleterre, ce fonctionnaire unique entouré de tous les prestiges des distinctions!

L'existence même de ces distinctions, la pompe de son entrée et de sa réception répétée à l'ouverture de chaque assise, l'intérêt politique de maintenir dans une sorte de vénération une institution que les Anglais croient être le palladium de la liberté civile, lorsque dans le fait l'influence connue du grand-juge justifie que la justice repose réellement dans les mains du pouvoir qui lui délègue ses fonctions.

Cependant, quoique cette institution repose sur une des bases fondamentales de notre existence politique, nos usages et nos habitudes ne nous entraînent point vers cet enthousiasme tout au moins superstitieux.

Notre vénération ne peut donc être égale à celle des Anglais. Ce qui la soutient encore chez eux, c'est que les jugemens des grands-juges sont réellement souverains; l'exécution suit de près la condamnation.

En France, les jugemens des préteurs seront sujets à cassation.

En Angleterre, quand le grand-juge a parlé, on a entendu la voix de l'oracle: elle est irréfragable: l'idée du châtiment se rattache à côté de l'indignation qui naît du délit, et un sentiment de crainte respectueuse entoure le spectateur, qui reporte sa vénération sur celui qui a produit ce sentiment.

En France, le prononcé d'une condamnation opère l'effet contraire: on voit un juge qui condamne et qui ne punit point; le long intervalle qui s'écoule entre le jugement et son application, les décisions qui viennent annuller de telles condamnations, atténuent tellement l'idée du pouvoir qu'on supposait à celui qui en est revêtu, que la considération diminue nécessairement en raison de la puissance réelle qui manque au magistrat.

Enfin comment concilier la vénération dont on veut entourer un préteur, avec l'idée d'un jugement supérieur qui casse son ouvrage, et qui le condamne à recommencer à ses frais une procédure annullée?

L'institution du tribunal de cassation est en opposition avec les prétures, et les repousse; et si c'est la dignité qui fait toute leur force en Angleterre, où , à côté des grands-juges, on ne trouve aucun pouvoir qui en atténue l'influence ; chez nous , ce qui est déjà institué, et ce qu'on propose d'ajouter à l'institution projetée, en mine et en sappe la base : tant il est vrai qu'il est difficile d'approprier à un peuple différemment organisé, les usages d'un autre peuple, et d'en tirer les mêmes avantages.

Dans une discussion qui intéresse l'amélioration de l'ordre social, il n'y aurait que l'affection d'une sensibilité déplacée, qui porterait les tribunaux criminels à répondre à la censure amère et plus qu'injuste qui leur est faite, *de se plonger dans une atmosphère départementale,* et de sacrifier leurs intérêts ambitieux à la sainteté de leurs devoirs, *en préparant ces jugemens,* trop fameux sans doute, *empreints d'une partialité qui a étonné tout le monde.*

Comment a-t-on pu trouver loyalement un reproche à produire contre les tribunaux criminels, dans ces scènes en effet scandaleuses, où les partis en guerre contre les partis, luttaient avec le pouvoir, et se croyaient un pouvoir eux-mêmes ! Nous sommes déjà si loin de ces temps désastreux, qu'il est étonnant qu'on ait reporté sur les tribunaux, organisés depuis l'heureuse révolution de l'an 8, les passions des temps antérieurs.

C'est ainsi qu'en déplaçant les évènemens, les personnes et les choses, on entoure de défaveurs l'institution même qui en est indépendante.

Un président, sur-tout aujourd'hui, se trouvant à-la-fois et juge et délégué du Gouvernement, est enchaîné à ses fonctions par le double lien qui le rattache, et à la magistrature dont il est un des membres supérieurs, et au Gouvernement qui l'entoure d'une confiance qui ne saurait se soutenir sans une intégrité impartiale, qui rend ce fonctionnaire étranger à tout autre parti que celui de l'ordre et de la sûreté générale.

Est-il bien vrai, au surplus, que dans l'état actuel des choses, l'atmosphère départementale est d'une influence telle, *que la justice ne peut pas être une en France !*

D'abord, ce système d'ambition départementale est renversé avec le mode de système électif qui la nourrissait. Tout est ramené à un point de centre qui justifie que la marche de notre organisation politique tend de plus en plus vers l'unité de vues et de principes qu'on recherche ; et ce ne serait pas au surplus un magistrat étranger à chaque localité qui établirait cette unité de système, que l'esprit de parti pourrait tous les jours contrarier, sans égard pour l'influence d'un préteur qui changerait tous les ans, et tous les ans inconnu.

C'est l'unité de la loi, et non le magistrat, qui fait l'unité de la justice ; et si on doit retirer quelques avantages des réunions annuelles des préteurs auprès du grand-juge, quand la correspondance peut y suppléer, la création des présidens ne contrarie en rien cette mesure.

Un président, magistrat par la volonté du Premier Consul, son délégué par l'effet de sa confiance immédiate, sera, quoique moins richement salarié, jaloux d'assurer le triomphe de la loi, qui est une dans toute la France, d'y ramener toutes les opinions, et de rester étranger à toutes les petites intrigues locales , que son devoir, sa réputation, et la conservation d'une confiance qu'il ambitionne, lui imposent la nécessité de déjouer,

Un président, dit-on encore, placé pendant un an dans une ville centrale, est là comme à poste fixe, et souvent au milieu de parens, d'amis, de créanciers , de débiteurs, pour recevoir toutes les sollicitations.

Mais, qu'ont de commun les parens d'un président, ses amis, ses créanciers, en supposant qu'il en ait, avec un accusé qui lui est étranger, et dont le sort est, non dans ses mains, mais dans celles des jurés! Si les sollicitations, si les démarches , si les circonventions doivent être mises en usage, c'est vis-à-vis de ceux-ci. M. *Oudard* lui-même nous en fournit la preuve. Comment donc opposer contre les présidens un reproche qui se porte sur l'inconvénient de la formation actuelle des jurys! et un préteur qui ne connaîtra ni les localités, ni les personnages, aura-t-il même l'avantage d'un président, pour rompre le fil de ces intrigues!

On a porté l'amertume des reproches plus loin. *Les affaires , dit-on, ont une marche languissante et uniforme autour d'un président sédentaire, et qui a ses aises. La séance s'ouvre tard, on interrompt le service pour aller prendre un repas dehors, &c.*

D'abord , des tribunaux, pour éviter cet inconvénient, tiennent leurs séances jusqu'à quatre heures du soir. Que ceux qui ne suivent pas cette marche y soient assujettis, et cette minutieuse objection s'évanouit ; mais si on veut laisser subsister les usages locaux , le reproche singulier qu'on fait au président se réfléchira sur les préteurs, car leur estomac, sans doute, ne sera pas plus à l'abri des besoins physiques ; et si les jouissances de la table sont en raison des facultés pécuniaires, on ne contestera pas que *les douceurs de la vie citadine des préteurs* seront, à coup sûr, plus sensuelles.

On doit voir que le système des préteurs ne peut s'adapter à nos usages, et que l'analyse des hypothèses particulières n'est pas même à son avantage.

En trouvera-t-on plus sous les rapports de l'économie! la commission a senti le mérite d'une telle considération, puisqu'un des motifs de sa réforme est pris de ce que plusieurs tribunaux ne sont point occupés de manière à justifier l'utilité de leur établissement.

D'abord , la diminution des affaires criminelles ne vient point malheureusement de l'amélioration dans les mœurs, mais de la loi du 25 frimaire an 7, qui attribue beaucoup de délits vraiment graves, à la police correctionnelle, et que l'expérience justifie mauvaise par la multiplicité croissante de ces sortes de crimes, et la disproportion entre la faute et la peine. Que cette loi dangereuse soit rapportée, et les tribunaux auront assez d'affaires pour les bien juger.

Au surplus, quand il serait vrai que dans quelques départemens agricoles, des tribunaux criminels ne jugeraient qu'une cinquantaine d'affaires par an, ce défaut d'occupations suffisantes ne sera-t-il pas plus que compensé par une observation de laquelle il est étonnant qu'on n'ait pas été frappé.

En effet, nous soutenons que la garantie sociale est protégée, et la répression du crime assurée en raison du petit nombre de délits que l'on poursuit.

Moins un tribunal est surchargé, plus il lui reste de temps à donner à la latitude des débats; plus un président arrache la vérité du silence ou de la tortuosité du langage des témoins, plus, par les fréquentes mises aux prises des accusés avec eux, et par la recherche des renseignemens accessoires qui eussent échappé à une discussion plus rapide, il acquiert de jets de lumière, qui, conduisant pas à pas vers la découverte des faits, gravent dans la conscience des jurés ce sentiment intime de conviction que les premiers développemens n'y avaient pas porté.

Parmi de nombreux exemples, nous en pouvons citer deux importans qui ont rendu la tranquillité au département, et arrêté un débordement de crimes qui menaçait toutes les têtes.

Dix chauffeurs avaient été mis en jugement. Leur horrible moralité était bien démontrée : quelques indices de l'exécution d'un double assassinat s'élevaient bien contre eux; mais l'opinion, mais les jurés, mais les juges, tout flottait dans une anxiété qui faisait frémir à l'idée de leur mise en liberté, et qui alarmait la droiture des consciences sur les motifs de leur condamnation.

Le président fit durer les débats quinze jours, et le résultat de cette longue et heureuse discussion l'amena à une telle démonstration d'évidence que tous les vrais coupables furent condamnés.

Dans un autre cas, quatre assassins étaient en jugement; il se réunissait si peu de faits pour les charger, que, sans la gravité du délit, les jurés d'accusation les auraient mis en liberté.

La durée des débats fut de treize jours; le douzième ils pouvaient encore être acquittés tous les quatre; le treizième la conviction fut complete. Leur condamnation, l'aveu de leur crime et leur exécution en furent la suite.

Nous en pourrions dire autant d'un fameux assassin recemment venu par option d'Angoulême.

Il avait échappé à toutes les recherches de ses crimes antérieurs.

Il allait échapper encore; mais de recherches en recherches on arrive à la découverte d'un couteau qui n'entraîna sa condamnation que par les contradictions et les invraisemblances de ses réponses. Ses révélations au président ont justifié qu'il avait mérité la mort.

Dans des tribunaux surchargés, il eût été impossible que ces hommes eussent été condamnés.

Heureux donc le pays où les tribunaux auront le temps de donner aux affaires soumises à leur examen la latitude de développemens qui est la garantie la plus rassurante de l'innocence, et le moyen le plus certain pour la répression du crime !

Plus heureux encore les pays où les tribunaux ne seront plus distingués que par leur inactivité !

Leur seule existence sera un épouvantail salutaire pour les méchans, et un objet de sécurité pour les hommes de bien.

Tous les rouages de l'organisation actuelle sont donc utiles et protecteurs; au surplus, la faible dépense de ces tribunaux ne peut se balancer avec les avantages de leur conservation.

Par l'établissement des préteurs, trouvera-t-on l'économie que l'on cherche! Deux seuls rapprochemens justifieront combien la commission s'éloigne de son but.

En effet, il y a cent vingt présidens criminels. Si l'on crée autant de préteurs qu'il y a de tribunaux d'appel, ils seront au nombre de trente-un.

Cent vingt présidens, en prenant le moyen terme, coûtent, à raison de 4,000^f chacun, 480,000^f.

Ils seront remplacés par trente-un préteurs. On ne peut leur donner moins de 30,000^f, si l'on veut qu'ils se promènent avec un cortége égal à la dignité dont on entend les entourer, leur traitement s'élèvera à 930,000^f : voilà donc, pour les seuls préteurs, une augmentation de dépense de 450,000^f.

Il y a environ cinq cents directeurs de jury, qui, à raison de 1,000^f chacun, coûtent 500,000^f; ils seront remplacés par des propréteurs. Avec les occupations qu'on leur donne et leur ambulance, on ne peut les rétribuer de moins de 3,000^f : voilà donc encore un million d'augmentation à joindre à celle des préteurs.

Et si les bienséances ne permettent pas que ces hauts dignitaires aillent descendre dans une auberge, et s'il faut leur monter une maison dans chaque chef-lieu de département, qu'on calcule encore ce surcroît de dépense, et on verra que cet établissement n'est pas plus avantageux sous le rapport de l'économie.

En troisième lieu, trouverons-nous mieux cet avantage sous le rapport de la répression du crime !

D'abord, on donne comme un des grands bienfaits de la création des préteurs, une influence telle sur les jurés, qu'ils feront, comme en Angleterre, presque seuls tous les jugemens.

Mais à quoi bon alors attacher tant d'intérêt à l'institution des jurés, puisque le sort des prévenus ne doit plus être subordonné à la volonté

indépendante

indépendante de ceux que la loi leur avait donnés pour leurs véritables juges !
et qu'offre de rassurant pour un accusé l'institution d'un tel fonctionnaire,
lorsqu'il saura que des jurés ne sont plus là que pour la forme, et que le
préteur seul règle sa destinée !

Est-ce donc, comme on le prétend, sa qualité d'étranger au pays, qui
offrira plus de garantie pour la répression des crimes !

Mais si les jurés se tiennent plus en défiance par cela même que ce fonctionnaire leur sera inconnu ; leur circonscription et leur retenue s'accroîtront
encore par la distance que la dignité, la richesse, l'opinion, placeront entre
eux et lui.

Une crainte, même révérentieuse, se marie rarement avec la confiance :
il suffit de consulter le cœur de l'homme pour y trouver cette vérité.

Un président est bien aussi un fonctionnaire ; mais plus rapproché de
lui, les jurés ont plus d'occasion d'étudier ses principes, ses mœurs, sa
conduite publique et privée. Ce fonctionnaire, de son côté, d'autant plus
jaloux de l'estime publique, qu'il a des liaisons plus fréquentes avec les
hommes de bien qui l'entourent, sent tout le prix d'une bonne réputation,
par le besoin d'une confiance nécessaire, et sans laquelle il ne peut obtenir
cette influence heureuse, qui a d'autant plus d'ascendant sur la détermination des jurés, que la probité éprouvée de celui qui les dirige les rassure
davantage ; et c'est ainsi que dans un état de sécurité dont leur probité n'a
nul motif de s'alarmer, ils croient conserver toute la latitude d'une opinion
qu'ils regardent comme la leur propre, lorsqu'elle n'est réellement que l'effet
d'une opinion transmise.

C'est une erreur de regarder comme plus avantageux un magistrat
étranger, et l'abandon de ce principe par les Anglais justifie la réalité de
cette erreur.

En effet, il n'en est pas d'un préteur comme d'un préfet. Le mécanisme
judiciaire n'a nul rapport avec le mécanisme administratif. Dans le second,
tout se rapporte aux choses ; dans le premier, il existe une opération mixte
des choses et des personnes : il n'y a donc nul inconvénient à confier à un
étranger les opérations administratives.

Un tel fonctionnaire opère sur les rapports de ses agens, il est entouré
d'un conseil ; plusieurs administrateurs secondaires concourent à préparer
l'œuvre de son administration. Les grandes vues politiques sont le fruit de
son génie.

Un préteur, au contraire, doit tout faire par lui-même. Son administration
passe des choses aux personnes : ses rapports doivent être intimes avec les
accusés, avec ceux qui accusent. C'est le plus souvent à la connaissance
des localités, aux petites passions et à l'esprit qui domine dans une commune, où les affections quelquefois se partagent entre l'homme qui poursuit
et l'homme qui est poursuivi, à la moralité connue du prévenu et du

plaignant, aux renseignemens que ce magistrat a cherché à se procurer et sur eux et sur les témoins dont il doit faire ressortir le langage, déconcerter quelquefois l'artificieuse réticence ou la criminelle complaisance ; c'est plus particulièrement encore à l'examen étudié de la procédure, à la persévérante tenacité du juge dans la discussion du débat, dont il a eu le temps de saisir tous les fils à l'avance, que la société a dû plusieurs fois la punition de grands crimes qui paraissaient se dérober aux plus actives recherches et à l'œil le plus surveillant.

Un préteur étranger aux localités et aux personnes, qui ne connaîtra la procédure que par un aperçu rapide, qui connaîtra moins encore ses jurés, ignorance que l'expérience nous a démontré être un inconvénient majeur ; un tel magistrat, disons-nous, privé de tous ces secours auxiliaires, parviendra donc bien moins, dans cet état d'isolement, au but de la répression vers lequel doit tendre tout ordre social bien dirigé.

Les prétures n'offrent donc pas plus d'avantages sous les rapports répressifs.

En quatrième lieu enfin, y gagnera-t-on sous celui de la célérité de l'expédition de la justice ! L'organisation même des prétures répond encore contre l'avantage d'un tel établissement.

Si la liberté est le premier, le plus saint de tous les droits, une détention d'un jour au-delà du terme de la nécessité, est une vexation de la loi, et une calamité pour le détenu.

Dans l'état actuel des choses, un accusé traduit dans la maison d'arrêt avant le 5 du mois, doit être jugé à la session du 15, ou au plus tard à la session du mois suivant ; de sorte qu'abstraction faite des circonstances éventuelles ou des cas légitimes, il peut ne rester que dix à douze jours, ou tout au plus quarante sans être jugé.

Les grandes-assises, si les prétures embrassent quatre départemens, n'arriveront que de trois en trois mois. L'accusé rendu dans les prisons à la fin de la session, doit donc attendre trois mois le grand-jour de la justice prétoriale ; mais si à l'ouverture de la nouvelle assise, quelques témoins importans viennent à manquer, ce qui exige, dans l'intérêt public comme dans celui de l'accusé, le renvoi de la cause, voilà donc une détention qui ne dure que deux mois dans l'ordre actuel des choses, prorogée jusqu'à six par une innovation dont son innocence ne doit retirer aucun fruit. Quel supplice pour un homme qui n'est pas coupable ! Et si à cette époque le chagrin et la misère l'ont mis hors de débat ; si la procédure vient à être cassée pour défaut de forme ; si la maladie du préteur vient renvoyer encore à une autre assise l'époque de son jugement ; s'il faut attendre un remplacement qui ne peut s'opérer que par l'intervention nécessairement lente du Gouvernement ; qui peut dire où s'arrêtera le terme de cette effrayante captivité ! Et l'indemnité dérisoire qu'on se sent forcé d'offrir pour désintéresser un père de famille, peut-elle se balancer avec la ruine qui est la suite inévitable de sa longue détention !

Oui cette idée fait frémir le cœur de l'homme de bien ; et nous ne devons pas craindre de voir la liberté civile accablée d'une telle oppression.

A cette masse d'objections, qui s'élève contre le système d'innovation proposé, nous présentons, en finissant, une grande considération politique dont un Gouvernement, juste dispensateur de la distribution de ses pouvoirs, doit être frappé.

Paris est le centre de tous les grands établissemens, de toutes les hautes dignités ; il doit les réunir, sans doute, puisqu'il est le dépositaire du pouvoir suprême, qui en est lui-même le surveillant immédiat.

Les sous-préfectures exceptées, dont plusieurs même sont remplies par des citoyens étrangers ; les places de juges dans les tribunaux criminels, sont les seules offertes à l'émulation des habitans des départemens. Que cette chance unique d'encouragement leur soit enlevée, et nul attrait ne vient aiguillonner leur modeste ambition. Les pères sont donc forcés de donner à l'éducation de leurs enfans une direction qui les éloigne de toute tendance vers les fonctions publiques ; et ces hommes déjà si rares dans la magistrature, le seront bien plus encore dans une dizaine d'années.

Ces réflexions sont dignes de la méditation du Gouvernement ; et nous finissons par elles notre examen sur le plan des prétures en remplacement des tribunaux criminels.

Des Proprétures.

Attaquer l'établissement des prétures, c'est avoir déjà fait la proposition du rejet des proprétures.

De toutes les causes de déconsidération, il n'en est point de plus marquées que celle qui réduit un magistrat à se promener de ville en ville, et à le faire d'une manière nécessairement mesquine, à n'avoir ni tenue ni permanence fixe, à pouvoir être même déplacé de son arrondissement sur le simple caprice d'un préteur, qu'il trouvera toujours le moyen de motiver.

Un tel fonctionnaire ne peut retrouver par aucun effort de ses talens, la dignité que lui enlèvent toutes les parties organiques de sa création.

Nous proposons cependant, comme nous l'avons déjà fait, que les directeurs de jury, pris dans les tribunaux civils, soient présidens délégués des tribunaux correctionnels, comme le sont les présidens criminels, et qu'ils soient revêtus de ces fonctions tant que le Gouvernement ne croira pas utile de les confier à un autre ; alors ils rentreront dans le tribunal civil dont ils font *partie intégrante.*

Des Magistrat de sûreté.

Il ne serait pas moins utile que les magistrats de sûreté fussent commissaires du Gouvernement près des tribunaux correctionnels, à la place des commissaires civils, nécessairement détournés de leurs occupations principales pour se livrer à d'autres fonctions moins analogues à leur institution première.

On dégagerait ceux-ci d'un surcroît de travail, et on le rendrait à un fonctionnaire qui en a moins, et pour lequel cette partie de surveillance s'adapte plus particulièrement à celle qui lui est confiée.

Il est impossible d'adopter l'idée de faire remplir au commissaire du Gouvernement près un tribunal criminel, les fonctions de magistrat de sûreté dans son département.

On n'a pas sans doute embrassé l'étendue des fonctions de ce magistrat. Outre son travail pour le criminel, on ne songe pas qu'il a une correspondance active à entretenir avec le grand-juge, avec les directeurs de jury, avec les officiers de police judiciaire qui le consultent, avec les chefs de la force armée pour l'exécution des jugemens.

Chargé de la surveillance des magistrats qui sont sous ses ordres, sera-t-il le surveillant de lui-même ? Lorsqu'il aura fait une nullité dans une procédure, en requerrera-t-il lui-même la cassation ? Le projet de la commission paraît le vouloir ; mais pense-t-on que la modestie se pliera facilement à des aveux d'erreur ou d'ignorance bien faits pour humilier l'amour-propre ?

Pense-t-on qu'un tel officier public se dégagera bien facilement des premières préventions qu'il aura conçues, pour réformer ses idées, ou se plier à celles qui n'auront pas été les siennes ?

La raison, les convenances, les principes d'une saine justice distributive, repoussent un pareil système ; il sera donc rejeté.

Ne pouvant connaître, comme commissaire de l'ouvrage qu'il a fait comme magistrat de sûreté, il faudra donc qu'il cesse d'être vraiment lui-même dans la cinquième ou sixième partie de ses fonctions, parce qu'on lui en a fait remplir d'étrangères à son ministère : il faudra donc appeler un suppléant souvent absent pour ses propres affaires, peu habituellement versé dans la connaissance de matières qu'il n'examine qu'accidentellement, et qu'il ne traite qu'avec le dégoût que lui inspire un ministère gratuit et précaire. Quelle imperfection, quelle complication de marche, quand tous les rouages sont si simples aujourd'hui, et qu'il est si facile de les perfectionner !

DES TRIBUNAUX DE POLICE.

Pourquoi remplacer ce qui est simple par quelque chose de compliqué ?

Pourquoi ne plus vouloir que les juges de paix soient présidens des tribunaux de police, lorsque les choix, aujourd'hui plus épurés, offrent des magistrats plus instruits, et qu'ils sont déjà officiers de police judiciaire ! A quelle fin aller chercher le président parmi des suppléans qui n'acceptent cette qualité que parce qu'ils remplissent d'autres places sédentaires plus avantageuses que celles momentanées qu'on leur offre. Les nouvelles qu'on propose exigent un déplacement et des frais que ne couvriront jamais la faible indemnité qui leur est offerte.

On verra donc le plus souvent les suppléans refuser ces nominations, ou plutôt les suppléances, pour ne point être forcés à de pareilles acceptations. Qu'en résultera-t-il ! qu'on manquera de présidens de police et de suppléans, et que pour mieux organiser on désorganisera ce qui existe.

Que le juge de paix, son premier assesseur et douze citoyens pris, pour les douze mois de l'année, parmi les cent plus haut cotisés dans le ressort de la justice de paix, composent ce tribunal; et tout sera plus simple, d'une organisation plus facile et plus économique. On n'aura point besoin de ces injonctions, de ces amendes, de ces contraintes par corps, peines qui justifient la difficulté d'une telle organisation, et la répugnance à remplir des fonctions faites avec menace de prison. L'honneur est le seul stimulant des Français; on n'a jamais manqué d'assesseurs; et il est douteux qu'on ait des présidens de police et des suppléans par des voies rigoureuses.

L'idée de déléguer les fonctions de commissaire du Gouvernement aux officiers forestiers dans les matières de délits commis dans les forêts nationales, portant sur le même système que celui qu'on propose pour les commissaires du Gouvernement près les tribunaux criminels, qui connaîtront de leur propre ouvrage comme magistrats de sûreté, offre le même écart de principe.

Un homme juge et partie dans sa propre cause, quelque connaissance qu'on lui suppose de la matière qu'il traite, n'offrira rien de rassurant pour la partie qu'il poursuit, et rien de convaincant pour les juges dont il doit éclairer la religion, et qui ne peuvent lui accorder un degré de confiance que repousse la qualité opposée qu'il réunit à celle en vertu de laquelle il requiert. Si on condamne, son ministère a donc été sans influence, parce qu'on a dû être en défiance contre son opinion : si on acquitte malgré son avis, une telle opposition de sentiment rend la défiance plus manifeste, et déconsidère un tel fonctionnaire, dont le ministère n'est plus qu'une sorte de scandale.

DES TRIBUNAUX DE POLICE CORRECTIONNELLE.

Ils doivent être présidés par le directeur du jury assisté de deux juges du tribunal civil.

Leurs attributions doivent être ce qu'elles étaient avant la loi du 25 frimaire an 7; loi dont tous les tribunaux aperçoivent chaque jour les funestes effets.

Comme l'intérêt public commande d'entourer ces magistrats du plus de considération possible, nous trouvons avantageuse l'idée de faire du directeur du jury un vice-président du tribunal civil.

Du Jury d'accusation.

Nous n'adoptons point l'idée reçue en Angleterre de composer le jury d'accusation d'un plus grand nombre de membres que le jury de jugement.

La déclaration affirmative du jury d'accusation n'entraîne qu'une prévention toujours sans influence devant un jury de jugement qui ne cherche la raison de sa détermination que dans les lumières du débat ; si elle proroge la détention de l'accusé, n'a-t-on pas déjà confié le droit de la prononcer à un seul officier public ; et dès qu'il suffit de trouver des indices et des présomptions qui inculpent le prévenu pour ordonner qu'il se justifie, on ne voit pas qu'il faille, pour discerner une opération si simple de l'entendement, un si grand nombre de coopérateurs et un choix aussi recherché ; et c'est parce que nous concevons une idée contraire à celle de la commission sur les motifs de l'accusation, que nous sommes d'une opinion opposée sur le nombre des jurés.

Mais ce qui a échappé à sa pénétration, est un abus dans le mode de prononcer des jurés d'accusation, qui a produit des mises en liberté bien funestes.

Nous voyons en effet tous les jours des jurés cumuler sur leurs têtes deux fonctions séparées par la loi, et différemment attribuées.

Cette cumulation de pouvoir dérive de la faculté indéterminée et vague du prononcé des jurés. En effet, quand la loi ne leur impose d'autre obligation que de dire, *il y a* ou *il n'y a pas lieu ;* leur première opération est d'examiner si le prévenu est coupable, s'il sera ou non condamné devant un jury de jugement ; et lorsqu'ils croient qu'il sera acquitté, ce sont eux qui prononcent d'avance cet acquittement, sans songer que cet examen et ce droit n'entrent point dans leurs attributions.

Nous avons vu des jurés d'accusation mettre en liberté des hommes qui en avaient tué d'autres, parce que quelques témoins disaient qu'ils l'avaient fait involontairement, comme si le fait de la mort étant constant, il leur appartenait de décider de la moralité de l'acte.

Dans une autre hypothèse, nous avons vu un jury mettre en liberté un homme prévenu des propos les plus séditieux contre le Gouvernement actuel, sur le fondement qu'un témoin l'avait déclaré faible d'esprit, quoique ses interrogatoires démentissent cette allégation.

La réponse des jurés devrait donc, au lieu d'être vague, pure et simple, être ainsi conçue : *oui il existe des indices ou des présomptions ; non il n'existe ni indices ni présomptions.*

Alors ils sauraient qu'il suffit de l'existence de ces présomptions ou de ces indices pour accuser ; alors ils sauraient que pour mettre en liberté, il faut l'absence de ces circonstances préventionnelles, et ils ne pourraient plus, contre l'expression de leur conscience, ordonner un acquittement sur le fondement que les preuves manquent, lorsqu'elles ne seraient pas nécessaires, et qu'il suffirait pour accuser, de rencontrer les circonstances indiquées par la loi.

D'ailleurs l'expérience a toujours justifié que des prévenus contre lesquels il ne s'élevait que de légers indices, ont été ensuite pleinement convaincus par les développemens d'un débat et les chocs de la confrontation, ou par des déclarations ultérieurement survenues..

De la Récusation en présence.

Nous ne saurions adopter ce mode de récusation. D'abord il entraîne de nombreux déplacemens : ces déplacemens sont inutiles et coûteux ; car il est impossible de ne pas payer des jurés qu'on a enlevés à leurs affaires et à leur état, quoiqu'ils aient été récusés.

Si la récusation en présence faite par un accusé n'est pas outrageante, il n'en est pas de même de celle faite par le magistrat.

Cet officier public n'a ni motifs ni intérêt de récuser quelqu'un sur sa figure ; une telle récusation de sa part serait déraisonnable, il ne l'exercera pas : s'il a quelque raison particulière, à moins qu'elle ne soit notoire, il se décidera difficilement à s'en prévaloir : il répugne toujours de se faire un ennemi, ou de s'aliéner quelqu'un pour un motif dont on se dissimule facilement la cause : il ne récusera donc point encore dans ce cas ; et voilà le droit de récusation détruit en faveur de la société. On doit sentir la valeur de cet inconvénient dangereux, et l'on voit d'ailleurs tous les jours que la personne contre laquelle on se prévient, est souvent celle qui nous est la plus favorable.

On sent bien la raison puissante de cette récusation en présence; elle a pour but de mettre aussi-tôt en séance les jurés adoptés, et de déjouer ainsi les intrigues qu'on a le temps de pratiquer dans l'intervalle qui s'écoule entre le tirage et la convocation.

Mais il est un moyen simple de remédier à cet inconvénient. Nous proposons une liste présentée par les juges de paix réduite au tiers par les sous-préfets, et au tiers encore par les préfets et de manière à en présenter une de deux cents citoyens. Cette liste servirait toute l'année. Chaque juré néanmoins n'entrerait en exercice que deux fois.

Cette liste serait, le premier de chaque mois, présentée par le greffier aux accusés mis en jugement. Vingt-quatre heures après, ils lui déclareraient les noms de ceux qu'ils entendent récuser. Cette déclaration serait prise par écrit, et les noms récusés seraient tirés de la boîte par celui qui aurait exercé ce droit, et remis pour entrer en concours dans les autres affaires où ils ne seraient pas récusés.

Pendant vingt-quatre heures, les accusés n'auraient aucune communication au-dehors.

La liste ainsi communiquée, le tirage se ferait sans notification aux accusés, puisqu'elle ne serait composée que de jurés adoptés. Ce tirage demeurerait secret, et ne serait connu que du tribunal et de l'huissier chargé de la convocation.

Par ce mode simple de notification, on atteindrait le but que se propose la commission, sans éprouver les inconvéniens de la récusation en présence.

De l'unanimité.

L'unanimité de suffrages des jurés, desirée par la commission, est développée avec une force de raisonnement, et une vérité de principes qui ne permettent pas de pencher pour une opinion contraire.

Les adjoints deviennent dès-lors inutiles ; mais on doit conserver les suppléans pour les affaires qui peuvent être de longue haleine, et qui peuvent faire appréhender la suspension des débats par la maladie de quelque juré.

Cette suspension amène naturellement l'idée de la possibilité que le préteur lui-même soit réduit à l'impuissance de continuer la discussion. Ne pouvant être remplacé par personne, voilà dans ce cas les débats rompus, et une affaire entamée renvoyée à une nouvelle assise. On sent l'importance d'un tel inconvénient, soit dans l'intérêt de l'accusé dont le sort est encore ajourné, soit contre la repression du crime, par la ressource qui reste à ce même accusé de rectifier des aveux ou des contradictions déjà sorties de sa bouche, et qu'il se gardera bien de réitérer devant un autre jury.

Des nullités.

La multiplicité des nullités dont on a hérissé la procédure criminelle n'a peut-être été favorable à aucun innocent, et a soustrait de nombreux criminels au châtiment de la loi. Nous adoptons comme raisonnables et utiles les modifications proposées par le projet.

De la position des questions.

Cette question est la plus délicate et la plus importante peut-être de toutes celles à traiter.

Pour

Pour ne point vouloir présenter d'idées complexes, on s'est trouvé réduit à les subdiviser en si grand nombre, que cette étude était une sorte de science dans laquelle on ne pouvait atteindre le perfectionnement que par une longue expérience; et le résultat de cette perfection, était d'embrouiller quelquefois plus la conception des jurés, que de faciliter les opérations de leur intelligence.

Mais la proposition de la commission ne nous mène-t-elle pas d'un extrême à l'autre ?

La question unique de savoir si l'accusé est coupable du crime établi par l'acte d'accusation, n'embrasse-t-elle pas un travail préalable de l'entendement, qui suppose une grande latitude de conception de la part des jurés, et l'habitude de saisir et de discerner la valeur de plusieurs idées complexes réunies dans une question unique qui peut en embrasser dix autres ?

Il convient sans doute de réduire le nombre des questions, mais peut-on raisonnablement chercher un coupable avant d'avoir trouvé un délit ?

Il est bien vrai qu'on ne peut déclarer un coupable sans avoir reconnu la préexistence du crime, et que trouver un délinquant est reconnaître ce délit ;

Mais on ne peut disconvenir que l'opération de l'entendement est plus pénible dans la solution de cette question unique, que si on la divise entre le fait et la personne.

D'ailleurs il peut résulter de ce moyen un embarras qui réduise les jurés à ne pouvoir répondre.

En effet, dans le cas d'une accusation de vol ou d'assassinat, comment répondront-ils, lorsqu'ils croiront que le crime n'existe pas ? il faut qu'ils disent, un tel n'est pas coupable du délit établi dans l'acte d'accusation. On leur fait donner alors une réponse négative et affirmative sur deux faits négatifs, et ils ne peuvent répondre ainsi contre la conviction de leur conscience : ils ne feront donc aucune réponse.

S'ils la font comme nous l'avons établie, et comme l'exige la position de la question, ils reconnaissent l'existence du délit mentionné dans l'acte d'accusation, et néanmoins ils n'acquittent que parce que le délit n'est pas existant à leurs yeux. Les voilà donc en contradiction avec leur conscience et leur propre langage.

Pour éviter cet inconvénient, se contentera-t-on de la réponse simple : *un tel n'est pas coupable ;* mais cette réponse n'offre aucune solution de la question. Une réponse générique à un fait particulier, n'est point une réponse ; on ne résout rien, et l'incertitude sur la solution de la demande reste toujours la même.

On voit que la commission, en supprimant la question du fait, n'a pour but que d'éviter les réponses contradictoires et scandaleuses intervenues quelquefois sur le même délit soumis à deux épreuves différentes.

Mais par la question unique proposée on ne remédie point à cet inconvénient.

En effet, un jury déclare un accusé coupable du crime de vol qui lui est imputé ; un second jury, prononçant sur le sort d'un de ceux qui y ont aussi participé, déclare qu'un tel n'est pas coupable, parce que le délit n'est pas constant; et voilà l'inconvénient contradictoire dont on a voulu se garantir, également reproduit.

Au surplus, il faut le dire, nous n'avons vu cette contrariété de réponses, affligeantes sans doute, que dans les affaires de parti et d'opinion.

Ces agitations politiques sont déjà loin de nous, et nous n'avons plus à craindre la reproduction de ces scènes scandaleuses ; ainsi nous n'avons pas besoin de tant d'efforts pour detruire un mal qui n'existe plus.

Nous ne regardons point les raisons présentées comme assez puissantes pour détruire la question première du fait.

Il en faut donc admettre deux, celles du délit et de la culpabilité ; et pour rendre facile l'intelligence de la solution de ces deux questions, il convient, il est nécessaire même de les faire précéder de la définition donnée par la loi du délit sur lequel on aura à prononcer; alors il n'y aura plus d'inconvénient de soumettre une question complexe à un jury, puisqu'il trouvera dans le principe qui définit le délit la raison qui lui prouvera si l'accusé est ou non placé dans les circonstances qui doivent concourir contre lui pour le constituer coupable.

En effet, un homme est accusé de viol, nul juré ne déclarera d'après le système proposé, et l'admission d'une question unique, que le prévenu est coupable de ce délit, si la loi ne lui a pas dit ce qui concourt à constituer le violateur.

Mais si elle lui a appris que le viol est un acte par lequel on a joui violemment d'une femme, malgré sa volonté et sa résistance, les jurés examineront si l'acte reproché à l'accusé est ou n'est pas accompagné de ces circonstances graves et violentes qui caractérisent le viol; et c'est alors qu'ils prononceront en pleine connaissance de cause et dans la sincérité de leur conscience, que le prévenu est ou n'est point coupable.

Mais par cela même que la loi définira le délit, le besoin d'en faire prononcer l'existence devient plus nécessaire.

Sans cette définition, jamais jurés ne pourront prononcer sur la question toujours compliquée de la culpabilité, et dont les circonstances ne peuvent acquérir un degré propre à fixer la conviction, sans que la loi ait déclaré la nécessité de leur concours pour la réalité du délit.

Cette lacune, la plus majeure de notre Code pénal, doit être remplie, et remplie avec précision et clarté.

Nul délit ne peut être classé sans être défini.

On ne peut donner une solution conséquente, une décision juste, sans un point fixe et connu qui serve de point de départ pour la conviction et la conscience.

Soit, pour second exemple, l'assassinat.

On donne à un jury, même éclairé, la solution de cette question unique, sans autre secours que celui de son discernement et de la discussion.

Pierre est-il coupable du crime d'assassinat établi dans l'acte d'accusation !

Le commissaire fera vainement des efforts pour démontrer la culpabilité, et le président pour diriger la conviction vers ce but.

Chaque juré se demandera d'abord, qu'est-ce qui constitue l'assassinat ! quelle est la réunion de circonstances qu'il faut rencontrer pour avoir cette certitude ! où est la loi qui me l'apprend et qui rassure ma conscience ! comment peux-je déclarer assassin l'homme qui en a attaqué un autre sur une route, qui l'a volé en lui portant plusieurs coups de couteau, lorsque je vois l'assassiné et que je l'entends déposer devant moi ! qu'est-ce que la préméditation !

Si ce juré ne peut démêler dans ce délit les caractères de l'assassinat, parce qu'il ne sait point ce qui constitue la préméditation et ne peut se faire à l'idée d'un assassinat, là où il ne rencontre point de mort, sera-t-il plus avancé, lorsque, dans le cas où l'homme aura été tué, on lui posera la question du meurtre !

Mais quelle est donc, se demandera-t-il encore, cette différence qui existe entre le meurtre et l'assassinat ! Ne faut-il pas, dans l'un comme dans l'autre cas, avoir tué ! et si, pour qu'il y ait un meurtrier il faut qu'il y ait réellement une mort, comment, se dira-t-il encore, puisque l'assassinat est plus punissable, ne faudra-t-il pas que dans ce cas l'homme attaqué ait été tué !

On aura beau lui faire la distinction de l'homicide, du meurtre et de l'assassinat, sa raison s'embarrassant dans la multiplicité même des développemens qui tendaient à l'éclairer, ne saura faire le triage de ceux qui appartiennent à chaque espèce ; et flottant entre cette incertitude d'idées et l'anxiété de leurs consciences, les jurés acquitteront un homme vraiment coupable.

Mais s'ils trouvent le crime ainsi défini :

Tout homme qui en aura tué un autre volontairement et avec préméditation, ou qui, sans l'avoir tué, l'aura aussi volontairement, à dessein de tuer et avec préméditation, attaqué, frappé de coups et volé, sera coupable d'assassinat.

La préméditation est la volonté réfléchie avec laquelle on va attaquer quelqu'un chez lui, ou avec laquelle on se met en embuscade pour l'attaquer.

Si dans les circonstances où le crime ne serait pas déclaré assassinat, et où néanmoins il serait dans le cas d'être reconnu meurtre, on réunissait, par une double série de questions, les deux définitions, en y joignant toujours aussi celles des circonstances caractéristiques, comme celles de la provocation, de la légitime défense, &c.,

C'est alors que les jurés, trouvant dans ces développemens les principes sur lesquels leur raison doit s'arrêter, et le point d'où ils doivent partir pour asseoir leur conviction, ne seraient plus embarrassés pour savoir si c'est un coupable ou non sur le sort duquel ils doivent prononcer.

S'agirait-il, en effet, d'un délit simple, tel que le viol, par exemple!

Eh bien, en tête de la position des questions, le président placerait la définition de la loi.

Ensuite viendrait la question du fait, ainsi conçue :

Est-il constant que tel jour, N. a été violée dans la commune de....!

P. est-il convaincu d'être coupable de ce crime !

Il est des délits qui peuvent exiger deux séries de questions, tel est l'assassinat.

Le président pose, de la même manière, la définition de l'assassinat; et comme l'assassinat se compose du concours de plusieurs autres circonstances criminelles, telles que le dessein de tuer et la préméditation, on réunit à la définition principale les définitions accessoires, telles que celles de la volonté et de la préméditation.

Alors se pose, sans inconvénient, les questions suivantes :

Est-il constant que tel jour, N. a été assassiné dans la commune de ....!

P. est-il convaincu d'être coupable de cet assassinat!

Comme le crime d'assassinat peut n'être pas constant, et qu'il est possible que celui du meurtre le soit, on pose une seconde série de questions, et en tête de cette seconde série, on pose de la même manière la définition du meurtre, puis celle de la défense légale, celle de la défense légitime, celle enfin de la provocation.

Est-il constant que tel jour on a homicidé P., dans la commune de......
à dessein de le tuer!

N. est-il convaincu d'être coupable de ce meurtre !

Ce moyen est le seul capable de simplifier et de rendre claires les questions complexes qui embarrassent les opérations de l'entendement.

On ne peut donc admettre le système de la commission de réduire à une question unique celles du fait et de la personne, et sur-tout de les poser ainsi aux jurés sans leur avoir défini les faits et les circonstances faits qui des constituent le coupable.

Complicité.

La question de la complicité, quant à la personne, se réduirait à celle ci-après :

Un tel a-t-il pris sciemment et volontairement une part quelconque à l'exé-
cution du crime!

Droit de recommandation.

Il n'y a nul inconvénient à consacrer, en faveur des jurés, le droit de recommander le coupable à la clémence du Gouvernement ; mais cette recommandation devrait être motivée.

Le tribunal doit avoir le même avantage.

De l'étendue de la Peine.

L'expérience et la raison font sentir depuis long-temps l'omission que présente notre législation, en mettant le juge dans l'impossibilité d'appliquer une moindre durée de peine que celle prononcée par la loi.

Elle doit laisser à la justice une latitude entre le *minimum* et le *maximum*, telle, que les juges puissent différencier la peine suivant les circonstances qui viennent atténuer ou aggraver le crime.

Il est des circonstances qui, sans pouvoir être précisées, offrent, par l'ensemble du débat, des nuances de faveur à l'avantage d'un des accusés, qui ne se présentent pas pour les autres. Il faut alors qu'un tribunal ait la latitude de présenter aux jurés cette question d'atténuation en ces termes :

Naît-il, des développemens du débat, des circonstances atténuantes en faveur de . . . . . &c. ?

Et quand la question est affirmativement résolue, c'est alors que la justice fait usage du droit qu'elle a de diminuer la durée de la peine.

Si les faits d'atténuation sont précisés et changent le caractère de l'accusation, la loi règle alors le genre de peine à infliger dans les cas qu'elle précise, ou le remet à la conscience des juges, qui peuvent infliger cette peine, et descendre jusqu'à telle autre même correctionnelle ; c'est alors que les juges le seront vraiment de l'étendue de la peine; et l'intérêt social réclame que les tribunaux criminels, entourés de plus de dignité, soient composés d'un nombre plus grand de magistrats : ils connaîtraient, par voie d'appel, de tous les genres de contravention classés par nos lois.

Du Code criminel.

Il est impossible de présenter de meilleures jetées que celles offertes par les lois des 25 septembre 1791, et 3 brumaire an 4. Le temps et l'expérience ont offert quelques imperfections de détail qu'il est essentiel de rectifier, et quelques lacunes que le législateur s'empressera de remplir. C'est l'idée que la commission elle-même s'est faite de notre législation actuelle, et elle présente néanmoins des vues qui, quelquefois, l'éloignent du but de perfection qu'elle se propose.

De la Peine de mort.

Nous desirerions qu'elle ne fût appliquée que dans le cas de mort de la personne attaquée, d'incendie et de conspiration contre l'État, ou d'attentat contre le chef suprème du Gouvernement.

Nous ne saurions adopter la mesure du poing coupé dans le cas de de l'art. 13 du projet de la commission. Toute mesure de sévérité inutile, est cruauté ; elle est repoussée par notre caractère national : cet acte préalable du châtiment n'en imposera point à celui qui n'est pas retenu par l'effroi de la mort, et le supplément de peine n'ajoute rien au complément de la vindicte publique.

Nous proposons également le rejet de l'inhumation des condamnés sur une grande route, et l'érection d'un poteau portant inscription.

Les cendres des morts doivent reposer en paix ; il n'est plus de supplices au-delà du tombeau. Quand on a donné sa vie en expiation de son crime, on a satisfait dans son entier à la justice humaine. On ne peut rien vouloir de plus. Et l'intention louable de la commission dans cette mesure, qui a pour objet d'effrayer le méchant par un exemple, fortifie dans l'opinion le préjugé funeste qui faisait rejaillir sur les familles d'un condamné, la honte et l'humiliation qui ne doivent atteindre que le coupable. Les préjugés sont les ennemis de la raison.

Art. 22 et 24. La flétrissure de la marque ne devrait point être appliquée pour les travaux à temps ; et si on en punit le déporté, il implique contradiction de vouloir faire jouir des effets civils celui qui porte avec lui le cachet de son opprobre.

Art. 29. Cet article a pour objet d'engager une lutte vraiement scandaleuse entre l'exécuteur et le patient ; et on ne se fait point à l'idée de voir un homme libre en frapper un autre qui est garotté.

Art. 63. Cet article doit s'étendre au de-là de son dispositif. On a raison, sans-doute, de regarder comme frauduleux tout acte à titre gratuit, fait par un condamné, à partir de l'époque de son crime ; mais il convient encore, dans l'intérêt de la famille ou de la personne lésée, et de l'État, qu'il ne puisse de ce moment faire aucune aliénation, sauf celle qui serait jugée nécessaire par le tribunal criminel, soit pour les besoins de l'accusé ou de sa famille, soit pour lui faciliter les moyens de sa défense ; et alors l'autorisation de la justice serait indispensable pour la transmissibilité de l'objet dont elle permettrait l'aliénation.

Le chapitre I.ᵉʳ du liv. II, a pour titre *des auteurs de crimes et délits,* et il embrasse cependant les complices comme les auteurs ; il faut donc y ajouter le mot *complice.*

Art. 68. Il serait injuste de punir comme le coupable celui qui aurait acheté des effets qu'il saurait provenir d'un crime, si l'acheteur ne paraissait point d'ailleurs lié de complicité avec l'auteur du crime. Il en est différemment de celui qui reçoit, vend et recèle sciemment ; ces seuls actes justifient la complicité.

Il est difficile de saisir la disposition du paragraphe 9 de l'art. 68, qui dit : *seront punis comme coupables du crime, ceux qui auront refusé ou négligé de faire les actes, ou de s'acquitter des devoirs ou des services qui sont exigés d'eux, sous des peines afflictives, infamantes ou correctionnelles* . . . .

Quels sont donc ceux qui sont dans le cas cité! Sont-ce les aubergistes, les concierges, les gendarmes! C'est ce qu'on ne sait point ; mais un tel refus, ou une telle négligence, mériterait-il la peine de mort lorsque le délit serait un assassinat !

On ne saurait jamais être trop clair en fait de dispositions législatives.

Art. 69. Les dispositions de cet article sont justes, mais sa rédaction se saisit difficilement, et a donné lieu à interprétation.

Art. 132. Cet article offre de bonnes et d'injustes dispositions. Quel délit en effet y a-t-il de la part d'un fonctionnaire public, à établir comme vrais, des faits que la partie lui atteste tels, ou différemment qu'ils n'ont existé, lorsque rien ne lui justifie qu'elle en impose ! Quel est l'huissier, par exemple, qui, d'après ce principe, osera se hasarder à faire à un citoyen un acte de sommation d'offres ou autres contenant narration de faits, tels que la partie requérante les lui aura déclarés, s'il encourt la déportation dans les cas où les faits se trouveront faux !

Où trouve-t-on encore un délit dans l'omission de faits qu'il est formellement du ministère de l'officier public de constater, lorsque rien ne justifie que cette omission soit empreinte d'une intention criminelle ! Qui peut se garantir d'un oubli ou d'une inattention ! Il n'y a point de crime là où on ne trouve point la volonté de le commettre.

Art. 142. Cet article a trop d'extension. Il devrait se restreindre à la partie des grains et des farines. Celle des vins et des eaux-de-vie est une production qui ne tient point aux premiers besoins de la vie, et dont le trafic ne peut présenter aucun inconvénient, sous les rapports de sûreté et de tranquillité publique. Il est impolitique de restreindre le commerce, et les ressources de ceux qui peuvent féconder son activité.

Art. 151. La première disposition de cet article étant impossible à prouver, doit être rejetée comme inutile, et ouvrant la porte à des actes vexatoires.

Quel est le juge en effet qui, ayant condamné une partie, n'aura pas à craindre d'un moment à l'autre d'être attaqué criminellement, sous le prétexte de faveur ou d'inimitié ! Quelle arme offerte à la vengeance ou à la haine ! quelle source d'abus et de persécutions !

Art. 205. Pour que cet article contienne une disposition juste, il faut que les gardiens et conducteurs aient concouru à faciliter les actes et les faits qui y sont relatés ; sans cela on les punirait pour le crime d'autrui. Cet article demande une autre rédaction.

Art. 225. Ces vues sont dictées par le bon ordre ; mais avant que cet' article puisse recevoir avec justice son application, il faut avoir établi des hôpitaux pour les mendians infirmes, et des ateliers pour les valides. Jusques-là on ne peut faire un crime à un homme qui n'a rien, de demander l'aumône : il vaut mieux qu'il le fasse que de recourir au crime.

Le président de notre tribunal a présenté sur les délits de la pensée des vues dont le Gouvernement peut tirer quelque utilité.

Il a divisé la pensée, en injures verbales, en diffamation et en libelles.

En définissant le libelle, il l'a rangé parmi les délits criminels, et l'a classé suivant l'ordre de pénalité dans son projet de Code criminel.

Celui de la commission présente une imperfection qu'on ne laissera sans doute pas subsister, c'est de confondre dans le même Code des peines de police, de correction, avec celles criminelles, et de noyer ainsi ses matériaux.

Art. 271. Jamais on ne fera regarder comme assassin celui qui, même de guet-apens, aura fait à quelqu'un des blessures qui l'auront mis plus de vingt jours hors d'état de se livrer à un travail corporel ; et ce délit grave restera sans punition pour vouloir trop rigoureusement le punir.

Il n'y a que le vol suivi de ce genre de violence qui puisse manifester la volonté de l'assassinat ; sans cela on ne verra dans un tel acte qu'un homme haineux et méchant, qui a voulu se venger de quelqu'un, et qui, satisfait de ce maltraitement offert à son ressentiment, n'a pas voulu aller au-delà.

Cet article retombe dans l'inconvénient relevé sur le Code pénal actuel.

Art. 273. Si on veut suivre une gradualité proportionnelle dans les peines, on ne peut punir le meurtre comme l'empoisonnement ou l'assassinat. Un assassin est bien plus atroce et plus dangereux qu'un meurtrier : celui-ci a tué, il est vrai, et tué volontairement ; mais une occasion malheureuse, une rixe, un excès d'emportement, ont préparé cet événement funeste. L'assassin au contraire, est un homme qui a calculé dans la méditation de son cœur l'exécution du crime, qui l'a préparé de sang-froid, et exécuté avec une férocité dont il est difficile à l'homme attaqué de se garantir.

Et s'il n'y a que la même peine dans l'un et l'autre cas, on reporte sur l'un tout l'odieux qui n'est réservé que pour l'autre ; à quoi sert d'ailleurs de faire une distinction, aujourd'hui inutile, entre l'assassinat et le meurtre, puisque le résultat doit être le même.

Art. 285. L'infanticide, tel qu'il est défini, rend ce crime non punissable, dans des cas qui se sont néanmoins plusieurs fois présentés. La définition est donc incomplète.

En effet, s'il n'y a que la mère non engagée dans les liens du mariage qui soit coupable d'infanticide, il s'ensuit que celle qui est mariée et qui, pour soustraire à la connaissance de son mari absent depuis long-temps, le fruit de son incontinence, l'aura fait périr, ne sera pas punissable parce

qu'elle

qu'elle est mariée. On sent l'injustice de cette distinction entre ces deux mères. La seconde est certes la plus coupable, parce qu'elle a souillé la couche nuptiale, rompu les liens de la fidélité conjugale, et qu'elle ne peut, comme la première, s'aider du malheur de la séduction et de la force de l'opinion qui l'a poussée à se soustraire à la honte de sa faiblesse.

Art. 286. Le développement des cas qui, par cet article, constituent l'infanticide, ouvre tellement lieu à l'arbitraire, qu'il n'y a point de femme qui, devenue mère, ne soit exposée, d'un moment à l'autre, à être regardée comme la meurtrière de son fils, et poursuivie, comme telle, dans les tribunaux.

En effet, si, pour être coupable d'infanticide, il suffit que l'enfant soit privé des précautions, des secours, des soins ou des alimens sans lesquels il n'a pu vivre, il suffira qu'un enfant que sa mère, en sortant de chez elle, aura placé sur un lit, tombe en se remuant et se tue ; il suffira qu'en bas âge et pendant son absence le feu ait pris aux juppes de son fils et qu'il ait brûlé, sans avoir de secours et par défaut de soins suffisans, pour que cette mère soit punissable du crime d'infanticide. On doit sentir qu'entre la conscience et la loi il se placera une telle répugnance, que jamais condamnation n'interviendra en pareil cas. On ne peut jamais classer, parmi les délits, ce qui n'est qu'acte d'imprudence ou de défaut de précaution, punissable, tout au plus, par voie de correction.

Art. 304. Les délits prévus dans cet article sont graves, sans doute, mais ne sauraient mériter la mort que dans le cas où le détenu aurait été soumis à des tortures corporelles.

Art. 308. Un des défauts de ce projet est de ne pas classer les délits sous les titres qui leur sont propres, de manière que la législation, noyée dans 1169 articles, rend la recherche de chaque espèce si difficile, qu'elle seule est un travail et réclame une étude particulière.

La polygamie offre un genre de délit qui lui est propre ; il devrait avoir son chapitre particulier ; et quelque peu nombreuses qu'en soient les dispositions, cette division des matières ainsi faite, ne peut que mettre beaucoup d'ordre dans un pareil travail.

Art. 311 jusques et y compris le 315.ᵉ Le divorce étant autorisé, l'action en adultère est scandaleuse et met à nu, sans utilité, la dissolution des mœurs : elles sont assez dépravées, sans offrir le spectacle de cette dépravation.

Nous sommes d'avis du rejet de ces cinq articles.

Art. 316. Cet article embrasse trop de dispositions sous une seule ; ce n'est pas la concision qu'il faut chercher en législation, c'est la clarté relative à chaque fait, et leur division suivant les circonstances qui les caractérisent.

L'enlèvement ou le recel d'un enfant ne peut être puni comme la suppression, qui met le ravisseur dans l'impossibilité de représenter ce même enfant.

Le défaut de représentation ici, doit en faire présumer la destruction ; et si la peine ne doit pas être celle de mort, elle doit être la plus grave après elle.

La substitution d'un enfant à un autre n'offre pas non plus le même caractère de criminalité.

On ne conçoit guères une supposition d'enfant à une femme qui n'est pas accouchée. On doute que cette espèce se soit jamais présentée, ou que ce délit puisse jamais avoir une possibilité de succès.

Art. 320. Dans le cas du recel du cadavre d'un homicidé, la peine de la détention est assez forte, s'il n'y a qu'homicide ; mais si c'est le cadavre d'un assassiné, il est difficile de croire qu'on se soit prêté à sa soustraction, lorsqu'on est étranger à ce crime : la peine alors est insuffisante.

Art. 323. La peine du faux témoignage n'est ni définie ni bien divisée. Il y a faux témoignage en matière civile ; il y a faux témoignage en matière correctionnelle ; il y a faux témoignage en matière criminelle. Le faux témoignage tend à faire acquitter, il tend à faire condamner, il tend à faire condamner à mort, il a fait condamner à mort ; et toutes ces espèces offrent autant de nuances diverses, qui demandent une classification différente de peines.

Art. 342. La section relative aux vols présente des dispositions bien conçues ; néanmoins l'article 342 tient à l'assassinat plutôt qu'au vol, le vol n'étant qu'un des résultats du dessein criminel tenté ou exécuté.

Art. 343. Nous ne sommes point d'avis de la peine de mort dans le cas de cet article, et hors des cas que nous avons posés.

La nocturnité n'est point définie ; elle a donné lieu à beaucoup de discussions, qui ont le plus souvent tourné en faveur du crime. On pourrait la déterminer ainsi :

Un crime est commis la nuit, lorsqu'il l'est une heure avant le lever et une heure après le coucher du soleil.

D'ailleurs, l'expérience démontre tous les jours que plus la peine de mort étendue aux vols, est multipliée, plus elle est un encouragement pour l'assassinat ; parce qu'en tuant on s'enlève toujours un témoin de son crime, et que la peine n'est pas plus grave dans l'un que dans l'autre cas.

Si l'incendie est un crime horrible, il est cependant des cas où la peine de mort est beaucoup trop rigoureuse. Le président de notre tribunal a présenté, à cet égard, dans son travail, des vues que nous adoptons, et qu'on peut consulter.

Sur les Peines de police.

Art. 430. Le paragraphe 9 de cet article punit ceux qui auront cueilli et mangé sur le lieu même, des fruits appartenant à autrui.

Mais le délit cesse-t-il d'exister lorsqu'on n'est plus sur le lieu et que des témoins ont vu le voleur emporter ces mêmes fruits ?

Le paragraphe 15 punit les gardiens de troupeaux pris en contravention, lorsqu'ils ne les auront pas gardés à vue ; mais ceux qui sont en contravention à garde faite sont bien plus coupables sans doute.

Art. 439. L'intérêt de l'agriculture, en faveur de laquelle nulles dispositions n'ont encore été faites, demande que ce 1er paragraphe soit précédé d'une disposition législative que la sûreté des propriétés rend indispensable.

En effet, on punit ceux qui auront blessé quelque animal que ce soit vaguant sur leur terrain ; et de tous les dommages journaliers causés aux propriétés particulières, il est impossible d'en constater deux par an dans chaque commune.

Il faut des témoins pour établir cette preuve ; et où les prendre ! ce ne pourrait être que parmi les gens de la campagne maraudeurs eux-mêmes et réciproquement auteurs de tous les dommages.

En ont ils été les témoins ! ils n'ont jamais rien vu, ils ne se desservent jamais.

Les gardes-messiers sont d'un faible secours, ou ils se laissent corrompre, ou ils sont détournés à jour fixe ; alors on se tient sur ses gardes ; d'ailleurs on ne fait pacager les troupeaux qu'à garde faite : et ces sortes de dommages toujours impunis, forcent les propriétaires quelquefois à une sévérité égale au découragement qu'ils éprouvent du tort journalier qu'on leur cause.

Il n'est qu'un remède à cet abus funeste, c'est la déclaration assermentée en justice de la part du propriétaire jouissant d'une bonne réputation, qu'il a trouvé sur son terrain le bétail de. . . . . . . et la condamnation du contrevenant sur cette déclaration, même la confiscation lorsqu'il a été surpris en récidive et à garde faite.

Cet usage existait dans notre ancienne province, et les propriétés étaient infiniment plus respectées ; qu'on admette ce principe aujourd'hui, et le paragraphe proposé sera de toute justice.

La récidive n'étant que de deux jours de détention de plus, n'est point proportionnellement punie.

Du Faux.

Art. 994. Dans tous les crimes de faux, nous desirerions que le jury de jugement fût composé de quinze membres, dont trois seraient toujours des hommes experts en écriture, choisis par le commissaire et le président, et pris hors de l'arrondissement où le délit a été commis et du lieu où demeure l'accusé ; leur récusation serait nécessairement motivée, et les motifs seraient jugés dans les vingt-quatre heures par le tribunal.

Art. 1039. Il est des dispositions relatives à la prise à partie qui n'ont d'autre but que d'ouvrir la voie de la déconsidération contre les magistrats ; telle est celle qui peut avoir lieu pour l'omission d'une formalité, et pour cause de faveur ou d'inimitié.

Art. 1052. Dans le cas de la reconnaissance de l'identité, le pourvoi en cassation, de la part de l'accusé, ne fait que retarder, sans utilité, l'exécution des mandemens de la justice ; le tribunal de cassation ne peut pas faire que celui qui est reconnu être un tel, ne soit pas ce tel.

Art. 1105. L'expérience justifie tous les jours combien il est intéressant que la surveillance, non des prisons, mais des prisonniers, soit confiée aux présidens des tribunaux criminels et directeurs de jury.

Art. 1149. On ne peut se faire à l'idée de réhabiliter un homme condamné à la marque, ou criminellement puni par voie de récidive.

Telles sont les réflexions que le tribunal a jugé utile de présenter au grand-juge-sur le projet de Code criminel soumis à la révision. Il contient des vues utiles, des dispositions avantageuses ; il en est d'autres qu'on ne croit pas admissibles ; mais, en général, ce travail pèche par le défaut d'ordre. Tout est confondu dans le même code : la partie de l'instruction, des matières de police, de correction et de criminalité. Beaucoup d'articles présentent de l'obscurité, et donnent lieu à des interprétations diverses ; mais la révision et les amendemens redresseront les imperfections.

Le seul but qui nous anime est de voir la législation criminelle arrivée à ce degré de clarté, d'ordre et de simplicité qui mette les dispositions pénales à la portée de l'intelligence du plus grand nombre, et qui apprenne à chacun ce qu'il a à éviter et ce qu'il a à craindre.

De quelque manière que la justice soit rendue, nous ne formons qu'un vœu, c'est que les magistratures soient à l'abri de cette mobilité fréquente qui porte le découragement dans le cœur de tous les fonctionnaires, et la déconsidération sur des autorités importantes, qui tirent leur principale force de la vénération qui doit constamment les environner.

S'il faut nous retirer dans nos foyers, nous faisons avec plaisir le sacrifice de notre propre état, et d'une longue série d'années de service en faveur d'une réforme qu'on croit être le perfectionnement de la législation criminelle. Le premier acte de dévouement de l'homme de bien, est de faire céder son intérêt personnel, ses besoins même, à l'intérêt de tous.

Les Membres du Tribunal criminel du département de la Charente-Inférieure.

GARNIER, *président ;* GODET, LANDREAU, P. HEC. SAVARY, *commissaire du Gouvernement,* BREJON, *premier suppléant,* JOYEUX, *suppléant.*

OBSERVATIONS

DU TRIBUNAL CRIMINEL

DE LA CORRÈZE,

SUR

LE PROJET DE CODE CRIMINEL.

OBSERVATIONS

DU TRIBUNAL CRIMINEL

DE LA CORRÈZE,

SUR

LE PROJET DE CODE CRIMINEL.

LES juges de la cour de justice criminelle et le procureur-général impérial se sont réunis au lieu ordinaire de leurs séances, pour procéder à l'examen du projet de Code criminel, correctionnel et de police, émané de la commission nommée par le Gouvernement.

Ils l'ont d'abord vu dans son ensemble, et ils l'ont trouvé digne de la haute réputation dont jouissent les hommes célèbres qui l'ont conçu.

Cependant, plus rapprochés, par état, de l'exécution des lois pénales, ils ont pensé que diverses parties de ce Projet offraient dans la pratique, quelquefois même en théorie, des défectuosités qu'il serait utile de faire disparaître.

Ils ont dès-lors arrêté de fixer l'attention sur les dispositions qui leur ont paru mériter des amendemens et des corrections.

Ils n'ont pas estimé convenable de parler de la nouvelle organisation des cours de justice criminelle que présente le projet de la commission, bien qu'elle leur ait paru très-nuisible à l'expédition de la justice sous une infinité de rapports.

Il leur a suffi que cette démonstration parût montrer l'idée de quelque intérêt personnel pour leur commander le silence.

Ils se sont donc bornés à scruter le mode d'instruction, la pénalité, ses degrés et ses nuances, et à fournir des réflexions qu'ils ont crues de quelque importance.

DISPOSITIONS PRÉLIMINAIRES.

ART. 1.er Les dispositions préliminaires du Projet présentent beaucoup de netteté dans la série des idées, de l'ordre et une grande précision.

LIVRE PREMIER.

Des Peines, &c.

Art. 10. On observe sur le paragraphe 1.er de l'article 10, « qu'il serait
» utile d'établir une maison de correction dans chaque arrondissement des
» cours d'appel , afin d'y employer utilement les détenus. »

Le travail, en améliorant leur sort , les rendrait un jour à la société avec
quelques moyens d'existence et plus éloignés des habitudes vicieuses qu'ils
contractent dans les prisons, au milieu de la corruption et au sein de l'oisiveté.

Art. 13. Ces sortes de crimes sont affreux , ils sont atroces ; mais l'exposition du coupable pendant une heure, présente une longue agonie ,
contre laquelle l'humanité paraît réclamer.

D'autre part , elle diminue insensiblement l'horreur du délit, et fait place
aux sentimens de pitié qu'inspire une pareille position ; ainsi on pense qu'il
conviendrait d'en abréger la durée, pour atteindre le but qu'on s'est proposé.

Art. 29. On a vu de ces hommes déhontés , pousser l'abandon et l'insen-
sibilité , jusqu'au point remarqué par cet article. Il faut pourtant convenir
que ces cas sont rares , et quand ils se présentent, le châtiment est nécessaire ; mais il convient de le désigner, afin d'éviter le double inconvénient
de la brutalité ou de l'indulgence : il convient aussi d'indiquer la peine
attachée à la responsabilité de l'exécuteur , et l'autorité qui doit prononcer
cette peine.

Art. 34, 35 et 36. On desirerait que le père et l'aïeul fussent appelés
à la curatelle par une disposition expresse ; même la femme ayant des
enfans.

La reddition de compte offrirait peut-être plus d'inconvéniens ; mais une
légère lésion ne semble pas assez puissante pour balancer le droit de la
nature.

D'ailleurs , la loi fait cesser les effets de la commisération , dès que le
curateur ne peut faire aucun prélèvement sur les biens du condamné , qu'en
vertu d'un jugement , et dans les formes prescrites par les lois relatives aux
interdits.

Art. 39. L'uniformité dans la peine paraît ne pas concorder avec les
diverses circonstances qui peuvent aggraver ou atténuer celle encourue par
l'homme qui se rend coupable de forfaiture ; on croit qu'il serait à propos
d'établir ici un *maximum* et un *minimum* (de dix à 20 ans.)

Art. 41. N.° 1.er Dès que les jugemens mentionnés dans cet article
doivent être criés et affichés en plusieurs endroits, ce serait en accélérer

l'exécution, que d'indiquer les officiers ministériels qui seront tenus de le faire.

CHAPITRES II, III, ET IV.

Toutes les dispositions qui se trouvent dans ces trois chapitres paraissent trop sages et trop bien combinées , pour donner lieu à la moindre observation.

Art. 68. N.° 3 , page 12. Quoique les dispositions du paragraphe 3 montrent une corrélation avec celles du paragraphe 2 , qui frappent sur l'intention , il conviendrait cependant de dire : « Ceux qui auront procuré » des armes , des instrumens ou tout autre moyen qu'ils *savaient* devoir » servir à l'action. »

On peut effectivement se servir des armes de quelqu'un pour commettre un délit, et laisser ignorer à celui à qui appartiennent ces armes , l'usage qu'on veut en faire. Le législateur doit toujours éviter l'ambiguité ou le doute dans l'expression, par la crainte que le juge ne se méprenne dans l'exécution.

Même article , n.° 7. Il paraîtrait naturel de comprendre dans l'exception le mari, la femme, le frère et la sœur.

Les liens qui unissent les uns et les autres sont trop resserrés , pour ne pas excuser la culpabilité.

Si on se refuse à cette extension , et qu'on la croie nuisible au bien public, le mari et la femme mériteront toujours la même faveur que la directe.

Art. 72 , page 13. Il serait peut-être utile d'expliquer dans cet article , « si l'âge de seize ans se rapporte uniquement à l'époque du crime. »

LIV. II, CHAPITRE II et suivans , jusques et compris le CHAP. II du TITRE I.ᵉʳ du LIV. III.

Les dispositions que renferment les articles contenus dans le chapitre II du livre II , et dans les deux premiers chapitres du livre III , paraissent très-sages ; la rédaction en est claire et précise : on pense qu'elle doit être maintenue sans aucun changement.

CHAPITRE III.

Art. 129. C'est l'intention qui constitue le crime , et l'erreur n'en présente jamais les caractères. Celui qui fait usage du sceau et des papiers contrefaits dont parle cet article , peut avoir ignoré qu'ils le fussent; ainsi,

il serait plus sage de dire : « Celui qui en a fait usage *sachant* qu'ils étaient
» contrefaits , falsifiés , &c. »

N.ºs 2 et 3. Même addition , même observation sur ceux qui ont fait
usage &c.

Art. 132. On desirerait plus de précision dans la rédaction de cet article,
dont on ne peut se dissimuler les dangers.

La partie relative « à l'omission de constater des faits que , même sans
» réquisition &c. » , prête tellement à l'arbitraire, qu'il est essentiel de
la supprimer , ou de fournir une explication claire et précise sur les faits
qu'on entend énoncer.

Art. 134. Après les mots « quiconque aura fait usage de ces faux » , il
faudrait ajouter : *sachant que les pièces étaient fausses.* Il peut effectivement
se faire qu'un homme probe et vertueux fera usage d'une pièce fausse,
parce qu'il en ignore le vice.

CHAPITRE III. Section II.

Crimes ou délits des Fonctionnairs publics dans l'exercice de leurs fonctions.

Il semble que la pensée du méfait ne devrait jamais atteindre le juge.

Arbitre souverain de l'honneur , de la fortune , de la vie des hommes ,
son élévation dans l'ordre social présente une garantie bien supérieure aux
peines dont on chercherait à l'environner.

Malheur à celui qui n'aurait d'autre frein ; car il serait presque toujours
en son pouvoir d'en éluder l'effet.

De bons choix offrent tout ce que l'on peut desirer ; et trop de pré-
voyance à l'égard des magistrats , peut les faire déconsidérer, ou les compromettre.

Si ce remède est nécessaire, il convient d'en user avec la plus grande
circonspection , et sur-tout de ne rien laisser à l'arbitraire.

Art. 151. La première partie de cet article peut donner lieu à une foule
d'actions que la malignité ne manquerait pas de saisir pour molester un juge.

Comment établir, par exemple, que la faveur ou l'inimitié ont dicté sa
décision ! Sera ce par la voie de la preuve testimoniale ! Dès-lors il sera
livré à tous les élémens de la corruption ; et sa vertu , tout comme sa droiture se trouveront chaque jour aux prises avec les passions des plaideurs
qui auront succombé.

Sera-ce par écrit ! En ce cas on pourra lui en opposer qui ne seront pas
de son fait , c'est-à-dire, des lettres et des renseignemens qu'il n'aura pas
même provoqués.

On estime donc que cette partie doit être supprimée, ou qu'il faut la remplacer par une disposition sage et précise.

Section III.

N.°ˢ 1 , 2. et 3. On pense que la rédaction des articles contenus dans les trois premiers paragraphes du chap. III, liv. III, doit être maintenue.

Art. 195. N.° 4. Il conviendrait de faire une exception en faveur de ceux qui auront recélé un réquisitionnaire ou conscrit, lorsque l'un ou l'autre aura présenté un certificat du maire de la commune qu'il habite, portant qu'il n'est pas sujet aux lois de la réquisition ou de la conscription, ou qu'il n'a pas été désigné par le sort.

Dans des cas semblables, les recéleurs paraissent excusables, et le maire seul doit être poursuivi.

Art. 196. Si le témoin persistait dans son refus de déposer ou de prêter le serment, il ne resterait pas d'autre moyen de vaincre son obstination.

On desire qu'il y soit pourvu, car le cas se présente au moment où l'on fait cette observation.

Art. 197 et suiv. jusques et compris l'art. 252. On ne peut que desirer le maintien de tous ces articles. Il est sur-tout impossible de rendre plus claires et plus sages les dispositions contenues dans la section IV.

Art. 253. « Ceux qui auront outragé les objets d'un culte » ; il conviendrait d'ajouter : *dans le lieu où ils sont exposés.*

TITRE II. Chap. I.ᵉʳ

Art. 262. Un citoyen qui se trouve renfermé dans ses bâtimens, et qui éprouve les accidens prévus par cet article, ignore parfaitement si l'individu qui effectue l'attaque est seul ou accompagné d'autres personnes ; il est souvent dans l'impossibilité de vérifier le fait, et il y aurait presque toujours du danger à faire cette vérification avant d'avoir repoussé le premier individu qu'on aperçoit : il convient donc d'appliquer ces dispositions à *un seul* tout comme à deux ou à un plus grand nombre.

Art. 276. La fin de cet article fait desirer une limitation précise , en admettant le cas où les blessures auront causé la mort au-delà du terme de quarante jours ; il convient de fixer le temps qui s'écoulera après les quarante jours, comme serait six mois, un an, &c. ... parce qu'il pourrait survenir d'autres accidens étrangers aux blessures qu'on ne laisserait pourtant pas de considérer comme la cause de la mort.

Art. 286. Toutes les mères accusées d'infanticide ne manquent jamais de prétendre qu'elles ont accouché d'un enfant mort : les rapports des officiers de santé, loin d'éclairer sur ce point de fait, ne servent souvent qu'à l'obscurcir; et, dans cet état de doute, l'infanticide reste presque toujours impuni.

Il semble qu'on ferait bien d'établir « que la présomption légale serait » que l'enfant était né vivant, toutes les fois que la mère n'aurait pas fait » constater le contraire par le rapport d'un chirurgien accoucheur, &c.... » ou par la preuve testimoniale. »

On ne connaît pas d'autre expédient pour atteindre un délit qui a fait de nos jours des progrès effrayans.

Art. 305. Les menaces dont parle cet article peuvent être souvent l'effet d'un mouvement de vivacité, et offrir des caractères plus ou moins graves; Il serait utile de donner à ce sujet une plus grande latitude aux juges.

Art. 323, 324 et 325. Il faut toujours réserver les dommages-intérêts dus à la partie lésée.

Art. 362 et suivans, jusques et compris l'art. 415. On pense que les dispositions de tous ces articles doivent être maintenues.

<h2 style="text-align:center">SECTION III.</h2>

Art. 416 et 417. Ces diverses actions devraient être portées devant les tribunaux civils.

Art. 418. Il faut encore réserver les dommages-intérêts aux parties lésées.

Art. 430, n.° 11. On ne pense pas que des grossièretés puissent légitimer l'action, à moins qu'elles ne tendissent à faire déconsidérer quelqu'un ou à porter atteinte à la moralité, ce qui dès-lors serait une injure.

Art. 439. Il conviendrait de dire ici « *si les aubergistes ont connu ou pu* » *connaître la supposition* » ; car on sent bien qu'on a pu facilement les tromper.

Idem. Il faudrait encore réserver ici les dommages-intérêts de la partie lésée.

POLICE ET JUSTICE,

CHAP. I, II et III, *pag. 82,*

Les dispositions préliminaires de la deuxième partie du Projet sont aussi sages et aussi claires qu'on puisse le desirer. On pense que les articles contenus dans les deux premiers chapitres du livre I.er de cette seconde partie doivent être maintenus sans aucun changement.

Art. 470. Il conviendrait d'établir une peine contre les gardes forestiers qui négligeraient de faire la remise de leurs procès-verbaux dans le délai qui leur est prescrit, et de fixer la *durée* de l'action dans le cas du défaut de remise; parce qu'une pareille négligence pourrait autoriser l'impunité.

Art. 473. Mêmes observations que sur l'article précédent.

Art. 493 et 496. Il est plus régulier que la dénonciation et la plainte soient signées à toutes les pages, parce qu'on ne peut alors ajouter ni ni intercaler.

Art. 513. Il faudrait dire que le premier magistrat enverra « à celui » du lieu du délit, ses verbaux clos et cachetés »; la rédaction est en sens inverse.

Art. 514 et suivans, jusques et compris l'article 616. On croit que ces articles doivent être maintenus dans toutes les dispositions qu'ils contiennent.

Art. 617. L'organisation que l'on propose ici, présente trop d'embarras; l'ancienne forme paraît préférable, à cause de sa simplicité et de sa régularité.

Il conviendrait donc d'attribuer aux juges de paix, assistés de leurs suppléans, et à leur défaut de deux notables, tous les jugemens de police, qui seraient ensuite renvoyés aux magistrats de sûreté.

On voit, sur-tout dans les dispositions de l'article 638, qu'il est impossible de faire remplir les fonctions du ministère public par le conservateur, inspecteur ou sous-inspecteur forestier, pour la répression des contraventions commises dans les forêts nationales.

Et en effet il y aura nécessairement le même jour plusieurs audiences de police dans le même département, et cela dans différens cantons; et comme dans la majeure partie des départemens il n'y a qu'un inspecteur ou sous-inspecteur (il n'y a qu'un sous-inspecteur dans le départemeut de la Corrèze), il ne lui sera pas possible de remplir les fonctions que la loi lui attribue.

Art. 650. On propose ici de rectifier la marche et l'instruction qu'on doit faire à l'audience; c'est-à-dire, 1.° d'entendre les témoins pour et contre; 2.° et, après cette audition seulement, d'entendre le demandeur et le défendeur, et enfin le ministère public qui doit résumer toute l'affaire.

Dans le projet, le demandeur n'a pas la faculté de débattre l'enquête du défendeur, ce qui présente trop d'inconvéniens.

Art. 672. L'exécution de cet article paraît impossible pour ce qui regarde les conservateurs, inspecteurs ou sous-inspecteurs forestiers, parce qu'il n'en existe pas dans la majeure partie des arrondissemens communaux; et d'ailleurs, les audiences étant fixées par l'article 683 aux cinq derniers jours de chaque mois, il ne serait pas possible de passer aussi rapidement d'un endroit à l'autre.

Art. 683. Mêmes observations que sur l'article 672 et sur l'article 650 pour la manière de procéder.

Art. 689. Mêmes observations que sur l'article 196, où l'on a demandé les moyens de vaincre l'obstination du témoin.

Art. 697. Le délai ne paraît pas suffisant, soit parce qu'il faut du temps, soit pour la rédaction, soit parce que les audiences peuvent se trouver chargées de plusieurs affaires.

Art. 754. Il arrive rarement que le même fait présente plusieurs délits ; mais, dans cette supposition, il paraît plus régulier et plus utile que l'acte d'accusation les comprenne tous, en distinguant et classant les délits de manière à pouvoir faire prononcer sur chacun d'eux par le jury d'accusation. On évite par-là une involution de procédure capable d'entraver la marche de la justice et de multiplier les frais sans nécessité.

Art. 755. Il suffirait d'un envoi officiel.

Art. 830. Cet article présente des difficultés saillantes pour son exécution ; le préteur ne paraîtra dans les départemens que pour y tenir ses séances ; « le commissaire du Gouvernement aura tout préparé pour faire juger. » L'article 829 le charge expressément de faire toutes les diligences, et il pourrait arriver qu'on eût demandé trop tard une prorogation, ce qui occasionnerait de grands frais.

Il est donc essentiel de désigner le mode de communication pour la requête en prorogation, afin d'éviter des inconvéniens qu'on ne fait qu'indiquer.

Art. 832. On pense qu'il est plus convenable de faire prononcer de suite sur tous les délits portés dans l'acte d'accusation, et la division proposée semble blesser tous les intérêts, même ceux du trésor public.

Art. 833. Il convient ici, et en attendant l'année qu'on désignera, d'indiquer de trois mois en trois mois et d'avance l'ouverture des grands-jours pour chaque tribunal criminel, afin que l'instruction se trouve préparée, et que le procureur général ait un temps moral pour faire citer des témoins qui souvent se trouvent fort éloignés.

Art. 845, n.° 2. Le paragraphe 3 de l'article 353 du Code du 3 brumaire an 4 contient les mêmes dipositions : l'expérience a prouvé que les défenseurs de l'accusé abusent souvent de la latitude que leur accorde cet article, et que sous le prétexte de ne dire que *ce qu'ils jugent utile à la défense de l'accusé,* ils entrent dans des discussions longues, qui prolongent en pure perte les débats et ne tendent ordinairement qu'à embrouiller la déclaration du témoin.

Ils se permettent même des injures graves contre ceux des témoins qu'ils savent ne devoir pas être favorables aux accusés.

Il conviendrait d'attribuer au préteur le droit de limiter les observations de l'accusé et de ses conseils à ce qui est réellement utile à sa défense, et à interdire toute personnalité contre le témoin, et sur-tout toute injure qui pourrait porter atteinte à son honneur et à sa réputation, lorsque l'accusé n'aurait aucune preuve écrite ni vocale de ces allégations.

Art. 856. La compétence paraissant réglée par l'arrestation du témoin, les actes d'instruction qui doivent précéder la mise en jugement se bornent à l'interrogatoire de l'accusé, à l'audition des témoins s'il y en a, et à l'acte d'accusation. Il conviendrait cependant, pour rendre, dans le cas prévu, l'instruction uniforme, que le mode en fût réglé par une disposition de la loi.

Art. 887. Dans le cas du n.° 1.er de cet article, prononcera-t-on la peine encourue par tous les délits en cumulant les peines, ou se bornera-t-on à infliger la peine encourue par le délit le plus grave !

Dans le cas du n.° 2, cumulera-t-on la nouvelle peine à la première, si l'accusé a été condamné par le premier jugement !

Le silence de la loi sur ces questions, peut donner lieu à des doutes qu'il conviendrait de prévenir.

Art. 897. Dans le cas ou l'accusé aura été condamné à raison du premier délit dont il était prévenu, si le nouveau délit n'est pas de nature à mériter une peine plus grave, on ne voit pas la nécessité de nouvelles poursuites contre lui, lors même qu'il y a des complices, à moins qu'on ne puisse cumuler les peines. Les complices seuls, dans ce cas, devraient être poursuivis.

Art. 965. Cet article ne prescrit l'envoi des jugemens du tribunal de cassation, que dans le cas où la demande a été rejetée.

Il conviendrait de prescrire le même envoi lorsque le jugement attaqué a été annullé, et il serait même essentiel que, dans ce dernier cas, le jugement du tribunal de cassation fût envoyé *au long*, et non par simple extrait, pour que le tribunal criminel pût y voir les motifs qui ont déterminé l'annullation de son jugement, et éviter à l'avenir de pareilles erreurs.

Art. 1017. Le délai de vingt-quatre heures est évidemment trop court. Plusieurs des chefs-lieux d'arrondissement sont à une trop grande distance de la ville où siége le tribunal criminel, pour qu'il soit possible de faire dans vingt-quatre heures l'affiche prescrite par cet article. Il conviendrait de fixer le délai à trois jours.

Art. 1021. Il paraîtrait juste, dans le cas où l'accusé serait acquitté, de le condamner aux frais frustratoires auxquels l'instruction de la contumace a donné lieu, c'est-à-dire, à tous les frais faits depuis la notification de l'ordonnance de prise de corps ou de se représenter.

Cette condamnation doit être la peine de son refus d'obéir à la justice. Il faudrait que la loi contînt une disposition à ce sujet.

Art. 1039. Le n.º 7 de cet article favorise trop l'humeur processive et l'entêtement des plaideurs obstinés ; il expose le juge le plus intègre à des désagrémens qu'il n'aura pas mérités. On peut souvent attribuer à la faveur ou à l'inimitié un jugement qui, quoiqu'injuste ou irrégulier, ne sera cependant que l'effet d'une erreur involontaire.

Le président et le procureur général près la cour de justice criminelle du département de la Corrèze,

GRIVEL, *Président ;* BEDOCH, *Procureur général impérial,*

OBSERVATIONS

DU TRIBUNAL CRIMINEL

DE LA DORDOGNE,

SUR

LE PROJET DE CODE CRIMINEL.

OBSERVATIONS
DU TRIBUNAL CRIMINEL
DE LA DORDOGNE,
SUR
LE PROJET DE CODE CRIMINEL.

OBSERVATIONS GÉNÉRALES
SUR LA PREMIÈRE PARTIE.

LES lois criminelles sont la sanction et la garantie des conventions sociales. Lorsque les hommes se sont réunis en société, ils ont renoncé à leur indépendance naturelle, et se sont soumis à des lois, pour assurer la conservation de leur vie et de leurs propriétés.

Leur première convention a dû être qu'il ne serait permis à qui que ce soit de nuire à autrui, dans sa personne ni dans ses biens ; mais cette défense eût été violée à chaque instant, si l'on n'eût établi des peines contre ceux qui se permettraient de l'enfreindre.

Le soin de déterminer ces peines et la manière de les appliquer ont été délégués au législateur, qui représente la volonté générale.

Pour faire cette détermination d'une manière équitable, le législateur doit toujours prendre pour règle l'utilité publique, base de la justice humaine.

Il doit connaître et distinguer cette multitude presque innombrable d'actions plus ou moins contraires à l'intérêt général, qui troublent ou peuvent troubler l'ordre social et la tranquillité publique : et lorsqu'il publie le Code des lois destinées à les défendre et à les réprimer, il doit les désigner et les classer avec précision et clarté, d'après le plus ou moins de dommage que chacune peut causer à la société ; car c'est ce dommage qui est la seule mesure de la gravité des crimes.

Un Code criminel doit présenter un tableau exact et méthodique des délits, des crimes, et des peines qu'on a cru devoir appliquer à chacun d'eux, afin que chaque citoyen puisse y voir d'un coup-d'œil, non-seulement dans quel cas il deviendrait coupable, mais encore quelles seraient les suites de telle ou de telle action, contraire à l'intérêt public : et ce serait une imperfection dans un pareil Code, s'il était obscur et diffus ; s'il fallait une étude longue et réfléchie pour en connaître les dispositions ; si le juge, chargé d'en faire l'application, était obligé, chaque fois que l'occasion s'en présenterait, de parcourir un volume immense, et d'y chercher laborieusement les divers articles qu'il devrait appliquer à chaque cas.

Les peines sont un frein que le législateur oppose à la violence des passions, qui, dans la société, portent si souvent les hommes à méconnaître ou à mépriser les conventions sociales, et à chercher à améliorer leur sort au détriment de leurs semblables ; elles ont moins pour but de punir les coupables que de prévenir les crimes.

Sous ce rapport, il semblerait que les peines ne pourraient jamais être trop sévères : et leur sévérité serait en effet sans danger, si la loi pouvait se borner toujours à des menaces, et n'était jamais forcée de frapper ; mais quand un crime est commis, quand il devient nécessaire de punir le coupable et de faire souffrir un être sensible, l'humanité reprend ses droits et défend de passer le terme rigoureusement nécessaire.

Les hommes qui sont les plus intéressés au maintien de l'ordre public, désirent que les peines soient cruelles, parce que la crainte d'être offensé est plus forte en eux que le desir de nuire ; et que peu de personnes songent d'avance qu'ils pourraient devenir eux-mêmes coupables, et souffrir à leur tour de la sévérité qu'ils auraient imprudemment provoquée.

Mais le législateur impartial, qui juge les hommes tels qu'ils sont, et non tels qu'ils devraient être, se mettant à la place de l'offenseur et de l'offensé, pèse dans la même balance les intérêts de l'un et de l'autre ; apprécie la force des motifs qui ont pu porter un malheureux à faire ce que la loi a défendu, et sent que, lorsque le moment de le punir est arrivé, il est souvent nécessaire d'adoucir des peines qui ne lui avaient pas paru trop rigoureuses lorsqu'il ne pensait qu'aux intérêts de la société.

Nous n'examinerons point si, comme l'ont soutenu quelques philosophes, la peine de mort passe le pouvoir de la loi ; nous sentons, avec douleur, que dans l'état actuel des sociétés policées, elle est absolument nécessaire, surtout à l'égard de ces hommes grossiers qui, ne connaissant point le sentiment de l'honneur, sont insensibles à la honte, et bravent sans pudeur le mépris et l'infamie dont l'opinion publique flétrit plus ou moins tous ceux qui troublent l'ordre social ; de pareils hommes ne peuvent être retenus que par la perspective de la peine de mort, la seule qui puisse faire sur leur ame dure et féroce une impression assez forte pour contenir la violence des passions brutales qui les porterait à tout oser et tout enfreindre pour les satisfaire.

Dès que cette peine est reconnue nécessaire, elle est par cela même juste et légitime ; mais elle n'en doit pas moins être scrupuleusement resserrée dans les bornes de la nécessité qui l'a fait admettre ; il importe que les exemples en soient rares , car la fréquence de ce supplice démontrerait la fréquence des grands crimes , et semerait, sans aucun fruit, la crainte et les alarmes dans les premières classes de la société. Quant à cette dernière classe, qu'on regarde comme le foyer des crimes , et dont la régénération paraît presque désespérée , les hommes qui la composent et qui sont les seuls qui courent en foule à ces horribles spectacles, n'en rapportent guère qu'une légère impression de tristesse ou de terreur, dont l'effet trop peu durable et bientôt effacé, tourne rarement à l'avantage du corps social.

Ainsi, en maintenant la peine de mort pour les assassinats , les empoisonnemens et autres crimes de cette nature, dont l'idée ne peut naître et subsister que dans des ames profondément corrompues , qui ont abjuré tout sentiment d'humanité et tout principe de morale , il paraîtrait trop dur de l'appliquer, sans exception, à des homicides , commis sans réflexion et par suite d'un premier mouvement, dans lequel le meurtrier aurait été précipité par l'impétuosité d'un caractère bouillant, qui ne lui aurait pas permis de prévoir ni de calculer les suites d'un acte de violence où il serait entraîné presque malgré lui.

Sans doute un pareil crime ne doit pas demeurer entièrement impuni ; les hommes trop irascibles pourraient devenir trop dangereux pour la société , s'ils étaient assurés de trouver toujours une excuse suffisante dans la violence de leur caractère ; mais la peine de mort, qui, bien loin de réparer le mal , double la perte de la société , paraît beaucoup trop rigoureuse , sur-tout lorsqu'il est bien reconnu que le coupable était loin d'avoir le dessein de donner la mort à celui qui a péri victime de sa colère; ce serait assez de la réserver pour les cas de récidive.

Il est impossible de ne pas reconnaître qu'un pareil meurtrier est infiniment moins coupable que celui qui a donné la mort·après avoir conçu et préparé cet horrible dessein , qui en a long-temps concerté les moyens, qui a épié le moment de le mettre à exécution , et l'a consommé avec une froide et atroce barbarie. Cependant, d'après le projet, la peine est la même contre ces deux genres de crimes, à la seule différence apportée dans le mode d'exécution pour la rendre plus effrayante aux yeux de la multitude ; mais dont le résultat est pourtant le même pour ces deux espèces de coupables.

L'Assemblée constituante avait rangé ces sortes d'homicides , qui sont plutôt l'effet d'un malheur que d'un crime, dans la classe des simples meurtres : elle ne leur avait infligé que la peine de vingt années de fers ; et cette peine paraissait encore excessivement sévère.

Il paraît donc nécessaire que le nouveau Code criminel distingue clairement les différens homicides que les juges auront à punir, et qu'il n'applique pas la même peine à l'homicide dont on vient de parler, qu'à un empoisonnement ou à un assassinat prémédité, sans quoi le jury de jugement, dont l'opinion, en matière de peines, est rarement d'accord avec la loi, les déclarera toujours excusables, et par-là ils demeureront impunis, au grand scandale et au détriment de la société.

Quoique, dans l'ordre des crimes, ceux qui tendent immédiatement et directement à la destruction de la société ou de ceux qui la représentent, tiennent le premier rang, et soient les plus graves, parce que, dans un seul attentat, ils contiennent tous les maux et tous les crimes, comme ceux qui s'en rendent coupables sont presque toujours des hommes accoutumés à envisager la mort d'un œil ferme et tranquille ; qu'ils se sont fait depuis long-temps un point d'honneur de ne pas la craindre ; qu'ils sont plus sensibles à la honte et à l'infamie qu'à la perte de la vie ; peut-être la peine de mort n'est-elle pas le frein le plus puissant et le plus utile pour contenir ceux qui seraient tentés de les imiter. Peut-on espérer que la crainte de la mort sera capable d'arrêter celui qui ambitionne le pouvoir suprême ! On serait porté à croire que la peine des travaux forcés à perpétuité serait plus efficace pour prévenir de pareils crimes.

L'intensité de la peine fait moins d'effet sur l'esprit humain, que sa durée ; notre sensibilité est plus profondément affectée par des impressions faibles, mais répétées, que par un mouvement violent, mais passager : la terreur que cause l'idée de la mort a beau être forte, elle ne résiste pas à l'oubli si naturel à l'homme, même dans les choses les plus essentielles ; cette terreur effrayera bien moins celui qui serait tenté de devenir coupable, que le long et durable exemple d'un homme privé de sa liberté, devenu un animal de service, et réparant par les travaux de toute sa vie le dommage qu'il a fait à la société.

On sent bien qu'il peut se présenter quelques circonstances dans lesquelles la sûreté publique exigerait que des coupables de conspiration fussent punis de mort, dans le cas, par exemple, où l'existence des chefs pourrait nourrir de criminelles espérances dans l'esprit du parti qu'ils se seraient formé, ou dans celui où ces mêmes chefs se seraient coalisés avec des puissances ennemies ; mais ne pourrait-on pas distinguer ces divers genres de conspiration, et graduer les peines de manière que, selon les circonstances, les uns fussent punis de mort, et les autres des travaux forcés à perpétuité ; on concilierait ainsi le but moral qui a dicté les réflexions précédentes, avec la sûreté et la tranquillité de l'Etat.

La peine de la relégation, qui n'est autre chose que notre ancien bannissement, paraît présenter plus d'inconvéniens que d'avantages. Si le Gouvernement se permet d'envoyer les malfaiteurs chez les puissances étrangères, il faudra qu'il reçoive à son tour ceux des autres nations, et il est bien douteux que cet échange tourne au profit des mœurs publiques ; quant aux individus qui seront frappés de cette peine, celui qui sera riche en souffrira peu, parce qu'il trouvera toujours des moyens de vivre agréablement par-tout, tandis que l'indigent qui n'aura de ressource pour vivre que son travail et son industrie, sera exposé à mourir de faim dans un pays étranger dont il ne connaîtra pas la langue; repoussé de tous par le mépris et la défiance qu'il inspirera, la misère et le désespoir le forceront peut-être à commettre de nouveaux crimes, qui seront moins l'effet de sa dépravation que la suite presqu'inévitable de la position où l'aura mis une peine dont on n'aura pas prévu tous les inconvéniens.

L'idée de mettre pendant plusieurs années sous la surveillance spéciale du Gouvernement un grand nombre de condamnés, après qu'ils ont subi leur peine, a pu séduire ceux qui, ne voyant agir que les administrations supérieures, se persuadent trop facilement que dans toutes les parties de la République, tout se fait avec la même impartialité, le même désintéressement et la même exactitude; mais il s'en faut bien qu'on puisse espérer de trouver tous ces avantages dans les administrations locales.

Cette surveillance spéciale ne pouvant être exercée immédiatement, ni par les chefs de l'Etat, ni par les ministres, il faudra nécessairement en confier l'exercice aux préfets de chaque département. Quelles tristes et désagréables fonctions à déléguer à des administrateurs qui succombent sous le poids d'occupations plus importantes, et tellement multipliées qu'elles semblent être au-dessus des forces physiques d'un seul homme: ils seront forcés, à leur tour, d'abandonner cette partie de leur administration à des agens subalternes qui seront trop indulgens pour celui qui pourra payer leur silence, trop sévères pour ceux dont ils n'auront rien à espérer; qui abuseront même de ce pouvoir terrible pour tourmenter et opprimer leurs ennemis particuliers.

Le premier effet de ces abus, qui ne sont que trop possibles, sera de faire haïr le Gouvernement, ou tout au moins de le faire craindre comme un pouvoir quelquefois nuisible, toujours gênant et incommode, tandis qu'il est de la plus haute importance que tous les citoyens le respectent et le chérissent, et ne le voient jamais que comme un pouvoir essentiellement protecteur et toujours bienfaisant.

Les avantages qu'on se promet de cette mesure sont bien moins certains que les abus qu'on vient de signaler: on espère que la surveillance du Gouvernement préservera la société des excès auxquels on suppose que des individus qui ont déjà subi une peine rigoureuse seront encore disposés à se porter, et préviendra de nouveaux crimes; mais la loi a établi, avec raison, des peines beaucoup plus sévères contre les récidives, et il est permis de douter que celui que la crainte de ces peines ne pourra pas contenir, soit retenu par l'effet d'une surveillance qui sera le plus souvent illusoire.

Il est possible qu'à la rigueur cette mesure ne soit pas directement et essentiellement contraire à l'esprit de la Constitution , tant qu'elle ne frappe que sur des individus condamnés à des peines afflictives et infamantes , quoiqu'il fût peut-être plus humain de considérer celui qui a subi sa peine comme ayant suffisamment expié son crime, et entièrement effacé la tache d'infamie que sa condamnation lui avait imprimée, sur-tout lorsqu'il a été condamné pour une première faute qui n'annonce pas en lui une immoralité ou une dépravation profonde et incorrigible.

Peut-être serait-il plus sage d'encourager de pareils hommes , d'élever leur ame par une confiance dont ils sentiraient tout le prix, de leur laisser l'espérance de recouvrer, par une conduite librement régulière et irréprochable, l'estime et la considération qu'une première faute leur a fait perdre , que de les avilir et les dégrader à leurs propres yeux, en les soumettant à la surveillance d'une police méprisante qui semblera les avertir qu'on les regarde désormais comme incapables d'aspirer à la vertu.

Mais, sous un autre rapport, est-il bien prudent, en général, d'accoutumer l'autorité à user arbitrairement du pouvoir qui lui est confié ! n'a-t-elle pas une tendance assez naturelle, assez directe et habituelle à s'accroître sans qu'on lui en fournisse les moyens ! Les lois ne sont pas faites pour une seule génération ; leur influence s'étend sur plusieurs siècles, et nous ne devons pas juger des gouvernans futurs par ceux que nous avons l'avantage de posséder.

. Cette dernière considération peut s'appliquer , sous un autre point de vue, aux dispositions qui prononcent, dans plusieurs cas, la confiscation générale des biens des condamnés.

Cette peine a toujours paru immorale et odieuse ; et après avoir lu les observations judicieuses et énergiques présentées sur cette matière par l'un des rédacteurs du Projet que nous examinons, on ne devait pas s'attendre à voir ce dangereux principe consacré par les dispositions du Code.

Il fut un temps où toutes les peines étaient pécuniaires : les crimes des citoyens étaient le patrimoine du prince : les attentats contre la sûreté publique étaient une source de revenu pour l'État ; et le souverain et les magistrats destinés à la protéger , avaient intérêt à la voir insultée.

Quel fut le triste résultat de cette imprudente législation ? le Gouvernement devint chaque jour plus avide et plus insatiable ; loin de chercher à prévenir les crimes, il se rejouissait d'en voir augmenter le nombre : les accusations se multipliaient. Le juge , chargé d'instruire et de prononcer la condamnation, bien prévenu que le Gouvernement convoitait la fortune de l'accusé, et la regardait comme un patrimoine qui ne pouvait lui échapper, dirigeait toutes ses poursuites de manière à ne pas manquer sa proie. L'intérêt de la justice et de la vérité n'était rien pour lui ; il cherchait le crime dans la personne de l'accusé ; il lui tendait des piéges ; il craignait de se faire tort à lui-même, s'il ne réussissait pas à le trouver coupable : les plus faibles conjectures, les indices les plus insignifians suffisaient pour faire condamner le malheureux qu'on voulait dépouiller; et l'innocence était journellement sacrifiée à l'avidité fiscale et à l'intérêt particulier du Souverain.

Sans doute, nous ne devons pas craindre de voir renouveler parmi nous des abus aussi révoltans : la sagesse et la loyauté de notre Gouvernement nous en garantissent assez ; et il faut espérer que la République française ne sera jamais gouvernée par des mains assez impures et assez avides pour aller chercher des trésors dans la sentine des crimes ; mais il importe à la gloire de la grande nation, qu'un Code criminel qui sera, pour ainsi dire, l'ouvrage de tous les citoyens, ne consacre pas un principe qui peut devenir le germe et la source des plus grandes injustices, et qui, outre l'inconvénient d'exciter la cupidité du Gouvernement, a cet autre caractère d'iniquité, qu'il fait souffrir à une famille innocente la peine du coupable, et peut la pousser au crime en la réduisant à l'indigence et au désespoir.

On a cru justifier l'usage des confiscations générales en les bornant aux cas où le crime aurait causé ou pu causer de grandes pertes à l'État ; on les a regardées alors comme une conséquence du principe qui veut que l'auteur d'un dommage soit tenu de le réparer ; mais, d'une part, dans tous les cas où le projet de Code prescrit la confiscation générale, il prononce aussi la peine de mort ; et lorsqu'un coupable a payé de sa vie, il est difficile de croire qu'il puisse être juste d'exiger quelque chose de plus.

D'un autre côté, le tort que les crimes font à la société, n'est pas de la même nature que celui qu'ils peuvent faire aux particuliers ; c'est un dommage purement moral, qui, par sa nature, ne peut être ni apprécié ni réparé par des indemnités pécuniaires.

En tout cas, il vaudrait encore mieux que l'État perdît ces tristes indemnités, que si un Gouvernement avide pouvait abuser de la loi pour dépouiller des innocens. Les adoucissemens que les rédacteurs du projet ont cru devoir apporter aux principes des confiscations générales, prouvent assez qu'ils en ont senti tout le danger : avec ces modifications les suites de la confiscation seront moins funestes, moins pernicieuses ; mais le principe sera toujours assez injuste ou du moins assez dangereux pour qu'il soit plus prudent de le proscrire.

Disons donc avec le citoyen *Target : que cette tache honteuse ne déshonore plus nos lois, qu'elle soit à jamais effacée du Code de la France.*

Après ces observations générales, nous nous bornerons à un petit nombre de remarques particulières sur quelques-uns des nombreux articles qui composent la première partie du Projet, à mesure que l'occasion s'en présentera. Nous devons dire cependant que nous avons été frappés, en le parcourant du peu d'ordre et de la confusion qui règne dans la classification des crimes et délits, et dans l'énumération des peines applicables à chacun d'eux : souvent le même chapitre, la même section, parcourent une longue série de faits qui, des crimes les plus graves, descendent aux délits les plus légers, et prononcent confusément, suivant les circonstances, des peines afflictives et infamantes, des peines correctionnelles, quelquefois même des peines de simple police.

Si on laisse subsister ce désordre, les juges qui seront appelés à faire l'application de ces diverses peines seront obligés, chaque fois qu'ils auront un jugement à rendre, de faire des recherches longues et laborieuses pour trouver le texte de la loi qu'ils devront appliquer.

Dans toutes chose l'ordre est toujours utile et ne nuit jamais à rien.

Il serait mieux, ce semble, que le Code criminel fût divisé en trois parties bien distinctes, dont l'une traiterait de ces premiers délits qu'on appelle de simples contraventions, expliquerait clairement la marche que chaque citoyen aurait à suivre pour obtenir la réparation du dommage qu'il aurait souffert; désignerait les fonctionnaires auxquels il devrait adresser sa plainte ; ce que ceux-ci auraient à faire après l'avoir reçue, soit pour constater le délit, soit pour découvrir le coupable; les chargerait de renvoyer toutes les pièces de cette première procédure au tribunal qui devrait juger définitivement ; réglerait la forme de procéder devant ce dernier tribunal ; déterminerait enfin les différentes peines qu'il pourrait appliquer suivant les circonstances.

La seconde partie ne traiterait que des délits punissables des peines correctionnelles; elle devrait être rédigée dans le même ordre.

La répression de ces sortes de délits ne se poursuivant guères que sur la plainte des particuliers qui en ont été lésés, il est nécessaire que chacun sache de quelle manière il devra s'y prendre pour obtenir la réparation du dommage qu'il aura souffert.

Le premier mouvement de ceux qui ont à se plaindre d'un délit étant de s'adresser au maire de leur commune, parce qu'il est le plus à leur portée, il importe, non seulement, que les maires soient investis du droit de recevoir les plaintes, de constater par des procès-verbaux, l'existence du délit et de faire toutes les informations nécessaires pour en découvrir l'auteur, mais encore que la loi leur *en impose formellement l'obligation ;* car la plupart de ces fonctionnaires ont beaucoup de répugnance à se charger de ces opérations qu'ils regardent comme étrangères à leurs fonctions habituelles, et comme un surcroit de travail dont ils ne demandent pas mieux que de se débarrasser.

Il n'arrive que trop souvent que des maires insoucians renvoient brusquement celui qui vient leur demander justice, sous le vain prétexte que cela ne les regarde pas ; le malheureux ainsi éconduit ne sachant plus comment s'y prendre, aime mieux renoncer aux justes indemnités qu'il était en droit de réclamer, que d'entreprendre de nouvelles démarches, plus pénibles, plus dispendieuses et dont le succès lui paraît plus incertain ; ainsi le crime demeure impuni, et cette impunité trop fréquente, enhardit les méchans, et les porte à de nouveaux attentats qui jettent le trouble et le désordre dans la société, fatiguent et attristent les paisibles habitans des campagnes.

La troisième partie enfin, serait exclusivement relative aux crimes du premier ordre, à la forme de procéder pour parvenir au jugement définitif, et aux peines qui devraient leur être infligées, suivant le plus ou moins de gravité de chacun d'eux; l'application de la peine ne pouvant avoir lieu qu'après la conviction de l'accusé, il semble que le Code devrait régler la forme de procéder pour acquérir cette conviction, avant de déterminer les peines qui devraient être appliquées.

OBSERVATIONS PARTICULIÈRES

SUR LA PREMIÈRE PARTIE.

CHAPITRE Ier

Art. 31. Sur cet article, on observe que pour les crimes commis à l'extrémité d'un arrondissement, l'exemple ne sera pas plus efficace par l'exécution d'une condamnation dans le chef-lieu de ce même arrondissement, qu'il ne l'est par l'exécution qui s'en fait dans le chef-lieu du département; ainsi, cette disposition multiplierait les frais sans atteindre le but qu'on s'était proposé, qui est l'utilité des exemples locaux.

Il pourrait aussi y avoir des inconvéniens à faire *toujours* l'exécution sur le lieu du délit, ce qui d'ailleurs deviendrait très-onéreux pour le trésor public.

Le moyen de tout concilier, serait d'autoriser les tribunaux criminels à ordonner, dans certains cas, selon les circonstances, telles que la gravité du crime, la nécessité d'un exemple local, &c., que l'exécution serait faite sur le lieu même ou sur le lieu le plus voisin de celui du délit. On pense aussi que l'intervention du préfet, pour tout ce qui concerne l'exécution des jugemens, est hors des attributions de l'autorité administrative. Les tribunaux criminels devant lesquels les débats ont eu lieu, sont certainement mieux à portée de juger des circonstances qui peuvent nécessiter ou rendre plus utile l'exécution *locale* d'une condamnation.

CHAPITRE III.

Crimes et Délits contre la paix publique.

SECTION Ire

Des Faux.

Art. 127. Celui qui se permet de contrefaire ou d'altérer les monnaies nationales ayant cours, commet un crime très-grave, qui doit être d'autant plus sévèrement puni, qu'aucune circonstance ne peut l'excuser; mais celui qui livre *pour bonnes* des pièces qu'il a reçues *pour telles*, et qui sont néanmoins fausses, quoiqu'il soit rigoureusement vrai qu'il a participé matériellement à l'exposition ou distribution des monnaies contrefaites, ne peut être puni comme complice d'un faux, que lorsque les circonstances du fait prouvent clairement qu'il a su que la monnaie était fausse.

Il paraît donc nécessaire d'ajouter dans la dernière partie de l'art. 127, le mot *sciemment,* ou tout autre, qui fasse disparaître une équivoque qui pourrait devenir très-dangereuse.

Même observation pour l'art. 129.

Art. 132. Il paraît trop rigoureux de punir sans restriction, comme coupable du crime de faux, un fonctionnaire qui aurait omis de constater dans un acte, des faits existans et relatifs à l'objet de cet acte; car, cette omission pourrait être l'effet de l'inadvertance ou de l'erreur.

Il faut que la loi s'explique nettement sur ce point, et déclare que l'omission dont il s'agit, ne sera réputée crime que quand elle aura été faite *méchamment et à dessein de nuire.*

Art. 134. Cet article punit de la déportation quiconque aura fait usage de quelqu'une des pièces fausses dont il fait l'énumération; et il est toujours sous-entendu que celui qui en a fait usage en connaissait la fausseté.

Il est indispensable d'ajouter à la fin de l'article, les mots *sachant qu'elles étaient fausses.*

Section III.

Art. 170 *et suiv.* Il semble que cet article et les trois suivans, seraient mieux placés dans la section II, relative aux crimes ou délits des fonctionnaires publics, dans l'exercice de leurs fonctions.

§. II, art. 178 et 184. Il y a dans ce paragraphe une lacune relativement aux outrages faits aux fonctionnaires, *hors l'exercice de leurs fonctions,* lorsqu'ils se trouvent revêtus du costume particulier ou de la marque distinctive que la loi les autorise à porter.

Certes, les outrages faits à un magistrat, dont la mise extérieure annonce le caractère public, et qui par conséquent ne peut être méconnu par personne, sont plus graves que ceux faits à un simple particulier. Dans ce cas, il y a outrage et contre le citoyen et contre la loi elle-même, dans la personne de l'un de ses organes.

Il faudrait donc une peine particulière et plus forte contre ce genre d'outrage; sans cela, un magistrat, un fonctionnaire public, partant de chez lui revêtu des signes extérieurs qui le distinguent, pour aller remplir ses fonctions, pourra être outragé, insulté comme tout autre particulier, sans que le coupable doive s'attendre à être plus sévèrement puni, ce qui ne serait ni juste ni convenable.

TITRE II, CHAPITRE I.ᵉʳ

Art. 259. Il est bien difficile, pour ne pas dire impossible, d'acquérir la certitude que la mort survenue, dix ou quarante jours après des blessures ou des coups donnés, est l'effet immédiat et nécessaire de ces blessures et de ces coups. Jusqu'à présent, on s'en est rapporté, sans examen, aux attestations des officiers de santé; cependant on ne peut se dissimuler que leur opinion ne soit bien souvent suspecte; il n'arrive que trop fréquemment que la mort, dans ces circonstances, est plutôt l'effet et la suite de pansemens négligés ou de traitemens mal administrés; et néanmoins l'officier de santé, qui ne veut pas avouer son impéritie ou sa négligence, ne manque pas d'affirmer que la mort ne peut être attribuée qu'aux blessures et aux coups reçus, et le malheureux accusé n'en est pas moins condamné comme coupable de meurtre.

Art. 286 et 287. Si l'infanticide est la suite immédiate d'un acte de barbarie, de blessures ou de coups portés volontairement sur la personne d'un enfant nouveau-né, il devrait sans doute être réputé assassinat, et puni comme tel.

Si telle est l'intention du législateur, il est nécessaire que la loi s'en explique positivement.

Art. 306. Il est des hommes violens par caractère, qui se portent trop facilement à frapper et blesser sans aucun motif réel, ceux qu'ils croient être au dessous d'eux; il semblerait juste de punir ces excès de quelques peines correctionnelles. Si la loi ne venge pas l'offensé, il est à craindre qu'il ne cherche à se venger lui-même; et l'impunité prononcée par la loi, deviendra peut-être la source de nouveaux crimes qui nécessiteront des peines plus sévères.

La loi du 22 juillet 1791 voulait que celui qui, hors le cas de légitime défense, et sans excuse suffisante, aurait blessé ou même frappé des citoyens, fût puni de la peine de l'amende et même de l'emprisonnement.

Une semblable disposition serait utile dans la partie du nouveau code criminel relative aux peines correctionnelles.

Art. 323. Cet article et les quatre suivans devraient être placés dans la section première du chapitre III, relative au faux.

DEUXIÈME PARTIE.

INSTRUCTION PAR JURÉS.

OBSERVATIONS GÉNERALES.

UNE expérience de douze années semblait avoir prouvé que l'institution des jurés, si belle en théorie, n'est pas aussi utile dans ses effets qu'on avait d'abord paru le croire ; les tristes résultats qu'elle a produits parmi nous, n'ont que trop démontré le vide et l'illusion des espérances qu'on en avait conçues.

Elle fut bien reçue dans le principe ; mais la faveur qu'elle obtint dans sa nouveauté, fut moins due aux avantages qu'on lui supposa trop gratuitement, qu'à la disposition particulière où se trouvaient alors tous les esprits.

Tous nos anciens usages avaient rapidement et presque subitement disparu ; il était aussi urgent qu'indispensable de les remplacer ; les circonstances ne permettaient guères d'examiner bien attentivement si ce qu'on proposait de leur substituer valait mieux que ce qu'on avait détruit. Le projet de faire juger les procès criminels par des jurés, pris au hasard et sans distinction, parmi tous les citoyens, fut accueilli avec transport, précisément parce que cette institution était nouvelle et populaire, et qu'elle ne ressemblait en rien à ce qui avait existé.

On se persuada trop facilement que pour prononcer sur un crime, et sur toutes les circonstances qui le nuancent, il suffisait d'avoir du sens commun et des lumières naturelles ; on supposa trop légèrement que les jurés n'auraient à s'expliquer que sur des faits matériels qui tomberaient sous leurs sens, et l'on en conclut, plus légèrement encore, que leurs décisions seraient toujours faciles et justes.

Il était aisé de prévoir néanmoins que, dans plusieurs cas, les faits seraient tellement compliqués, si différens, quelquefois même si contradictoires, qu'il n'était pas raisonnable d'espérer que des hommes sans instruction, sans connaissances acquises, et qui, le plus souvent, ne savent pas se rendre raison à eux-mêmes de leurs propres jugemens, pussent si facilement distinguer les faits dont l'existence serait certaine, de ceux qui, quoique moins clairement établis, présenteraient cependant toujours un certain degré de probabilité.

On ne fit pas attention que les faits qui doivent être reconnus par les jurés, ne se passent point sous leurs yeux, qu'ils ne frappent pas immédiatement leurs sens, qu'ils leur sont transmis par des témoins plus ou moins dignes de confiance, dont ils doivent apprécier la crédibilité, d'après leur moralité connue, et sur-tout d'après l'intérêt qu'ils peuvent avoir de dire ou de ne pas dire la vérité.

Peut-on se persuader que des hommes sans lumières et sans expérience , seront plus propres à saisir la vérité à travers les nuages dont un accusé cherche toujours à l'obscurcir, que des magistrats consommés , qui , par une étude approfondie du cœur humain , ont appris à connaître le jeu des différentes passions qui dirigent et déterminent les actions des hommes , et qui , par une longue habitude , ont acquis la facilité d'apercevoir la vérité , dans le langage , dans les gestes , dans la contenance même des témoins et des accusés !

Si l'on ne peut s'empêcher de reconnaître que l'expérience et l'habitude donnent nécessairement à des juges permanens plus d'aptitude à découvrir la vérité, plus de moyens de se garantir de l'erreur et des piéges que l'homme qui défend sa vie, sa liberté ou son honneur , ne cesse de tendre à celui qui doit le juger , peut-on, sans leur faire injure , supposer qu'ils auront moins de zèle pour leurs devoirs , moins de fermeté ou d'impartialité , que des jurés qu'aucun intérêt n'attache à des fonctions qu'ils ne remplissent que malgré eux, et qui , intimidés par le sentiment même de leur insuffisance , doivent naturellement céder aux premières impressions qu'ils reçoivent , et se laisser facilement séduire par celui qui saura le mieux les flatter ou les attendrir !

On craint que l'habitude de voir des coupables, n'inspire à des juges permanens , des préventions défavorables aux accusés ; mais les dangers de cette prévention , qu'on a beaucoup trop exagérés , peuvent-ils entrer en comparaison avec ceux qui doivent nécessairement résulter de l'incapacité absolue qu'auront toujours des hommes appelés à remplir , momentanément, des fonctions dont ils ne connaissent, ni ne peuvent sentir l'importance ; qui les regardent , au contraire, comme une charge pesante dont il leur importe de se débarrasser au plus vîte, et qui, par cette raison, ne mettent ni gloire ni intérêt à les bien remplir !

Affranchis de toute responsabilité, et sûrs que leurs erreurs ou leurs écarts trouveront toujours leur excuse dans une inexpérience dont on ne peut leur faire un crime , l'opinion publique et la crainte du blâme, qui sont un frein si puissant pour des magistrats qui ont besoin d'être toujours et plus particulièrement estimés, considérés et respectés, n'ont aucune influence sur des jurés qui n'exercent que des fonctions temporaires et fugitives , qui leur deviennent étrangères aussitôt qu'ils les ont remplies , et dont les suites ne peuvent jamais les atteindre.

Comment des hommes ainsi abandonnés à eux-mêmes, découragés par le sentiment de leur faiblesse et de leur ignorance , sans règles et sans principes qui puissent les éclairer et diriger leur marche , seraient-ils en état de résister aux nombreuses séductions qui assiégent sans cesse l'homme institué par la loi pour juger ses semblables ! Ce n'est point parmi eux que la société peut espérer de trouver cette fermeté et cette impartialité qu'elle a droit d'exiger et d'attendre de tous ceux qu'elle prend pour juges de ses intérêts.

Le concours des jurés, dans le jugement des procès criminels, ne peut être avantageux qu'aux malfaiteurs, par les nombreuses chances d'impunités qu'il leur présente : ces absolutions trop fameuses, qui ont glacé d'épouvante tout ce qui est intéressé au maintien de l'ordre social, en sont une preuve bien affligeante; les méchans n'ignorent pas que devant un jury, toujours faible et timide, il leur sera facile d'échapper à la conviction; cet espoir les enhardit, et les crimes se multiplient.

La considération des nombreux inconvéniens qui nous paraissent inséparables de l'instruction par jurés, nous fait douter qu'on puisse jamais en obtenir les avantages que nous promettent les partisans de cette institution; quelques précautions que l'on prenne pour avoir de meilleurs choix, on trouvera toujours de grands obstacles dans cette répugnance, presque invincible, qu'ont tous les citoyens pour des fonctions qu'ils ne se croient point obligés de remplir, et qu'ils regardent comme un fardeau pénible, dont rien ne compense à leurs yeux les désagrémens.

Cette répugnance universelle prouve assez que cette institution ne convient point aux mœurs et aux habitudes du peuple français : accoutumés à se reposer sur le Gouvernement du soin de faire juger et punir les malfaiteurs qui troublent l'ordre et la tranquillité publique, et à voir administrer la justice par des corps permanens, les simples citoyens ne se persuaderont jamais qu'il soit de leur intérêt de quitter le soin de leurs affaires particulières, ni qu'ils doivent renoncer à leurs plaisirs, pour venir s'occuper pendant plusieurs jours d'un travail d'autant plus pénible, que ne trouvant pas en eux-mêmes l'aptitude et les moyens nécessaires pour s'en bien acquitter, il leur présente des difficultés qui les effraient, et qu'ils désespèrent de pouvoir surmonter.

Cette crainte leur inspire une telle aversion pour les fonctions de jurés, qu'il n'a jamais été possible de réunir tous les citoyens que le sort a désignés pour former un jury de jugement; on ne saurait se faire une juste idée des difficultés que nous éprouvons journellement à ce sujet : nous croyons devoir en consigner ici une partie :

Sur *quinze* citoyens convoqués dix jours d'avance, il est rare qu'à l'ouverture de la session il s'en trouve plus de *sept* ou *huit,* souvent il en manque *dix*, quelquefois même jusqu'à *douze ;* la liste générale ne fournit jamais assez de citoyens domiciliés dans la ville, pour remplacer un si grand nombre d'absens; d'ailleurs, comme ils savent qu'on ne manquera pas de les appeler, ils s'absentent ou se cachent : le tribunal en désigne d'autres, qu'on ne trouve pas chez eux lorsqu'on va les avertir.

Tandis que les huissiers courent de maison en maison, les juges, le petit nombre de jurés qui se sont rendus, les témoins, les accusés et leurs défenseurs, attendent avec impatience qu'il arrive des remplaçans ; plusieurs heures se passent ainsi inutilement, souvent tout le temps d'une séance s'est écoulé, sans qu'on soit encore assuré de pouvoir compléter le jury. Le tribunal est forcé d'autoriser les huissiers à prendre pour remplaçans les premiers citoyens qui auront assez de complaisance pour céder à leur invitation ; comme le nombre n'en est pas grand, et qu'ils sont bien connus des huissiers et du public, il arrive que ce sont toujours les mêmes individus qui se présentent pour remplacer les jurés manquans. Le tribunal qui a consumé sans fruit la majeure partie de la journée, frappé d'ailleurs des mouvemens d'impatience auxquels se livrent fréquemment les spectateurs, ne peut se dispenser d'accepter les remplaçans qui se présentent ; les accusés, qui ont le plus grand intérêt à voir enfin terminer leurs angoisses et leur incertitude, ne font point de récusation ; et il en résulte que, contre le vœu de la loi, ces citoyens deviennent en quelque sorte des jurés permanens. Ce n'est pas tout : lorsqu'il est nécessaire de suspendre les débats, l'heure précise de cette nouvelle réunion est indiquée ; mais il s'en faut bien que tout le monde soit exact à s'y trouver. Lorsque le tribunal croit pouvoir reprendre la suite des débats, l'appel des jurés apprend qu'il en manque plusieurs ; on ne peut pas les faire avertir, parce qu'on ne sait où les prendre ; il faut encore attendre qu'il leur plaise d'arriver : les mouvemens d'impatience se renouvellent, et il devient souvent impossible de maintenir les spectateurs dans la décence et le respect que leur commande la loi.

On se tromperait beaucoup si l'on croyait que les tribunaux criminels ont le pouvoir de faire cesser ces inconvéniens qui se renouvellent à chaque séance ; les moyens coercitifs qu'ils peuvent employer sont évidemment insuffisans, on peut même dire qu'ils sont à-peu-près nuls ; quelles peines peuvent-ils prononcer contre un juré qui s'étant rendu sur la sommation qui lui a été donnée, ne se trouve pas à l'heure indiquée pour une nouvelle réunion : les réprimandes sévères que le président ne manque pas de faire dans ces occasions, produisent peu d'effet ; elles ne peuvent, ni réparer le désordre, ni empêcher qu'il se renouvelle plusieurs fois à chaque session.

Quant aux jurés qui ne se sont pas du tout présentés, la loi permet, il est vrai, de les condamner à vingt jours d'emprisonnement et 50 francs d'amende ; mais les condamnations fréquemment prononcées par les tribunaux criminels, ne sont presque jamais suivies d'exécution, parce qu'ils trouvent toujours des officiers de santé assez complaisans pour certifier qu'ils ont été retenus par une maladie grave.

Ainsi la répugnance qu'ont presque tous les citoyens à remplir les fonctions de jurés se fortifie et se perpétue par la facilité qu'ils ont de s'en dispenser ; et ce qu'il importe de remarquer, sur-tout c'est que cette répugnance est plus forte parmi les citoyens les plus aisés, et qui souffriraient moins de la perte de leur temps. Si lors de la formation du tableau, le sort tombe sur un homme de loi, un notaire, un officier de santé, ou un riche propriétaire, on peut compter d'avance, qu'ils ne viendront pas et qu'un certificat accordé à des considérations d'intérêt particulier ou arraché par l'importunité, déclarera qu'ils étaient dans l'impossibilité d'entreprendre aucun voyage. Ceux qui obéissent le plus exactement aux sommations qui leur sont faites, sont de simples et malheureux cultivateurs, ou des citoyens vivans de leur travail et de leur industrie, pour qui le sacrifice de plusieurs jours, employés sans fruit pour leur famille, devrait être plus pénible ; qui le font pourtant sans murmurer, tandis que de riches propriétaires accoutumés à une vie molle et sédentaire, craignent de se fatiguer ou de se priver d'une partie de leurs plaisirs, et ne rougissent pas d'employer la corruption et l'imposture pour se dispenser de remplir un devoir dont ils devraient s'honorer.

Cette observation dont nous pouvons garantir la vérité, nous fait craindre que la précaution de n'appeler aux fonctions de jurés que les citoyens les plus imposés aux rôles des contributions, et parconséquent les plus riches, ne remédiera point aux inconvéniens que nous venons de retracer. La paresse et l'indolence, si communes dans cette classe de citoyens, en retiendra toujours le plus grand nombre dans leurs foyers, et on éprouvera les mêmes embarras pour les remplacer, dans les villes sur-tout dont la population peu considérable, ne présentera qu'un petit nombre de citoyens payant cent francs de contributions.

Les moyens par lesquels on se propose de contraindre les jurés qui refuseraient d'obéir à une première invitation , ne seront pas moins illusoires que ceux qui ont été usités jusqu'à ce jour ; et *la main-mise* sur leurs personnes , outre qu'elle sera impraticable lorsqu'on ne trouvera pas le juré , produirait , en cas de résistance, des scènes bien scandaleuses, qui jetteraient plus de défaveur encore sur l'institution elle-même.

L'expérience de tous les temps a prouvé que les moyens violens ne sauraient soutenir les institutions qui contrarient le goût et les habitudes du peuple ; la résistance générale , quelque faible qu'elle soit, use à la longue la force qui ne peut pas toujours agir : et l'autorité elle-même est souvent contrainte d'abandonner des projets utiles, par la seule raison qu'ils sont en opposition avec le caractère national , ou qu'ils contrarieraient les usages anciens et qui ont pris de profondes racines.

L'institution des jurés étant de ce genre, nous sommes intimement convaincus qu'on sera forcé d'y renoncer tôt ou tard ; et nous pensons qu'il vaudrait mieux l'abandonner dès cet instant, que de tenter une nouvelle épreuve, qui offrira toujours les mêmes difficultés , les mêmes inconvéniens, les mêmes résultats.

L'établissement des préteurs ambulans et le nouveau mode de choisir les jurés ne feront point cesser les dangers que nous venons de retracer ; peut-être même se présentera-t-il, dans l'exécution, de nouvelles difficultés plus désagréables encore.

L'embarras que nous éprouvons maintenant pour réunir quinze jurés, avertis dix jours d'avance, fait assez pressentir qu'on aura bien plus de peine à en réunir *quarante ;* le remplacement des absens sera nécessairement moins prompt : les courses qu'il faudra faire du prétoire à la mairie, de la mairie dans les différens quartiers de la ville, consumeront plus de temps en pure perte, sur-tout si l'on ne trouve pas à leur domicile les remplaçans que le maire aura indiqués, ce qui arrivera souvent.

Ces difficultés se renouvelleront plusieurs fois dans la même session ; car on ne doit pas s'attendre que les vingt-huit jurés qui n'auront pas été employés pour la première affaire se trouveront à point nommé dans le prétoire lorsqu'on voudra passer à une seconde : on ne pourra ni les faire avertir, parce qu'on ne saura où les prendre, ni les remplacer, parce que la liste faite pour les précédens grands-jours sera épuisée.

Ajoutons que la nécessité imposée aux jurés de jugement de donner toutes leurs déclarations à *l'unanimité,* effrayera bien plus encore ceux qui auront à craindre d'être appelés en remplacement ; que probablement à l'ouverture des grands-jours ils prendront leurs précautions pour qu'on ne puisse pas les trouver. Ainsi la marche de la justice qui devrait être si prompte, quand il s'agit de frapper le crime, sera entravée à chaque pas : les tribunaux criminels auront moins de dignité, et n'obtiendront peut-être jamais la considération et le respect qui leur sont si nécessaires.

D'un autre côté, un préteur étranger au département dans lequel il viendra rendre la justice, éprouvera personnellement des désagremens qu'il n'aura pas prévus ; les témoins qu'il devra interroger n'entendront pas la langue française, et lui-même n'entendra pas leur idiome ; il faudra à chaque instant appeler un interprète : mais l'intermédiaire d'un interprète n'est pas à beaucoup près sans inconvénient. Outre que les répétitions fastidieuses des mêmes questions et des mêmes réponses allongeront beau-coup les débats, un interprète ne rendra jamais tous les détails de la dé-claration d'un témoin ; il n'en transmettra souvent qu'un extrait imparfait ; sa traduction ressemblera tout au plus à une déclaration écrite, et le préteur ne sera pas plus instruit que si le témoin n'avait pas déposé oralement. Le résultat du débat particulier qui s'élève presque toujours entre le témoin et l'accusé, et qui est souvent si précieux et si utile pour découvrir la vérité, sera entièrement perdu ; car quelque intelligence que l'on suppose à un in-terprète, il lui sera impossible de saisir, et sur-tout de rendre tout ce qui se dit dans la chaleur et la vivacité de ce débat.

Nous terminerons ici des observations, qui paraîtront peut-être longues et minutieuses ; mais comme les difficultés que l'instruction par jurés présente dans l'exécution, sur-tout lorsque les tribunaux criminels sont placés dans une petite ville dont les habitans, peu fortunés, ont besoin d'employer tout leur temps au travail et au soin de leurs affaires particulières, ne sont connues que de ceux qui les ont éprouvées, nous avons cru devoir en donner une légère idée, pour faire sentir de plus en plus l'impossibilité de consolider en France une institution si peu analogue aux goûts et aux habitudes du peuple.

Si on persiste à vouloir la conserver, les formes à suivre par les divers fonctionnaires chargés de l'action de la police et de la justice, et les règles de procédure consignées dans le Projet, étant à-peu-près les mêmes que celles qui ont été suivies jusqu'à ce jour, ne nous ont paru susceptibles d'aucune observation essentielle. Nous ajouterons seulement quelques réflexions bien succinctes, sur un petit nombre de dispositions particulières, qui nous ont paru présenter quelques légers inconvéniens.

OBSERVATIONS PARTICULIÈRES

SUR LA DEUXIÈME PARTIE.

Art. 539. Il semble que s'il existait des *preuves écrites* des délits portés par cet article, les tribunaux correctionnels devraient en connaître ; parce qu'alors on ne serait pas exposé aux inconvéniens résultant de la facilité de prouver *par témoins* des conventions au-dessus de la somme fixée par le Code civil.

Art. 779 et 780. S'il ne s'agissait que de l'application passive d'une peine fixe et déterminée sur la déclaration du jury, il n'y aurait point d'inconvénient à laisser le préteur *seul juge* de cette application ;

Mais du moment où le juge a la latitude entre un *minimum* et un *maximum* de peines, ne serait-il pas convenable que le préteur ne jugeât pas seul !

Moins encore en matière correctionnelle, où le préteur, qui a voix prépondérante, pourrait réformer *lui seul* un jugement rendu par *trois ou quatre* juges de première instance.

Il paraîtrait convenable, dans tous les cas, de composer le tribunal criminel du préteur, du propréteur du chef-lieu et d'un suppléant, ou du propréteur du chef-lieu et de deux autres propréteurs ou suppléans, sans que néanmoins, dans aucun cas, il pût être composé des trois suppléans seulement.

Art. 817. Le délai de cinq jours accordé, dans ce cas, à l'accusé pour attaquer de nullité, d'incompétence ou d'excès de pouvoirs, les actes de la procédure, paraît trop court.

Sur l'article 818, même observation que pour l'article précédent, relativement au délai accordé au commissaire du Gouvernement.

Sur l'article 866, il convient d'ajouter le mot *unanime* à la formule de la déclaration du jury ; par ce moyen, on s'assurerait davantage de l'exécution de l'article 864, qui veut que la décision des jurés ne puisse se former qu'à l'*unanimité*.

Sur l'article 869,

Le tribunal devrait avoir la faculté de provoquer une déclaration *spéciale* sur les circonstances aggravantes, selon qu'il pourrait y avoir lieu, et de poser les questions y relatives, afin que le jury ne pût se dispenser de résoudre ces questions, et qu'il n'éprouvât pas d'embarras sur le nombre ou le caractère des circonstances.

Art. 1045. Il paraîtrait convenable, dans ce cas, d'obliger le demandeur en *prise à partie*, à consigner, en formant sa demande, le *maximum* de l'amende portée par la loi, sauf la restitution de tout ou de partie, selon qu'il y aurait lieu ; par ce moyen, les juges ne seraient pas exposés à une action en *prise à partie* trop indiscrètement ou trop légèrement formée.

Telles sont les observations que le tribunal criminel du département de la Dordogne et le commissaire placé près de lui, présentent au Gouvernement, sur le projet de Code criminel, rédigé par la commission nommée par le premier Consul.

Signé Dalby, *président ;* Lalande-Laborie, *juge ;* Fournier jeune, *juge ;* Lanxade, *commissaire du Gouvernement ;* Lapouyade, *greffier.*

OBSERVATIONS

DU TRIBUNAL CRIMINEL

DU DOUBS,

SUR

LE PROJET DE CODE CRIMINEL.

OBSERVATIONS

DU TRIBUNAL CRIMINEL

DU DOUBS,

SUR

LE PROJET DE CODE CRIMINEL.

LA conservation de l'institution du jury étant la base du systême proposé, on examinera d'abord cette institution en elle-même et dans les modifications dont elle est susceptible. Les autres parties du nouveau code seront ensuite examinées dans l'ordre suivant : 1.º l'organisation des tribunaux criminels, 2.º l'organisation des tribunaux de police, 3.º l'organisation générale des officiers de police judiciaire , 4.º le mode des poursuites qui leur sont confiées , 5.º la forme de procéder devant les tribunaux criminels, correctionnel et de police, 6.º la classification des crimes, délits et contraventions , et les peines qui leur sont attribuées ; enfin, on proposera un plan d'organisation des tribunaux criminels, d'après les principes qui auront été établis dans le cours des observations.

Sur l'Institution du Jury.

C'est quelque chose de vraiment étonnant que l'opposition qui règne entre les jugemens portés par les meilleurs esprits sur l'institution du jury en France ; les uns, éblouis par une théorie séduisante , appréciant l'institution moins par ce qu'elle est chez nous, que par le succès qu'elle a en Angleterre, la regardent comme le *palladium* de la liberté civile; ils ont pour elle une vénération qui tient de l'idolâtrie : forcés d'y reconnaître des défauts, ils ne les considèrent que comme de légères imperfections qu'il est facile de faire disparaître : les autres, plus vivement frappés de ces mêmes vices, les tiennent pour essentiels et indestructibles. Selon eux, l'institution du jury est contraire à nos mœurs et à nos habitudes ; elle n'est propre qu'à assurer l'impunité aux criminels; elle est et sera toujours en France le fléau de la liberté civile , dont on avait espéré qu'elle serait le garant.

Doubs.   A

Nous partageons cette dernière opinion; une longue expérience a détruit pour nous le prestige , et nous ne craignons pas d'avancer que l'institution du jury est impraticable en France; qu'elle ne peut être dépouillée des vices qui l'y ont jusqu'ici accompagnée; enfin, que la justice criminelle ne peut y être administrée que par de grands tribunaux chargés en même temps de déclarer les faits et d'appliquer la loi.

Les auteurs du nouveau Projet ne se déguisent pas les imperfections actuelles de l'institution du jury; mais il n'est pas moins nécessaire d'en re-tracer ici le tableau : pour bien juger les moyens de perfectionnement qu'ils indiquent, il faut déterminer exactement le point de départ , et sonder la profondeur du chemin à parcourir.

Ignorance, faiblesse, partialité, voilà les qualités que l'expérience dé-couvre dans le commun des jurés ; dans tous une répugnance invincible pour des fonctions aussi pénibles qu'importantes.

Ceux qui ne connaissent l'institution du jury que pour l'avoir suivie à Paris, dans la ville la plus populeuse de la République, la plus fertile en hommes éclairés, avouent l'ignorance commune des jurés : combien ce vice leur paraîtrait plus sensible dans les autres départemens, où la grande majorité des jurés est composée de campagnards, sur-tout dans nos départemens , où l'on trouve très-rarement, hors des villes, des citoyens jouissant de quelque fortune ou de quelques lumières! Nous ne sommes plus au temps où l'on eût taxé d'hérésie politique l'opinion de celui qui aurait osé dire , que le *gros sens commun* ne suffisait pas pour remplir les fonctions de jurés : il est bien convenu aujourd'hui que ces fonctions sont très-délicates, quelquefois difficiles, et qu'elles exigent une véritable sagacité , une aptitude naturelle à suivre les détails, souvent longs et fati-gans , qui remplissent les séances des tribunaux criminels : il est des questions de fait aussi mal aisées à résoudre que bien des questions de droit très-abstraites. Et cependant combien de fois nous avons vu des jurés ne pas comprendre, quoique après une longue délibération, le sens des questions, les plus simples, qui leur étaient proposées ! combien de fois nous avons vu déposer des boules blanches pour nier les faits les mieux prouvés, des faits attestés par les aveux même des accusés ! Nous ne pouvions contenir notre indignation, en sentant dans quelles mains étaient confiés l'honneur et la vie des citoyens, la vengeance et le repos de la société.

Mais cette ignorance des jurés a été moins funeste que leur faiblesse et leur partialité; ces derniers vices ont produit, à côté de quelques con-damnations injustes, une telle foule d'acquittemens scandaleux, que le jury semble n'avoir été institué que pour assurer l'impunité aux criminels.

On ne peut espérer de décisions impartiales que lorsqu'il s'agit de ces crimes extraordinaires qui effraient toutes les classes de la société, et lorsque l'accusé est étranger au département, lorsqu'il est dépourvu de tous moyens personnels ou relatifs, d'attirer sur lui ou sur sa famille, la compassion ou l'intérêt. Dans tous les autres cas, les jurés viennent à l'assemblée disposés à l'indulgence, résolus de saisir le moindre prétexte favorable que présenteront les débats, le premier sophisme qu'offrira la plaidoierie du défenseur officieux. A-t-on à juger un véritable assassin, un voleur avec effraction ! il serait trop scandaleux de les acquitter entièrement ; le jury veut cependant épargner au coupable la peine de mort, il veut éviter à la famille la prétendue flétrissure qui rejaillit d'une condamnation infamante : il niera la préméditation, la circonstance d'effraction ; si, comme cela arrive ordinairement, l'accusé est d'une commune rurale du département, c'est alors qu'il est presque impossible que justice soit faite : il est probable qu'il y aura dans l'assemblée du jury quelques habitans du même canton, ou des cantons voisins, peut-être de la commune propre ; les parens de l'accusé croient même pouvoir compter sur tous les jurés ruraux. De campagnards à campagnards, les communications sont libres et franches, ils se promettent service pour service, et ne savent rien se refuser mutuellement.

L'habitude des révolutions particulières qui se sont si rapidement succédées pendant le cours de la grande révolution, a rendu les jurés insensibles aux accusations d'attentats contre la sûreté intérieure ; ils regardent le conspirateur, arrêté au milieu de ses machinations, comme assez malheureux, assez puni par le défaut de réussite.

Les vices qu'on vient de relever se rencontrent sur-tout dans le jury d'accusation : on les voit tous les jours décider qu'*il n'y a pas lieu*, c'est-à-dire qu'il n'y a pas même de présomptions contre l'accusé, dans des affaires où un jury de jugement, bien composé, hésiterait à déclarer, ou n'oserait pas même déclarer qu'il n'est pas convaincu.

Les citoyens ne se portent aux fonctions de jurés qu'avec mollesse, et même avec répugnance ; si l'on en excepte quelques campagnards, qui recherchent comme lucrative une mission qui leur donne un salaire de 3 francs par jour, tous les citoyens la fuient ou la rejettent sous des prétextes mensongers d'occupations, d'absence ou de maladie ; il ne s'ouvre pas une session au tribunal criminel, qu'il n'y manque la moitié des jurés convoqués ; à peine peut-on quelquefois, dans une demi-journée, compléter le nombre nécessaire par les jurés de la ville ; tous se cachent pour ne pas recevoir de billets de convocation, et l'on est souvent obligé de recourir à la liste partielle des citoyens de la commune où siége le tribunal criminel. On insistera particulièrement, plus bas, sur ce dégoût des Français pour les fonctions de jurés.

Cette répugnance n'est pas le seul vice général attaché à l'institution du jury, l'expérience y en a fait reconnaître deux autres très-graves, savoir.

le défaut de majesté extérieure dans les assemblées de jurés, et le défaut de responsabilité morale pour chacun d'eux.

Des citoyens pris au hasard dans toutes les classes, n'en imposent nullement aux accusés, aux témoins et au public; l'audience ne peut emprunter aucune majesté de trois juges qui ne paraissent placés là qu'en simulacre, et qui ne sont chargés que de l'application machinale de la loi; c'est à ce défaut de dignité extérieure dans les jurés, que nous sommes en partie redevables de cette multitude effrayante de faux témoignages, qui insultent chaque jour à la justice : le témoin s'adresse aux jurés, il compte sur leur peu de discernement, il ne les craint pas, et ne croit pas avoir à craindre davantage des juges qu'il regarde presque comme étrangers à l'administration de la justice.

Enfin, le juré ne se voit tenu par aucune responsabilité morale ; son opinion, son nom même seront ignorés du public; il retournera dans sa commune sans que son opération laisse aucune trace, aucun souvenir; c'est ainsi que nul frein ne l'empêche de se livrer à l'injustice ou à la partialité.

Voilà les défauts qui, jusqu'à ce jour, ont accompagné parmi nous l'institution du jury. Voyons si le nouveau projet de Code criminel les a effacés, s'il est possible de les faire disparaître.

Les auteurs du Projet ont senti qu'il était nécessaire de rechercher dans les jurés une certaine mesure de fortune qui fût un gage de leurs lumières, de leur amour pour l'ordre et de leur incorruptibilité; mais la condition de payer une contribution totale de 100 francs exigée par l'art. 903, est-elle une suffisante garantie ! Celui qui ne paie que jusqu'à concurrence de cette somme pour toutes contributions tant directes qu'indirectes, peut-il être supposé dans l'aisance ! n'est-il pas souvent dans un véritable état d'indigence ! D'ailleurs, dans les tableaux trimestriels de jurés qui sont en usage depuis la loi du 6 germinal an 8, il ne s'est trouvé que rarement des citoyens qui ne payassent pas 100 francs de contributions ; ainsi le nouveau Code n'offre, de ce côté, aucun moyen de perfectionnement.

Dira-t-on qu'il est facile d'exiger, dans les jurés, des contributions plus fortes, par exemple, de trois, quatre cents francs ! Nous répondrons, 1.° qu'il serait dangereux de remettre exclusivement le droit de vie et de mort entre les mains d'un petit nombre de riches; 2.° que les richesses ne sont pas une garantie contre la pusillanimité, sur-tout dans les campagnes où elles produisent un effet tout contraire, où le propriétaire tremble continuellement dans la crainte des vengeances que lui attirerait sa sévérité ; 3.° on ne craint pas d'avancer qu'il est impossible de former en France de bonnes listes de jurés, si on ne les compose presqu'entièrement de citoyens des villes (et ce serait alors dénaturer l'institution) les campagnes renferment un trop petit nombre d'hommes riches ou suffisamment éclairés ;

aussi avons nous constamment observé qu'il n'y avait de jurys composés d'une manière un peu rassurante, que ceux où les habitans des villes dominent par le nombre ou par l'ascendant qu'ils ont su y prendre ; encore y trouvons-nous souvent des citadins que nous jugions d'après leur réputation, que nous croyions devoir servir de fanal à leurs collègues, et qui ne s'y montrent que comme de misérables sophistes, comme des raisonneurs faux, tracassiers et obstinés.

On ne fera pas cette injure aux auteurs du Projet, de supposer qu'ils ont regardé comme une précaution suffisante contre l'ignorance ordinaire des jurés, la condition qui leur est imposée par l'art. 899, de savoir lire et écrire.

Les rédacteurs ont-ils été plus heureux dans l'invention d'autres moyens propres à prévenir l'ignorance, la faiblesse, la corruptibilité, la répugnance des jurés !

La plus grande partie des fonctionnaires publics seront, il est vrai, sujets à être appelés comme jurés, et ce titre de fonctionnaires publics, déjà investis de la confiance du Gouvernement, est un gage important de leur aptitude aux fonctions de jurés ; mais ils pourront être dispensés dans presque toutes les accusations (celles qui seront intentés pour crimes envers les particuliers), et ils ne manqueront pas de se faire dispenser ; ils devront même le faire, car, si leurs fonctions ordinaires ne sont pas dérisoirement superflues, ils ne peuvent les remplir dignement que par une constante assiduité ; d'ailleurs, si on considère les fonctionnaires publics des campagnes, leurs maires, adjoints, gardes, &c., on est obligé de convenir qu'il en est très-peu qui soient en état de remplir la tâche de jurés.

Les auteurs du Projet croient-ils que les listes de jurés seront suffisamment épurées, parce qu'elles seront formées par les préfets, par des administrateurs éclairés ! Mais, il ne suffit pas d'être difficile dans le choix, il faut sur-tout avoir sous les yeux un assez grand nombre de citoyens parmi lesquels on puisse choisir ; or, nous le répétons, ce nombre suffisant n'existe pas en France, ou plutôt il n'y est pas assez également réparti.

On ne peut raisonner ici par comparaison avec l'organisation du jury anglais. En Angleterre, il est vrai, quoiqu'on n'appelle aux fonctions de jurés que des hommes éclairés, et possédant presque tous une fortune remarquable, le nombre des jurés se complète aisément ; mais les raisons de différence sont bien sensibles : en Angleterre, les richesses et les lumières ne sont pas concentrées dans un petit nombre de points ; les campagnes y sont peuplées de gros propriétaires, de riches cultivateurs, de manufacturiers ; on y trouve, dans toutes les classes, des hommes instruits et jouissant d'une véritable considération. Le concours de ces circonstances ne se rencontre pas en France.

Mais cette différence n'est pas la seule : les Anglais ont un respect tellement religieux pour l'institution du jury, qu'ils croiraient leur constitution et leur liberté perdues, si elle recevait la moindre atteinte, même en matière civile; loin de regarder l'exercice des fonctions de jurés comme un fardeau, ils le tiennent pour le droit le plus honorable et le plus précieux ; le cultivateur quitte avec joie sa ferme, l'artisan son atelier, le négociant son comptoir, pour aller occuper les assises. Quelle opposition avec ce qui se passe en France ! Ici les fonctions de jurés ne sont reçues qu'avec dégoût, presque avec frayeur ; et ce dégoût, croit-on l'avoir détruit par la promesse d'un médaille ! On l'a plutôt augmenté par la menace continuelle et flétrissante de main-mise répétée à chaque page du nouveau code, contre les récalcitrans ; ce n'est pas en traînant les citoyens au jury, qu'on vraincra leur répugnance pour les fonctions de jurés.

Mais qu'est-il besoin de critiquer les moyens proposés, d'en rechercher d'autres, afin de faire cesser l'éloignement des Français pour l'institution du jury ! une fois que le dégoût entre sur un objet, il est impossible d'y substituer le plaisir, ou même la simple indifférence. Ce dégoût est d'autant plus insurmontable qu'il a sa source dans le caractère des Français, dans les mœurs et les habitudes nationales, comme au contraire le goût des anglais pour l'institution du jury tient à leurs mœurs et à leurs habitudes. Quelques réflexions générales sur la manière dont se forment les grandes institutions, sur les mœurs et les caractères des deux peuples, suffiront pour démontrer l'impossibilité de naturaliser parmi nous l'institution du jury.

Les grandes institutions ne naissent pas toutes formées chez un peuple ; elles commencent dès son berceau ; elles ont leurs racines dans ses premières habitudes, elles finissent par former un corps robuste, intimement lié à la constitution dont il ne peut plus être séparé. L'intention fût-elle mauvaise sous quelques aspects, elle est toujours bonne en elle-même, parce qu'elle est ancienne, parce qu'elle tient aux mœurs et aux loix, et le peuple sera d'autant plus heureux qu'il conservera pour elle un plus grand respect ; il sera ainsi à l'abri des orages des révolutions, qui naissent toujours du dégoût indiscret des peuples pour leurs anciennes institutions.

Les révolutions, les constitutions ne créent pas les institutions, elles s'emparent des anciennes, elles les dirigent en en changeant insensiblement le but; lorsqu'elles ont besoin de nouvelles institutions, elles se contentent de les préparer pour les générations futures. S'il fallait développer ce principe par une théorie appuyée d'exemples, on la trouverait toute entière dans la conduite du héros du 18 brumaire, du nouveau législateur des Français.

Ainsi donc, c'est une entreprise téméraire que de vouloir transporter les institutions d'un peuple à un autre, surtout quand il s'agit d'institutions extraordinaires et d'une pratique pénible, bien plus encore lorsque les constitutions, les habitudes, les mœurs des deux nations sont tout opposées.

L'idée du jugement par les pairs ne peut être conçue par un peuple vivant depuis long-temps sous un gouvernement organisé ; elle ne peut appartenir qu'à une petite peuplade, neuve et presque sauvage, qui veut se régir par l'action directe de tous ses membres, qui veut administrer elle-même et juger les différends. Cette peuplade pourra s'accroître, passer sous diverses formes de gouvernement plus ou moins usurpatrices, et cependant conserver sa primitive institution de jugement par pairs ; le peuple s'y attachera d'autant plus que l'institution est plus antique, qu'il a eu plus de peine à la sauver des débris de la liberté, qu'elle lui rappelle sa primitive indépendance. C'est ainsi que l'institution des jurés s'est établie et perpétuée en Angleterre. Mais comment rendre agréable au peuple français un fardeau qu'il n'a pas porté dès son enfance, une institution dont il ne sent point l'utilité, qu'il ne connaît que par les fatigues qu'elle lui procure, et par l'impunité scandaleuse qu'elle assure chaque jour aux coupables !

Il n'y a point aujourd'hui de distinctions d'ordres en France ; la constitution anglaise, au contraire, est fondée sur ces distinctions ; elle admet une multitude de corporations ; ces divers ordres, ces corporations sont sans cesse en garde contre l'usurpation de leurs priviléges respectifs.

En Angleterre, l'esprit public est ombrageux ; il règne dans le peuple une continuelle défiance contre le Gouvernement ; le peuple Anglais se croit libre parce qu'il sait se faire caresser par les aspirans aux places, et arracher leur argent pour prix de ses suffrages dans les élections ; parce qu'il peut injurier impunément les lords et le ministère. Il a beau murmurer contre les impôts, contre la presse maritime, il se console par l'apparente participation qu'il a à l'exercice de la souveraineté.

Chez les Français, l'esprit public est tout opposé, il consiste dans une confiance absolue, et en même-temps éclairée envers le Gouvernement (1) : celui-ci a-t-il besoin d'argent et d'hommes pour soutenir la gloire et la force de l'État ! les impôts s'acquittent, la conscription se remplit avec une facilité, un dévouement qui sont le signe le plus certain du véritable, du seul bon esprit national. Le Français ne cherche point à s'ingérer dans les actes qui appartiennent au Gouvernement ; il ne croira jamais que la liberté civile est compromise, si les voleurs, les faussaires, les assassins ne sont jugés par des citoyens pris dans la foule ; il sent au contraire que le maintien de la liberté

____

(1) Ce qui s'est passé en France, il y a quelques années, ne contredit pas ce que nous venons d'avancer : le vertige de démocratie et de défiance qui s'était emparé des Français était la suite de la fièvre révolutionnaire qui avait perverti momentanément le caractère national.

civile dépend de la punition prompte et sévère des crimes qui troublent la société, et que l'administration de la justice criminelle ne peut être plus sûrement confiée qu'à des magistrats permanens qui en font leur unique étude. Les Français ont appris à se défier des abstractions métaphysiques converties en principes politiques ; ils savent que ce n'est pas au peuple, mais au Gouvernement, et au Gouvernement seul, qu'il appartient de veiller à la répression des crimes ; qu'il y est le premier intéressé.

L'Anglais est taciturne et sédentaire ; le Français est vif et léger ; toute contrainte qu'il ne juge pas nécessaire lui est insupportable.

L'Anglais n'aime au théâtre que les spectres, les insensés, les criminels épouvantables, les meurtres longuement exécutés ; il court aux combats d'animaux, il regrette peut-être ceux des gladiateurs ; qui sait s'il ne recherche pas les fonctions de jurés pour se procurer le plaisir de contempler le criminel aux prises avec la justice, avec sa conscience, avec la mort qui l'attend ! le Français au contraire est délicat dans tous ses goûts, il fuit avec empressement tout spectacle qui peut émouvoir désagréablement sa sensibilité ; pourrait-il se faire un plaisir de manier le glaive sanglant de la justice ?

On ne peut trop insister sur cette répugnance du Français pour les fonctions de jurés ; ce dégoût, fût-il la seule cause de l'imperfection de l'institution, forme un obstacle insurmontable ; il existait au milieu des principes démocratiques, de l'anglomanie, de la défiance générale contre le Gouvernement ; il ne peut qu'augmenter sous un Gouvernement qui ramène tout au principe si nécessaire de l'unité, et dont le chef jouit de la confiance illimitée et de l'amour de tous les citoyens. Qu'on ne nous donne donc plus en exemple les succès de l'institution du jury en Angleterre, et renonçons à la manie de vouloir naturaliser cette institution parmi nous ; cessons d'être imitateurs, et sachons être nous-mèmes.

L'institution du jury, fût-elle être perfectionnée jusqu'à un certain point, aurait encore moins d'avantage que l'établissement de grands tribunaux criminels chargés en même temps de déclarer les faits et d'appliquer le droit.

Tout code criminel doit offrir en même temps, et d'une manière égale, garantie pour la société, garantie pour l'accusé. Il serait atroce s'il ne cherchait qu'à atteindre les coupables au risque de confondre l'innocence avec le crime ; s'il privait l'accusé des moyens de se défendre ; il serait absurde si, donnant tout à la faveur de l'accusé, il fournissait au coupable les moyens d'échapper ; ce serait une bien dangereuse philantropie que celle qui sacrifierait les intérêts de la société à de faux scrupules.

Quelles sont les qualités nécessaires dans ceux qui administrent la justice criminelle ! les lumières, l'intégrité, l'impartialité (qualités qui font en même temps la garantie de la société et de l'accusé), une juste sévérité ; enfin l'indépendance, condition sur laquelle repose principalement la garantie de l'accusé.

Qui

Qui oserait dire que les lumières, l'intégrité, la juste sévérité sont plutôt l'appanage des jurés que d'un corps de magistrats permanens! La raison et l'expérience se souleveraient contre un pareil paradoxe. L'impartialité est la vertu familière du juge qui n'a pas rejeté toute pudeur ; combien d'exemples prouvent au contraire que la partialité, avec laquelle se confond la fausse indulgence, est le vice habituel des jurés!

Cependant, disent les partisans de l'institution du jury, il est dangereux que l'habitude de poursuivre le crime, de vivre, en quelque sorte, au milieu des criminels, n'endurcisse l'ame du juge, qu'elle ne lui donne une idée trop défavorable de la nature humaine, qu'elle ne le porte à voir par-tout des coupables.

Ce danger, fût-il réel, serait facile à éviter; il suffirait que les juges des tribunaux criminels fussent pris dans ceux d'appel, et renouvelés de de temps à autre ; mais le danger n'est qu'imaginaire. L'habitude de la procédure criminelle apprend au juge plutôt à plaindre qu'à haïr le coupable ; personne, mieux que lui, ne sait apprécier la force presqu'irrésistible du concours des circonstances par lesquelles l'homme que la nature avait destiné à être honnète toute sa vie, se trouve subitement poussé à un acte réprouvé par l'honneur. Cette habitude donne au juge un tact sûr, elle le prémunit contre les apparences si souvent trompeuses, contre les mouvemens d'indignation que l'idée du crime élève trop facilement dans une ame neuve et inexpérimentée ; elle est enfin la principale sauve-garde de l'innocence accusée. Aussi a-t-on constamment observé que, dans les anciennes chambres de Tournelle, les juges les plus jeunes étaient toujours les plus sévères, qu'ils étaient impitoyables.

Mais il est pour le juge un préservatif contre la partialité qui ne peut exister pour le juré; c'est la responsabilité morale. On a déjà fait voir que celui-ci n'avait aucun frein qui le retînt, et cette vérité est trop évidente pour qu'on insiste ici à la démontrer davantage : les juges au contraire vivent sous le joug de l'opinion publique; leur conduite est continuellement observée et jugée ; la crainte du déshonneur et du mépris général suffirait seule pour retenir celui qui oserait desirer la perte d'un innocent ou l'absolution d'un criminel.

Si la nécessité de l'indépendance de l'ordre judiciaire est universellement reconnue, cette indépendance est particulièrement nécessaire dans ceux à qui est confiée l'administration de la justice criminelle ; il n'y a point de sûreté ni pour la société ni sur-tout pour les citoyens, si l'influence du crédit ou des passions dominantes dirige les opinions et décide du sort des accusés.

La réunion, en jury, de citoyens appelés de tous les points de l'arrondissement, paraît, au premier coup-d'œil, le corps le plus éminemment indépendant ; mais un pareil corps n'est pas également indépendant sous tous les aspects ; il n'est point à l'abri des passions populaires qu'un corps de magistrats permanens se fait toujours un devoir de mépriser et d'affronter. Sous d'autres aspects , cette indépendance des jurés passe les bornes utiles. Le juré , comme on l'a déjà observé , est trop affranchi du desir de l'estime , de la crainte du mépris public, qui sont la première récompense et le plus sûr frein du magistrat dont la conduite est toujours en évidence aux yeux de ses concitoyens et du Gouvernement. Le juré s'isole trop aisément pour se rendre plus indépendant, pour se livrer à des considérations particulières ; il ne fait pas assez d'attention à la qualité de fonctionnaire public qu'il ne retient qu'un instant, tandis que le magistrat ne perd jamais de vue la mission expresse et continue qu'il a reçue de la société. Combien de fois n'avons-nous pas entendu des jurés, auxquels nous faisions en particulier des reprôches sur leur pernicieuse indulgence , répondre : *Si nous avions été des juges , nous n'aurions pu nous dispenser de condamner comme jurés, nous avons cru pouvoir absoudre !* N'avons-nous pas aussi entendu des juges , lesquels venaient de coopérer, en tribunal spécial , à la condamnation de coupables qui ne repoussaient pas tout intérêt, dire : *Nous avons condamné à regret ; nous avons cédé à l'empire du devoir ; si nous n'avions été que jurés , nous aurions mis la boule blanche!*

Cependant, dira-t-on , l'influence du Gouvernement sur les juges qu'il a lui-même nommés , est probable et souvent dangereuse ; il peut vouloir perdre un innocent , et alors quelle sera la garantie de celui-ci contre le Gouvernement , au nom duquel se fait l'accusation , et les juges préposés par l'accusateur !

Vaine déclamation : l'intérêt du Gouvernement, dans la poursuite des crimes , ne peut être autre que celui de la société ; tous les déchiremens qu'elle éprouve, il les ressent aussi, et ses injustices retomberaient infailliblement sur lui-même.

Il y a , il est vrai, certaines accusations à la réussite desquelles le Gouvernement paraît avoir un intérêt particulier , où son influence serait plus dangereuse , et où les arbitres de la justice doivent sur-tout jouir d'une pleine indépendance. Ces accusations sont celles pour crimes de conspiration et abus de la liberté de la presse : on ne pourrait en citer d'autres; car si le Gouvernement était assez injuste pour vouloir perdre , par une fausse accusation , un citoyen qu'il redouterait, il ne l'accuserait pas d'un crime commun, tel que le vol, le faux , l'assassinat, &c., dont il est toujours facile à l'innocent de repousser l'inculpation. Eh bien , dans ces accusations-là même, l'institution du jury serait mauvaise. On a déjà fait voir que , en pareil cas, les jurés étaient en général trop insoucians, qu'ils s'isolaient trop aisément, lors toutefois qu'ils ne se livraient pas au torrent des passions populaires.

Dans des temps de discorde où les factions se disputaient et s'arrachaient mutuellement les rênes du gouvernement, les gouvernans ne savaient conserver momentanément l'empire qu'en adoptant les principes de . la faction dominante, en cherchant à perdre tous ceux qui osaient agir, parler ou écrire contre cette faction. C'est alors que les accusations extraordinaires se multipliaient, et que le crédit du Gouvernement sur les juges était à craindre. Mais on n'a rien à redouter de pareil sous un Gouvernement organisé et légitime, qui ne se réserve que le droit bienfaisant de grâce; il ne peut concevoir de l'ombrage contre aucun citoyen; il ne peut vouloir ni accuser injustement, ni violenter les juges.

C'est dans un grand corps de magistrature que se trouve la véritable indépendance, qui fait également la garantie de l'accusé et de la société ; l'amour du devoir et du bien public, l'honneur, qui sont les principes constituans d'un tel corps, l'inamovibilité des places, le mettent suffisament à l'abri de toute influence des passions et du pouvoir ; incapable de vouloir heurter le Gouvernement, il l'est également de céder par faiblesse ou par crainte; et si le Gouvernement, induit en erreur, suscitait une accusation injuste ou voulait sauver un criminel, la justice n'en serait pas moins rendue avec impartialité. Combien d'exemples de cette imperturbable fermeté ne trouverait-on pas dans l'histoire de ces colosses de la magistrature que la révolution a renversés, non pour la manière dont ils rendaient la justice distributive, mais pour leur ambition démesurée et usurpatrice, suite d'une constitution vicieuse qui les faisait participer à l'administration générale, et même, en quelque sorte, aux fonctions législatives !

Les annales de la jurisprudence criminelle ne citent qu'un bien petit nombre d'arrêts de parlemens qui aient condamné des individus aujourd'hui réputés innocens; encore ces condamnations furent-elles presque toutes l'effet des préjugés des temps, ou de l'imperfection naturelle et nécessaire de l'homme, qui ne lui permet pas toujours de distinguer la vérité des fausses apparences. Mais dans les temps où l'on accusait de magie et de sortilége, où l'on faisait valoir contre l'accusé des inductions prises de ce qu'il professait une religion contraire au culte dominant (comme contre les Calas), si de telles accusations eussent été soumises à une fraction du peuple convoquée en jury, on le demande, combien les condamnations n'eussent-elles pas été plus certaines et plus fréquentes !

Que le Gouvernement assure donc aux tribunaux criminels l'indépendance requise dans tout corps judiciaire; que la hiérarchie des pouvoirs soit scrupuleusement observée, et que le juge ne trouve jamais de réformateur que dans la ligne des tribunaux; que le Gouvernement entoure de considération les dispensateurs de la justice; qu'il les élève à leurs propres yeux et à ceux de leurs concitoyens, la société et l'accusé auront une garantie infiniment plus forte que celle que présenterait un corps de jurés quelque bien composé qu'on le suppose; et l'indépendance de ces tribunaux , restreints à l'exercice des fonctions judiciaires , ne pourra jamais donner d'inquiétude au Gouvernement.

Mais, pour relever la magistrature criminelle aux yeux des Français , il faudrait (on nous pardonnera sans doute cette plainte qui échappe à nos cœurs), il faudrait ne pas l'avilir dans des rapports imprimés (1) ; ne pas attribuer aux juges eux-mêmes des jugemens scandaleux , fruit de l'ineptie et de la partialité des jurés ; ne pas représenter les. juges comme de bas flatteurs du peuple , cherchant à obtenir des suffrages par des acquittemens ou des condamnations iniques , comme des fainéans et des gloutons qui donnent le mauvais exemple aux jurés, qui interrompent les audiences pour aller prendre des repas : il faudrait ne pas fausser l'opinion publique en peignant les tribunaux comme des corps dangereux , toujours propres à alarmer les citoyens et le Gouvernement ; il faudrait que le Code proposé ne menaçât pas sans cesse les juges , les principaux officiers de police judiciaire , de réprimandes à consigner sur des registres , d'amendes flétrissantes.

Un des premiers avantages des grands tribunaux consiste dans cette majesté extérieure qui en impose aux accusés , aux témoins et au public, et dont les assemblées de jury sont entièrement dépourvues. Les auteurs du Projet croient y suppléer par la présence d'un préteur , pris hors de l'arrondissement de ses assises , qui sera appuyé d'un grand titre et de l'appareil du luxe.

On demande d'abord quelle inconcevable force de corps et d'esprit devra avoir ce préteur qui passera l'année à courir d'assise en assise , ou à rester, pendant chacune d'elles , attaché, jours et nuits, aux bancs de la salle d'audience comme un forçat à la chaîne (2) ; qui sera obligé, avant l'ouverture des assises , d'avoir étudié toutes les procédures , afin de pouvoir interroger pertinemment l'accusé et les témoins ; qui , dans chaque affaire, devra improviser un rapport en public !

Qu'importe ensuite que le préteur soit étranger aux départemens d'assises ! Il est peut-être mal-adroit de supposer qu'il soit nécessaire de neutraliser en lui un penchant naturel à la partialité ; mais , s'il était besoin de précautions contre ce vice ; si le premier moyen est d'exiger la qualité d'étranger , il faut rechercher cette qualité dans les jurés , seuls arbitres du sort de l'accusé , et les faire venir des extrémités opposées de la France.

Mais ce préteur , fût-il environné d'un luxe asiatique , eût-il dans chaque lieu d'assise un hôtel monté, eût-il le costume le plus brillant, ne pourra jamais donner aux assises une réelle majesté : c'est vers les jurés que se dirige toute l'attention de l'auditoire ; d'eux seuls dépend le succès de

---

(1) Le rapport du citoyen Oudart.
(2) Article 875 du projet de Code criminel.

l'accusation ; la dignité extérieure qu'ils n'ont pas d'eux-mêmes , ils ne peuvent l'emprunter des fonctionnaires chargés de recueillir leur déclaration. Quelles seront les fonctions du préteur ! il remplacera les trois juges actuels du tribunal criminel , et en particulier le président ; il n'aura pas une autorité plus réelle que celui-ci : quel que soit le changement de dénomination , d'appointemens ou de costume , il n'attirera pas plus de respect ni sur lui ni sur le jury ; il ne sera jamais entouré du prestige de l'opinion. Le Français aime la nouveauté , mais il ne respecte que par habitude , il ne faut offrir à sa vénération que des objets antiques , ou qui rappellent d'antiques souvenirs.

On veut comparer les préteurs à nos anciens *missi dominici ,* dont l'apparition dans les provinces produisait toujours un grand et salutaire effet ; mais ces commissaires royaux ne rendaient pas eux-mêmes la justice , sur-tout ils ne s'adjoignaient point à des troupes de jurés : dans ces temps reculés , le Gouvernement monarchique n'était point organisé comme il l'a été depuis ; les rapports , les communications n'étaient pas continus entre les provinces et la capitale ; les juges éloignés du centre exerçaient souvent des vexations et des concussions ouvertes. Les courses des *missi dominici* avaient pour but d'exciter le zèle des juges , d'intimider les prévaricateurs , de recueillir contre eux les renseignemens, et de recevoir les dénonciations des citoyens qui avaient à s'en plaindre. Il est donc vrai de dire que ni les jurés , ni les préteurs ne rappellent en France des souvenirs nationaux.

Les Français sont loin de regretter l'autorité , les prétentions exorbitantes des parlemens ; mais ils verraient avec plaisir des corps qui leur représenteraient une antique institution dépouillée de ses abus , des tribunaux criminels exerçant dans toute la plénitude le droit de juger. C'est ainsi que l'amour du présent se fortifie des institutions et des souvenirs du passé.

La plus grande objection faite pour appuyer la prétendue prééminence des jurys sur les tribunaux ordinaires, est tirée de la faculté des récusations qui dérive de l'institution des jurés, et qui rend impossible que l'accusé soit jamais jugé par son ennemi.

On pourrait d'abord répondre que ce droit est aujourd'hui à-peu-près inutile , et qu'il est extrêmement rare de voir un accusé en profiter.

En second lieu, gardons-nous de donner tant à la faveur de l'accusé qu'il ne reste plus assez au ministère public chargé de la vengeance de la société ; ce mode de récusation sans motifs est moins propre à empêcher les accusés d'être jugés par leurs ennemis qu'à leur donner des amis pour juges; quoiqu'on ne doive pas supposer légèrement dans le juge des passions haineuses, on sent cependant qu'il est des cas où, sans même le vouloir, il pourrait être porté à des préventions défavorables à l'accusé;

mais ces cas sont prévus, ils sont comptés ; et, lorsqu'ils se rencontreront, le juge sera obligé de se suspecter, ou pourra être récusé ; les anciennes ordonnances avaient suffisamment pourvu, sur ce point, à la sûreté de l'accusé.

Nous croyons avoir démontré l'impossibilité de naturaliser en France l'institution du jury et la grande supériorité qu'auraient des tribunaux criminels chargés de juger en même temps sur le fait et sur le droit ; nous avons assez indiqué qu'il nous paraissait convenable que ces tribunaux criminels fissent partie des tribunaux d'appel ; nous reviendrons sur ce dernier objet lorsque nous aurons parcouru les diverses parties du Code projeté, et nous nous permettrons alors de proposer un plan général d'organisation.

Sur l'organisation des tribunaux criminels.

Nous allons actuellement supposer le maintien de l'institution du jury, pour examiner, dans cette hypothèse, l'organisation projetée des tribunaux criminels.

D'après le chapitre XIV du titre II, partie II, les tribunaux criminels seront composés d'un préteur, des propréteurs du département, de trois suppléans, d'un commissaire du Gouvernement et d'un greffier ; les jugemens du tribunal criminel, sur déclaration de jury, seront rendus par le préteur et celui des propréteurs en fonctions dans le chef-lieu ; le préteur aura voix prépondérante : en cas d'absence ou d'empêchement, le Premier Consul remplacera le préteur par l'un ou par plusieurs des préteurs délégués dans les départemens voisins. En appel de police correctionnelle, les jugemens du tribunal criminel seront rendus par le préteur ou le propréteur du chef-lieu, et par deux autres propréteurs ou suppléans : ceux-ci remplacent, selon les besoins, le commissaire du Gouvernement et les propréteurs.

Quelle bigarrure, que le tribunal criminel soit composé d'une manière si différente, si opposée selon la nature des affaires !

N'est-il pas contre les principes de la hiérarchie, que le préteur ait pour collégue, au tribunal criminel, jugeant sur déclarations de jurés, un propréteur, son subordonné !

En toutes affaires instruites dans l'arrondissement où siége le tribunal criminel, le propréteur qui aura nécessairement rempli les fonctions d'officier de police judiciaire, n'en sera pas moins juge ; et cependant il ne pourrait, d'après l'article 898, remplir celle de juré, parce que la justice ne permet pas de regarder comme suffisamment impartial, celui qui a fait les premières poursuites.

Mais rassurons-nous : ce propréteur ne semble être placé dans le tribunal criminel, que dérisoirement, et comme un manequin ; le préteur n'a que lui pour collégue, et cependant il a voix prépondérante ; de sorte que la voix du propréteur est perdue dans tous les cas, et quelle que soit son opinion.

Les fonctions des préteurs seront des plus continues et des plus fatigantes, n'eussent-ils chacun que trois lieux d'assises dans leur arrondissement, ils seront sans cesse en courses ou en audiences ; et l'on veut qu'ils puissent en outre aller remplacer leurs collégues empêchés. Que deviendront cependant les accusés près à être jugés dans les assises qu'ils abandonneront ainsi ! Si l'empêchement d'un préteur est subit, que fera-t-on des accusés, au jugement desquels il allait procéder, pendant le temps nécessaire pour que le premier Consul soit instruit de l'empêchement, et fasse venir le préteur remplaçant ! Tels sont les inconvéniens de toute organisation qui donnerait aux tribunaux criminels des présidens d'un ordre si supérieur, qu'ils ne pourraient être décemment remplacés par des fonctionnaires pris dans les lieux où le besoin du remplacement se fait sentir.

Le préteur n'aura jamais le loisir de présider le tribunal criminel jugeant correctionnellement, et ce tribunal sera toujours composé de trois propréteurs, ou de propréteurs mêlés aux suppléans, ou de trois suppléans. Si le tribunal se trouve formé, en tout ou en partie, de propréteurs, ceux-ci seront juges en appel, des affaires dans lesquelles ils auront rempli les fonctions de police, et prononcé en première instance comme membres du tribunal d'arrondissement. Quelle monstruosité ! quelle subversion des principes consacrés par la législation criminelle de tous les peuples! Ainsi donc, le prévenu sera sans cesse poursuivi par le même homme acharné contre lui; un propréteur le frappera de mandat d'arrêt, le traduira en police correctionnelle, le jugera au tribunal d'arrondissement, puis le jugera encore en cause d'appel.

Le même inconvénient se rencontrera, lorsque le tribunal criminel aura à prononcer sur la régularité des actes des propréteurs, d'après les articles 612 et 613.

On dira peut-être que, dans tous les cas ci-dessus critiqués, les propréteurs se retireront et ne pourront coopérer au jugement. Mais, d'abord, pourquoi le nouveau code ne prévoit-il pas des cas aussi multipliés et aussi fréquens! Ensuite, que signifie une organisation de tribunal, telle, que les juges naturels seront à chaque instant suspects, et que le tribunal sera presque toujours uniquement composé de suppléans!

En outre du danger de voir un propréteur prononcer en cause d'appel dans une affaire où il aurait déjà jugé en première instance, on remarquera la confusion d'ordre, l'espèce d'indécence qu'il y a à voir des propréteurs passer successivement d'un tribunal d'instance à un tribunal de dernier ressort. Les rédacteurs du Projet ont senti la nécessité de donner de la majesté aux tribunaux criminels ; est-ce un moyen d'y parvenir, que de composer ces tribunaux souverains de juges d'un ordre inférieur, et sujets à être réformés par ces mêmes tribunaux !

Trois propréteurs devront naturellement composer le tribunal criminel ordinaire ; l'un de ces propréteurs sera facile à convoquer, si toutefois il n'est pas empêché par ses fonctions de police ou par suspicion ; mais les deux autres, où seront-ils pris ! Abandonneront-ils leurs fonctions si importantes d'officiers de police, et les abandonneront-ils à des remplaçans pour être sans cesse en voyage ! non, et le tribunal criminel ordinaire sera habituellement composé de trois, ou au moins de deux suppléans.

Mais qui peut soutenir l'idée d'un tribunal supérieur toujours formé de suppléans, lesquels n'ont qu'accidentellement la qualité de juges ! Est-ce remédier au défaut de dignité si bien senti dans les tribunaux criminels actuellement en activité !

D'ailleurs, combien ces suppléans ne devront-ils pas être privilégiés de la nature, combien ne devront-ils pas avoir de dévouement, à moins qu'on ne regarde comme bien peu importantes et bien peu difficiles les fonctions dans lesquelles ils auront à remplir l'office de remplaçans ! Ils devront avoir les talens et les vertus du juge, puisque chaque jour ils siégeront en cette qualité au tribunal criminel (1) ; les connaissances, l'adresse et les qualités de l'officier de police judiciaire, puisqu'ils sont appelés à remplacer le magistrat de sûreté et le propréteur (2) ; enfin, il leur faudra les connaissances et le talent naturel de la parole nécessaires pour remplacer le commissaire du Gouvernement remplissant les fonctions du ministère public près le tribunal criminel (3). Il y a plus : il faut supposer toutes ces qualités dans des suppléans qui n'ont pu encore obtenir le titre de juge ou d'officier de police auquel ils prétendaient peut-être depuis long-temps, qui ne jouissent d'aucun traitement, qui doivent être supposés occupés de l'état d'hommes de loi, lequel ne permet pas de fréquentes et longues diversions.

Ces réflexions prouvent que toute organisation de tribunaux, dans laquelle on aura souvent recours à des suppléans, est essentiellement mauvaise ; et que les tribunaux devraient être composés de telle manière, qu'il n'y ait jamais, ou que très-rarement, besoin de suppléans.

Sur l'organisation des Tribunaux de police.

Le chapitre I.ᵉʳ du titre II règle l'organisation des tribunaux de police : ils seront composés d'un suppléant du tribunal d'arrondissement, élu pour

---

(1) Art. 790.
(2) Art. 484 et 556.
(3) Art. 784.

un

un an par le premier Consul, qui devra présider tous les tribunaux de police de l'arrondissement; du juge de paix du canton, et d'un citoyen, pris parmi les cent plus imposés. Les fonctions du ministère public seront remplies, dans les affaires ordinaires, par l'adjoint du maire de la commune, chef-lieu de la justice de paix; dans celles pour répression des contraventions commises dans les forêts nationales, par les conservateur, inspecteur ou sous-inspecteur; dans les communes au-dessus de 5000 habitans, ces fonctions seront exercées par le commissaire de police, et, s'il y a plusieurs commissaires, par celui que désignera le préfet. Les audiences du tribunal de police auront lieu, pour chaque canton, dans les vingt premiers jours de chaque mois; le juge de paix recevra une indemnité pour les frais de voyage, lesquels seront arrêtés, par le sous-préfet, sur le pied de 4 francs par jour.

Si l'on pouvait accueillir l'idée d'un juge ambulant, ce serait sur-tout pour la présidence des tribunaux de police. Il y a, parmi les habitans des campagnes, une telle habitude d'indiscipline; ils sont si peu portés à respecter les fonctionnaires publics pris dans leur sein, qu'on ne doit rien négliger pour donner de l'intensité à l'action de la police rurale, et de la force aux tribunaux destinés à punir les contrevenans. L'apparition d'un membre du tribunal d'arrondissement, arrivant pour présider le tribunal de police, produirait certainement un effet salutaire; mais ce projet, spécieux dans la spéculation, peut-il être réduit en pratique! On ne le pense pas : on ne trouvera pas des suppléans disposés à passer une année entière à courir de villages en villages. Voyageront-ils à pied! cette manière est peu décente et très-fatigante : l'indemnité qu'ils recevront est trop modique pour qu'ils puissent voyager commodément; ils parcoureront souvent plusieurs communes sans y trouver un gîte, ni même un cabaret où ils puissent s'arrêter, et où ils auraient pour commensaux les délinquans qu'ils iraient juger.

Si du moins les suppléans, en récompense de tant de peines, étaient certains d'être bientôt pourvus de fonctions en titre ! Si la suppléance était le degré nécessaire et sûr pour parvenir aux places de juges, de magistrats de sûreté, de propréteurs ! Mais cet ordre graduel, le plus propre à exciter l'émulation et à produire de bons choix, n'a point encore été observé. Au surplus, nous démontrerons bientôt qu'il est inutile de recourir à des moyens extraordinaires pour composer les tribunaux de police.

C'est bien se tromper que de croire les adjoints des maires de campagne capables de remplir les fonctions du ministère public près les tribunaux de police, d'y faire le résumé, et de donner les conclusions au gré de l'art. 650, de faire les réquisitions préparatoires indiquées par l'article 645. D'ailleurs, quand les adjoints des maires auraient la capacité, on ne pourrait espérer d'eux la volonté ni la force nécessaires pour exercer le ministère public. Les habitans des campagnes sont de la plus profonde indifférence sur les délits

par lesquels ils ne sont pas directement lésés; ils ne savent que se soutenir
mutuellement dans les autres délits ; ils n'oseraient même les poursuivre;
ils craignent trop les vengeances arbitraires : un adjoint de maire a trop
peu d'énergie ou de crédit pour en imposer à ceux qui ne peuvent le regarder
autrement que comme leur égal.

N'est-ce pas une bigarrure, une sorte d'injure pour les adjoints, que de
les écarter des fonctions du ministère public, lorsqu'il s'agit de contraventions commises dans les forêts nationales, et d'y appeler les agens de l'administration forestière ! Si les adjoints sont propres à ces fonctions dans le
commun des affaires, pourquoi pas également dans le cas de ces contraventions particulières ! Il semble que les agens forestiers devraient avoir
seulement le droit d'assister à l'audience, et d'y faire au besoin des observations. D'ailleurs peut-on espérer que le conservateur (qui ne se déplacera
sûrement pas pour cela) l'inspecteur ou le sous-inspecteur, puissent se rencontrer à toutes les audiences des divers tribunaux de police ! Est-il même
à desirer qu'ils abandonnent ainsi à chaque instant leurs fonctions administratives !

Pourquoi, dans les communes où il y a plusieurs commissaires de police, est-ce le préfet qui désigne celui qui doit remplir les fonctions du
ministère public près le tribunal de police ! La désignation ne devrait-elle
pas être faite par le préteur ou par le commissaire du Gouvernement près
le tribunal criminel ! Ces fonctions ne tiennent point à la police administrative ; elles sont de la police judiciaire ; elles mettent le commissaire de
police sous la surveillance des officiers de police judiciaire supérieurs. Cette
attribution donnée aux préfets est contraire aux principes; c'est un empiè-
tement de l'administration sur l'autorité judiciaire : la ligne qui sépare les
deux pouvoirs devrait être toujours scrupuleusement observée ; elle ne peut
être franchie impunément.

On fera la même observation sur l'attribution donnée au sous-préfet,
d'arrêter les états de frais du président des tribunaux de police. Est-ce à un
administrateur qu'il appartient de faire une taxe judiciaire !

Nous avons dit qu'il n'était pas besoin de recourir à des moyens extraordinaires pour composer les tribunaux de police : il est facile, sans aller chercher des juges hors du canton, d'organiser ces tribunaux d'une manière
assez forte pour réprimer efficacement les contraventions. Voici le plan
que nous proposerons:

Le tribunal de police serait composé du juge de paix et de ses deux
suppléans; en cas d'empêchement, le juge de paix serait remplacé par l'un
de ceux des cantons voisins, qui en serait requis par le propréteur, et les
suppléans par les candidats à la suppléance non retenus par le Gouvernement, c'est-à-dire, par les concurrens qu'ils avaient eus dans les élections,
d'après l'article 8 de la loi du 16 thermidor an 10.

Un tribunal composé de la sorte, aurait toute la force nécessaire : les juges de paix ont les qualités suffisantes pour y présider ; ils ont en général la confiance de leurs cantons ; ils sont déjà investis de celle du Gouvernement ; ils savent, quand ils le veulent, se faire respecter de leurs justiciables ; ils ont une portion de pouvoir assez imposante pour n'être pas sujets aux vengeances si redoutées dans les campagnes : enfin, on peut dire la même chose de leurs suppléans et des concurrens à la suppléance.

Les juges ne manqueront donc pas aux tribunaux de police ; mais les procès-verbaux manqueront à ces tribunaux ; mais ceux-ci ne seront jamais complets que par l'adjonction d'un citoyen propre à remplir les fonctions du ministère public. Nous indiquerons bientôt quel doit être ce citoyen, et quel est le moyen de suppléer à ce défaut de procès-verbaux.

Sur l'Organisation générale des Officiers de police judiciaire.

L'organisation des officiers de police judiciaire et la distribution de leurs pouvoirs sont, à très-peu-près, les mêmes que dans la loi du 7 pluviôse an 9. Cette police est exercée par les gardes champêtres et forestiers, les maires et adjoints, les commissaires de police, les juges de paix, les magistrats de sûreté et les propréteurs (actuellement les directeurs de jury).

Les gardes champêtres et forestiers, les maires et adjoints sont spécialement chargés de constater les simples contraventions.

Les magistrats de sûreté sont chargés en chef (1) de constater, par des procès-verbaux, tous les crimes et délits commis dans leur arrondissement, d'en rechercher et recueillir les preuves, et de faire arrêter les prévenus. Cependant, comme il est impossible qu'un magistrat de sûreté fasse tout par lui-même, les mêmes pouvoirs sont donnés, les mêmes devoirs sont imposés (2) aux juges de paix, aux officiers de gendarmerie, et même aux maires, adjoints et commissaires de police, chacun dans leurs arrondissemens respectifs, avec cette seule différence que ces derniers ne peuvent faire arrêter le prévenu que dans le cas de flagrant délit.

Nous allons démontrer les inconvéniens graves qui résultent de cette distribution des pouvoirs de police ; inconvéniens dès-long-temps éprouvés, puisqu'ils sont nés avec la loi du 7 pluviôse an 9.

La concurrence établie entre les divers fonctionnaires publics ci-dessus désignés, autres que le magistrat de sûreté, fait qu'aucun d'eux ne se regarde comme personnellement tenu d'agir, que chacun renvoie aux autres le fardeau, et qu'ainsi rien ne se fait.

Les fonctionnaires publics locaux ; savoir, les maires et adjoints,

---

(1) Articles 505, 511, 514, 533.
(2) Articles 545, 546 et 547.

sont le plus à portée de connaître les crimes et les délits, de les constater sur-le-champ par les procès-verbaux, et de saisir les prévenus en flagrant délit; c'est donc à eux qu'appartient naturellement, dans les campagnes, la première action de la police; mais leur ignorance, leur partialité, leur pusillanimité sont telles, dans presque toutes les communes, qu'on ne peut attendre d'eux aucun service.

On sait combien il faut, en certains cas, d'adresse pour suivre les traces d'un crime, pour en découvrir les auteurs, combien est importante la rédaction du procès - verbal qui doit le constater; des opérations aussi délicates passent les facultés des maires et adjoints qui savent à peine, pour la plus grande partie, lire et signer leur nom.

Mais cette ignorance n'est pas encore le plus grand obstacle : les gens de campagne, on l'a déjà dit, ne sont guères sensibles qu'aux torts qu'ils éprouvent personnellement; le délit une fois consommé, ils s'embarrassent peu d'en suivre les traces et d'en connaître les auteurs. La défiance naturelle qu'ils ont d'eux-mêmes, par sentiment de leur incapacité, étoufferait leur zèle s'ils étaient tentés d'en avoir ; d'autres motifs les retiennent encore : dans les communes rurales, les habitans sont presque tous parens ou alliés, ils sont au moins amis ; comment espérer que les maires et adjoints puissent rompre de pareils liens, agir avec impartialité et vigueur ! enfin ce qui les retient sur-tout, c'est la crainte des vengeances sourdes. Demandez à un maire, à un adjoint pourquoi il n'a pas dressé de procès- verbal à l'occasion d'un crime commis dans sa commune, pourquoi il n'a pas fait arrêter le coupable dans le flagrant délit; demandez-lui pourquoi il n'excite pas le zèle des gardes contre les délits champêtres et forestiers dont la fréquence est vraiment alarmante, pourquoi il ne supplée pas à la négligence des gardes en dressant lui-même des procès-verbaux, il ne vous fera que cette réponse : *Je ne veux pas me faire assassiner, faire incendier ma maison, couper mes arbres, arracher mes moissons.* Malheureusement le danger n'est pas imaginaire, et l'on ne voit que trop, dans les campagnes, de ces vengeances effrayantes qui s'exercent impunément et bien facilement au milieu du silence de la nuit et pendant le profond repos des habitans fatigués des travaux du jour; de sorte que les craintes des fonctionnaires publics méritent à peine le nom de faiblesse.

Que résulte-t-il de cette dissémination des pouvoirs de police, de cette ignorance, de cette mauvaise disposition des maires et adjoints ! Il est extrêmement rare de voir, dans les campagnes, un crime, un délit, même une contravention constatés par les officiers de police locaux; jamais un coupable n'est arrêté en flagrant délit, à moins que par hasard il ne soit étranger à la commune, et qu'un habitant de cette commune n'ait été la victime du délit. De là il suit que les tribunaux de police sont presque nuls, non par la faute du juge, mais par celle des officiers de police locaux;

aussi dans la plus grande partie des justices de paix rurales, n'y a-t-il souvent pas une seule affaire portée au tribunal de police pendant le cours de plusieurs mois, et cela parce qu'il n'y a point eu de procès-verbaux. La conséquence est bien plus grave pour les crimes et délits qui sont de la compétence des tribunaux criminels et correctionnels.

L'action des juges de paix ne peut couvrir l'insuffisance des maires et adjoints ; car, comme on l'a déjà observé, ils ne se regardent plus comme personnellement responsables ; d'ailleurs, leurs fonctions de juges civils les occupent trop pour qu'ils puissent se livrer aux fonctions de la police.

Les officiers de gendarmerie ne peuvent davantage y suppléer : d'abord, il n'y a pas même un de ces officiers par arrondissement communal ; en second lieu, il est contre les principes de confier directement à la gendarmerie les fonctions des officiers de police judiciaire. Cette portion de la force armée est instituée pour arrêter les coupables en flagrant délit, pour dresser procès-verbal de ce qui se passe sous ses yeux, pour recueillir seulement les renseignemens sur les délits commis hors de sa présence, pour aller à la recherche des coupables légalement prévenus par mandats des officiers de police ordinaires ; mais elle ne doit remplir les fonctions réelles d'officiers de police que lorsqu'elles lui sont commises par ceux-ci. C'est en circonscrivant ainsi les pouvoirs, en traçant bien la ligne qui sépare les autorités militaires des autorités judiciaires, qu'on évite la confusion, les conflits, les vexations, et qu'on assure l'efficacité de la police.

Restent donc pour réparateurs le magistrat de sûreté et le propréteur ; mais, d'abord, les délits ne parviendront peut-être pas à leur connaissance ; ensuite, s'ils sont obligés d'aller sur les lieux, leur déplacement ne peut se faire sans un grand inconvénient, parce qu'il les éloigne du siége de leurs occupations journalières ; enfin, il arrivera souvent que, malgré les soins les plus actifs, ils ne pourront couvrir les premières omissions : la reconnaissance du délit, l'arrestation, ou même la seule découverte du coupable, la réparation du dommage (par exemple, le recouvrement d'effets volés), dépendent souvent de l'activité et de la sagacité des démarches faites par l'officier de police judiciaire, au moment même où le délit vient d'être commis ; le moindre délai peut faire disparaître, en tout ou en partie, les indices. Par exemple, un homme a été maltraité, les traces des coups ont subsisté pendant quinze jours ; malgré la publicité des violences ou les plaintes du blessé, les officiers de police locaux n'ont point requis d'officier de santé pour le visiter ; ce n'est qu'après ce délai que le magistrat de sûreté a été averti ou a pu commencer la procédure ; les traces des blessures ne subsistent plus, et il n'est plus temps de recourir au rapport des gens de l'art. Autres exemples : Un vol a été commis avec effraction ; des matières combustibles avaient été disposées pour mettre le feu à des édifices ; point de procès - verbaux dressés sur les lieux au moment de la découverte de ces crimes ; lorsque le magistrat de sûreté sera averti des faits, les matières combustibles auront été enlevées, le propriétaire des effets volés aura rétabli les objets fracturés : dans tous ces cas, la preuve légale, et si importante, qui se tire des procès-verbaux, sera perdue, et les recherches tardives du magistrat de sûreté seront infructueuses.

Combien de fois aussi n'arrive-t-il pas que les témoins qui, s'ils avaient été entendus sur le champ, auraient donné les plus précieux renseignemens, s'obstinent à se taire, parce que la négligence du premier officier de police a laissé aux coupables le temps de les séduire ou de les intimider !

Il suit de cette impossibilité de réparer les omissions des premiers officiers de police judiciaire que la plus grande partie des procédures sont tronquées, et que les tribunaux criminels ne jugent le plus souvent que des contumax.

Dans la nouvelle organisation, imitée en cela de celle introduite par la loi du 7 pluviôse, les informations prises par les premiers officiers de police ne sont que de simples renseignemens ; c'est devant le magistrat de sûreté (aujourd'hui le directeur du jury) que se fait la véritable procédure, même pour le moindre délit correctionnel ; ou plutôt l'instruction réelle se fait exclusivement devant le propréteur qui doit lui-même interroger le prévenu, entendre tous les témoins, et rédiger les cahiers de déclarations, de sorte que les appels de témoins faits par les officiers de police locaux et par le magistrat de sûreté, ne dispensent pas de la réaudition devant le propréteur ; enfin les témoins reparaîtront encore devant le tribunal correctionnel ; voilà donc quatre auditions, ou au moins trois, de témoins appelés dans tout le rayon de l'arrondissement communal ; combien de frais pour compléter l'instruction d'une simple procédure correctionnelle !

Un autre inconvénient résulte encore de cette nécessité où sont le magistrat de sûreté et le propréteur de faire eux-mêmes les informations dans la poursuite des simples délits : elles les détournent des soins plus importans qu'ils doivent aux affaires du grand criminel ; ils sont distraits chaque jour par les plaintes les plus minutieuses, obligés de commencer et de suivre des procédures qui consomment tout leur temps.

Les vices que l'on vient de relever ne se rencontraient pas dans l'organisation établie par le Code du 3 brumaire an 4, laquelle n'était cependant pas exempte de défauts : il y avait, dans chaque canton, un officier de police judiciaire (le juge de paix) chargé d'en remplir toutes les fonctions, jusqu'au mandat d'arrêt inclusivement, dans toute espèce de crime et délit ; il n'y avait d'exception que pour un petit nombre de crimes dont la connaissance était réservée au directeur du jury, et pour lesquels le juge de paix n'était pas moins tenu de dresser les procès-verbaux, de recueillir tous les renseignemens et de décerner le mandat d'amener. Les maires et adjoints n'exerçaient que les fonctions de commissaire de

police, c'est-à-dire qu'ils étaient officiers de police judiciaire relativement
à toutes les simples contraventions. Quoique le juge de paix fût chargé
en chef de constater tous les crimes et délits, lorsque le juge ne se
trouvait pas dans le lieu même où ils venaient d'être commis, les maires
et adjoints respectifs n'en devaient pas moins les constater sur-le-champ,
par des procès-verbaux, faire saisir les prévenus en flagrant délit, et les
faire conduire devant le juge de paix ; ils devaient sur-tout l'avertir aussitôt, et celui-ci était obligé de faire de suite les informations, de recommencer au besoin les opérations des maires et adjoints ou de suppléer aux
omissions, enfin de terminer la procédure par le renvoi en liberté ou le
mandat d'arrêt. La procédure finie était envoyée au directeur du jury
qui n'avait qu'à examiner si les formes avaient été observées, et à régler
la compétence, sauf le droit de porter lui-même les mandats qui auraient
été mal-à-propos refusés par le juge de paix. Quant aux officiers de gendarmerie, ils ne remplissaient les fonctions d'officiers de police qu'extraordinairement et lorsqu'ils étaient commis à cet effet par le directeur du jury.

Il y avait deux vices dans cette organisation : le premier est que tous les
degrés de l'échelle judiciaire n'étaient pas remplis, et qu'il n'y avait personne
au milieu des officiers de police, qui fût chargé des fonctions importantes
du ministère public, lesquelles sont aujourd'hui exercées par le magistrat
de sûreté ; le second est qu'un officier de police de simple canton faisait
et terminait seul toute la procédure relativement aux crimes les plus importans comme pour les moindres délits correctionnels.

Cette organisation avait, d'un autre côté, de grands avantages : chaque
canton avait du moins un officier de police chargé spécialement d'en
exercer les fonctions dans toutes les communes de son arrondissement ; il
ne se reposait pas sur les maires et adjoints, et ne se croyait jamais dispensé
d'agir ; les crimes et les délits étaient beaucoup plus régulièrement constatés et suivis ; les coupables étaient plus souvent arrêtés ; les frais de procédure étaient beaucoup moindres, parce qu'il y avait bien moins de voyages
de témoins ; les affaires étaient plus promptement terminées ; enfin le directeur du jury n'était pas continuellement obligé de s'abaisser et de se
traîner péniblement sur les détails des plus minutieuses procédures.

Nous n'apercevons qu'un seul moyen de parer aux inconvéniens nombreux qui ont été remarqués ci-dessus, et particulièrement d'arrêter l'esprit
de dévastation qui s'est emparé des habitans des campagnes ; c'est de rétablir, dans chaque justice de paix, un officier de police de sûreté chargé
des mêmes fonctions que la loi du 3 brumaire an 4 avait attribuées aux
juges de paix, en réservant, avec plus d'étendue que ne le faisait cependant
cette loi, au magistrat de sûreté et au propréteur, la connaissance immédiate de tous les crimes proprement dits ; par rapport à ceux-ci, l'officier
de police de sûreté resterait tenu de les dénoncer au magistrat de sûreté, de

faire arrêter et conduire devant lui les coupables surpris en flagrant délit, ou contre lesquels il y aurait des indices suffisans, de dresser les procès-verbaux et faire les recherches domiciliaires propres à constater le crime ; enfin, de prendre les premiers renseignemens qui devraient faciliter les opérations postérieures du magistrat de sûreté. Dans le cas de simples délits (nous usons ici de la distinction établie par le Code projeté entre les contraventions, les délits et les crimes), l'officier de sûreté entendrait tous les témoins et dresserait procès-verbal régulier de leurs déclarations ; il compléterait lui seul l'instruction, décernerait les mandats d'arrêt ou renverrait les prévenus en liberté, sauf toutefois la révision de la procédure par le magistrat de sûreté et le propréteur, qui n'auraient plus ensuite qu'à s'occuper de l'ordonnance de traduction devant le tribunal d'arrondissement.

Les maires et adjoints des petites communes n'en continueraient pas moins à remplir les fonctions de commissaires de police, ils seraient toujours tenus, ainsi que le juge de paix, lorsque l'officier de sûreté serait absent des lieux où les faits se seraient passés, de les lui dénoncer, de faire saisir les prévenus trouvés en flagrant délit, de les faire conduire devant cet officier, de constater sur le champ par des procès-verbaux les crimes ou délits qui auraient laissé des traces que les délais pourraient faire disparaître. Mais l'officier de sûreté serait toujours chargé spécialement et en chef, de tous ces actes de recherche, et il devrait les faire lui-même toutes les fois qu'il y aurait possibilité.

Enfin l'officier de sûreté remplirait les fonctions du ministère public près les tribunaux de police. Que sert en effet la meilleure composition des tribunaux, s'il n'y a près d'eux des fonctionnaires capables d'exercer le ministère public ! est-ce par un vain principe que tous les Codes attribuent aux agens du Gouvernement la poursuite des délits ! Les jugemens des tribunaux de police ruraux seraient presque tous trouvés nuls s'ils étaient scrupuleusement examinés, et cela parce qu'il n'y a eu jusqu'ici près d'eux personne d'assez éclairé pour les diriger par de bonnes réquisitions.

Cet officier de sûreté serait en outre le surveillant immédiat des officiers de police judiciaire inférieurs, des maires, adjoints et gardes ; il stimulerait leur zèle et suppléerait lui-même à leur négligence. Il serait en correspondance directe avec les magistrats de sûreté auxquels il enverrait régulièrement des états décadaires propres à faire connaître la situation respective des cantons.

Cette institution aurait de grands avantages : elle donnerait dans chaque sous-arrondissement un fonctionnaire public rapproché des justiciables, spécialement et uniquement chargé de la recherche et de la poursuite des délits, un fonctionnaire étranger aux délinquans, qui ne seraient retenus par aucun lien, par aucune espece de crainte, qui auraient assez de crédit pour se faire respecter des habitans des campagnes ; elle donnerait beaucoup plus

d'intensité

d'intensité et de célérité à l'action de la police ; elle régulariserait et utiliserait les tribunaux de police ; elle diminuerait considérablement les frais d'audition des témoins ; elle affranchirait les magistrats de sûreté et les propréteurs du soin d'instruire eux-mêmes les procédures minutieuses, et leur laisserait le temps d'approfondir les affaires graves, de surveiller les premiers officiers de police ; enfin de remplir dans toutes les parties leurs importantes fonctions.

S'il était besoin d'appuyer ces assertions par des exemples, nous dirions que la police judiciaire était bien mieux faite dans les campagnes, au temps où elle était spécialement confiée aux juges de paix, et sur-tout lorsqu'il y avait près de chaque administration municipale, un commissaire du Gouvernement. Ce commissaire n'était pas réellement officier de police judiciaire, il était plutôt membre de la police administrative ; seulement, il exerçait le ministère public près le tribunal de police ; cependant quelquefois, par un beau zèle, il s'ingérait dans l'exercice de la police judiciaire, du moins il dénonçait les délits, il excitait les agens et les adjoints, les juges de paix même ; sa qualité de fonctionnaire préposé pour tout le canton, le mettait au-dessus des habitans ; il savait s'en faire respecter, tandis que les administrateurs municipaux étaient traînés dans la boue ; enfin, il intimidait les délinquans, ou les faisait punir.

La critique que nous venons de faire, démontre combien sont exagérés les éloges que l'on a si souvent donnés à l'organisation de la police judiciaire, introduite par la loi du 7 pluviôse an 9, et conservée par le projet de Code criminel ; nous avouons cependant avec plaisir, que cette loi du 7 pluviôse renferme des dispositions excellentes, et particulièrement la création des magistrats de sûreté.

Les fonctions dont nous venons de demander le rétablissement, ne peuvent plus être attribuées aux juges de paix : l'administration de la justice civile les occupe suffisamment, sur-tout depuis l'agrandissement des cantons ; leur ministère de paix s'accorderait mal avec un autre ministère qui serait tout de rigueur : enfin, les besoins de la police sont tels, sur-tout dans les campagnes, qu'elle demande à être exercée par un homme des plus actifs, et qui en fasse son unique et continuelle occupation.

Objectera-t-on que les traitemens de ces nouveaux fonctionnaires publics feraient une surcharge pour le trésor national ! Nous répondrons que ce n'est pas dans une matière qui intéresse si éminemment la sûreté, la fortune et la vie des citoyens, que le Gouvernement doit trop rechercher l'économie ; qu'il doit même alors savoir faire des sacrifices, sur-tout à la suite d'une révolution, où l'on a si souvent abusé de la liberté. D'ailleurs, la dépense qu'occasionnerait l'institution demandée, serait modique, et serait abondamment couverte par la grande diminution des frais des témoins, qui, dans la plus grande partie des affaires, après avoir été entendus sur les lieux par les officiers de sûreté, seraient dispensés d'aller au loin déposer devant les magistrats de sûreté et les propréteurs.

Nous venons d'examiner, dans son ensemble, le plan projeté d'organisation des officiers de police judiciaire; nous terminons cet examen par des observations particulières sur l'art. 477, ainsi conçu : « le commissaire du » Gouvernement près le tribunal criminel, remplira les fonctions de magis- » trat de sûreté dans l'arrondissement communal où est établi le tribunal » criminel. »

· Que d'objections se présentent en foule ! Quelle étonnante confusion de pouvoirs ! Quelle subversion des principes hiérarchiques ! Le commissaire du Gouvernement près le tribunal criminel est le surveillant des magistrats de sûreté, lesquels ne sont que ses substituts (art. 479 et 801) ; et il deviendra le collègue de ses inférieurs ; ses fonctions de commissaire du Gouvernement l'attachent au tribunal supérieur, tous les jours il pourra, en cette qualité, y requérir l'annullation des actes des propréteurs et des tribunaux d'arrondissement ; et il sera en même-temps de service près le propréteur et le tribunal d'arrondissement (479) ! il pourra siéger successivement, et dans les mêmes affaires, devant deux tribunaux d'ordre différent ; le même prévenu, le même accusé qu'il aura poursuivi devant le propréteur, le tribunal d'arrondissement ou le jury d'accusation, il le poursuivra encore devant le tribunal criminel et devant le jury de jugement ! n'ayant pas de supérieur immédiat dans le département, qui le réformera lui-même dans les actes qu'il aura faits comme magistrat de sûreté ! Enfin, quelle faible idée les rédacteurs du Projet se sont-ils donc formée des fonctions du commissaire du Gouvernement près un tribunal criminel, pour croire ainsi qu'on peut le surcharger encore de la longue et pénible tâche imposée aux magistrats de sûreté ! Si les rédacteurs avaient rempli ces fonctions un seul mois dans leur vie, ils verraient qu'elles sont assez absorbantes pour que celui à qui elles sont confiées s'y consacre tout entier.

Mais on ne finirait pas, si on se livrait à toutes les réflexions qu'offre la critique de l'article que nous attaquons.

·Sur le *Mode de procéder par les Officiers de Police judiciaire.*

Jusqu'ici nous avons examiné le projet de Code criminel sous des points de vue assez étendus; nous allons continuer cet examen en détail, succinctement et suivant l'ordre des articles ; nous ne nous arrêterons à des développemens que quand l'importance de la matière l'exigera.

Nous allons d'abord parcourir le mode de procéder par les officiers de police judiciaire ; ce mode est compris depuis le chapitre V, de la 2.ᵉ partie du 1.ᵉʳ livre, jusqu'au 2.ᵉ livre.

▪ Art. 503. « Toutes les fois qu'un magistrat de sûreté apprendra ...

» qu'il a été commis dans son arrondissement un délit . . . ou qu'il s'y
» trouve une personne prévenue d'un tel délit, il est tenu . . . de faire,
» contre le coupable, les poursuites nécessaires. »

Les articles 502 et 513 portent les mêmes dispositions, et obligent le
magistrat de sûreté à faire les poursuites contre le prévenu trouvé dans
son arrondissement, quoique ce magistrat ne soit ni celui du lieu du délit
commis, ni celui de la résidence du prévenu ; seulement, d'après l'art. 213,
il peut commettre son collègue du lieu du délit, en le chargeant de la
rédaction des procès-verbaux ; mais il doit faire lui-même les actes de la
poursuite.

Cette attribution extraordinaire donnée au magistrat de sûreté est mauvaise : il ne devrait y avoir de concurrence qu'entre le magistrat du lieu du
délit et celui du domicile ; quant à celui de l'arrondissement du lieu où le
coupable se trouve momentanément, il devrait se borner à prendre les premiers renseignemens, à faire arrêter et conduire le prévenu devant le magistrat de sûreté du lieu du délit ; c'est là que sont les preuves, c'est là qu'il
est le plus facile de les recueillir et de faire les divers actes de la poursuite.

Des Procès-verbaux.

Art. 505. « Lorsqu'il aura été commis un délit . . . le magistrat de
» sûreté *est tenu,* aussitôt qu'il en sera instruit, de se transporter sur le lieu
» et d'y décrire le corps du délit &c. »

Cet article paraît en contradiction avec la section III du même chapitre,
qui autorise, et même oblige les officiers de police locaux à faire ces mêmes
opérations ; il serait impraticable, car le magistrat de sûreté ne peut ainsi
se déplacer continuellement.

Art. 507. « Les procès-verbaux (du magistrat de sûreté) seront faits
» et rédigés en présence du commissaire de police . . . ou de l'adjoint du
» maire, ou de deux citoyens &c. »

Pourquoi le maire n'est-il pas aussi compris dans cet article !

C'est ici le lieu de proposer une addition au paragraphe des procès-
verbaux : il paraît que le droit de dresser les procès-verbaux devrait être
accordé aux propréteurs et commissaires du Gouvernement près les tribunaux criminels, mais seulement pour les crimes ou délits qui se commettraient sous leurs yeux ; ils seraient aussi tenus de faire arrêter les coupables
dans le flagrant délit. Une telle attribution assurerait encore davantage la
recherche des délits, et l'on ne peut craindre que ces fonctionnaires publics
en abusent : peut-être même serait-il convenable de donner ce droit à tout
juge civil ou criminel.

Des Propréteurs.

Art. 553. « Les propréteurs seront sous la surveillance du préteur. »

Art. 801. « Tous les officiers de police judiciaire, autres que les pro-
» préteurs, seront soumis à la surveillance du commissaire du Gouverne-
» ment. »

Pourquoi ainsi diviser la surveillance sur les officiers de police judiciaire? Pourquoi le propréteur n'est-il pas soumis à celle du commissaire comme le directeur du jury y était assujetti par la loi du 3 brumaire an 4? La surveillance du commissaire, pour être utile, doit embrasser la police dans son ensemble; on ne doit pas la rompre au moment le plus important, lorsque l'action de la police passe au propréteur. Cette division peut donner lieu à de singulières contradictions : le magistrat de sûreté aura fait une réquisition illégale, le propréteur y aura obtempéré; ne pourra-t-on pas voir le commissaire du Gouvernement blâmer le magistrat de sûreté, et le préteur approuver le propréteur sur le même fait, ou, au contraire, le premier approuver et le second blâmer? D'ailleurs, le préteur sera presque toujours absent; il ne recevra pas, comme le commissaire, copie des réquisitions des magistrats de sûreté, des ordonnances des propréteurs; il ne pourra suivre les actes des procédures : la surveillance serait donc illusoire entre ses mains. Ses fonctions devraient se borner à la tenue des assises et à la présidence du tribunal criminel, ainsi que celles des présidens actuels.

Art. 556. « Dans tout arrondissement où siége le tribunal criminel, le
» propréteur......... sera remplacé .... par le premier suppléant de ce
» tribunal. »

Il devrait être remplacé, comme dans le cas de l'article 555, par un juge du tribunal d'arrondissement; c'est une véritable confusion que de mettre un membre du tribunal supérieur à la place du propréteur membre du tribunal de première instance.

Art. 557. « Les propréteurs auront séance et voix délibérative dans le
» tribunal de première instance. »

Le propréteur aura habituellement trop d'occupations comme officier de police, pour qu'il puisse siéger souvent; il faut du moins que les juges des tribunaux d'arrondissement soient assez nombreux afin de pouvoir se passer de lui : ils ne devraient, nulle part, être au dessous du nombre de quatre.

Art. 560. « Le propréteur pourra, quand il le jugera convenable, com-
» pléter, ou même recommencer l'instruction. »

Cet article, s'il n'est pas mal rédigé, s'il entend par *instruction*, ce qui constitue réellement l'instruction, savoir : les interrogatoires du prévenu et l'audition des témoins; s'il autorise le propréteur à se contenter des interrogatoires et des enquêtes faites par le magistrat de sûreté, est une monstruosité en principes. La poursuite est bien distincte de l'instruction : la première appartient, ainsi que les recherches, au ministère public (au magistrat de sûreté); la seconde appartient au juge (au propréteur) : la confusion de ces deux pouvoirs dans les mains d'un seul homme serait

dangereuse. Sans doute, la poursuite exige un simulacre d'instruction préalable (avant de poursuivre il faut bien s'assurer qu'il y a lieu à poursuite),
et nous ne trouvons pas mauvais que le magistrat de sûreté ait le droit
d'interroger les prévenus, d'entendre les témoins; mais il ne doit le faire
que sommairement, et autant qu'il est nécessaire pour se convaincre qu'il
convient de poursuivre. L'instruction réelle, la seule qui devra servir de
base à la procédure et au jugement, doit être faite par le directeur du
jury; et c'est ce qu'avait assez indiqué la loi du 7 pluviôse an 9.

Il paraît, il est vrai, en comparant cet article, ainsi que les art. 514
et 533 avec les art. 561 et 564, que l'intention des auteurs du Projet est
de maintenir cette distinction, et qu'ils réservent toujours l'instruction au
propréteur; mais on ne peut être trop clair, trop précis, lorsqu'il s'agit
de tracer la ligne des principes; et il faut avouer que cette précision
manque dans le présent article, ainsi que dans les autres que nous venons
de citer.

Art. 558. « Si le propréteur trouve que le délit a été commis dans un
» autre arrondissement, il rendra, sur la réquisition du magistrat de sûreté,
» une ordonnance pour renvoyer l'affaire au propréteur dans l'arrondissement
» duquel le délit a été commis &c. »

Comment accorder cet article avec les art. 502, 503 et 513 qui rendent
le substitut compétent pour poursuivre les coupables trouvés dans son
arrondissement, quoiqu'il ne soit pas le magistrat de sûreté de l'arrondissement du lieu de la résidence ou du délit commis ?

Art. 566. « Toutes les fois que le propréteur se déplacera, il lui sera
» alloué quatre francs par jour; pareille somme au substitut, et les deux
» tiers au greffier. »

Cette indemnité est si insuffisante qu'elle devient dérisoire : il serait plus
honorable pour ces fonctionnaires publics de n'en point recevoir.

Art. 567. « Le propréteur pourra charger les juges de paix et les offi-
» ciers de gendarmerie de tout acte d'instruction pour lequel il ne jugera
» pas son déplacement nécessaire. »

Cette même faculté devrait être expressément donnée au magistrat de
sûreté pour les actes de poursuite et d'instruction préparatoire.

Art. 576. « Le mandat d'arrêt.... énoncera la loi qui autorise le
» propréteur à l'ordonner. »

Devra-t-il citer l'article de la loi pénale spécialement applicable au délit ?
ou bien suffira-t-il de rapporter vaguement un article général, comme
les juges de paix citaient autrefois l'article 70 du code des délits et des
peines ? comme quelques directeurs de jury citent encore l'article 15 de
la loi du 7 pluviôse an 9 ? Il est utile que la loi pénale applicable soit
désignée, c'est le plus sûr moyen de prévenir les arrestations arbitraires :

telle est probablement l'intention des auteurs du Projet , mais alors il
faudrait , dans l'article , une rédaction plus précise.   ·

Art. 587. « Lorsque le mandat de depôt aura été délivré par. . . .,
» le prévenu *pourra n'être traduit* devant le propréteur. . . que dans l'un
» des trois cas suivans. »

Il est évident qu'il y a ici une faute grammaticale , et qu'il faut *ne
pourra être traduit* , au lieu de *pourra n'être.*

De la Liberté provisoire et du Cautionnement.

Art. 595. « Lorsque le délit qui aura donné lieu au mandat d'arrêt
» n'emportera pas une peine afflictive , mais seulement la peine de la
» forfaiture , ou une détention *au-dessous de dix jours* , le propréteur mettra
» provisoirement le prévenu en liberté. »

Il y a encore ici une faute grammaticale ou d'impression , il faut *au-
dessus de dix jours* , autrement il n'y aurait pas lieu à mandat d'arrêt ,
et la mise en liberté ne serait pas seulement provisoire.

Art. 597. « La solvabilité de la caution offerte sera préalablement dis-
» cutée par le substitut et par la partie civile , *si elle se présente* , &c. »

On devrait dire que la partie civile sera avertie et appelée à la discussion.

Sur la Procédure devant le Tribunal de police.

Art. 625. « Il y aura toujours, au moins, un gendarme de service à
» l'audience du tribunal de police, et avant l'audience, le même jour, à la
» disposition du maire. » ·

Pourquoi pas plutôt à la disposition du juge de paix ! Le maire est
étranger au tribunal , qui peut bien faire, par l'un de ses membres, toutes
les réquisitions nécessaires pour la tenue décente de ses audiences.

Art. 642. « Les gardes forestiers pourront aussi faire les citations, signi-
» fications de jugemens, commandemens, saisies et ventes mobilières; . . .
» ils pourront aussi faire la collecte des amendes et des sommes adjugées
» pour restitutions et réparations civiles. »

Comment des gardes, à qui la loi (art. 466) n'impose que l'obligation
de savoir signer, pourront-ils faire les citations, significations, commandemens qui leur sont ici confiés ! Laissons ces actes aux huissiers des justices
de paix, du ministère desquels ils font essentiellement partie. Il est plus
imprudent encore de confier la collecte des amendes, restitutions et réparations, à des hommes sur qui l'opinion publique n'est pas assez bien établie
pour qu'on puisse mettre entre leurs mains les intérêts du trésor national;
les receveurs de l'enregistrement suffisent bien pour des collectes pareilles,
leur activité n'est pas suspecte.

Art. 674. « La citation de la partie civile ne sera signifiée qu'après avoir
» été visée par le substitut magistrat de sûreté. »

Ce *visa* devrait être apposé par le propréteur et non par le magistrat
de sûreté; c'est un vrai réglement de compétence qui. appartient essentiellement au propréteur; aussi la loi du 7 pluviôse l'a-t-il attribué au directeur du jury, sauf les conclusions à donner par le magistrat de sûreté.

Art. 676. « Les gardes forestiers pourront faire les citations, significa-
» tions, &c. »

Cette attribution a déjà été combattue sur l'art. 642, au titre des tribunaux de police. L'ignorance, l'infidélité, les vexations, seraient la suite
d'une pareille attribution.

Art. 683. « Le commissaire du Gouvernement, *ou le conservateur, ins-*
» *pecteur ou sous-inspecteur forestiers.* . . . exposeront l'affaire, ... résume-
» ront l'affaire, ... donneront leurs conclusions, &c. »

La même disposition se trouve à l'art. 638, au titre des tribunaux de
police. Elle a déjà été combattue, lorsque nous avons parlé ci-dessus de
l'organisation de ces tribunaux. Que les agens de l'administration forestière
aient le droit d'assister à l'audience, comme l'a le magistrat de sûreté,
d'après l'art. 684, cela peut être admis, quelqu'illusoire que soit un droit
pareil; mais il convient que le commissaire du Gouvernement ait seul le
droit de plaider et conclure, ou du moins que les agens forestiers n'y
aient la parole que comme partie civile, ainsi que font, en matière de
douanes, les préposés de la régie. Exclure le commissaire du Gouvernement
des fonctions du ministère public, dans les affaires forestières, est une injure
gratuite.

Art. 698. « Le jugement sera exécuté à la requête du substitut magis-
» trat de sûreté, &c. »

La disposition de l'article 190 de la loi du 3 brumaire an 4, était plus
régulière. C'est à celui qui poursuit et conclut à l'audience à faire exécuter
le jugement; cette obligation doit donc être imposée au commissaire du
Gouvernement.

C'est avec plus de tort encore que l'attribution de faire exécuter les
jugemens correctionnels est donnée, dans le 2.ᵉ paragraphe du présent article, aux agens forestiers. Cette inconvenance est assez établie sur l'article
683.

Art. 702. « La partie civile, celle qui a été citée en jugement, *et le*
» *substitut.* . . . ., qui voudront appeler, seront tenus d'en faire leur déclara-
» tion au greffe. . . . ., le dixième jour. . . ., *sans qu'il soit besoin de notifier*
» *la déclaration d'appel.* »

Cette dispense illimitée a des inconvéniens : la partie condamnée se contentera d'appeler pour empêcher l'exécution du jugement, et ne se mettra nullement en peine de poursuivre l'appel. Lorsque c'est le magistrat de sûreté qui a appelé, c'est sans doute au commissaire du Gouvernement, près le tribunal criminel, à faire citer les parties, et il saura faire son devoir; mais il est bon de fixer à la partie civile et au condamné un certain délai, par exemple, celui de trois mois, pour notifier leur appel et donner les citations, passé lequel délai il y aurait déchéance.

Ce que l'on a dit sur l'article 698 démontre assez que le droit d'appel devrait appartenir au commissaire du Gouvernement près le tribunal de première instance, ainsi que cela était réglé par la loi du 3 brumaire an 4, et non au magistrat de sûreté.

Sur la Procédure devant le Jury d'accusation.

Malgré la confiance où nous sommes que le Gouvernement supprimera l'institution des jurés, nous supposerons cette institution conservée, dans les observations que nous allons donner sur la procédure prescrite devant les jurys d'accusation et de jugement.

Art. 741. « Le propréteur. . . fera lecture de l'instruction suivante. . . *: Les* » *jurés d'accusation n'ont point à examiner si le prévenu est coupable ou non, ou si le* » *délit est de nature à entraîner des poursuites criminelles, mais seulement s'il existe* » *déjà de fortes présomptions contre lui du fait énoncé dans l'acte d'accusation.* »

Cette instruction ne nous paraît pas encore assez précise pour restreindre dans de justes bornes les jurés d'accusation, qui ne sont que trop portés, habituellement, à s'exagérer leur pouvoir : nous desirerions 1.° qu'après ces mots, *du fait*, on ajoutât celui-ci : *principal :* le but de cette addition s'aperçoit aisément; il sera plus évident encore par ce qui suit; 2.° que l'instruction défendît expressément aux jurés de se décider d'après l'intention présumée de l'accusé ; 3.° que l'instruction contînt immédiatement quelques exemples d'une facile application : on pourrait ajouter ces mots : *Par exemple: si un homme est accusé de bigamie, de vol avec effraction, d'assassinat, il suffit, pour que l'accusation soit admise, que le double mariage, que le vol ou l'homicide, aient eu lieu, et que l'accusé soit probablement auteur du fait, lors même que les jurés penseraient que le bigame était dans la bonne foi, que le vol n'a pas été commis avec effraction, que l'homicide a été commis sans préméditation ou même dans le cas de légitime défense.*

L'addition proposée ne ferait sans doute qu'expliquer l'intention des rédacteurs ; mais on ne peut rendre trop précises les instructions destinées aux jurés, sur-tout à ceux d'accusation.

Art. 754. « Si le substitut a requis par écrit qu'il soit décerné de nou-» velles poursuites contre le prévenu, le même fait lui paraissant présenter

» un

» un autre délit de nature à mériter, soit une peine afflictive ou infamante,
» soit la relégation ou la peine de forfaiture, soit une peine correctionnelle,
» le propréteur et le substitut procéderont, ainsi qu'il est prescrit par les
» articles 724 et suivans. »

Cet article, ainsi que ce qui y est relatif dans les deux articles précédens,
donne au substitut un droit dangereux; il est attentatoire à l'autorité des
jurés, et tend à remettre en question devant un nouveau jury ou même
devant un tribunal correctionnel le fait que les jurés ont expressément nié :
en effet, les jurés prononcent sur le fait qui a donné lieu à l'acte d'accusation, sans s'embarrasser s'il mérite des poursuites criminelles, ni sous quelle
dénomination de crime il a été présenté par le magistrat de sûreté; une fois
donc que les jurés ont dit qu'il n'y avait pas lieu, ils sont censés avoir nié
les faits qui étaient énoncés dans l'acte; et il ne peut y avoir de nouvelles
poursuites sur les mêmes faits, quelque qualification qu'on y donne, sans
annuller la déclaration du jury.

Il y a, en outre, une contradiction manifeste dans les diverses dispositions de cet article; car, si le magistrat de sûreté pensait que le fait compris
dans l'acte d'accusation mérite une peine correctionnelle, on ne pourrait
agir d'après les articles 724 et suivans ici désignés, lesquels n'ont trait
qu'aux poursuites à faire devant le jury.

Art. 757. « Toutes déclarations de témoins, toutes pièces, tous procès-
» verbaux, qui n'ont pas été soumis à l'assemblée du jury, seront considé-
» rés comme nouvelles charges, lorsqu'ils seront de nature, soit à fortifier
» les preuves..... soit à donner aux faits des développemens utiles, &c. »

Il est à craindre que le magistrat de sûreté et le propréteur n'abusent de
ce droit; qu'ils ne prennent prétexte d'une pièce insignifiante de la moindre
nouvelle déclaration de témoin, pour remettre en jugement un individu
déjà acquitté. On parerait à ces craintes, en déclarant que la nouvelle procédure, lorsqu'elle serait terminée, serait communiquée au tribunal d'arrondissement, et que le second acte d'accusation ne pourrait être dressé
qu'autant que ce tribunal aurait reconnu les nouvelles charges suffisantes.

Fonctions du Préteur.

Art. 789 et 790. « En cas de négligence d'un propréteur.... le préteur
» l'avertira par écrit, et cet avertissement sera consigné sur un registre tenu
» à cet effet. En cas de récidive le préteur le mandera à la chambre du con-
» seil et lui enjoindra d'être plus circonspect à l'avenir; cette injonction
» sera consignée sur le même registre. »

On a déjà fait voir que les propréteurs devraient être sous la surveillance
du commissaire et non du préteur; mais le droit de réprimande en conseil,
celui sur-tout d'annotation, sur un registre, des avertissemens et des

réprimandes est excessif; il est avilissant pour les propréteurs, d'autant plus qu'il est donné à un homme seul, qui pourra aisément en abuser, sous le prétexte des moindres incorrections, lesquelles peut-être ne seront qu'imaginaires.

Fonctions du Commissaire du Gouvernement.

Art. 794. « *Il peut et il doit* (le commissaire du Gouvernement) *comme le* » *doit tout fonctionnaire public*, dénoncer à ses substituts... les délits dont » il aura connaissance. »

Si le commissaire doit dénoncer, il est superflu et même contradictoire de dire qu'il le peut, ce qui supposerait le droit de ne pas faire.

Comme doit tout fonctionneire public : Comparaison inutile et même fausse; le commissaire du Gouvernement est tenu, plus spécialement encore qu'aucun autre, à dénoncer les délits dont il a connaissance, d'autant mieux que les plaintes lui sont souvent directement adressées.

Art. 797. « Toutes les réquisitions du commissaire seront transcrites sur » un registre particulier;... toutes les décisions auxquelles elles auront » donné lieu seront transcrites à la suite. »

Il est bien plus naturel que ces réquisitions du commissaire, faites à l'audience, ainsi que les décisions y relatives, fassent partie du procès-verbal des débats, comme cela se pratique aujourd'hui dans tous les tribunaux.

Presque tous les articles de cette partie du Projet qui déterminent le mode de poursuivre les premiers officiers de police, les magistrats de sûreté, les propréteurs, le commissaire du Gouvernement, le préteur, sont confus et embrouillés; le mode prescrit par la loi du 3 brumaire an 4 est bien plus naturel et plus facile.

Sur la Procédure devant le Tribunal criminel.

Art. 848. « Le commissaire du Gouvernement, la partie civile, l'ac-» cusé, pourront s'opposer à l'audition en témoignage du père, du fils, &c. » de l'accusé, à l'audition des dénonciateurs, &c. ; *le tribunal statuera de* » *suite sur cette opposition.* »

La même disposition est répétée aux articles 653 et 688, pour les tribunaux de police et correctionnels.

Le tribunal pourra-t-il rejeter l'opposition et entendre le témoin! Il semble que oui; autrement les rédacteurs se seraient expliqués dans les mêmes termes dans lesquels est conçu l'article 388 de la loi du 3 brumaire an 4, qui dit expressément : *Ne pourront être entendus, &c.*

Mais si le tribunal a la faculté d'entendre ou de refuser le témoin, quelle sera la base de la décision! Quand devra-t-il refuser! quand devra-t-il admettre! En général la déclaration d'un témoin pour son proche parent est suspecte; sa déclaration contre ce même parent est douloureuse et indécente : il est contre les mœurs et contre la nature de mettre le témoin dans l'alternative de mentir à sa conscience, ou de charger et perdre son père, son fils, son épouse, son frère. S'il était permis de faire une exception, ce serait dans le cas d'un parricide, d'un conjugicide, d'un crime domestique qui s'est passé dans l'intérieur de la famille, et où les membres de cette famille sont les seuls et nécessaires témoins.

La même exclusion devrait être donnée, par le même article, aux parens de la partie civile, et du dénonciateur que la loi récompense.

Art. 856. « Si, d'après les débats, la déposition d'un témoin paraît » fausse, le préteur pourra, &c.

On a omis ici la précaution la plus importante, celle qui est principalement recommandée par l'article 367 de la loi du 3 brumaire an 4, et qui consiste dans la rédaction d'un procès-verbal à dresser par le président. Ce procès-verbal doit naturellement contenir l'extrait de la déclaration suspectée, et de celles des autres témoins qui sont en opposition avec elle. Comment, en effet, pourrait-on constater autrement une fausse déposition portée à l'audience, puisque les déclarations des témoins devant le tribunal criminel sont purement orales, et ne laissent après elles aucune trace !

La faculté donnée ici aux préteurs ne devrait-elle pas aussi être rendue commune à tous les présidens de tribunaux !

Art. 864. « La décision du jury ne pourra se former qu'à l'unanimité. »

De toutes les imitations que l'on veut faire des Anglais, celle-ci est la plus absurde ; et c'est bien le cas de rappeler ici cette phrase d'*Adrien Duport* « : Lorsqu'on établit des lois au milieu d'un siècle de lumières, » il est impossible de chercher des bases ailleurs que dans la nature, la » justice et la raison : ce sont là les seules choses communes à tous les hommes, » les seules auxquelles on puisse constamment les rallier et les unir. » Cette observation ne s'applique pas seulement au cas particulier, mais à l'entière institution du jury.

Il y aurait de quoi faire un volume, si nous voulions répondre en détail aux observations du C.^{en} Oudart sur la disposition que nous attaquons.

Le C.^{en} Oudart affirme que la presque totalité des décisions de jury est portée à l'unanimité ; mais quelle unanimité ! elle n'est que factice, elle est presque toujours le produit de l'ignorance et de la faiblesse. Combien de fois n'avons-nous pas vu, lorsque les jurés venaient voter, après avoir annoncé qu'ils étaient d'accord, plusieurs d'entre eux ne savoir absolument quelles boules ils devaient mettre ! Ils répondaient à chaque question : *nous nous en tenons à ce qui a été résolu par la majorité;* on avait beau leur dire que c'était leur propre opinion qu'on leur demandait et non celle d'autrui , on ne pouvait en obtenir d'autre réponse. Obliger les jurés à ne voter qu'à l'unanimité , c'est établir entre eux un assaut dans lequel la moindre majorité annoncée, après une demi-heure de discussion , sera sûrement victorieuse en résultat , dans lequel la victoire pourra être indéfiniment retardée par l'oppo-ition d'un seul contre tous. C'est une lutte qui ne peut déposer que de la force ou de la faiblesse corporelles, de l'entêtement ou de la facilité des jurés. La prétendue unanimité ne se compose le plus souvent que de la simple majorité et des sacrifices que la lassitude ou la crainte arrachent à la minorité : ce n'est qu'une confusion qui empêche de reconnaître le nombre des dissidens.

Quand on veut juger de la bonté d'une loi, il faut l'éprouver d'avance par la supposition des extrêmes possibles : qu'arrivera-t-il , on le demande , si un seul juré, robuste et inflexible , s'obstine contre la majorité ! s'il persiste deux jours , trois jours, huit jours, plus ou moins ! Il mettra ses collègues sur le grabat, et finira peut-être par ramener à lui les plus faibles. Mais si personne ne veut céder , comment l'opération pourra-t-elle se terminer ! Qu'on ne dise pas le cas impossible ; nous pourrions citer dans notre commune plusieurs citoyens qui , chaque fois qu'ils ont été du jury, et n'ont pas partagé l'avis de la majorité , ont prolongé la discussion pendant les vingt-quatre heures prescrites, et qui sont incapables de fléchir jamais , dussent-ils périr à la gêne. Souffrir un pareil scandale, c'est avilir l'institution du jury et la magistrature. L'unanimité , dit le C.ᵉⁿ Oudart, est la seule véritable justice ; quand un accusé est acquitté à l'unanimité, tout le monde doit reconnaître qu'il était innocent ; quand un accusé a été condamné à l'unanimité, tout le monde sent qu'il est coupable.

Cela est vrai, mais seulement lorsque l'unanimité n'est pas forcée , lorsqu'elle est le résultat d'un vote parfaitement libre ; c'est alors que l'unanimité qui acquitte est vraiment honorable pour l'acquitté.

Dans le système des votes à la majorité, l'acquittement qui n'est pas unanime , n'est pas , à la vérité, aussi honorable ; mais n'est-il pas juste de laisser une différence entre l'acquittement de l'accusé évidemment innocent , et l'absolution de celui qui n'a pu être condamné , parce que les preuves n'étaient pas suffisantes ! On est scandalisé, humilié, quand on voit que l'innocent et le coupable non convaincu, ne peuvent être acquittés que de la même manière.

Forcez les jurés à passer en délibération un temps suffisant pour s'éclairer mutuellement ; obligez-les à ne voter qu'à l'unanimité, pendant un certain espace de temps, vous serez sûrs alors d'avoir le véritable résultat de leurs opinions. Mais, quel est ce temps nécessaire ! Les vingt-quatre heures exigées par la loi du 19 fructidor an 5 , sont trop longues. Quelle que soit l'importance d'une affaire , déjà solennellement débattue, quelques heures suffiront aux jurés pour l'analyser et former leur opinion, dont ils ne se départiront plus, à moins que ce ne soit par faiblesse. Aussi voyons-nous que, quand les jurés restent assemblés vingt-quatre heures, ils passent au moins les trois quarts de ce temps sans discuter, parce qu'ils sentent que toute nouvelle discussion serait inutile. Une délibération de six heures est bien suffisante pour le commun des affaires ; le président pourrait l'étendre à douze heures dans les affaires plus compliquées, ainsi que dans tous les cas où la prolongation serait demandée par le jury.

Art. 865 et 869. « La déclaration du jury sera générale ou spéciale. » Le jury pourra, après qu'il en aura déclaré l'intention, ... donner » une déclaration spéciale sur une ou plusieurs circonstances aggravantes. »

Le position de questions est nécessaire avec les jurés ; c'est la seule manière de préciser leur vote, et de le faire porter sur toutes les parties de l'acte d'accusation. Combien de fois n'avons-nous pas vu des jurés qui ne craignaient pas d'annoncer le dessein de sauver un coupable, le faire condamner cependant, parce qu'ils ne pouvaient divaguer, parce qu'ils étaient pressés entre des questions claires et précises ! Les jurés n'ont déjà que trop de latitude pour favoriser l'accusé ; ne leur en donnons pas encore davantage.

Nous disons que la position des questions peut seule faire parcourir aux jurés toutes les parties de l'acte d'accusation : le Projet accorde il est vrai, aux jurés la faculté de demander à donner une déclaration spéciale ; mais pourquoi laisser cette faculté à des jurés qui peuvent n'en pas user, qui n'en connaîtront peut-être pas toute l'importance ! C'est aux juges à diriger les jurés, et ici, ce sont les jurés qui conduiront les juges, qui les forceront, par leur silence, à laisser impuni le criminel ; parce que le crime n'était pas accompagné de toutes les circonstances aggravantes énoncées dans l'acte d'accusation.

On objecte la foule de décisions contradictoires qu'a enfantées l'usage des questions présentées aux jurés ; mais ces décisions absurdes sont dues au mode vicieux usité pour la position des questions, à leur multiplicité, à leur trop grande division. Restreignez ces questions dans de justes bornes, n'ayez plus en horreur toute complexité, et le mode ancien, ainsi corrigé, n'aura plus que des avantages : celui que nous allons proposer nous paraît d'une exécution sûre et facile.

D'abord la question relative à l'existence du délit ne serait subdivisée qu'autant qu'il serait nécessaire, et la première question énoncerait toujours un fait ou une réunion de faits qui suffisent pour constituer un crime, ou du moins un délit. Si le fait qui est la base de l'accusation est indivisible, s'il caractérise un délit qui ne soit pas susceptible de circonstances aggravantes ou atténuantes, il n'y aura qu'une seule question sur l'existence du délit. Par exemple, on demandera nuement : Y a-t-il eu conspiration ! Y a-t-il eu bigamie ! Y a-t-il eu concussion ! Mais si l'accusation porte sur un vol accompagné d'effraction, commis avec fausses clefs, sur un assassinat, on demandera : 1.º Y a-t-il eu vol? 2.º Le vol a-t-il été commis avec effraction? 3.º L'a-t-il été avec fausses clefs? ou bien : y a-t-il eu homicide? 2.º L'homicide a-t-il été commis volontairement? 3.º l'a-t-il été avec préméditation?

Nous proposerions même de joindre la première question sur le fait à celle sur l'auteur, et l'on demanderait : L'accusé est-il auteur du vol, d'homicide, &c.? est-il complice de, &c.?

On sent qu'une pareille méthode simplifierait beaucoup l'opération, et forcerait les jurés à parcourir toutes les parties importantes de l'acte d'accusation, depuis la moindre, dont l'affirmation mettrait au moins le tribunal dans le cas d'infliger une peine correctionnelle, jusqu'à la plus grave.

On insiste beaucoup sur l'abus qui a été fait de la question intentionnelle ; comment cela eut-il été autrement, en prodiguant par-tout cette question?

Il est des actions qui portent toujours avec elles l'immoralité, comme le vol, la concussion, la conspiration contre l'État, &c. ; il en est qui sont très-souvent dépourvues d'immoralité : par exemple, l'achat d'un objet volé ; le plus souvent l'acheteur n'avait pas connaissance que l'objet provînt d'un vol. Enfin, il en est qui, quelquefois, quoique non ordinairement, sont accompagnées de bonne foi, comme la bigamie : n'est-il pas arrivé plusieurs fois que celui qui contractait un second mariage, avait de fortes raisons de croire sa première femme morte? Dans le premier cas, les questions de moralité seraient dérisoires ; dans le second, elles sont indispensables ; dans le troisième, elles sont convenables ; mais doivent être présentées par manière d'exception.

Ce serait aux rédacteurs du code pénal à faciliter le système que nous venons d'indiquer sur les questions de moralité ; et, pour cela, il leur serait aisé, en définissant chaque crime, de faire connaître s'il est ou non susceptible de ce genre de question : par exemple, quand on voit, dans le code pénal du 6 octobre 1791, que celui qui aura *sciemment* reçu, acheté ou recelé un objet volé, sera puni comme les auteurs du vol, on sent assez qu'en accusation de recelé, il faut toujours poser la question intentionnelle ; quand on y voit qu'en matière de bigamie, l'exception de bonne foi sera accueillie, si elle est prouvée, cela montre que, dans une accusation de bigamie, la question de bonne foi doit être posée si elle est demandée par l'accusé. Le même code pénal n'indiquant rien de pareil relativement au vol, aux conspirations, &c., on devrait dire que les accusations sur ces crimes ne sont pas naturellement susceptibles de questions intentionnelles. Il est facile d'appliquer cette observation à toute espèce de cas.

Si le pressentiment de la prochaine suppression de l'institution du jury, ne nous faisait pas regarder les observations que nous venons de faire comme dévouées à l'oubli, nous développerions notre système, nous en ferions un corps lié et suivi, nous répondrions, avec tout le respect dû au rapport du C.^{en} *Oudart,* aux observations du tribunal de cassation, et au compte rendu par son excellence le Grand-juge; mais nous en avons assez dit pour faire sentir la possibilité de perfectionner le mode actuel de position de questions, et la nécessité de ne pas le séparer de l'institution du jury.

Art. 894. » .... L'accusé (acquitté et contre lequel il y a eu pourvoi » en cassation), s'il n'est pas retenu pour autre cause, sera immédiatement » mis en liberté, &c. »

Il y a de l'inconvénient à mettre l'acquitté en liberté, lorsque ce n'est pas la partie civile, mais le commissaire du Gouvernement qui s'est pourvu ; on ne doit pas croire que ce fonctionnaire public se porte légèrement à attaquer les jugemens du tribunal; l'accusé peut être un homme très-dangereux, qu'il serait impossible de ressaisir, le jugement étant cassé, et qui aura ainsi été intempestivement relâché dans la société pour y commettre de nouveaux crimes. Cependant, comme il est possible que le commissaire se soit pourvu, non pour assurer la vengeance de la société et par conviction contre l'accusé, mais uniquement pour la conservation d'un principe de forme qui aurait été violé, il conviendrait de le laisser maître de retenir ou d'élargir provisoirement l'accusé.

Art. 913. « Le jury d'accusation s'assemblera le premier dimanche de » chaque mois. »

Pourquoi s'assemblerait-il nécessairement le jour consacré au repos!

Art. 922. « ..... S'il y a, au jour indiqué, moins de quarante jurés » présens....., le nombre sera complété par le maire de la municipalité » où siége le tribunal criminel, &c. »

Pourquoi ce complètement ne serait-il pas fait par le préteur! Pourquoi cette continuelle entremise de l'administration dans l'exercice de la justice! Cette attribution donnée au maire est d'autant plus singulière, que, par l'art. 914, elle appartient au propréteur lorsqu'il s'agit de compléter le jury d'accusation.

Art. 991. « Lorsqu'une personne sera prévenue d'être auteur ou com— » plice d'un crime commis à l'aide d'un écrit....., le propréteur, avant » la rédaction de l'acte d'accusation, soumettra une copie..... à l'examen » de trois hommes de lettres choisis par l'Institut national parmi les mem— » bres qui le composent. »

Nous concevons bien que les membres de l'Institut soient plus savans que les autres hommes, qu'ils jugent mieux du mérite littéraire d'un ouvrage; mais nous ne voyons pas qu'il soit besoin de grand savoir pour reconnaître si l'ouvrage contient des principes attentatoires à la sûreté de l'État ou à la morale publique; s'il s'agissait de discours tenus publiquement, on ne consulterait pas l'Institut pour savoir si ces discours renferment quelque chose de dangereux; pourquoi donc le consulter lorsqu'il s'agit d'écrits?

Ici se terminent nos observations sur la police et la justice; nous passons à celles sur le nouveau Code des délits et des peines.

SUITE

DES OBSERVATIONS

DU TRIBUNAL CRIMINEL

DU DOUBS,

SUR

LE PROJET DE CODE CRIMINEL.

DES OBSERVATIONS

DU TRIBUNAL CRIMINEL

DU DOUBS,

SUR

LE PROJET DE CODE CRIMINEL.

DÉLITS ET PEINES.

Nous osons avancer que le Code projeté est moins bien rédigé que ceux des 22 juillet et 6 octobre 1791, et du 3 brumaire an 4, desquels il est tiré ; mais c'est dans cette partie sur-tout qu'il manque souvent de méthode, de précision et de clarté.

Nous avons actuellement trois Codes pénaux bien distincts ; le Code pénal, proprement dit, ou criminel, le Code correctionnel, et le Code municipal ou de police ; cette division est naturelle, très-commode pour la recherche : le nouveau travail confond en un seul Code ces trois parties ; les crimes, les délits, les contraventions et leurs peines respectives, y sont jetés pêle-mêle, ce qui y met un apparent désordre. Il y a, il est vrai, certains faits qui, selon la gravité des circonstances accompagnantes, sont susceptibles de peines de différens genres, afflictives ou simplement correctionnelles ; mais il fallait, en suivant la méthode de la loi du 6 octobre 1791, parler principalement de ces faits dans la partie criminelle du Code, indiquer que quelquefois ils ne constituent qu'un simple délit, et renvoyer ce délit au Code correctionnel, à moins cependant que le développement que demande le simple délit ne soit si facile et si court, qu'il ne rompe pas sensiblement la série des matières criminelles. Dira-t-on que les auteurs du Projet ont distribué la matière d'après le caractère général des délits ? mais cette distribution peut être également conservée en maintenant la division des trois Codes ; elle s'appliquerait à chacun d'eux en particulier.

Les divisions indiquées dans le nouveau Code, ne naissent pas assez naturellement les unes des autres ; elles sont trop multipliées et souvent mal observées : par exemple , il y a un titre particulier *des crimes et des délits des fonctionnaires publics ;* et ces crimes, ces délits, sont déjà presque tous énumérés dans des titres précédens.

Nous ajoutons que quelques articles sont contradictoires entre eux ; qu'on trouve en général dans la rédaction beaucoup de longueurs, d'obscurités , de fausses constructions, qu'il serait trop long de relever en détail.

DISPOSITIONS PRÉLIMINAIRES.

Art. 5. « Les tentatives de simples délits ne sont considérées comme » délits, que dans les cas déterminés par une disposition spéciale de la » loi. »

Fort bien : mais il faudrait que le nouveau Code portât plus souvent cette disposition spéciale qu'il n'applique pas même aux vols simples ; ce en quoi la loi du 25 frimaire an 8 était plus sage et plus prévoyante. Ne doit-on pas punir, en effet, celui dont on arrête la main dans la poche de son voisin au moment où il lui prenait sa bourse ! celui qui est surpris dans la maison d'autrui à l'instant où il faisait un paquet de hardes et se préparait à l'emporter !

Art. 7 et 8. « Les délits militaires ne seront pas compris dans les dis- » positions du présent Code. Les délits militaires sont ceux qui ont été » commis par des militaires. . . . ou des personnes attachées aux armées , » dans l'exercice de leurs fonctions militaires *ou en état de service militaire.* »

1.° Il serait utile de faire connaître ici quelles sont les personnes qui doivent être considérées comme attachées aux armées.

2.° Que signifient ces mots , *ou en état de service militaire!* Nous n'avons pas pu en deviner le sens, à moins cependant qu'on ne le restreigne à celui qu'offrent les mots précédens , cas auquel les derniers seraient superflus.

Quoi qu'il en soit, cet article contient une disposition précieuse ; il paraît ramener le législateur aux principes anciens et restreindre la compétence des tribunaux militaires aux seuls délits militaires , c'est-à-dire, aux délits commis par les militaires dans l'exercice du service militaire, ce dont le commissaire du Gouvernement avait déjà fait sentir la nécessité dans les états du mois de thermidor an 10.

L'article que nous rapportons, n'a donc qu'une contradiction apparente avec les art. 149, 200 et 201 où les membres de la force armée sont dits justiciables des tribunaux ordinaires pour délits commis en cette qualité ; et la différence se tire de ce que, dans les cas de ces derniers articles, les militaires , agissant d'après les réquisitions des autorités civiles , ne sont pas censés faire un service purement militaire , mais plutôt un service de police civile. Cependant cette distinction est si importante, qu'il serait à desirer qu'elle fût expressément tracée par la loi.

Art. 8, §. II et III. « Ceux qui ont été commis par quelque personne
» et en quelque lieu que ce soit, envers des militaires remplissant actuelle-
» ment des fonctions militaires...., ou dans un lieu actuellement et exclu-
» sivement affecté au service ou aux fonctions militaires. »

Si le paragraphe précédent retire aux conseils de guerre une attribution
contraire aux principes, celui-ci leur en donne une qu'ils n'avaient pas
encore, qui est plus mauvaise et même dangereuse. N'est-il pas dangereux
en effet de rendre des citoyens non militaires justiciables des conseils de
guerre, parce qu'ils auront eu une rixe avec des militaires dans leurs ca-
sernes, ou sur la place d'armes avec des militaires faisant l'exercice ! Les
chefs militaires en conviendront avec nous ; sur vingt rixes qui auront lieu
entre des bourgeois et des militaires, sur-tout si ceux-ci sont armés, à
peine arrivera-t-il une fois que ceux-là aient été les provocateurs (le faible
attaque rarement le fort) : ce sont donc presque toujours les bourgeois qui
auront à demander justice ; et lorsqu'ils la demanderont, une contre-plainte
artificieuse les métamorphosera en prévenus, et les entraînera devant un
conseil de guerre, où ils ne trouveront peut-être, pour tous témoins, que
les militaires mêmes dont ils ont été les victimes. Cette seule réflexion suffit
pour faire connaître les dangers de l'attribution donnée ici aux conseils de
guerre.

Des Peines et de leurs effets.

Art. 31. « L'exécution se fera sur l'une des places publiques &c.
» Néanmoins le préfet pourra provisoirement......ordonner que l'exécu-
» tion de tel jugement, ou même les exécutions en général, se feront
» dans un autre lieu qu'il déterminera. »

Toujours l'entremise de l'administration dans les fonctions de l'ordre
judiciaire ! N'est-ce pas naturellement au commissaire du Gouvernement
à fixer le lieu habituel des exécutions, et au tribunal criminel à déterminer
les exécutions qui devront être faites hors de ce lieu ! Qui mieux que le tribunal jugera de la nécessité des exemples à donner en tel ou tel endroit !
D'ailleurs cette innovation est contraire à ce qui s'est constamment pratiqué
en France, où les intendans des provinces ne se sont jamais mêlés des
exécutions criminelles.

Art. 42. « La confiscation générale.......ne sera la suite d'aucune
» condamnation &c. »

Quelle singulière rédaction , pour dire seulement que la confiscation
générale ne pourra être prononcée que dans les cas où elle est expressément ordonnée par la loi !

Art. 47. « Les tribunaux jugeant correctionnellement , pourront, dans
» certains cas, interdire, en tout ou en partie, pendant dix ans au plus ,
» l'exercice des droits civiques, civils ou de famille &c. »

La privation de ces droits n'est-elle pas trop importante, n'est-elle pas une peine trop grave pour être confiée aux tribunaux correctionnels ? Nous ne regardons cependant pas la faculté du port d'armes, énoncée dans le présent article, comme un droit, mais comme une concession du Gouvernement.

Art. 58. « Quand il y aura lieu à &c., ces indemnités appartiendront » à la partie lésée, qui pourra en disposer à volonté, *sans que le tribunal* » *puisse, du consentement même de la partie, en prononcer l'application à une* » *œuvre quelconque.* »

N'est-ce pas gêner, sans aucun motif apparent, la générosité bienfaisante des plaideurs, qui a souvent besoin, si nous osons nous exprimer ainsi, *d'être prise au mot !* Quel inconvénient y aurait-il à ce que, de l'aveu de la partie, l'indemnité fût appliquée aux pauvres, aux hospices &c. ?

Art. 60. « Lorsque des amendes, des restitutions, des indemnités, » des frais, seront prononcés au profit de la République &c. »

Le temps d'emprisonnement fixé ici pour défaut de paiement des condamnations pécuniaires paraît trop long : l'individu qui n'aura été condamné qu'à onze jours d'emprisonnement, pourra donc rester détenu une année de plus parce qu'il est dans l'indigence.

Ne conviendrait-il pas aussi de fixer un temps d'emprisonnement, à raison du non-paiement des condamnations pécuniaires, contr· celui qui n'aurait point été originairement condamné à l'emprisonnement, et dont l'entière peine aurait consisté dans des amendes, des indemnités &c. ?

Enfin ne faudrait-il pas étendre l'article aux cas où ces condamnations pécuniaires auraient été portées, non en faveur de la République, mais en faveur des particuliers ?

De la Récidive.

Art. 66. « Les coupables condamnés correctionnellement pour récidive, » seront, de plein droit, après qu'ils auront subi leur peine, sous la sur- » veillance du Gouvernement pendant au moins cinq ans ;......ils seront » de plus interdits, pendant le même nombre d'années, de l'exercice des » droits civiques, civils et de famille &c. »

Cette aggravation de peine, sur-tout pour la dernière partie, est excessive, particulièrement lorsqu'il s'agit de récidive en certains délits les moins graves. Ce serait bien assez de laisser cette garantie de peine à l'arbitrage du juge.

Des auteurs de Crimes ou de Délits.

Art. 68. « Seront punis comme coupables d'un crime ou d'un délit, » 1.°, ceux qui auront commis l'action ; 2.°, *ceux qui auront provoqué à cette* » *action, &c.* »

Cet article, depuis le n.° 2 jusqu'au n.° 9, énumère tous les cas de complicité, sur quoi nous ferons quelques observations.

1.° Pourquoi les mots génériques de *complice* ou de *complicité* ne se trouvent-ils en aucun endroit de cet article ? Il est toujours bon d'employer le terme usuel qui caractérise le genre du délit, comme ceux de concussion, péculat, bigamie &c., sauf à parcourir ensuite les cas qui forment les différentes espèces. Il aurait donc été convenable de dire : *Seront regardés et punis comme complices ceux qui, &c.*

2.° Il fallait un titre particulier *des complices*, et ne pas confondre ceux-ci parmi les auteurs.

3.° Ce titre devait être à la fin du Code, et non au commencement ; il fallait faire connaître les crimes, leurs auteurs et les peines, avant de faire l'application aux complices.

4.° C'est s'exprimer improprement que de dire : « Les complices seront » punis *comme coupables des crimes.* » Celui qui donne retraite à un assassin, qui achète la dépouille d'un homicidé, n'est pas coupable d'assassinat ; on peut, au plus, dire qu'il sera puni *comme l'auteur du crime*, et non *comme coupable du crime.*

Le Code pénal du 6 octobre 1791 avait évité cette impropriété d'expressions, ces vices de méthode : pourquoi se trouvent-ils dans le nouveau Projet !

Nous allons cependant examiner en particulier quelques-uns des paragraphes de cet article 68.

Il faudrait ajouter le mot *sciemment* ou autre équivalent dans les §. III, V, VI et VII, ainsi qu'il se trouve dans le §. VIII : en effet n'arrive-t-il pas bien fréquemment que celui qui fournit un moyen qui servira à commettre un crime, qui retire un profit de l'action, qui donne asile à un criminel, à des brigands, ignore quel usage sera fait du moyen d'où vient le profit, et quelle est la qualité de celui à qui il donne retraite !

Le §. VIII renferme des dispositions si exagérées qu'elles deviennent atroces. Que le recéleur d'un objet volé soit puni comme le voleur, cela doit être ; il coopère en quelque manière au vol, il le consomme en empêchant que l'effet enlevé ne retourne à son maître : mais il y a bien de la distance entre l'assassin et celui qui achète la dépouille d'une personne assassinée ; les peines ne peuvent être les mêmes.

Enfin, plusieurs paragraphes de cet article sont obscurément rédigés.

On en dit de même de l'article 69, dont la rédaction est des plus ambigues.

Art. 70. « Il n'y a ni crime ni délit lorsque le prévenu était en état » de démence. »

Il eût été bien utile d'autoriser ici les juges à séquestrer de la société, par mesure de précaution, les furieux traduits devant les tribunaux pour crimes : il faudrait même fournir aux officiers de police judiciaire les moyens de parvenir promptement à cette séquestration, lorsque l'individu qu'ils poursuivent est manifestement dans l'état de démence ; enfin, indiquer les moyens dont ils devront se servir pour constater cet état. Les cas de ce genre se remontrent assez fréquemment ; les officiers de police et les juges sont souvent embarrassés.

De la Responsabilité civile.

Art. 78. « Sont civilement responsables.... les pères, ou à leur défaut » les mères tutrices ; au défaut de celles-ci, les tuteurs ou *tutrices* &c. »

Il n'y a point de tutrices autres que les mères, les femmes en général n'étant pas susceptibles des fonctions de tutelle.

Tout le chapitre de la responsabilité civile, duquel est tiré le présent article, serait mieux placé à la fin du Code : cette matière n'est que secondaire, et ne doit pas être traitée en premier ordre.

Crimes et Délits contre la sûreté extérieure de l'État.

Art. 87. « Tout fonctionnaire public, &c., chargé, à raison de ses » fonctions, du dépôt des plans de fortifications, &c., qui aura livré ces » plans... aux agens *d'une puissance étrangère ou à l'ennemi*, sera puni *de* » *la relégation.* »

1.° Le mot *ennemi* devrait précéder ceux-ci, *agens* d'une puissance étrangère : la gradation d'idées n'est pas observée, ou plutôt elle est inverse.

2.° La peine de la déportation paraît trop faible ; l'action constitue une véritable trahison, qui rentre dans l'article 83, et mérite la mort.

Art. 89. « Quiconque aura recélé... les espions ennemis, &c. »

Il faudrait ajouter le mot *sciemment.*

Crimes et Délits contre la sûreté intérieure de l'État.

Art. 95. « Seront exempts de peines *ceux qui* se seront retirés au pre- » mier avertissement, &c. »

Les mots *ceux qui*, ont ici une étendue apparente, plus grande certainement que les rédacteurs n'ont voulu leur donner : il faut les restreindre aux individus énoncés dans le troisième paragraphe de l'article précédent, c'est-à-dire, à ceux qui sont saisis faisant nombre dans une bande séditieuse ; car il serait absurde de les appliquer à tous ceux qu'énumèrent les autres paragraphes de cet article, aux directeurs et commandans de la sédition, à ceux qui y ont commis des crimes particuliers.

Art. 97. « Seront, à l'égard de ces crimes et complots, réputés

» coupables . . . ceux qui auront annoncé une fausse disette, actuelle ou
» prochaine , de comestibles ou de boissons, &c. »

Les derniers mots renferment des détails bas et inutiles.

Il faudrait ajouter ces mots, *dans le dessein de favoriser lesdits crimes ou complots.*

Crimes ou Délits contre la Constitution.

Les articles 107 et 108 expriment des faits trop vagues, propres , par leur immense latitude, à effrayer les fonctionnaires publics contre lesquels il serait trop facile d'en abuser ; d'ailleurs ces articles eussent été mieux placés au titre *des Crimes et Délits des Fonctionnaires publics.*

Art. 113. « Ceux de ces fonctionnaires (des juges de paix) qui ne
» justifieront pas avoir dénoncé à l'autorité supérieure les détentions arbi-
» traires ou illégales qu'ils auront vérifiées,... seront coupables, et respon-
» sables de ces détentions. »

Ne devrait-on pas dire la même chose des supérieurs qui , ayant été avertis par le juge de paix, ou par une dénonciation directe , ne feraient pas cesser aussitôt la détention illégale !

Des Faux.

Art. 127. « Quiconque aura contrefait ou altéré *les monnaies nationales*
» ayant cours , *ou participé à l'émission ou exposition* des monnaies contre-
» faites, &c. »

Il faudrait ajouter, pour la distribution , le mot *sciemment* ou autre équi-
pollent.

On a omis de parler des fabricateurs de monnaies étrangères ; cepen-
dant elles circulent presque toutes en France par le commerce : d'ailleurs, quand elles seraient destinées à n'être répandues que chez l'étranger, le fabricateur n'en serait pas moins coupable d'un crime attentatoire au droit des gens, et mériterait punition chez tout peuple policé. Continuons donc à faire contraster sur ce point notre législation avec l'infâme politique du gouvernement anglais.

Art. 132. « Tout fonctionnaire public .... qui se sera rendu coupable
» du crime de faux dans l'exercice de ses fonctions, soit par &c. , soit
» par omission de constater, dans l'acte , des faits... *que, même sans réquisi-*
» *tion, il était formellement de son ministère de constater, soit par supposition*
» *de personne,* .... sera puni de la déportation. »

Il résulterait des premiers mots soulignés, que la simple omission d'une chose qui était de l'essence de l'acte , par exemple de la date , du nom d'un des contractans, omission qu'on doit naturellement supposer une simple erreur, serait réputée et punie comme un faux.

Doubs.   A 4

La supposition de personne ne devrait-elle pas être prévue et punie dans le particulier qui paraît sous le nom d'un autre, ainsi que dans le fonctionnaire public qui passe l'acte ! Cette supposition de personne ne doit-elle pas être punie, même dans un acte privé ! ne doit-elle pas même l'être lorsqu'elle est séparée de tout acte écrit ! par exemple, lorsqu'un faussaire prend le nom d'un héritier, s'introduit dans une famille étrangère, &c. ; ce qui rappelle l'histoire du faux *Laille*, du faux *Lapivardière*, &c. Ne faudrait-il pas aussi caractériser le faux par supposition de personne, de manière qu'il ne puisse pas être confondu avec le simple usage fait d'un nom étranger, et quelquefois imaginaire !

Art. 134. « Quiconque aura fait un faux en écriture authentique, &c.; » ...*quiconque aura fait usage* de ces faux, &c. »

Le mot *sciemment* paraît devoir être ajouté pour ceux qui font usage de pièces fausses. On sent combien il est facile de supposer souvent qu'ils ignorent la fausseté des pièces.

Art. 135. « S'il s'agit uniquement de faux passe-ports, de fausses feuilles » de route, de faux certificats, ou de faux noms pris dans ces actes, la » peine sera la détention depuis six mois jusqu'à deux ans. »

Il y a cependant une grande différence entre le délit de celui qui ne fait que prendre un faux nom dans un acte, ou qui y fait insérer un fait faux (comme un faux accident propre à exciter la commisération), et le délit de celui qui contrefait, dans cet acte, l'écriture ou la signature des fonctionnaires publics : celui-ci est un véritable faussaire, quel que soit l'acte qu'il a fabriqué; il altère la foi due aux actes publics; il commet réellement un crime, et devrait être puni d'une peine afflictive.

Il nous paraît que des omissions ont été faites dans la section *du faux ;* par exemple : nous sommes surpris de ne pas voir rappelé dans les lois nouvelles un crime, très-rare il est vrai, mais bien grave, qui était prévu par les lois anciennes ; c'est la supposition de part.

Il est encore un genre de faux qui n'est pas prévu par nos lois pénales, qui cependant est assez grave et même assez fréquent; c'est celui qui se commet par de fausses attestations, données par devant les autorités constituées, comme si quelqu'un allait attester devant le maire la mort d'un homme non décédé, ou bien la naissance d'un enfant, comme procréé de deux époux légitimes, tandis qu'il saurait que cet enfant est le fruit d'un concubinage, ou la naissance d'un enfant comme né de celle qui cependant ne serait pas sa mère. Nous pourrions faire beaucoup de suppositions pareilles; et l'on sent que les auteurs de telles attestations auraient commis un véritable délit. Ne pourrait-on pas les comparer à ceux qui portent de faux témoignages en justice civile !

Crimes et Délits des Fonctionnaires publics.

Art. 138. « Tout fonctionnaire,... dépositaire ou comptable public,...
» qui aura détourné ou soustrait des deniers publics ou privés, ou effets,...
» qui étaient entre ses mains en vertu de ses fonctions, sera puni de la dé-
» portation si les choses soustraites sont d'une valeur au-dessus de 3000 fr.,
» et de la détention si elles sont de 3000 fr. et au-dessous. »

La peine ne devrait pas dépendre de la valeur de la chose soustraite : le péculat, l'abus du dépôt, commis par un fonctionnaire public, sont des crimes, quelle que soit la valeur des effets soustraits. Les rédacteurs n'ont pas fait cette distinction pour la concussion ; pourquoi la font-ils pour le péculat ?

Violences envers la Force publique.

Art. 161. « Si elle a été commise (la rebellion) par plus de vingt per-
» sonnes *armées*, les coupables seront punis des travaux forcés à temps. »

Il ne faut pas dire *vingt personnes armées*, mais *vingt personnes avec armes :* car il n'est pas besoin que les vingt soient toutes armées ; il suffit que deux portent des armes ostensibles (art. 162).

Art. 168. « L'instigation ou provocation à la rebellion, dans le cas
» *même* où la rebellion n'aurait pas eu lieu, sera punie d'une détention de
» onze jours au moins, et d'un mois au plus. »

Le mot *même* est ici de trop ; il forme une espèce d'amphibologie, et pa-raîtrait indiquer que la même peine seulement dût être infligée dans le cas où la rebellion aurait eu lieu.

Le *maximum* de peine fixé par cet article, paraît trop faible pour certains cas. Il est en effet des rebellions tellement dangereuses, que la seule pro-vocation, quoique non suivie de la réussite, devrait être sévèrement punie.

Désobéissances.

Art. 187 et 188. « La seule désobéissance *aux ordres* donnés par le
» Gouvernement, ou par les diverses autorités, chacune dans le cercle de ses
» attributions, est un délit. La peine sera, contre les particuliers, de onze
» jours à deux mois de détention, et d'une amende de 51 à 200 francs. »

Cet article est trop vague ; il paraîtrait comprendre le refus de celui qui ne paye pas sa cote d'impositions, ou de celui qui n'acquitte pas une somme à laquelle il aurait été condamné par un tribunal, &c., ce qui sûrement est contre l'intention des rédacteurs. Il vaudrait mieux, à la place du mot *ordres,* substituer ceux de *réquisitions directes,* qui sont plus précis et qui ne prêtent pas à une extension arbitraire.

Cet article, d'ailleurs, est en contradiction avec une foule d'autres qui concernent de véritables désobéissances aux ordres des autorités constituées, et qui cependant ne sont punies que d'une simple amende, souvent très-modique : tels sont les articles 196, 430, 435, &c.

Art. 194. « Les père, mère, tuteur d'un réquisitionnaire ou conscrit, » seront responsables de son refus, &c. »

Cet article serait mieux placé au titre général *des personnes responsables.*

Bris de scellés, et Enlèvement de Pièces dans les dépôts publics.

Art. 211. « S'ils sont coupables (les gardiens) du bris de scellés, de » participation ou de connivence, la peine sera la détention de six mois » à deux ans. »

Il s'agit, dans cet article, de scellés apposés par ordre du Gouvernement, ou par suite d'ordonnances de justice, rendues à l'occasion d'une procédure pénale.

La peine portée par cet article contre les gardiens infidèles, paraît trop faible, sur-tout si on la compare à celle portée par l'art. 138 contre les dépositaires publics infidèles. En effet, un gardien de scellés est un véritable dépositaire public.

Ordinairement on ne fait pas, d'avance, inventaire des effets qu'on renferme sous des scellés; cet inventaire n'a lieu qu'au moment de la levée : le bris de scellés ne peut avoir pour motif que l'enlèvement des effets pour sûreté desquels ils avaient été apposés. Ainsi donc ce bris forme presque toujours un vol avec effraction, trop peu puni par une détention correctionnelle. Les effets compris sous les scellés peuvent être très-précieux ou très-importans : qui pourra juger de la valeur de ceux qui auront été enlevés! L'enlèvement même, quelque probable qu'il soit, n'est-il pas presque impossible à prouver, attendu le défaut d'inventaire! S'il s'agit d'enlever des effets précieux ou importans, et qu'une grande récompense soit offerte, le gardien ne sera pas suffisamment retenu par la crainte d'une courte détention.

Les mêmes réflexions s'appliquent à l'article 218, où il est fait mention des scellés apposés pour la conservation de droits ou d'intérêts civils, où le danger d'enlèvement, d'objets de grande valeur pécuniaire est encore plus imminent, et où cependant la peine est encore plus faible. Ces observations prouvent la nécessité d'infliger au gardien infidèle une peine capable de l'intimider.

Attentats publics aux mœurs.

Art. 248. « Quiconque aura attenté aux mœurs.... en excitant, favo-» risant ou facilitant *habituellement* la débauche ou la corruption de la jeu-» nesse.... *au-dessous de l'âge de vingt ans,* sera puni, &c. »

Ainsi le maquerellage, le commerce des filles âgées de plus de vingt ans, n'est pas attentatoire aux mœurs, n'est pas un délit! Cette exception paraît propre à favoriser la débauche.

Le mot *habituellement* ne serait - il pas de trop dans cet article! et le premier acte de celui qui livrerait une jeune fille innocente aux brutalités d'un homme sans principes, ne devrait-il pas être regardé comme un grave attentat aux mœurs publiques, comme un délit, un crime même, qui mérite la répression, sans que la police soit obligée d'attendre la récidive ou l'habitude!

Pourquoi les rédacteurs ont-ils omis l'exposition d'images obscènes, qui est prévue par l'article correspondant de la loi du 22 juillet 1791, duquel celui-ci est tiré!

Crimes et Délits contre les Personnes.

Art. 258. « Sera puni comme coupable de meurtre, quiconque aura » fait usage de quelque autre instrument que ce soit, d'une manière qui » prouve clairement l'intention de donner la mort. »

On peut, sans aucun inconvénient, avec le secours seul des mains ou des pieds, chercher à donner la mort. Nous préférerions donc que les mots *d'attaque à dessein de tuer,* tirés du Code pénal actuel, fussent employés dans le précédent article.

Art. 264. « Les blessures ou les coups sont excusables, quand ils ont » été provoqués par outrages ou par injures graves. »

Cet article paraît propre à favoriser les vengeances : il faudrait du moins exiger que l'injure eût immédiatement précédé les coups.

Art. 266. « Le meurtre commis sur l'époux ou l'épouse, n'est pas ex- » cusable, si des coups ou des violences n'ont pas mis en péril la vie de » l'époux ou de l'épouse qui a tué. »

S'il y a eu réellement péril pour la vie de l'époux ou de l'épouse qui a tué, il n'y aura pas seulement meurtre excusable, mais bien homicide légi- time (art. 261).

Les rédacteurs entendraient-ils parler ici de violences non immédiate- ment antécédentes au meurtre! Alors elles ne pourraient constituer excuse; et cette facilité à excuser ne serait propre qu'à provoquer le conjugicide.

Art. 275. « Quiconque aura fait des blessures, ou porté des coups de » guet-apens, bien qu'ils ne soient pas de la nature, &c., sera puni de » la peine des travaux forcés à perpétuité. »

Cet article est d'une sévérité excessive; car il peut s'appliquer aux moindres coups donnés : le guet-apens doit sans doute beaucoup aggraver la peine, mais non dans une telle disproportion. On pourrait dire que si les blessures sont de nature à ne mériter qu'une peine correctionnelle, la circonstance du guet-apens en doublera ou triplera la durée.

Cet article d'ailleurs est en contradiction avec l'art. 278, qui n'est que la répétition littérale du 275.°, et qui ne prescrit que la peine des travaux forcés à perpétuité, peine qui paraît elle-même trop forte dans le cas de blessures ou coups légers.

Mêmes observations sur l'article 279.

Art. 285. « L'infanticide est l'homicide causé par une mère *non engagée* » *dans les liens du mariage*, ou par ses complices, de son enfant nouveau- » né. »

Cette définition est bien peu exacte; d'abord on pourrait dire que tout homicide d'un nouveau-né est un infanticide, fût-il commis par un étranger, sans l'aveu de la mère. Mais supposons que l'homicide d'un enfant ne prenne le nom d'infanticide que par la coopération des parens, pourquoi cet homicide ne serait-il pas appelé infanticide, lorsqu'il est le crime d'une mère ou même d'un père engagés dans les liens du mariage!

Art. 286. « Le crime d'infanticide est commis lorsque l'enfant est mort » pour avoir été privé, par sa mère ou par ses complices, des précautions, » des secours, des soins ou des alimens sans lesquels il n'a pu vivre. »

Il n'y aura donc pas infanticide si la mère égorge ou assomme son nouveau-né! Sans doute les rédacteurs regardent cependant cette action comme un crime.

Art. 287. « Toute personne coupable d'infanticide, sera punie de la » déportation. »

Cette peine n'est-elle pas excessivement, scandaleusement faible pour un meurtre qui révolte la nature, et qui est nécessairement accompagné de préméditation! Quoi ! si le meurtre du nouveau-né eût été commis par un étranger, sans coopération de la mère, il serait puni de mort; et il ne sera puni que de la déportation, parce qu'il a été commis par la propre mère, par celle que la nature avait préposée pour la conservation de l'enfant! Ces ménagemens ne sont propres qu'à enhardir les mères au crime.

Art. 288. « Toutes violences, tous traitemens qui auraient excédé les » bornes d'une correction légitime, exercés par des tuteurs ou tutrices, » autres que les pères et mères, sur leurs pupilles, par des instituteurs ou » institutrices sur leurs élèves, par des maîtres sur leurs apprentis......, » seront, *sur la seule dénonciation ou plainte des familles*, punis, &c. »

La dénonciation des familles suffit-elle pour former preuve! Ne peuvent-elles pas avoir été trompées par des plaintes mensongères? Combien d'élèves, d'apprentis, se vengeront de leurs maîtres et instituteurs, en montrant dans leurs familles une feinte douleur, qui en imposera aux parens, et les décidera à une dénonciation, laquelle sera nécessairement suivie d'une condamnation non méritée !

Art. 314. « Le mari qui aura entretenu une concubine dans la maison » conjugale, sera puni d'une amende, &c. »

Nous craignons qu'un pareil article ne soit plus propre à produire qu'à prévenir le scandale; qu'il n'engage dans des coups d'éclat l'épouse, qui, si elle n'eût espéré une vengeance judiciaire, aurait su retirer son mari du vice par sa prudence, sa bonne conduite et de douces remontrances, toujours plus efficaces que l'emportement. D'ailleurs, qui pourra porter plainte contre le mari? La femme aura-t-elle seule ce droit, avilissant pour elle-même? Les officiers de police judiciaire pourront-ils s'ingérer d'office dans l'intérieur des ménages?

Art. 331. « Est qualifiée calomnie toute imputation fausse de faits qui, » s'ils existaient, en exposeraient l'auteur soit à des poursuites criminelles » ou correctionnelles, soit au mépris ou à la haine des citoyens. »

A la lecture de cette première partie de l'article et des deux articles précédens, il semble, à n'en pouvoir douter, qu'il s'agit de la calomnie proprement dite, c'est-à-dire de l'imputation de faits faux; mais on pense le contraire quand on voit, à la fin de notre article, que l'auteur de l'imputation ne peut être admis à en articuler la vérité; ce qui ferait croire que les rédacteurs du Projet confondent deux choses bien distinctes, la calomnie et l'injure simple. Nous voyons cependant qu'ils n'ont pas fait cette confusion; ils ont trop bien défini la calomnie dans les mots de l'article 331 que nous venons de copier. Il paraît qu'ils ont voulu seulement dire que, quoique les faits allégués ne soient pas démontrés faux, les auteurs des imputations du genre de celles énoncées en notre article, seront réputés calomniateurs et punis comme tels, toutes les fois qu'ils n'apporteront pas la preuve légale et pleinement acquise de la vérité de ces faits. Mais cette interprétation a besoin d'être trop péniblement recherchée dans la rédaction de l'article 331 et des suivans.

Le sens de ces articles ainsi rétabli, nous oserons proposer une autre série d'articles, qui nous paraît avoir plus d'ordre et de clarté. Nous critiquerons cependant auparavant l'art. 335, qui porte que, si le fait imputé est légalement prouvé vrai, l'auteur de l'imputation, qui rapportera cette preuve pleinement acquise, sera à l'abri de toute peine.

Cet article paraît trop indulgent; il autoriserait des actes de malveillance, des injures inexcusables : peut-on ne pas regarder, par exemple, comme un trouble à la société, l'action de celui qui, voulant nuire à l'honnête homme fils d'un père qui aurait eu le malheur de périr sur l'échafaud, le poursuivrait sans cesse en public, lui reprochant la mort ignominieuse de son père? Celui qui agirait ainsi, cesserait-il d'être un méchant, parce qu'il tiendrait à la main une copie du jugement de condamnation? C'est bien ici le lieu de rappeler cet ancien axiome : *Veritas convicii non excusat à convicio.*

On sent cependant que cet homme devrait être bien moins puni que le véritable calomniateur, qu'il y a même des occasions où l'émission d'une vérité désagréable doit être excusée.

Nous proposons de laisser subsister les articles 328, 329 et 330 tels qu'ils sont, et l'art. 331 jusqu'après ces mots, *la haine des citoyens.* Cette partie contiendrait tout ce qui regarde la calomnie proprement dite, très-bien définie dans la première partie de l'article 331 ; nous proposerions seulement d'ajouter dans l'art. 328, après ce mot, *une dénonciation,* ceux-ci, *ou une plainte ;* on ajouterait ensuite la série d'articles suivans :

Art. 332. *Quoique les faits allégués ne soient pas démontrés faux, l'auteur d'imputations du genre de celles ci-dessus énoncées est réputé calomniateur et puni comme tel : il ne sera pas admis pour sa défense à en articuler la vérité, ni à demander que la preuve en soit faite.*

Art. 333. *Dans le cas cependant où le fait imputé serait légalement prouvé vrai, l'auteur de l'imputation, qui rapportera cette preuve pleinement acquise, sera à l'abri de la peine due au calomniateur. Il sera toutefois puni d'une détention de....jours, et d'une amende de..... à moins que la vérité injurieuse n'ait été provoquée par la conduite de la personne injuriée.*

Art. 334. *Lorsque les poursuites en calomnie auront pour objet une dénoncia-tion civique ou une plainte, portant sur des faits punissables par la loi, il sera sursis à la poursuite et au jugement de calomnie durant l'instruction sur les faits dénoncés.*

L'art. 335 serait la copie de l'art. 332 du Projet ; l'art. 336, celle du 333 ; et l'art. 337, celle du 334 : puis viendrait l'art. 336 du Projet, qui serait numéroté 338 ; et ainsi de suite.

Vols.

Art. 347. « Seront aussi punis de la reclusion les vols commis sans aucune » de ces cinq circonstances, &c. »

1.° L'on desirerait voir compris dans cet article les vols commis par les commensaux habituels, ou par des individus reçus à titre d'hospitalité.

2.° On ne conçoit pas de quelle utilité peut être l'addition de la cin-quième circonstance aggravante, et comment un enlèvement de bornes peut concourir avec un autre vol.

3.° Cet article ne punit pas plus le vol domestique commis avec effraction ou fausses clefs que le vol domestique simple, ce qui est sans doute une omis-sion : il faudrait donc une disposition particulière portant que, si le vol, commis par des individus énoncés au paragraphe premier de l'article, est accompagné des circonstances aggravantes indiquées aux paragraphes 2 et 3, la peine sera des travaux forcés à temps, ou même à perpétuité. Le vol domestique étant beaucoup plus facile à exécuter, et conséquemment plus dangereux, renfermant plus d'immoralité en ce que le voleur est censé avoir été préposé à la garde de la chose volée, doit être plus sévèrement puni que tout vol accompagné des mêmes circonstances extérieures qui aurait été commis par un étranger.

Art. 360. « Les autres vols, larcins et filouteries, seront punis d'une dé- » tention, &c. »

Nous avons déjà fait sentir ailleurs la nécessité d'étendre ces dispositions aux tentatives de vols simples.

Art. 362. « Les vols de marne, fumier et de toute espèce d'engrais sur le » territoire d'autrui seront punis de la reclusion. »

Cette peine est excessive en elle-même ; elle l'est sur-tout si on la compare avec la simple amende infligée par l'art. 439 à ceux qui auront enlevé des terres, gazons, &c, soit sur les communaux, soit *sur le terrain d'autrui :* les terres, les gazons sont aussi précieux sans doute que les engrais. Il y a donc excès dans l'article 362, et contradiction avec l'art. 439. Ces deux articles, du moins en ce qui concerne les engrais, terres et gazons, devraient être confondus en un seul : on devrait cependant distinguer l'enlèvement de ces objets fait sur le territoire d'autrui ou sur le terrain public ou communal, dans un terrain clos ou dans un terrain ouvert.

L'établissement de la pleine liberté des cultes ne permet sans doute pas de distinguer certains vols sous le nom de *sacriléges ;* cependant le respect dû à tous les cultes, la fréquence des vols d'églises, l'appât que présentent ces vols, lesquels portent ordinairement sur des vases précieux, enfin la facilité de les exécuter dans des édifices souvent isolés, mériteraient bien qu'on fît une classe particulière, et où les peines seraient plus sévères, des vols faits en édifices dévoués à un culte quelconque, d'objets y consacrés.

Rapines, Escroqueries, Abus de confiance.

Art. 366. « Les banqueroutiers frauduleux et leurs complices seront punis » de la peine de la reclusion, *et d'une amende égale au quart de la valeur de la* » *chose soustraite.* »

Cette amende sera contraire aux intérêts des créanciers cédulaires.

Art. 368. « Quiconque aura détourné au préjudice du propriétaire..., » dissipé ou détruit des effets.... qui ne lui auraient été confiés qu'à titre » de dépôt, &c., sera puni de la peine portée en l'article précédent (de » deux à cinq ans de détention). »

Cette peine est trop faible, comparée à l'art. 399, qui prescrit la même peine pour pareils délits commis par les non-dépositaires.

Elle est trop faible en elle-même, lorsque la distraction, la destruction, &c. a été commise par certains dépositaires; par exemple, par avocats, avoués : la peine, pour ces abus de confiance, devrait être la même que celle établie par l'article 138 contre les fonctionnaires publics dépositaires infidèles.

Art. 374. « Toute violation des réglemens d'administration publique,
» relatifs aux produits des manufactures françaises qui s'exporteront à
» l'étranger, sera punie, &c. »

Que signifie cet article! Quel rapport a-t-il au titre des rapines, escro-
queries et abus de confiance! Nous ne le devinons pas.

Ce reproche de défaut de rapport au titre, peut être fait contre plusieurs
autres articles de la section II que nous examinons.

Destructions, Dégradations, Dommages.

Art. 407. « Quiconque aura coupé des grains ou des fourrages appar-
» tenant à autrui, sera puni d'une détention de onze jours à deux mois. »

Cet article paraît rentrer dans le 403.ᶜ, relatif aux destructions de récoltes, qui prescrit cependant une peine beaucoup plus grave. On voit
assez néanmoins le but des rédacteurs : dans l'art. 403, ils veulent parler
de la dévastation faite dans le pur dessein de nuire, de perdre la récolte
ou les plants d'autrui, tandis que l'art. 407 n'a rapport qu'à des parties de
récoltes coupées sans ce méchant dessein : mais il eût été bon de faire mieux
sentir la différence des deux délits, et la cause de la disproportion des peines
respectives.

Contraventions et Peines.

Art. 430, §. 7. « Ceux qui auront laissé dans les rues, chemins, places,
» lieux publics, ou dans les champs, *des coutres de charrue, pinces, barres,*
» *barreaux* ou autres machines, ou instrumens, ou armes, dont puissent
» abuser les voleurs ou malfaiteurs, seront punis, &c. »

Ce paragraphe est inexécutable dans les campagnes, du moins pour les
instrumens aratoires : les habitans sont trop dans l'usage de les laisser exposés à la foi publique; souvent ils n'ont pas de lieux fermés dans lesquels
ils puissent les retirer; souvent encore il leur serait trop incommode de
tout ramener au logis.

Art. 435, §. 14. « Ceux qui, le pouvant, auront refusé ou négligé
» de faire les travaux, le service, ou de prêter le secours dont ils auront
» été requis dans les circonstances d'accidens, tumultes, &c. »

Cet article rentre évidemment, d'après le plan des rédacteurs, dans les
chapitres déjà examinés, intitulés : *Désobéissances, refus d'un service dû
légalement.* On fait la même observation sur l'art. 430, §. 4, relatif à ceux
qui refusent d'obéir aux sommations de réparer ou démolir, faites par l'autorité administrative : en comparant ces différens articles et chapitres, on
sera surpris de voir la diversité des peines prescrites pour des cas qui se
ressemblent ou qui même sont entièrement pareils.

Art. 443. « En tout ce qui n'a pas été réglé par les articles précédens
» du 3.ᵉ et du 4.ᵉ livres du présent Code, les tribunaux continueront d'ob-
» server et de faire exécuter les dispositions des lois et *des réglemens*
» relatifs, &c. »

Cet article conserve-t-il seulement les réglemens généraux ? maintient-il
aussi les réglemens particuliers et locaux qui existaient avant la révolution,
dans presque toutes les communes de la France ? Mais ce serait une vraie
confusion que de conserver tous ces réglemens particuliers, souvent opposés
entre eux, et d'établir ainsi une infinité de codes de police ; d'un autre
côté les usages locaux varient nécessairement selon une foule de circonstances qui empêchent l'uniformité des réglemens de police.

Pour éviter cette confusion et suppléer au code général des contraventions, il conviendrait, 1.º que le Gouvernement fît des réglemens particuliers pour chacun des principaux arts et métiers ; 2.º que les maires des
communes populeuses fussent invités à présenter un projet de réglemens
locaux ; les préfets examineraient ces réglemens qui ne deviendraient exé-
cutoires que par l'approbation du Gouvernement. Un recueil de pareils
réglemens, bien concordans pour la graduation des peines avec le présent
Code, y formeraient un supplément complet : les faits qui n'y seraient pas
prévus, ne pourraient être regardés comme contraventions : et les tribunaux
ne pourraient plus tomber dans l'incertitude ou dans l'arbitraire.

Après avoir démontré la nécessité de supprimer l'institution du jury, et
d'y substituer des tribunaux chargés de prononcer sur les faits et sur le droit,
nous oserons proposer nos vues sur l'organisation de ces tribunaux et sur
l'application à y faire des formes actuelles de procéder.

La révolution qui nous a amené l'institution du jury, l'a escortée d'une
foule d'innovations utiles qui donnent à notre législation criminelle de grands
avantages sur l'ancienne.

Il est facile d'améliorer notre Code pénal du 6 octobre 1791 ; celui qui
est aujourd'hui proposé, y a fait d'importans changemens, et bientôt nous
aurons le Code pénal le plus complet dont jouisse aucune nation.

La loi du 7 pluviôse an 9, combinée avec celle du 3 brumaire an 4, et
les additions que nous avons proposées dans le cours de nos observations,
fournissent tous les matériaux nécessaires pour former la meilleure organisation possible d'officiers de police judiciaire, le mode le plus parfait de
recherche et poursuite des délits, et de procédure devant les tribunaux pénaux.

Les principaux avantages du mode actuel de procéder consistent dans
la nécessité d'un acte d'accusation clair et précis ; dans la nécessité de l'admission préalable de cet acte ; dans la solennité et la publicité des débats,
la latitude qui y est donnée au ministère public et à l'accusé ; enfin, et
sur-tout dans la déposition orale des témoins. Nous insistons particulièrement

sur ce dernier moyen, à cause de son importance et de l'influence qu'il peut avoir sur l'organisation des tribunaux criminels.

La déposition orale des témoins est le seul moyen par qui les tribunaux criminels puissent parvenir sûrement à la découverte de la vérité, et prévenir les faux témoignages aujourd'hui si fréquens : la majesté de l'audience, les interpellations de l'accusateur public, de l'accusé, de son défenseur, des juges, la confrontation, en présence, des témoins opposés, arrachent souvent du témoin la vérité qu'il voulait cacher, en démasquant l'imposture. Peut-on rien espérer de pareil de la simple audition des témoins devant un juge commissaire, souvent peu adroit, quelquefois peu impartial ! N'est-il pas dangereux de confier à un seul homme la partie la plus essentielle de la procédure ! Combien de fois n'avons nous pas vu les affaires changer totalement de face à l'audience, et devenir, après l'audition des témoins, tout autres qu'elles n'avaient paru dans la procédure écrite ! On peut même assurer qu'en général, les cahiers d'informations sont si incorrectement, si incomplètement rédigés, que, presque dans toutes les affaires criminelles, un juge délicat n'oserait prononcer à vue des seules dépositions écrites.

Il est facile de conserver tous ces avantages malgré l'abolition du jury ; et nous devons bien nous garder de les perdre : ainsi donc le magistrat de sûreté rédigera également l'acte d'accusation ; le tribunal d'arrondissement, au lieu d'un premier jury, examinera cet acte ; les débats devant le tribunal criminel seront aussi publics, aussi libres, autant et plus majestueux que devant un jury de jugement ; les témoins continueront à être entendus à l'audience ; enfin la même forme de procéder aura lieu ; les mêmes lois pénales seront appliquées.

Mais quelle sera l'organisation des tribunaux criminels ! De quel nombre de juges seront-ils composés ! Quels seront leurs arrondissemens !

Le seul moyen de donner aux tribunaux criminels l'éclat et la majesté convenables, est de les réunir aux tribunaux d'appel dont ils formeront une chambre *tournelle,* ainsi que cela existait dans les anciens parlemens.

Pour maintenir les principes et l'uniformité de jurisprudence, le changement des juges ne s'effectuera jamais que partiellement ; le président de la chambre sera perpétuel, et les fonctions du ministère public seront exercées par un commissaire du Gouvernement, accusateur public, lequel n'aura aucune part à l'administration de la justice civile, comme le commissaire de la chambre civile n'en aura aucune à l'administration de la justice criminelle. La chambre tournelle sera composée de huit juges ; elle pourra cependant juger au nombre de six, mais toujours en nombre pair : lorsque, par empêchement des juges, elle se trouvera réduite au-dessous de six, elle sera complétée par des juges de la chambre civile. Le commissaire du Gouvernement sera, en cas de besoin, suppléé par un juge de la chambre criminelle ; mais toujours par le premier juge, ou du moins, par celui que désignera le président : les fonctions de ce commissaire sont très-multipliées et très-variées, soit par rapport à la police, soit par rapport à la justice; elles exigent beaucoup de connaissances et d'habitude; elles ne doivent pas être confiées à un remplaçant trop nouveau dans la pratique criminelle.

En réunissant les tribunaux criminels aux tribunaux d'appel, nous ne prétendons pas qu'ils pourront toujours avoir les mêmes arrondissemens; mais cela devra être pour la plupart d'entre eux.

Le ressort de la plus grande partie des tribunaux d'appel n'est pas assez étendu pour qu'on ne puisse commodément faire venir les témoins devant le tribunal criminel, de toutes les parties de l'arrondissement; nous pouvons en particulier l'affirmer, et même par expérience, relativement au tribunal d'appel séant à Besançon : il renferme trois départemens; souvent l'option des accusés les conduit de l'un de ces départemens à l'autre : les témoins sont donc cités dans toute l'étendue du ressort du tribunal d'appel; et cependant l'instruction de ces affaires se fait aussi complètement que dans les autres procès, et aucun témoin ne manque au jour indiqué.

Objectera-t-on que l'agrandissement du ressort des tribunaux criminels augmentera les frais de voyage des témoins? Nous répondrons, 1.° que ces frais tombent à la charge des condamnés solvables; 2.° que cette étendue de ressort existe déjà pour toutes les affaires qui s'instruisent dans l'arrondissement où siège le tribunal criminel, à raison de la faculté d'option donnée aux accusés; 3.° que le commissaire du Gouvernement ne sera pas obligé d'appeler, devant des juges éclairés, autant de témoins que devant des jurés pour l'instruction desquels on craint toujours qu'il ne manque quelque chose; 4.° enfin, qu'une légère augmentation de dépense sera bien compensée par l'uniformité dans l'organisation des tribunaux supérieurs, par la centralisation donnée à l'action de la police et de la justice, et par la force morale que recevront les tribunaux criminels.

Cependant il est des tribunaux d'appel, celui de Paris, par exemple, dont la trop grande étendue ne pourrait s'accorder avec la nécessité de la déposition orale des témoins devant une seule chambre criminelle; mais il est facile d'éviter cet inconvénient : dans ces ressorts trop considérables, il y aura deux chambres, deux sections criminelles, qui siégeront dans deux communes différentes, et dont l'arrondissement sera distinct; le commissaire du Gouvernement aura un substitut qui sera de service près la section siégeant hors la commune où s'assemble le tribunal d'appel. Le petit désagrément qu'éprouveront, par un déplacement momentané, les juges obligés d'aller en stage dans la seconde section, disparaîtra devant la considération de leur devoir et de l'importance de leur mission.

Dans le cours de nos observations, nous n'avons fait que critiquer; nous aurions trouvé beaucoup, même beaucoup plus de choses à louer : mais notre silence en fait suffisamment l'éloge; d'ailleurs, nous aurions été obligés de faire un volume aussi considérable que celui qui était offert à notre examen, et le temps nous manquait pour un pareil ouvrage.

Nous avons rempli notre tâche avec impartialité, et selon les lumières que nous a données une longue expérience ; nous espérons que le Gouvernement recevra notre travail comme une preuve de notre zèle et de nos vœux ardens pour le perfectionnement de la législation criminelle.

Signé SPICRENAËL, *président* ; REX , *second juge* ; MAILLOT , *premier juge suppléant* ; BERTHET , *greffier.*

OBSERVATIONS

SUR

LE PROJET DE CODE CRIMINEL,

PAR JACQUES-ANDRÉ DEVALS,

Commissaire du Gouvernement près le Tribunal criminel
du département de la Dyle, séant à Bruxelles.

OBSERVATIONS

SUR

LE PROJET DE CODE CRIMINEL,

PAR JACQUES-ANDRÉ DEVALS,

Commissaire du Gouvernement près le Tribunal criminel du département de la Dyle, séant à Bruxelles.

LE tribunal auquel j'ai l'honneur d'être attaché, n'ayant pas jugé à-propos de communiquer ses observations sur le projet du Code que le Grand-juge Ministre de la justice lui a adressé, j'aurais cru manquer moi-même à mes devoirs, si, malgré mes grandes occupations, j'eusse gardé le silence sur quelques légères imperfections ou lacunes que j'ai cru remarquer dans ce Projet. Je desire que mes observations puissent être de quelqu'utilité et seconder les vues bienfaisantes du Gouvernement. J'aurais aussi desiré mettre plus de clarté dans le développement de mes idées; mais le peu de temps qui m'est resté pour ce travail, et la célérité que j'ai dû y apporter, ne m'ont pas permis d'y mettre toute la réflexion dont il était susceptible. Du reste, ces observations sont le résultat d'une expérience que j'ai acquise depuis plusieurs années dans les fonctions pénibles que le Gouvernement a bien voulu me confier, et dans lesquelles j'ai apporté tout le zèle dont j'ai été capable.

PREMIÈRE PARTIE.

J'aurai soin de mettre au commencement de l'alinéa le numéro de l'article du Projet, qui sera l'objet de chaque observation, afin d'en faciliter l'application.

Art. 8. Cet article prévoit les délits militaires, ou commis par des militaires; mais il ne prévoit pas les cas de complicité avec des individus non militaires. La loi du 22 messidor de l'an 4 contient des dispositions à ce sujet. Ne conviendrait-il pas que le nouveau code s'expliquât à cet égard!

Art. 26. Une heure d'exposition au carcan m'a paru bien insuffisante, sur-tout dans les grandes villes.

Art. 54. Cet article autorise les tribunaux à renvoyer sous la surveillance du Gouvernement les individus acquittés, lorsqu'ils auront été mis deux fois en accusation.

Dyle,　　　　　　　　　　　　　　　　　　　　　　A

Quelques précautions que l'on prenne, il est certain qu'il échappera plus d'un coupable à une juste punition ; ne paraîtrait-il pas convenable de laisser à la sagesse des tribunaux la faculté d'envoyer sous cette surveillance des individus acquittés pour une première fois, lorsqu'ils croiront une telle mesure de sûreté utile à l'ordre social!

Art. 74. Cet article gradue les peines qui doivent être infligées à des individus au-dessous de l'âge de 16 ans. Qu'il me soit permis de me livrer, à ce sujet, à quelques réflexions.

Il est constant que parmi l'espèce humaine, il existe des individus tellement prématurés, soit au physique, soit au moral, que l'on ne peut croire à leur âge, même lorsqu'il est le mieux constaté. Il en est qui, quoique d'un âge bien au-dessous de celui de 16 ans, font preuve de malice et de férocité de caractère, dont ne seraient peut-être pas capables des hommes habitués au crime. Nous en avons eu plusieurs exemples à ce tribunal. Le dernier qui s'est présenté pendant la session de floréal dernier, est trop frappant pour ne pas être rapporté.

Un jeune homme de 15 ans et demi, domestique dans une maison, est réprimandé par un vieillard de 70 ans, concierge dans la même maison, pour avoir volé des fruits. Ce jeune scélérat, médite, dès ce moment, une vengeance des plus terribles, il la nourrit pendant plusieurs jours.

Il commence par mettre de côté l'un des meilleurs et des plus forts couteaux de table chez son maître ; il tâche par toutes sortes de préventions à se réconcilier et à regagner l'amitié du vieillard. Son maître devait bientôt quitter cette maison, et il savait que le vieux concierge s'y trouverait seul.

Quelques jours avant le déménagement, il porte le couteau chez un coutelier, pour lui faire donner le tranchant des deux côtés, en forme de poignard ; il fait croire au coutelier que ce couteau lui est nécessaire pour dépecer plus facilement la viande que son maître donne à ses chiens.

Le jour du déménagement arrive, et il laisse exprès dans la maison quelques effets, afin de se ménager un prétexte pour y revenir. Ce même jour, vers le soir, il va dans un cabaret voisin qu'il savait que le vieux concierge fréquentait, pour s'assurer s'il y était : il l'y trouve, lui tient un instant compagnie, et lui dit qu'il va le rejoindre, ayant une commission à remplir : il va chercher chez le coutelier l'instrument meurtrier qu'il cache soigneusement sur lui, et vient rejoindre le vieillard, avec lequel il cause et boit tranquillement ; lorsque celui-ci se retire, il l'accompagne, entre avec lui dans la maison, et là, au moment où ce malheureux vieillard est sans défiance, ce jeune monstre l'assassine, et l'étend par terre percé de vingt-sept coups de couteau presque tous mortels........

Ce crime affreux ne le déconcerte pas : il jette le couteau dans les latrines, s'échappe de la maison et laisse malicieusement la porte principale entr'ouverte. Les précautions qu'il prit ce même soir pour effacer les traces

de son crime, le sang froid qu'il conserva le lendemain , même en présence du cadavre qu'il affecta d'aller voir par curiosité , ont été au delà
de ce qu'aurait pu faire le plus grand des scélérats consommé dans le crime.

Ce n'est pas tout : sa conduite ultérieure a décelé. en lui une malice ,
une férocité de caractère sans exemple. Lors de son arrestation , le calme
qu'il affecta et ses dénégations , jetaient de grands doutes sur sa culpabilité ;
mais bientôt accablé par les preuves que l'on avait rassemblées, il s'avisa
d'une ruse aussi adroite qu'elle était affreuse.

Fort de sa jeunesse, il s'imagine de se rendre intéressant en avouant
son crime , et en se donnant pour complice et coopérateur un homme
d'un âge mûr, qui l'aurait séduit et forcé à le commettre ; il désigne l'un
de ses créanciers. L'adresse qu'il mit dans cette révélation était si séduisante , que le magistrat de sûreté crût devoir poursuivre ce prétendu complice , qui aurait peut-être succombé sous cette accusation aussi calomnieuse
qu'elle était atroce, si, par bonheur pour lui, le hasard ne l'eût fait trouver ,
ce jour-là et toute la soirée, à la compagnie de personnes dignes de foi ,
qui n'ont laissé aucun doute de son innocence.

Lorsque ce monstre eut vu que son horrible stratagême allait se tourner
contre lui , il s'est rétracté et a fini par avouer qu'il était seul lorsqu'il avait
assassiné ce malheureux vieillard ; qu'il l'avait assassiné pour se venger des
reproches qu'il lui avait faits au sujet du fruit qu'il avait volé; et que c'est
parce qu'il se défiait de ses forces, qu'il avait pris la précaution de faire
donner les deux tranchans au couteau, afin qu'il entrât avec plus de facilité.

Une autre circonstance qui a mis dans tout son jour la noirceur de cette
ame, c'est que lorsqu'il eut fait les derniers aveux, il témoigna en con-
fidence à l'un de ses camarades de prison , le regret de n'avoir pas connu
un cordonnier dont le chien avait été trouvé dans la maison où l'assassinat
avait été commis ; « j'aurais engagé, disait-il, ma mère à se procurer un
» tranchet, à le teindre de sang et à le jeter dans la cave de la maison : le
» chien et le tranchet eussent été des témoins muets qui auraient victorieuse-
» ment confirmé mes révélations. »

Un tel exemple n'est-il pas plus que suffisant pour convaincre qu'il existe
sur la terre des êtres qui font exception aux lois de la nature , et chez
lesquels on trouve malheureusement avant le temps, une maturité de discernement et de malice, une férocité de caractère bien propres à effrayer
le genre humain !

A quelle école mettra-t-on un être si pervers ! Dans quel creuset refon-
dra-t-on une ame si atroce ! Certes, ce ne sera pas dans un lieu de détention, où, bien loin d'être corrigé, cet être aussi fortement enclin au crime,
ne fera que se corrompre davantage : lorsqu'il rentrera dans la société, il y
reportera nécessairement une ame encore plus féroce, aigrie par une longue
détention, nourrie de la théorie de tous les crimes, et ayant acquis une

force de corps capable de tout entreprendre. Je regarde un être de cette nature revomi dans la société, comme une bête féroce échappée des vastes déserts de l'Afrique.

A dieu ne plaise que je prétende affliger constamment l'humanité par le supplice toujours odieux de la jeunesse ; cependant s'il est vrai que les peines ne sont établies que pour l'exemple, quel exemple plus frappant pourrait-on offrir à la jeunesse elle-même ! et le crime si odieux du parricide ne devrait-il pas faire exception ! Mais au moins est-il des cas où les juges devraient avoir la latitude de sequestrer pour toujours de la société des individus qui y ont jeté l'épouvante par la férocité de leur caractère !

Art. 106. Cet article prévoit les cas où il serait fait trafic des suffrages dans les élections. Ne serait-il pas à·propos de prévoir aussi les cas où des fonctionnaires puissans par la nature de leurs fonctions, y exerceraient une influence souvent plus effective que le trafic des suffrages, soit par eux-mêmes, soit par leurs agens !

Art. 139. Cet article prévoit les cas où des comptables auraient fait emploi des fonds de leur caisse. Sans doute il est bien important de prévenir les dilapidations de la fortune publique ; cependant il est reconnu que la circulation des espèces est le plus puissant aliment du commerce ; et si des fonds considérables restent en stagnation dans les caisses publiques, ne sont-ils pas en tant moins dans la circulation ! Un tel état de choses, aussi nuisible à l'une des principales sources de la prospérité publique, m'a fait penser que lorsque le cautionnement du comptable serait représentatif des plus fortes sommes en caisse, et que le service de sa caisse ne serait jamais et sous aucun prétexte en souffrance, il pourrait lui être permis, sur sa responsabilité, de faire circuler au moins une partie des fonds qui seraient en stagnation.

J'ai vu, dans le temps, les trésorier et caissier des états du Languedoc être autorisés à en agir ainsi ; il n'en est jamais résulté aucun inconvénient pour le trésor public, tandis que le commerce en a retiré les plus grands avantages. C'est vraisemblablement à cette ressource que le commerce du ci-devant Languedoc, et notamment celui de la ville de Montpellier, ont été redevables de ce haut point de prospérité et de confiance auquel ils étaient parvenus à ces époques.

Art. 142. Cet article interdit à une certaine classe de fonctionnaires toute espèce de commerce sur certains objets de première nécessité. Parmi ces objets désignés dans cet article, se trouvent les vins et boissons. J'observerai qu'il est une infinité de points du territoire français où les vins ne sont pas, tant s'en faut, objets de première nécessité ; dans d'autres, la bière, le cidre, le poiré et autres boissons de cette nature, ne sont pas non plus des objets de première nécessité ; les uns et les autres, selon les localités, sont considérés, avec juste raison, comme objets de luxe. En outre, le mot *boissons* est trop générique, ce me semble, puisqu'il peut embrasser une infinité d'objets que les auteurs du Projet n'ont certainement pas eu l'intention d'y comprendre; mais je pousserai mes observations beaucoup plus loin.

Il me paraît infiniment déplacé que des fonctionnaires publics salariés se permettent de se livrer, soit directement, soit indirectement, à un commerce quelconque, à des entreprises, à une industrie, et généralement à toute espèce de spéculation.

En effet, un fonctionnaire public, jaloux de ses devoirs, doit se consacrer en entier à ses fonctions; il doit sur-tout éviter tout ce qui peut être dans le cas de le dévier ou égarer dans la marche qui lui est tracée; il doit prévenir toute espèce de liaison, toute occasion de lui faire contracter des préjugés ou des opinions contraires à ses devoirs; en un mot, il doit être tout entier aux objets importans qui lui sont confiés; et plus ces objets sont de conséquence, plus ils doivent fixer toute l'étendue de ses idées, de ses méditations. En sera-t-il ainsi s'il se livre à des spéculations, à une industrie, souvent diamétralement opposées au genre d'application que ses fonctions exigent! Le fera-t-il, s'il s'adonne à un commerce qui soit dans le cas de lui faire contracter des préjugés, des liaisons, des habitudes en opposition avec ses devoirs! Non, sans doute.

Je dois le dire sans détour, je trouve scandaleux de voir certains fonctionnaires ne donner à leurs devoirs que le temps souvent bien court que leur laissent leurs occupations spéculatives, commerciales ou industrielles. Je trouve scandaleux de voir ces mêmes fonctionnaires arriver à leurs fonctions l'esprit préoccupé de leurs propres affaires, s'en occuper même pendant l'exercice de ces mêmes fonctions, porter dans ces dernières les préjugés ou les préventions que les intérêts de leur industrie, de leur commerce ou de leurs liaisons, leur inspirent, et s'en laisser égarer sans qu'ils s'en doutent, dans les décisions, dans les actes auxquels ils coopèrent. Je trouve scandaleux enfin, que des membres de l'ordre judiciaire se permettent de faire le métier d'avocat, donner ou assister à des consultations, rédiger des mémoires, &c.; tantôt sous le prétexte que les matières qu'ils traitent ne sont pas en litige, ou qu'elles ne sont pas dans le cas d'être portées au tribunal auquel ils sont attachés, ou qu'elles y ont été déjà jugées et pendantes devant un tribunal supérieur, &c., &c.

Il est vrai, et je dois en convenir, la majeure partie des fonctionnaires, de l'ordre judiciai resur-tout, ne sauraient exister, quant à présent, avec leur bien modique traitement. Plusieurs d'entre eux inspirent vraiment la pitié, sur-tout lorsqu'on les met en parallèle avec quelques autres fonctionnaires, avec même leurs greffiers dont le sort est bien supérieur au leur. Il n'est pas jusques aux huissiers qui n'insultent à la misère des juges. Mais que le Gouvernement accorde à chaque fonction un traitement proportionné et suffisant pour qu'une famille puisse exister d'une manière décente, et qu'alors tout commerce, toute spéculation, toute industrie, de quelque nature qu'elle soit, soit rigoureusement interdite. Par ce moyen on préviendra, j'en suis sûr, de grands abus.

Art. 178. Cet article et les suivans prononcent des peines contre les auteurs des outrages ou injures envers les fonctionnaires publics. Mais j'observe qu'aucun d'eux n'a prévu les cas où ce seraient des condamnés qui, après avoir subi leur peine, se permettraient de tels excès envers ceux qui les ont poursuivis; tels que les officiers de police, les magistrats de sûreté, les commissaires près les tribunaux, les jurés, &c., &c. Il me semble que dans ces cas, les délits de cette nature présenteraient un caractère plus grave.

Art. 370. Cet article prohibe les jeux de hasard, et ceux dans lesquels le hasard domine. Il me paraîtrait essentiel de déterminer, d'une manière invariable, la ligne de démarcation entre ceux-ci et les autres, en indiquant les signes caractéristiques auxquels on peut reconnaître ceux qui tombent dans la prohibition, ou bien d'autoriser les administrations, dans chaque localité, à donner la nomenclature des jeux prohibés. Sans ces précautions, il résultera nécessairement que dans tels temps, dans tels lieux, le même jeu sera considéré prohibé, lorsque dans d'autres il le sera comme non prohibé. Il faut, autant que possible, prévenir les interprétations arbitraires, car elles sont toujours funestes.

Ici se bornent les observations que j'ai cru devoir faire sur la première partie du Projet; je vais passer à la deuxième.

DEUXIÈME PARTIE.

Art. 477. Cet article charge les commissaires près les tribunaux criminels des fonctions du magistrat de sûreté dans l'arrondissement où siége le tribunal. Je parle d'après l'expérience, et j'ose affirmer qu'il sera impossible de cumuler de telles fonctions, sans que les unes ou les autres n'en souffrent considérablement, et peut-être toutes les deux. Il suffit d'examiner avec attention ce que chacune d'elles exige, d'entrer dans leurs détails pour se convaincre de cet vérité.

C'est souvent en donnant beaucoup trop d'étendue à certaines fonctions, c'est en les accablant, pour ainsi dire, de détails sans fin que les meilleures institutions dégénèrent. En effet, de quelque zèle que soit animé celui qui en est chargé, si l'étendue du travail est au-dessus de ses forces, il se verra réduit à le traiter trop légèrement, à n'y apporter ni ce soin ni la méditation qu'il peut exiger; il ne fera, pour ainsi dire, que l'effleurer ou s'en reposer sur des commis ou des subalternes, qui n'ayant ni zèle, ni intelligence, ni application, ne se livreront au travail que par manière d'acquit : alors l'institution marche si l'on veut; mais , comme l'on dit, en se traînant, et elle ne produit pas les heureux résultats que l'on était en droit d'en attendre. C'est bien le cas de dire ici : *qui trop embrasse mal étreint.*

Ce serait à tort que l'on voudrait argumenter de ce que les préfets exercent les fonctions de sous-préfet dans l'arrondissement du chef-lieu ; car il ne saurait être fait de comparaison entre les unes et les autres fonctions. Celles-ci n'ont d'autre action que celle de la surveillance , lorsque celles du magistrat de sûreté et du commissaire sont toutes en action. Le premier doit à tout instant se déplacer, et faire tout par lui-même. Le second , selon les localités , est souvent dans l'impossibilité de faire sa besogne de la manière qu'il le desirerait , tant ces fonctions sont devenues multipliées , pénibles et délicates par la réunion des fonctions d'accusateur à celles du commissaire.

Enfin , une dernière considération qui seule devrait faire séparer les fonctions du magistrat de sûreté d'avec celles du commissaire près le tribunal criminel, c'est que si ce dernier les réunit , il en résultera qu'il n'aura dans une partie de ses fonctions d'autre surveillant sur les lieux que lui-même ; et que s'il manque de zèle et d'activité , le service en souffrira, sans que l'on s'en aperçoive ; ou que si l'on a des reproches à lui faire , il ne manquera pas de prétextes pour les atténuer.

Art. 566. Cet article se borne à donner la faculté au propréteur de se transporter sur les lieux du délit. Je pense que l'on devrait lui en imposer l'obligation toutes les fois qu'il en serait requis par le magistrat de sûreté; mais alors il serait indispensable d'augmenter l'indemnité du déplacement. Il est certain que les 4 francs par jour que la loi accorde pour ce déplacement sont de beaucoup insuffisans pour couvrir les dépenses indispensables , aujourd'hui sur-tout, d'après le renchérissement des objets de première nécessité qui sont portés à des prix excessifs. L'indemnité de 4 francs serait même insuffisante, quand bien même ces fonctionnaires devraient aller à pied : ce qui serait impossible pour un très-grand nombre, et bien inconvenant pour tous.

Art. 595. Cet article et les suivans règlent la forme et l'étendue des cautionnemens ; mais aucun n'a prévu une difficulté qui jusqu'à ce jour a partagé les opinions : c'est celle de savoir, si lorsqu'un prévenu a été élargi moyennant caution, le cautionnement tient jusques à jugement définitif, c'est-à-dire, lorsqu'après avoir parcouru les différens degrés de juridiction, le jugement est devenu exécutoire; ou bien s'il cesse , soit par le jugement de première instance , soit par celui d'appel.

Art. 619. Cet article prévoit le remplacement du juge de police. Les articles suivans prévoient celui du citoyen désigné comme assesseur de ce tribunal ; mais aucun ne prévoit celui du juge de paix. Quoique la loi sur leur organisation ait prévu le cas de leur remplacement, il me paraîtrait convenable de le prévoir ici et d'en déterminer le mode.

Art. 626. Cet article exclut sagement des fonctions d'assesseur au tribunal de police tout adjudicataire de bois nationaux ou communaux. Ne conviendrait-il pas d'en exclure également tous ceux qui peuvent avoir un intérêt direct ou indirect à ces adjudications ! Ne conviendrait-il pas d'en exclure aussi tous ceux qui , soit par leur industrie , soit à raison de leurs entreprises , sont plus souvent dans le cas d'être poursuivis devant ce tribunal , tels que les aubergistes , logeurs , cafetiers &c. ; tels que les entrepreneurs de l'éclairage , de l'enlèvement des boues , de l'entretien ou réparation des rues , chemins , &c., ainsi que tous ceux qui peuvent y être intéressés !

Art. 635. Cet article ne fixe qu'une audience par mois du tribunal de police. Il est cependant reconnu qu'il y aura beaucoup d'arrondissemens où une seule audience par mois sera insuffisante pour évacuer toutes les affaires. D'ailleurs , un intervalle aussi long entre l'époque de la contravention et celle du jugement ne produira pas, ce me semble, le même effet pour des contraventions d'un certain genre, dont la répression paraît exiger pour l'exemple la plus grande célérité.

Art. 670. Cet article fixe à trois le nombre des juges en matière correctionnelle. Cependant aujourd'hui que , d'après le Projet , ces tribunaux prononceront en certains cas en dernier ressort, et qu'ils pourront infliger des peines beaucoup plus fortes , ne conviendrait-il pas d'augmenter le nombre des juges ! on éviterait à coup sûr bien des jugemens pitoyables.

Art. 683. Cet article embrasse plusieurs points ; publicité des audiences... cinq jours par mois de séance.... prononciation des jugemens à une audience subséquente.

Quant à la publicité des audiences , je ne ferai qu'une réflexion : il est des cas , rares à la vérité , où la décence, la morale publique, et le respect pour les mœurs, sembleraient devoir laisser à la prudence du tribunal de tenir des audiences closes pour le jugement des affaires de cette nature.

Quant à cinq jours par mois de séance, j'ai de fortes raisons pour croire que dans un grand nombre d'arrondissemens ces cinq jours par mois seront insuffisans pour évacuer toutes les affaires ; indépendamment de leur grand nombre il en est qui tiennent plusieurs jours de séance : aussi est-il beaucoup de tribunaux qui sont constamment arriérés, quoiqu'ils tiennent certains mois jusque à seize audiences.

Enfin, la faculté de ne prononcer les jugemens qu'à l'audience suivante est sujette à de grands abus ; car , outre qu'il pourrait se faire qu'il y eût un intervalle d'environ un mois pour la prononciation du jugement, si ce renvoi avait lieu à la dernière audience du mois, il est certain que lorsqu'un tel

renvoi

renvoi a lieu, ce qui n'arrive que dans des affaires majeures, et auxquelles les parties attachent beaucoup d'intérêt, il n'est pas d'intrigues et de ressorts que celles-ci ne mettent en jeu pour surprendre la religion des juges, à quoi elles ne réussissent que trop souvent: aussi est-il rare que de tels jugemens ne soient pas réformés. Je ne sais si je me trompe, mais je pense qu'il en résulterait un grand bien, si l'on obligeait les juges à prononcer les jugemens immédiatement après que l'instruction sera terminée, et sans désemparer.

Art. 779. D'après cet article, les jugemens criminels ne seront prononcés que par deux juges. Qu'il me soit permis de me livrer à quelques réflexions.

Aujourd'hui que les jurés fixent par leur décision toutes les circonstances plus ou moins aggravantes des crimes; aujourd'hui que la loi détermine d'une manière positive et sans aucune latitude pour le juge les peines à infliger, le peuple n'a pu se faire encore à l'idée de voir l'honneur, la vie, la fortune des accusés dépendre de l'opinion de trois hommes. Que sera-ce, lorsque l'on verra des intérêts aussi chers soumis à celle de deux juges seulement, et même à celle d'un seul, par l'effet de l'opinion prépondérante du préteur! lorsque les jurés ne s'occuperont plus des circonstances aggravantes, qui peuvent du moindre délit faire le crime le plus odieux; circonstances qui seront entièrement livrées à l'opinion du juge, lorsque la loi accordera à ce même juge une si grande latitude dans l'application des peines! Une observation qui m'était échappée, c'est que le propréteur devra siéger en première instance dans les affaires correctionnelles, et qu'il devra y siéger aussi en appel. Cependant, par un principe consacré de tous les temps, confirmé même par l'article 670 du Projet, un juge ne pouvait être en même temps juge de première instance et juge d'appel dans la même affaire : motif de plus pour augmenter le nombre des juges au tribunal criminel.

L'étude approfondie que j'ai faite du cœur humain, jointe à mes observations, m'ont convaincu que l'homme, de quelques vertus dont il soit doué, est sujet à l'erreur; et des erreurs sont ici incalculables. J'observe aussi que quelque discernement, quelque justesse dans le jugement que l'on suppose à un homme, il est de fait que ce n'est presque toujours que par l'effet de la discussion que ces qualités se développent; or quelle discussion peut-on espérer entre deux seules personnes, dont l'une a la voix prépondérante, et dont l'autre se trouve sous la dépendance de la première! Autant vaudrait-il laisser celle-ci rendre toute seule les jugemens : il faut trancher le mot, ce sera en effet le préteur seul qui sera le régulateur des jugemens. Or lorsque l'on considère que celui ci, par la nature de ses fonctions, par l'éclat qui l'environnera, par le grand pouvoir discrétionnaire qui lui sera donné, aura une très-grande influence sur la décision des jurés; ne sera-ce pas mettre entre les mains d'un seul homme les intérêts les plus précieux des autres!

Veut-on qu'une institution prospère, qu'on la mette, autant que possible, à l'abri des erreurs ou des caprices de ceux qui doivent la mettre en action, qu'une confiance salutaire la précède et l'accompagne dans sa marche. J'ai déjà fait sentir le danger de donner, dans ce cas-ci, sur-tout, trop d'étendue au pouvoir d'un seul homme ; je dirai un mot sur la confiance qui doit entourer les institutions.

C'est une chose certaine, il est dans la nature des hommes d'être en défiance contre tout étranger, jusqu'à ce que l'on ait pu l'apprécier ; or, d'après le Projet, le préteur sera nécessairement étranger par-tout, puisqu'il ne pourra exercer ses fonctions ni dans le lieu de sa naissance ni dans le lieu de son domicile, et que chaque année il devra être changé de division ; de manière que la défiance le précédera par-tout, et qu'il n'aura pas le temps de la dissiper : alors, d'un côté le public, de l'autre les jurés ne se livreront pas à cette sécurité qui doit faire la force de cette institution, et lui faire produire d'heureux résultats.

Art. 811. Cet article et le suivant prescrivent le mode de poursuites contre les commissaires près les tribunaux criminels, et les substituts qui se rendraient coupables de quelques délits.

J'observerai que le mode indiqué peut faire manquer le but que l'on s'est proposé, et dans bien des cas, être regardé comme un brevet d'impunité. En effet, les articles précédens ont eu la sage précaution de confier dans des cas semblables les poursuites et l'instruction, ou à des magistrats en ordre supérieur, ou tout au moins dans un état d'indépendance absolue de ceux qui seraient en prévention, afin sans doute de prévenir toute déférence respective entre eux.

Dans ce cas-ci, au contraire, on a l'imprudence de confier des poursuites et une instruction aussi délicates, précisément à des fonctionnaires qui, par la nature de leurs fonctions, se trouvent, pour ainsi dire, sous la dépendance du commissaire près le tribunal criminel, car, d'un côté, le commissaire de première instance se trouve nécessairement placé sous sa surveillance, tant par la nature de ses fonctions dans les affaires correctionnelles, que parce que dans certains cas, il devra suppléer le magistrat de sûreté qui se trouve immédiatement placé sous sa surveillance !

D'un autre côté, le président et le vice-président du tribunal de première instance, sont aussi placés en quelque manière sous la surveillance du commissaire criminel, par celle que celui-ci est en droit d'exercer sur les jugemens en matière correctionnelle, auxquels les deux premiers doivent concourir ; de telle sorte qu'il est fort à craindre que cet état de dépendance réciproque, ne devienne un chapitre de considérations respectives entre ces fonctionnaires.

Il me semble que pour prévenir toute espèce de faiblesse et de déférence, il conviendrait de déléguer dans ces cas-ci, les poursuites et l'instruction aux commissaire et président du tribunal d'appel, ainsi qu'il est prescrit par les articles 808, 809 et 810.

Art. 814. Cet article autorise les différens fonctionnaires chargés des poursuites contre certains prévenus, à déléguer l'instruction à des fonctionnaires d'un ordre inférieur.

Par les motifs développés dans l'article précédent, cette délégation ne devrait, ce me semble, avoir lieu, qu'envers des fonctionnaires qui fussent du moins hors de la sphère des pouvoirs des prévenus. Il me paraîtrait même plus prudent qu'une telle délégation n'eût jamais lieu. Plus un prévenu est élevé en dignité, plus il a de pouvoir; et plus, ce me semble, on devrait user de précautions dans les poursuites que l'on peut être dans le cas de diriger contre lui.

Art. 817. Cet article prescrit, à peine de nullité, la désignation d'un conseil d'office; mais j'observerai que tant que la loi ne mettra pas entre les mains des tribunaux, des moyens correctifs pour contraindre ceux qui auront été désignés, ces désignations seront totalement illusoires pour les indigens.

Art. 827. Cet article donne la faculté aux accusés de prendre, ou faire prendre par leurs conseils, communication des pièces de la procédure, et même d'en tirer des copies.

Je dois observer que cette faculté dégénérera bientôt en abus, si on ne défend en même temps, sous les plus fortes peines, aux greffiers d'en délivrer des copies; car ceux-ci, pour forcer les accusés à réclamer ces copies, bien loin de se prêter loyalement à ces communications, imagineront toutes les entraves possibles pour les rendre impraticables; de manière que pour peu que les accusés en aient le moyen, ils préféreront encore faire ce sacrifice, qui tournera tout entier au profit des greffiers, déjà assez enrichis par tant d'autres rétributions. Alors, il n'y aura que le malheureux indigent qui en sera la victime.

Je pense donc que pour prévenir de tels abus, en défendant rigoureusement aux greffiers de délivrer des copies des procédures, on devrait se borner à accorder aux accusés ou à leurs conseils, la faculté d'en prendre communication, et seulement à en extraire des notes, et non des copies.

Art. 836. Cet article, sans le dire positivement, laisse suffisamment entrevoir que les séances des tribunaux criminels devront être publiques.

Personne plus que moi n'est partisan de cette publicité, qui est peut-être la plus puissante garantie contre toute espèce d'abus. Cependant, qu'il me soit permis de renouveller ici l'observation que j'ai déjà faite à l'article 683, en observant qu'il est des cas où la morale et la décence publiques, le respect pour les mœurs, sembleraient exiger de laisser à la prudence du tribunal de tenir des séances closes pour des affaires où cette publicité pourraît être un sujet de scandale, ou funeste soit aux mœurs, soit à la chose publique.

Art. 855. Cet article prescrit de ne lire aux jurés aucune déclaration écrite des témoins non présens dans l'auditoire. Le Code du 3 brumaire porte la même prohibition. Je vais développer les grands inconvéniens de cette prohibition.

Nous avons constamment remarqué que cette défense n'était favorable qu'aux grands scélérats, ou à ceux qui ont de grands moyens, soit par leurs complices, soit par leurs familles, en faisant disparaître avant les débats, par quelques moyens que ce puisse être, les témoins dont les dépositions peuvent leur être défavorables. Je ne citerai que deux exemples, parmi tant d'autres, qui mettront dans tout son jour cette importante et trop funeste vérité.

Un assassinat avait eu lieu dans la campagne ; l'accusé s'était persuadé n'avoir été vu de personne. Cependant il est instruit que deux témoins *de visu* en parlaient pertinemment. Il n'était pas encore arrêté, et le lendemain on apprend que ces deux malheureux témoins avaient été assassinés dans leur maison. L'individu coupable est arrêté, et poursuivi pour ces deux crimes, mais il n'existait d'autres preuves que les déclarations écrites des deux malheureuses victimes, et il fut acquitté, parce que l'on n'a pu en donner lecture aux jurés.

Un autre fait du même genre a eu lieu il y a environ deux ans. Un assassinat horrible est commis ; le prévenu est arrêté, et l'instruction faite avec le plus grand soin. Il voit bientôt, par la copie des pièces de la procédure, qu'il n'a à redouter que la déclaration de quatre témoins, sur le grand nombre qui avaient été entendus. La famille se met aussitôt en mouvement, et fait disparaître ces quatre témoins, sans que l'on ait pu découvrir leur retraite. L'affaire renvoyée inutilement à plusieurs reprises, dut enfin être jugée sans la présence de ces quatre témoins. J'avais pris la précaution d'appeler comme témoins ceux qui avaient reçu leurs déclarations ou y avaient été présens : néanmoins ce scélérat fut acquitté, et ce crime resta impuni. Bientôt après le jugement ces quatre témoins reparurent.

Je ne finirais pas si je voulais citer des exemples semblables, qui tous confirmeraient combien on peut abuser d'une telle prohibition. Cependant, si les articles 989 et 990 du Projet font exception à celui-ci lorsqu'il s'agit du témoignage de quelques fonctionnaires, pourquoi n'en devrait-il pas être de même toutes les fois que des témoins essentiels, qui auront déjà fourni leur déclaration dans l'information, ne pourront être produits devant les jurés, soit parce que dans l'intervalle ils seront morts, soit parce qu'ils ne pourront être retrouvés, soit parce qu'ils seraient atteints d'une maladie qui les empêcherait de comparaître, soit enfin, lorsque pour quelque cause majeure que ce puisse être, ils ne pourront être produits aux débats ? Les motifs d'absence de ces sortes de témoins sont bien aussi puissans que ceux dont font mention les articles précités.

L'intérêt social semble réclamer fortement la suppression de cette prohibition : on préviendra par-là de nouveaux crimes, à coup sûr de grands abus, et des dépenses énormes au trésor public, à cause des renvois éternels qu'occasionne l'absence de quelques témoins. J'ajouterai que d'après le Projet, il est d'autant plus nécessaire de prendre ce parti, vu que les grands-jours ne devant avoir lieu que tous les trois mois, les renvois aux prochains grands-jours présenteront plus d'inconvéniens.

Art. 856. Cet article prévoit le cas où dans les débats devant le tribunal criminel, un témoin déposerait faussement ; mais il n'indique pas par qui le procès-verbal qui constate ce délit sera dressé. Le Code actuel impose cette obligation au président ; il paraît qu'il doit en être de même, et que ce sera au préteur comme conduisant les débats ; mais il conviendrait que la nouvelle loi prévînt cette incertitude.

Art. 858. Cet article prévoit la nécessité d'un interprète lors des débats devant le tribunal criminel ; mais aucun article n'a prévu la même nécessité, soit pendant le cours de l'instruction, soit devant le tribunal correctionnel. Il serait convenable d'indiquer la manière d'en faire le choix.

Art. 875. Cet article prévient de grands abus en prohibant toute communication des jurés au dehors, du moment où l'affaire est entamée, jusqu'à jugement définitif : mais il ne s'explique pas assez pour savoir si cette prohibition s'étend ou non aux préteur, propréteur, commissaire et greffier.

Art. 894. Cet article exige la mise en liberté de l'accusé absous ou acquitté, malgré le pourvoi du commissaire.

J'observerai qu'il est des cas où un tel élargissement peut laisser échapper de grands coupables, et il me semble que l'on devait du moins laisser à la sagesse du tribunal de retenir en prison, lorsqu'il le croirait nécessaire, l'individu acquitté, lorsque le commissaire se serait pourvu en cassation.

Art. 905. D'après cet article, la liste des jurés de jugement devra être composée de quarante-huit, et d'après les articles suivans, il paraît que chaque affaire devra avoir sa liste particuliere, de telle sorte qu'à chaque tenue des grands-jours, il devra être formé autant de tableaux de jurés qu'il y aura d'affaires à juger : cela doit être ainsi ; car si une même liste devait servir pour toutes les affaires à juger pendant toute la durée des grands-jours, toutes les dispositions des articles subséquens, et notamment les précautions prises par l'article 921, deviendraient absolument illusoires, puisque tous les accusés qui devraient être jugés après les deux premières affaires, auraient bientôt connaissance de la composition de la liste des jurés avant qu'elle leur soit notifiée.

Si donc il faut autant de listes de jurés qu'il y aura d'affaires à juger, j'ose avancer que ce mode deviendra impossible dans son exécution par les embarras inextricables, tant par rapport au grand nombre simultané qu'il en faudra désigner, que par rapport à leurs convocation et réunion.

En effet, depuis l'organisation des tribunaux actuels, j'ai calculé que chaque mois, l'un compensant l'autre, il arrivait au tribunal criminel de la Dyle, au moins douze affaires criminelles, sans compter les affaires de contumace et correctionnelles, au moins en aussi grand nombre. A la vérité, et il faut l'espérer, ce nombre pourra être diminué, soit par l'effet d'une bonne police, soit par les résultats du nouveau Code, qui n'accorde pas aux accusés la faculté d'opter, et qui, par ses dispositions, préviendra un grand nombre de cassations.

Cependant je crois pouvoir assurer que ce nombre ne sera guère diminué de plus du tiers ; mais en admettant la supposition la plus basse, et je suppose que ce nombre soit réduit de moitié, il n'en résultera pas moins que le tribunal criminel de la Dyle sera chargé au moins de six affaires criminelles par mois, celles de contumace et correctionnelles exceptées, ce qui fera tous les trois mois dix-huit affaires à juger ; et si les grands-jours n'ont lieu qu'une fois par trimestre, il en résultera qu'à chaque tenue, il faudra préparer dix-huit tableaux composés chacun de quarante-huit jurés, ce qui donne le nombre de huit cent soixante-quatre, nombre excessif, sans doute, lorsqu'on considère qu'il devra être pris exclusivement dans une certaine classe de citoyens.

Dira-t-on que dans ce cas, au lieu de ne faire tenir les grands-jours que tous les trois mois, le Gouvernement en indiquera d'extraordinaires chaque mois ? à la bonne heure ; cette mesure diminuera l'embarras si l'on veut, mais il n'en restera pas moins encore bien considérable, puisque chaque mois il faudra toujours convoquer deux cents quatre-vingt-huit jurés, nombre qui n'en est pas moins excessif.

Mais indépendamment de ces embarras, en voici d'autres: les jurés qui composeront ces dix-huit, ou si l'on veut six tableaux, seront convoqués pour chacun des jours où l'on présumera que chaque affaire devra avoir lieu. Cependant, combien de fois n'arrivera-t-il pas que ce calcul de présomption sera erroné ; et que telle affaire que l'on espérait pouvoir entamer tel jour, sera, par un infinité d'accidens imprévus, reculée d'un, deux, jusqu'à trois jours ! Des débats prolongés beaucoup au-delà du terme que l'on avait présumé, une foule de témoins à décharge auxquels on ne s'attendait pas, l'indécision des jurés plus ou moins soutenue, peuvent reculer de plusieurs jours le jugement d'une affaire entamée. Cependant, chaque jour désigné voit arriver les jurés convoqués ; ils se cumulent d'un instant à l'autre ainsi que les témoins ; et bien-tôt l'auditoire, les avenues, les couloirs en sont encombrés. Ce n'est pas tout, ceux-ci, incertains du jour et de l'instant où ils devront être employés, se dissipersent ; on est à leur recherche ; nouvelle perte de temps, qui détermine enfin à renvoyer à d'autres grands jours ces affaires ainsi retardées ; et celles-ci viendront nécessairement augmenter la masse des affaires à juger, et accroître, par suite, les mêmes embarras.

Un nouvel embarras sera le remplacement des jurés absens ; car avant que l'on ait eu recours au maire pour la liste supplémentaire, il s'écoulera un temps d'autant plus précieux qu'il faudra convoquer les nouveaux jurés indiqués par le maire ; et si ceux-ci se trouvent absens ou ont des excuses légitimes, il faudra de nouveau recourir au maire, et le temps s'écoulera en pure perte, par des allées et venues qui seront quelquefois sans fin.

Toutes ces difficultés, j'ose le prédire, rendront impossible la marche d'une institution aussi importante.

Art. 994. Cet article et les suivans prescrivent les formes dans les procédures sur le faux. Les articles antérieurs, 323 et 325, infligent des peines aux faux témoins, tant en matière correctionnelle qu'en matière civile ou de police ; mais aucun article du Projet n'a prévu le mode de constater les délits de cette nature et la manière de les poursuivre.

Art. 995. Cet article est relatif à la prescription en matière des crimes.

Je dois observer que le délai de quinze ans, que la loi accorde d'un côté, à compter de l'époque où le crime a été commis, lorsque dans l'intervalle il n'a été fait aucun acte d'instruction ou de poursuite ; d'autre côté, le même délai de quinze ans, à compter du dernier acte d'instruction ou de poursuite lorsqu'elles ont eu lieu, présentent des dispositions contraires à la marche naturelle des événemens.

En effet il est possible, et c'est même très-ordinaire, qu'un crime ne soit recherché ou poursuivi, que parce qu'il n'est pas connu, tandis qu'au contraire, la cessation des poursuites est presque toujours la faute de ceux qui en sont chargés. Il résulterait donc, d'après cet article, que la condition du prévenu, contre lequel il serait déjà intervenu des poursuites, serait plus fâcheuse que celle de celui contre lequel il n'aurait été dirigé aucunes poursuites, quoique coupable d'un même crime, et peut-être plus odieux.

Je pense donc que le délai de la prescription, dans le premier cas, ne devrait courir qu'à compter de l'époque où le crime aurait été connu et légalement constaté.

Art. 1115. Cet article désigne certains fonctionnaires auxquels la surveillance sur les prisons et ceux qui s'y trouvent détenus, est plus particulièrement confiée.

Ne serait-il pas convenable de charger de cette même surveillance le commissaire près le tribunal criminel, qui, par la nature de ses fonctions, est plus à portée que tout autre de la rendre efficace ? J'ajouterai qu'il est souvent très-important que des autorités indépendantes de celles qui peuvent avoir quelque intérêt soit direct, soit indirect aux abus, soient chargées d'une telle surveillance ; ce serait un moyen assuré d'en prévenir beaucoup : mais pour rendre cette surveillance efficace, il faudrait que les divers fonctionnaires, auxquels elle sera confiée, eussent le pouvoir de provoquer la destitution des gardiens, ou employés dans les diverses prisons, qui seraient trouvés en faute.

Art. 1122 et 1123. Les observations sur l'article précédent sont communes aux dispositions de ces deux articles.

Telles sont les observations que j'ai cru devoir faire à quelques-uns des articles du Projet qui m'ont le plus frappé. Peut-être en est-il quelque autre qui en eût été susceptible ; mais j'ai dû les parcourir trop rapidement pour apporter à cet examen toute la méditation dont il est susceptible : aussi mon travail se ressentira-t-il de la précipitation que j'ai dû y mettre. Qu'il me soit permis, en le terminant, de me livrer à quelques réflexions générales sur l'institution des jurés, et sur l'ensemble du Projet.

Institution des Jurés.

On aura beau se faire illusion, il est certain qu'il faudra peut-être plus d'une génération avant que les Français puissent recueillir les fruits d'une telle institution ; il serait même permis de mettre en problème si jamais elle en produira sur toute l'étendue du vaste territoire qui compose aujourd'hui la France, et si le caractère national et de localité n'y apporte pas un obstacle invincible. Je n'entreprendrai pas de résoudre ce problème ; je me bornerai à quelques observations, fruit de ma propre expérience.

Si je disais qu'il est des crimes qui ne pourront peut-être jamais être soumis à des jurés, sans compromettre ou le sort des individus, ou l'intérêt social , on prendrait cette proposition pour un paradoxe ; cependant , lorsque l'on réfléchit que de telles fonctions exigent une impartialité la plus absolue, on ne sera pas éloigné de croire que pendant bien long-temps il sera impossible de réunir un certain nombre d'hommes doués de cette vertu indispensable.

En effet, les agitations de tout genre dont, depuis la révolution, la France a été le théâtre, ont jeté parmi ses habitans une telle diversité d'opinions; les différentes situations dans lesquelles se sont trouvés tant ceux-ci que les habitans des autres contrées qui forment aujourd'hui son territoire; les pertes ou les revers que la plupart d'entre eux ont éprouvés, ont sans doute profondément gravé dans leurs cœurs des préjugés, des regrets , des préventions.

Tant qu'un tel état de choses existera , on doit s'attendre que tous ces mécontens, dans quelque sens que ce soit, fermeront les yeux sur le mérite de l'institution des jurés : ils ne la regarderont que comme le produit d'une révolution qu'ils accusent de tous leurs maux. Obstinés à considérer sous des rapports aussi défavorables une telle institution, ils la traiteront avec le même dédain, avec le même esprit d'opposition qu'ils traitent plusieurs

autres

autres changemens qui sont le résultat de la révolution, malgré qu'ils en reconnaissent les avantages ; tels que le nouveau calendrier, tels que le système et l'unité des poids et mesures, tels que la division territoriale, tels que le concordat, tels que le système monétaire, &c. ; il n'est pas jusques à l'honorable dénomination de *citoyen* qui ne soit l'objet de leur esprit d'opposition, à tel point que la plupart affectent de la regarder comme une injure, et qu'il est des fonctionnaires qui ont l'inconséquence ou la bêtise de la proscrire ; comme si des institutions salutaires ne devaient pas être accueillies, de quelque source qu'elles découlent ! comme si des dénominations rendues recommandables par l'idée qu'une longue suite de siècles leur a attachée, dont même le Gouvernement s'honore, avaient perdu de leur mérite, parce que quelques êtres méprisables en auront abusé ! Il y a de quoi gémir, lorsque l'on voit un tel abus des choses et des mots.

Cependant un tel état de choses n'en est pas moins réel ; et tant qu'il existera, on conviendra avec moi qu'il sera impossible d'attendre de tels hommes cette impassibilité qu'exigent des fonctions qui commandent une absolue abnégation de soi-même. Alors, si à de tels hommes, naturellement portés à déprécier l'institution, on soumet des délits qui soient dans le cas de réveiller leurs erreurs, leurs préjugés, leurs regrets, peut-on espérer qu'ils y délibéreront de sang-froid ! Non : leurs décisions porteront, de toute nécessité, l'empreinte des différentes passions qui les agitent ; de telle sorte que, sans s'inquiéter des conséquences, ils accorderont sans pudeur l'impunité aux différens crimes qui leur seront soumis. Hé ! quels crimes ! précisément ceux les plus nuisibles à la société ; tels que ceux qui attaqueraient son existence politique, sa constitution, ses institutions, ainsi que tout ce qui y a rapport ; tels que ceux encore qui, de quelque manière que ce soit, porteraient atteinte, soit au trésor, soit aux propriétés publiques, &c. Heureux encore si un tel égarement ne les aveuglait pas au point de prononcer, au gré de leurs passions, sur les crimes qui pourraient être imputés à ceux qui, dans le cours des événemens, auraient été mis en évidence !

La composition des jurés sera aussi une pierre d'achoppement. Si l'on prend les jurés parmi toutes les classes de la société, il est certain que l'on s'expose à voir figurer dans leur nombre, l'ignorance la plus crasse, et peut-être l'immoralité la plus profonde ; et, certes, il y a de quoi gémir lorsque l'on voit l'honneur, la vie, l'existence et la fortune des citoyens ainsi compromis.

Les prendra-t-on parmi ceux qui, à raison de leur fortune, semblent présenter une plus forte garantie ! J'observerai que, d'après l'expérience, les hommes les plus opulens, quand bien même ils seraient les plus instruits, sont ordinairement les plus mauvais jurés : quelquefois inexorables pour la plus légère faute qui portera atteinte à la propriété, ils seront d'une indulgence scandaleuse pour l'attentat le plus horrible sur les personnes ; et cela doit être ainsi.

Il est rare en effet que des hommes à l'abri des besoins, soient portés à commettre certains crimes, tels que le vol ; ils sont, par leur caractère, bien éloignés d'excuser un crime dont ils ne retrouvent en eux aucun des élémens. Mais il n'en sera pas de même pour les crimes enfantés par les passions, qui sont précisément ceux les plus funestes à l'ordre social, tels que les assassinats, les meurtres, les incendies, les guet-apens, le viol, les blessures, &c. ; de tels excès sont ordinairement l'ouvrage des passions. Or, comme les hommes à fortune, soit par leur genre de vie, soit par leurs prétentions, soit même par leur oisiveté habituelle, sont presque toujours plus portés aux passions que les autres, il s'ensuit delà qu'ils seront plus disposés à excuser de tels crimes, dont ils retrouveront en eux les premiers élémens ; et alors comment pourront-ils se défendre de l'intérêt qu'ils porteront nécessairement à ceux qui s'en seraient rendus coupables ! Quelle que soit la force des preuves, ils n'hésiteront pas à les acquitter ; ils se porteront d'autant plus volontiers à une telle indulgence, si le coupable est de leur bord : car on aura beau proclamer légalité des droits ; on aura beau tonner contre les prétentions de naissance, d'état et de fortune, on verra toujours régner parmi les hommes des distinctions bien prononcées entre les diverses classes de la société, et jamais on ne parviendra à effacer les lignes qui les séparent.

Prendra-t-on les jurés dans la classe moyenne de la société ! De nouveaux obstacles se présentent ; quelles seront les limites qui la sépareront des autres ! D'ailleurs ceux-ci, consacrés à leurs occupations, à leur industrie, à leurs spéculations, les abandonneront avec la plus grande répugnance, et cette répugnance sera quelquefois telle, qu'il faudra, presque toujours, leur faire violence. Alors, quel foyer de corruption pour l'esprit public ! D'un autre côté, la modicité de leur fortune exigera sans doute une indemnité pour leur déplacement ; et alors le point d'économie est manqué.

J'ai cependant remarqué que c'est précisément dans cette moyenne classe de la société que se trouvaient les meilleurs jurés, quoiqu'ils ne soient pas toujours exempts des faiblesses que j'ai cru pouvoir reprocher aux autres.

Les réflexions que je viens de faire sur l'institution des jurés, sont le résultat de mes constantes observations depuis presque son institution, et principalement depuis que j'exerce les fonctions de commissaire auprès d'un tribunal qui est peut-être celui de toute la République où affluent un plus grand nombre d'affaires, et de différente nature. C'est par la diverse composition des jurés qui a eu lieu, c'est par leur manière de résoudre les questions qui leur ont été soumises, c'est enfin par les acquittemens scandaleux et funestes à l'ordre social, que je me suis convaincu que pour juger les actions des autres, il fallait des hommes habitués à les apprécier, des hommes appliqués de longue main à l'étude du cœur humain. Or, comme de tels hommes sont encore fort rares, j'ai senti l'impossibilité de tirer de sitôt, en France, parti d'une institution qui en supposerait un si grand nombre.

Cependant il est possible que je sois dans l'erreur, et que des observations plus heureuses que les miennes, fassent espérer de tirer un parti avantageux d'une telle institution; dans ce cas, je crois pouvoir assurer que le seul moyen pour arriver à ce but est l'exécution du Projet dont il s'agit. C'est sous ce rapport que je viens offrir mes idées sur l'amélioration du plan qui en est l'objet.

Des Préteurs.

Les préteurs par leur institution seront tenus de mener pour ainsi dire une vie errante. On ne saurait se le dissimuler, une telle existence écartera nécessairement de ces fonctions un grand nombre de ceux qui seraient les plus propres à les remplir; ce qui est d'autant plus affligeant, que le succès des meilleures institutions dépend presque toujours de ceux à qui elles sont confiées. Or, si des hommes qui seraient faits pour faire prospérer celle-ci, pour en faire ressortir tous les avantages s'en écartent, les uns parce que leur santé ne leur permettrait pas d'être toujours en mouvement et de parcourir différens climats, les autres enchaînés par des affections ou des intérêts locaux, ceux-ci parce que pour eux voyager est maladie, ceux-là parce que l'habitude l'emportera sur toute autre considération; à qui confiera-t-on des fonctions aussi importantes, si ce n'est à des hommes qui peut-être dès leur berceau pervertiront cette institution quelque bien conçue qu'elle soit; car il est des hommes qui malheureusement gâtent tout ce qu'ils touchent!

D'un autre côté ces fonctions seront à vie. Mais qui garantira le zèle et l'activité de ceux qui en seront investis! qui garantira leur aptitude à des fonctions aussi augustes et qui exigeront tant de qualités réunies! qui garantira leur santé! qui garantira que des maladies, des infirmités supposées ne les dispenseront pas souvent de se rendre à leur poste! Si de tels événemens arrivent simultanément à plusieurs de ces fonctionnaires, pour peu qu'ils soient de durée, la marche de l'institution sera tout-à-coup arrêtée; alors les affaires se cumuleront, les prisons s'encombreront à tel point qu'il ne sera plus possible d'atteindre l'équilibre.

Pour parer à ces différens inconvéniens qui me paraissent infiniment majeurs, je proposerai deux moyens que je regarde comme infaillibles; et puisqu'il est du sort de l'espèce humaine que les hommes ne soient pas parfaits, et que l'intérêt soit leur premier mobile, il faut dans toutes les institutions tâcher de faire concourir l'intérêt des individus qui en sont chargés aux progrès de ces mêmes institutions.

Le premier moyen que je propose consiste à créer un nombre double de préteurs dont le service alternerait, et qui cependant se suppléeraient au besoin; alors de ne leur accorder aucun traitement fixe, ou du moins modique, et de leur attribuer un supplément de traitement tant qu'ils feraient le service, soit à raison des distances qu'ils auraient à parcourir, soit à raison des affaires qu'ils auraient expédiées, soit par tout autre mode qui concourût à l'accélération du service.

Ce moyen peut-être un peu plus dispendieux, préviendrait à coup sûr une infinité d'abus, et le service ne serait jamais en souffrance.

Le second moyen serait de ne pas instituer des préteurs à vie, mais que chaque année le Gouvernement en créât un nombre suffisant par commission, selon le besoin du service; ces préteurs pourraient être pris parmi certaines classes de fonctionnaires, tels que les membres du Conseil d'état, ceux du tribunal de cassation ou autres fonctionnaires, et même parmi les simples citoyens.

L'un ou l'autre de ces moyens remplirait le but que je me suis proposé, celui d'accélérer le service, en stimulant en même-temps le zèle de ces nouveaux fonctionnaires, puisque si une telle mission était recherchée, on aurait droit d'espérer que tous ceux qui en desireraient la continuation, tâcheraient par leur activité, leur application et leur bonne conduite de s'attirer chaque année la confiance et la bienveillance du Gouvernement; que si au contraire une telle mission devenait une charge publique, elle se trouverait répartie entre un plus grand nombre de citoyens.

Ce dernier mode présenterait encore un autre degré d'utilité, c'est que si les préteurs étaient pris parmi les membres du Conseil d'état, ceux-ci nourris des vastes pensées du Gouvernement, pénétrés des grands principes de la législation et des institutions, seraient autant d'yeux du Gouvernement qui, chaque année, iraient observer ce qui se passe dans les départemens, remarquer les abus, s'ils ont lieu, observer le zèle, l'aptitude ou l'intelligence, ainsi que le désintéressement des divers fonctionnaires, et lui en rendraient compte; ces observations leur seraient d'autant plus faciles que les tribunaux criminels sont des points élevés d'où l'on découvre tout ce qui se passe dans l'étendue de leur ressort.

Dignité de l'ordre judiciaire.

Si depuis la révolution les divers tribunaux qui tour-à-tour ont été institués n'ont pas produit le bien que l'on avait droit d'en attendre, il ne faut pas hésiter de le proclamer; la principale cause est dans leur composition, et dans l'espèce d'avilissement dans lequel depuis la révolution on a plongé l'ordre judiciaire.

Leur composition! on ne saurait se le dissimuler, à l'exception d'un bien petit nombre, les tribunaux de première instance sur-tout, sont composés de manière à faire pitié ; aussi, combien d'abus ne se glissent-ils pas ! combien de jugemens vicieux ou erronés ! Quel grand bien, si l'on pouvait en faire une refonte !

Leur avilissement! certes il faut le dire, jamais aucun peuple n'a fait aussi peu de cas de l'ordre judiciaire que depuis la révolution. Par-tout ailleurs, on voit le magistrat honoré, respecté, lors qu'aujourd'hui il en est bien autrement en France. Cependant est-il une institution plus salutaire pour le peuple que celle qui protége et maintient la sûreté des personnes et des propriétés? Est-il une institution plus majestueuse que celle qui est chargée de distribuer la justice? A quoi serviraient les lois sublimes dont le Gouvernement enrichit nos Codes, si ceux qui sont chargés d'en faire l'application n'en faisaient ressortir tous les avantages? Si ceux-ci concourent à de tels bienfaits, pourquoi n'obtiennent-ils pas cette considération dont ils sont entourés par-tout ailleurs! Je me plais à le croire, il est dans l'intention du Gouvernement de redonner à une autorité aussi essentielle toute la considération dont elle est susceptible, d'entourer la magistrature, qui est pour ainsi dire son image, de toute la dignité qu'elle comporte : il faut donc lui signaler·les causes de cet avilissement.

Je l'ai déjà dit, la mauvaise composition de la plupart des tribunaux peut beaucoup contribuer à l'état d'avilissement dans lequel ils se trouvent : et à dire vrai, il ne faut guères compter sur la considération publique envers un corps constitué, lorsque les membres qui le composent s'en rendent peu dignes. Cependant il est d'autres causes non moins puissantes de cet avilissement.

Par exemple, l'état de misère dans lequel on tient les membres de l'ordre judiciaire, à tel point que, si l'on en excepte les greffiers qui sont les seuls bien traités, il est des juges qui sont infiniment plus à plaindre que le moindre journalier. D'un autre côté, l'espèce de prédomination qu'affectent d'autres pouvoirs constitués sur celui-ci, est peut-être la plus puissante cause de cet avilissement ; cette prédomination est poussée au point de manquer même des égards les plus ordinaires dans les occasions d'éclat, telles que les fêtes ou cérémonies publiques, et le peuple à qui rien n'échappe, témoin d'un tel despect, conçoit des impressions très-défavorables envers des autorités pour lesquelles il devrait avoir la plus grande vénération. De-là naît aussi cette espèce d'éloignement réciproque entre les diverses classes de fonctionnaires ; de-là cet esprit d'opposition respectif qui entrave la marche des affaires, qui ronge le corps social, et qui finirait peut-être par le perdre, si le Gouvernement n'y porte sa main bienfaisante.

Je pense donc qu'un tel état des choses est infiniment nuisible à l'importante distribution de la justice ; et que l'on ne peut compter sur les services que l'on est en droit d'attendre des tribunaux, sans les entourer de cette dignité qui doit faire toute leur force morale, souvent plus puissante par ses effets, que la force physique. Que l'on prenne des mesures sévères pour réprimer leurs écarts, pour exciter le zèle et prévenir les négligences ; mais qu'on les mette à même d'obtenir cette considération sans laquelle leurs travaux n'auront qu'un effet éphémère.

Des Commissaires.

D'après le Projet, les commissaires du Gouvernement près les tribunaux criminels seront chargés d'une grande surveillance. Mais cette surveillance sera illusoire ou impossible, si d'un côté des occupations trop étendues les empêchent de l'exercer, et de l'autre, si eux-mêmes ne sont pas investis d'un pouvoir ou des moyens suffisans pour l'effectuer : par exemple, si à chaque pas ils se trouvent contrecarrés par d'autres autorités, ou s'ils se trouvent réduits à avoir eux-mêmes recours à quelqu'autre autorité pour effectuer cette surveillance, dont ils sont seuls chargés.

Pour prévenir de tels inconvéniens, je pense, 1.° qu'il conviendrait de ne pas surcharger d'une trop grande multitude de travaux des fonctions de cette nature : la plupart des fonctionnaires, malgré leur zèle, ne peuvent faire tout le bien qu'ils desirent, parce que les forces physiques, même le temps moral, leur manquent pour s'acquitter de leurs devoirs comme ils le voudraient ;

2.° Que pour éviter les chocs ou des considérations, peut-être des ménagemens toujours nuisibles, leurs fonctions fussent tracées de manière à ce qu'il ne s'élevât aucune incertitude entre ce qui leur est attribué et ce qui est attribué à d'autres fonctions, telles que celles qui tiennent à l'administration ; et que leur pouvoir fût tel, qu'ils n'eussent en aucun cas, besoin d'emprunter celui de celle-ci. Je proposerais en conséquence, que dans les départemens où il n'y a ni préfets de police, ni commissaires généraux de police, les commissaires du Gouvernement près les tribunaux criminels, fussent chargés d'en exercer les fonctions. A coup-sûr, ceux-ci, par la nature de leurs fonctions, par leur position, par leurs relations, par leur habitude dans tout ce qui est relatif à la police de sûreté, sont infiniment plus propres à remplir cette partie de la police, que les préfets civils. Ceux-ci absorbés par tant d'autres objets bien étrangers à la police, ne peuvent s'y livrer avec cette sagacité qu'elle exige : ils sont presque toujours forcés de s'en reposer sur des subalternes, sur des employés même ; et tout le monde sait combien la plupart du temps, de tels hommes abusent de la confiance qu'on leur accorde, tandis que les commissaires ne s'occupant, et n'ayant à s'occuper que de tout ce qui a rapport à la police, en se consacrant en entier à une partie aussi essentielle de l'ordre public, peuvent se livrer avec plus de fruit à tous les détails qu'elle exige, puisqu'ils doivent faire tout par eux-mêmes.

J'ai remarqué plus d'une fois le peu d'effet d'une simple correspondance, quelqu'étendue, quelque détaillée qu'elle fût, pour prévenir ou arrêter le cours des abus. D'ailleurs, le fonctionnaire à qui la surveillance incombe, n'en est instruit que lorsqu'ils ont pris des racines si profondes, que rien au monde ne saurait les arracher. Ne conviendrait-il pas d'obliger les commissaires à aller, au moins une fois l'année, parcourir les départemens soumis à leur surveillance ! On ne saurait croire combien leur présence produirait un heureux effet, sur-tout dans les campagnes. La crainte salutaire de leur arrivée suffirait seule pour ranimer le zèle de leurs coopérateurs, tandis qu'elle inspirerait l'effroi aux mal-intentionnés.

Je desire que ces réflexions puissent être de quelque utilité, et tendre au perfectionnement d'un plan aussi vaste que bien conçu. Si cependant celles que j'ai faites sur l'institution des jurés, étaient telles qu'elles pussent déterminer le Gouvernement à y renoncer; si d'autres considérations que je n'ai pas prévues, pouvaient le déterminer à abandonner ce projet ; qu'il me soit permis de reproduire ici la copie d'un projet d'organisation judiciaire, que j'ai pris la liberté d'adresser il y a deux ans au Consul *Cambacérés.* Je ne sais s'il s'est fait rendre compte de ce travail, ainsi qu'il voulut bien me l'annoncer, ou s'il ne sera pas resté dans l'oubli.

Je vais en donner ici une copie exactement conforme, quoique j'aie remarqué que le Projet de la Commission ait prévu plusieurs points d'amélioration que je propose dans le mien. Heureux si de quelque manière que ce puisse être, je puis concourir aux vues bienfaisantes du Gouvernement !

P ROJET d'Organisation judiciaire, et Vues d'économie dans la distribution de la Justice criminelle, présentés au Gouvernement par Devals, *son Commissaire près le Tribunal criminel de la Dyle.*

C ITOYENS C ONSULS,

Lorsqu'un Gouvernement s'occupe, sans relâche, du bonheur public, lorsque toutes ses sollicitudes se dirigent vers la prospérité nationale, il est du devoir de tout bon citoyen de lui communiquer ses vues d'économie, d'ordre, et d'administration ; il peut être assuré que si elles présentent quelque utilité, elles ne seront ni rejetées, ni négligées.

Mais ce devoir devient bien plus rigoureux pour un fonctionnaire public, qui, par sa position, est plus à portée que tout autre de remarquer les abus, ou de reconnaître les inconvéniens des institutions, à la marche desquelles il doit coopérer. C'est ce qui m'a déterminé, Citoyens Consuls, à prendre la liberté de vous offrir le résultat de mes observations et de mon expérience dans les fonctions que vous avez bien voulu me confier.

Je commencerai par vous retracer les inconvéniens que j'ai remarqués dans l'organisation actuelle de la justice criminelle. Je vous présenterai ensuite mes vues sur une organisation nouvelle , qui , calquée sur celle qui existe , serait, je crois, infiniment plus économique , dont la marche serait plus régulière , plus expéditive, et dont le résultat serait plus assuré pour la répression des délits. Je terminerai par celles relatives aux économies considérables qu'il serait possible d'apporter dans les frais de justice , sans nuire à sa bonne distribution.

Inconvéniens d'amalgamer le Criminel avec le Civil.

Un inconvénient que j'ai constamment remarqué , c'est l'amalgame des fonctions civiles et criminelles, entre lesquelles il devrait, ce me semble , exister une ligne de démarcation bien tracée. En effet, chacune de ces fonctions sont assez étendues et assez délicates pour exiger que l'individu qui doit les remplir , s'y consacre en entier; et leur nature est beaucoup trop différente pour que le même individu apporte la même application dans les unes et dans les autres , sans qu'il ne doive en résulter quelque confusion dans ses idées et dans leur développement.

J'ai donc remarqué que la rotation des fonctions de directeur de jury sur plusieurs têtes , dont l'étude habituelle devrait être celle des lois civiles, nuisait également et au service criminel et au service civil (1).

En effet , indépendamment de l'aptitude ou de la répugnance naturelle à chaque individu pour tel ou tel genre d'application, il est certain que celui qui ne doit remplir que momentanément des fonctions, quelles qu'elles soient, n'y apportera jamais, ni le même zèle, ni la même application que celui qui a l'espérance d'y consacrer tous les instans de sa vie. Delà, cette apathie , cette insouciance , cette lenteur désespérante de la plupart des directeurs de jury dans l'exercice de leurs fonctions. Le substitut a beau redoubler de zèle et d'activité, il se trouve arrêté à chaque pas, par l'inertie du directeur du jury.

D'ailleurs avant que le nouveau-venu se soit mis au courant des affaires , il s'écoule toujours un temps d'autant plus précieux , que les objets sont plus urgens. Comme aussi , soit faute de bonne intelligence entre le sortant et le rentrant, soit par l'effet de l'amour-propre de l'un ou de l'autre, et peut-être de tous les deux , soit enfin par l'effet d'une insouciance respective , les communications n'ont jamais lieu entre eux. Delà, il résulte que le commis attaché à ces fonctions , tient seul le fil des affaires. Que, soit par paresse ou tout autre motif, l'on s'en repose entièrement sur lui de tout ce qui concerne ces fonctions ; et que celui-ci est véritablement directeur du jury, sous le nom des différens fonctionnaires, qui, tour-à-tour, viennent occuper le poste. Ainsi, et par le fait même, le but qui avait inspiré cette rotation se trouve totalement manqué.

---

(1) Le Projet de la commission a prévu cet inconvénient.

D'un

D'un autre côté, supposons que parmi les différens fonctionnaires qui tour à tour viennent exercer les fonctions de directeur de jury, il s'en trouve qui aient de l'aptitude à de telles fonctions; ceux-ci en feront une étude approfondie, ils s'y consacreront avec d'autant plus de zèle qu'ils n'auront qu'à suivre des dispositions naturelles. Mais aussi une fois qu'ils devront abandonner ces fonctions pour se consacrer à d'autres, ils apporteront de leur côté la même indolence, la même répugnance peut-être, pour les fonctions civiles, que ceux qui leur succéderont en apporteront pour les criminelles; alors le dégoût et le découragement s'en mêlent; alors les deux services en souffrent.

De toutes ces observations il résulte qu'il serait sans doute bien avantageux et pour le civil, et pour le criminel, qu'il fût attaché à la place de directeur de jury un fonctionnaire stable et permanent, et qui n'aurait d'autres fonctions à remplir que celles qui concernent la police de sûreté.

Il en est de même en attribuant aux tribunaux civils la connaissance des affaires correctionnelles; car, quoique ces sortes d'affaires n'exigent pas de connaissances bien étendues, leur décision n'en absorbe pas moins un temps précieux; elles n'en distraient pas moins l'attention et l'application du juge qui doit s'en occuper; et certes l'étude et l'application des lois civiles présentent un intérêt trop majeur pour ne pas exiger que celui qui tient en main l'honneur et la fortune de ses concitoyens, ne doive consacrer à des fonctions aussi délicates tous les instans de sa vie. Il ne faut donc pas charger celui-ci de fonctions de différente nature, et qui peuvent lui faire perdre de vue sa principale destination; car alors, s'il commet des erreurs, s'il néglige quelqu'un de ses devoirs, il en est d'autant moins responsable : aussi ai-je constamment remarqué que l'amalgame des affaires de différente nature devant les mêmes tribunaux, nuisait également et aux affaires civiles, et aux affaires correctionnelles. Combien de fois ne les ai-je pas vues les unes et les autres servir respectivement d'excuse à la paresse! c'est ce qui m'a fait considérer comme un avantage inappréciable pour la distribution de la justice en général, que ces affaires de différente nature fussent portées devant des tribunaux différens.

Réduction des tribunaux criminels.

Il serait, je crois, possible de réduire au moins de moitié le nombre des tribunaux criminels. J'ignore ce qui se passe dans la majeure partie des autres tribunaux, mais ce qui me porte à croire cette réduction possible, c'est ce que j'ai remarqué dans ce département et ceux qui nous environnent.

Il est de fait que le tribunal de la Dyle fait déjà la besogne de quatre départemens, car il fait non seulement celle qui le compète directement, mais encore grande partie de celle des départemens voisins; presque tous les accusés des départemens de la Meuse-Inférieure, de Sambre-et-Meuse et de Jemmape qui ont été accusés dans le chef-lieu, viennent se faire juger à notre tribunal. Nos jurés se sont acquis une telle réputation d'indulgence que la majeure partie des malfaiteurs de ces départemens en usant de la faculté d'opter que la loi leur accorde, nous donnent la préférence.

D'un autre côté le tribunal de cassation, je ne sais par quelle prédilection, renvoie devant notre tribunal toutes les affaires des tribunaux voisins dont il casse les jugemens ; de manière que nous avons à juger non-seulement tous les crimes commis dans notre département, mais encore une grande partie de ceux qui se commettent dans les autres ; et cela sans réciprocité, attendu, d'un côté, que la faculté d'opter n'a pas lieu dans ce département, à cause de la population du chef-lieu ; d'autre côté, que depuis l'organisation des nouveaux tribunaux jusqu'à ce jour (à la fin de l'an 10), sur environ soixante jugemens criminels qui ont été portés devant le tribunal de cassation, il n'y en a eu que deux qui aient été cassés, tandis que, par l'effet de la cassation, il nous en est parvenu seize des autres départemens ; aussi sommes-nous accablés de travail, lorsque la plupart des tribunaux voisins n'ont rien à faire. De là je tire la conséquence que, selon les localités, on pourrait donner à un tribunal criminel un ressort beaucoup plus étendu.

Inconvéniens des exécutions au Chef-lieu.

L'assemblée constituante avait sagement ordonné que l'exécution des jugemens aurait lieu dans les villes où le jury d'accusation se serait assemblé. Cette disposition ajoutait, il est vrai, aux frais des exécutions (1) ; mais cette dépense était bien rachetée par le bien qui en résultait pour l'ordre social. En effet, quel est le but des exécutions publiques, si ce n'est d'en imposer aux malfaiteurs par de tels exemples ? Or ce but est manqué en bornant les exécutions au chef-lieu du département ; c'est-à-dire, dans celui où siége le tribunal criminel. C'est bien pire, lorsque, par l'effet de l'option ou de la cassation, l'exécution doit avoir lieu dans un autre département que celui où le crime a été commis. Je pense donc qu'il résulterait de grands avantages pour l'ordre social si l'on faisait revivre cette ancienne loi, sur-tout si l'on se détermine à réduire le nombre des tribunaux criminels.

Nombre des juges aux Tribunaux criminels.

Oui, citoyens Consuls, s'il peut m'être permis de le dire avec franchise, je pense que le nombre des juges, dans les tribunaux criminels, a été

---

(1) Le Projet de la commission a prévu cet inconvénient.

beaucoup trop restreint. En effet, lorsque l'on considère que parmi trois personnes il peut s'en rencontrer une qui ait assez d'ascendant sur les deux autres pour absorber leur opinion, sur-tout si celles-ci, soit par caractère, soit par faiblesse, soit par incapacité, soit par tout autre motif, se livrent à la merci d'un homme altier ou adroit, l'on doit frémir de voir soumettre aux erreurs, aux caprices ou à l'adresse d'un seul homme, la fortune, la vie, l'honneur de ses semblables.

On m'objecterait en vain que les juges ne font qu'appliquer la peine prononcée par la loi, et que ce sont les jurés qui prononcent sur les faits : je répondrai (et j'en ai l'expérience) qu'il est bien des cas où l'opinion d'un tribunal peut avoir une grande influence sur celle des jurés. Mais quand ce danger n'existerait pas, l'examen des procédures et des formes, la position des questions, les appels en matière correctionnelle, ne sont-ils pas des objets d'un assez grand intérêt pour que leur décision dût être soumise au plus grand foyer possible de lumières !

C'est sans doute le trop petit nombre de juges qui est cause que la composition des tribunaux criminels est peut-être manquée dans bien des points. Si je veux m'expliquer sans détour, je dois dire sans ménagement qu'elle est manquée dans celui-ci. En effet, que le président vienne à tomber malade, qu'il s'absente, ou qu'il soit légitimement empêché, voilà qu'aucun des juges ne peut le suppléer. L'un, d'ailleurs infiniment estimable sous beaucoup de rapports, rempli de zèle et de dévouement, n'a ni les moyens ni la facilité de conduire les débats, et encore moins de les résumer : ce serait exiger de lui l'impossible ; l'autre, non moins estimable, réunit aux désavantages du premier celui d'être très-avancé en âge, est malheureusement sujet à des infirmités qui le retiennent presque toute l'année dans le lit.

D'un autre côté, si le commissaire vient à manquer, les deux suppléans ne sont presque d'aucune ressource : ce n'est pas qu'ils manquent de moyens et de talens ; mais, l'un à la tête d'un commerce et de spéculations très-considérables, se distrait avec la plus grande répugnance de ses occupations ; l'autre, greffier du tribunal de commerce, exerçant d'ailleurs la profession d'homme de loi, n'est d'aucun secours pour le tribunal. Aussi nos embarras ont souvent été tels, que si nous ne nous étions avisés de nous adjoindre un homme de loi, le Tribunal eût été bien souvent dans l'impossibilité absolue de se compléter : voilà même deux mois consécutifs que, par l'évènement de la maladie du président et de l'un des juges, le tribunal n'a pu procéder au jugement des affaires criminelles.

Institution des Jurés.

L'institution des jurés, toute sublime qu'elle puisse être considérée, est

bien loin de produire , du moins dans ce département , les bienfaits que
l'on était en droit d'en attendre.

Je n'examinerai pas si , à la suite d'une révolution telle que la nôtre , l'on
peut espérer quelques fruits d'une telle institution ; si l'esprit de parti, qui
ne pourra s'éteindre qu'avec le temps , si des souvenirs amers , si des restes
de factions ne seront pas dans le cas d'en empoisonner pendant long-temps
les bienfaits ; mais j'ai bien remarqué que , dans ce pays-ci, soit par ignorance, soit par indulgence, soit par toute autre cause , il est des crimes qui
resteront éternellement impunis , tant qu'ils seront soumis à des jurés. C'est à
tel point, que la plupart de ces crimes sont excusés, même envers les contumax. Je ne sais si cela proviendrait de la mauvaise composition des listes,
où il semble que les juges de paix affectent de porter ce qu'il y a de plus
incapable de remplir des fonctions aussi augustes que délicates ; je ne sais si
cela ne proviendrait pas du caractère des habitans ; je ne sais si cela ne proviendrait pas encore de ce que la plupart des jurés ne comprennent pas la
langue française; mais il n'en est pas moins vrai que le tribunal et le public
ont eu à gémir très-souvent de leurs réponses aux questions qui leur étaient
soumises : non seulement ces réponses étaient marquées au coin de la faveur
la plus scandaleuse, mais même à celui de la bêtise. Je ne répéterai pas les
mille et une de leurs inconséquences , il me suffira de dire qu'il n'est pas
rare de leur entendre répondre , dans la même affaire , *un tel n'a pas commis ce*
crime ; il l'a commis pour sa légitime défense.

Or , je le dis sans passion et sans prévention , le bien public m'arrache
cet aveu : l'institution des jurés , telle qu'elle est , n'est pas mûre, du moins
pour ce département. Si quelqu'un , quel qu'il soit, dont je respecterai toujours les opinions, pouvait penser différemment , qu'il vienne s'asseoir à nos
côtés, qu'il suive les débats , et bientôt il se convaincra, par lui-même , des
faits dont je viens de rendre compte ; il se convaincra que cette institution
est, dans ce pays-ci , une véritable loterie.

Oui, citoyens Consuls, et lorsque l'on s'occupe d'aussi grands intérêts,
il ne faut rien taire , je ne dois pas vous dissimuler que , depuis l'institution
des jurés dans ce pays , il aurait fallu renoncer à la répression des crimes, si
l'on ne se fût avisé de mettre le sort de côté pour le choix des jurés. Or,
est-il rien de plus funeste pour l'ordre social, que lorsque ceux mêmes , qui
par la nature de leurs fonctions doivent veiller à l'exécution des lois, se trouvent réduits à les enfreindre pour le bien public !

Maintenant que j'ai présenté le résultat de mon expérience et de mes
observations , qu'il me soit permis, citoyens Consuls, de vous offrir celui
de mes méditations en vous soumettant le plan d'organisation judiciaire
que j'ai conçu.

Projet d'organisation criminelle.

Supprimer irrévocablement l'institution des jurés, serait, ce me semble, porter atteinte aux vues philantropiques qui l'ont fait adopter; mais lorsque j'ai réfléchi aux nombreux tribunaux spéciaux créés dans la République ; lorsque j'ai considéré que déjà le législateur avait cru devoir soustraire plusieurs crimes à l'examen des jurys ; lorsque j'ai lu l'art. 55 du sénatus-consulte du 10 thermidor an 10, j'ai dû croire que le Gouvernement avait aussi remarqué qu'il était des départemens où cette institution n'était pas salutaire ; qu'il était des crimes qui ne devaient pas lui être soumis.

Nourri de ces pensées, j'ai cherché, non à anéantir l'institution et tout ce qui y a rapport, mais à la modifier de manière à en conserver tous les avantages et à en élaguer les inconvéniens qui sont la source des abus ou des erreurs. Je ne sais si j'aurai atteint le but que je me suis proposé.

Magistrats de Sûreté.

L'institution des substituts du commissaire, magistrats de sûreté, créés par la loi du 7 pluviôse an 9, est bonne. Elle a déjà fait sentir ses bienfaits. Elle en produira, j'espère, davantage par la suite. Si en quelques points elle a manqué son but, l'on doit s'en prendre à ceux qui sont chargés de la faire prospérer.

Je désirerais seulement qu'il leur fût accordé une indemnité un peu plus considérable pour leur déplacement ; elle est aujourd'hui beaucoup trop modique, et insuffisante pour couvrir leurs dépenses ; mais alors l'on devrait leur faire un devoir de ce transport sur les lieux dans toutes les circonstances majeures (1).

Directeurs de Jury.

Je conserve également l'institution des directeurs de jury, mais je pense que ces fonctions doivent être permanentes entre les mains du même fonctionnaire, qui n'aurait à s'occuper d'autres fonctions que de celles qui concernent la police de sûreté. Ainsi, il n'y aurait autre chose à changer à cet égard, que de nommer pour cette place un fonctionnaire stable et permanent, mais révocable. Je regarde cette revocabilité comme un frein puissant dans bien des circonstances (2).

Suppléans de Directeur de Jury.

Adjoindre au directeur de jury et au magistrat de sûreté deux suppléans qui, en cas d'absence, maladie ou légitime empêchement de l'un ou de

---

(1) Le Projet de la commission les conserve.
(2) Les propréteurs sont des directeurs de jury permanens ; la différence est qu'ils sont créés à vie, et que je pense qu'ils devraient être révocables. On en sentira les motifs.

l'autre, seraient tenus de les suppléer. Ces suppléans n'auraient pas de traitement fixe, mais il leur serait accordé un droit de présnece toutes les fois qu'ils seraient employés (1).

Jurés ou Assesseurs.

Indépendamment de ces suppléans, il y aurait auprès de chaque directeur de jury un certain nombre de jurés ou assesseurs. Ces jurés seraient choisis par le premier Consul, parmi les habitans les plus recommandables, tant par leur moralité que leur instruction et leurs facultés, du lieu où serait fixé le directeur du jury. Ces jurés seraient permanens mais révocables; ils n'auraient pas de traitement fixe, mais il leur serait accordé un droit de présence toutes les fois qu'ils seraient employés.

Forme de procéder devant le Directeur de Jury.

Le directeur de jury se conformerait aux lois actuelles relatives à ses fonctions; mais si, à raison de quelque ordonnance, il se trouvait en opposition aux conclusions du magistrat de sûreté, il devrait, dans ce cas, en délibérer avec les deux suppléans, en présence du magistrat de sûreté, ou, à leur défaut, avec deux jurés, et rendrait, avec eux, l'ordonnance motivée, sauf au substitut son recours au tribunal criminel, ainsi qu'il est prescrit par la loi du 7 pluviôse an 9.

Lorsqu'il s'agirait de prononcer sur un acte d'accusation, le directeur du jury, de concert avec l'un des suppléans, et en présence du magistrat de sûreté, tirerait au sort, dans la liste des jurés ou assesseurs, un certain nombre d'entre eux, qui, réunis au directeur du jury et aux deux suppléans, prononceraient sur l'acte d'accusation. Ce nombre pourrait être porté à celui que le législateur jugerait à propos. Je pense qu'il ne devrait pas être au-dessous de neuf délibérans, savoir le directeur du jury, les deux suppléans, et six jurés. En cas d'absence des uns ou des autres, on appellerait toujours un nombre de jurés suffisant pour compléter celui de neuf ou tel autre nombre qui serait déterminé.

Tribunaux correctionnels.

Il y aurait un tribunal de police correctionnelle par chaque arrondissement de direction de jury. Il serait composé du directeur du jury, qui en serait le président, des deux suppléans et de deux jurés, du magistrat de sûreté, faisant les fonctions du ministère public, et d'un greffier. En cas d'absence de l'un d'eux, ils seraient respectivement suppléés, et on appellerait un nombre suffisant de jurés pour compléter celui de cinq juges;

---

(1) Le Projet admet aussi le droit de présence.

le greffier de ce tribunal remplirait les mêmes fonctions auprès du directeur du jury.

On pourrait réduire ou augmenter le nombre des juges ; par exemple, il pourrait être fait une classe d'affaires qui n'exigeraient que trois juges, une autre qui en exigerait cinq, une autre qui en exigerait sept.

Je crois que l'on pourrait, avec quelque avantage, donner plus d'extension à la compétence de ces tribunaux ; on devrait même, en certains cas, les autoriser à juger en dernier ressort. Il est scandaleux de voir certaines affaires, qui font pitié par leur nature et leur peu de conséquence, parcourir, selon le caprice ou l'entêtement des prévenus, tous les degrés de juridiction, et ruiner le trésor public (1).

Je pense aussi qu'il serait peut-être nécessaire de leur attribuer la connaissance par appel des affaires de simple police. J'ai remarqué plus d'une fois que ces tribunaux commettaient de grandes erreurs. Cependant il est beaucoup de citoyens qui sont dans l'impossibilité de recourir au tribunal de cassation. Il paraîtrait équitable de mettre à la portée du malheureux, victime d'une erreur, un vengeur des injustices qu'il peut éprouver, quelque modiques qu'elles puissent être (2).

Dans le cas où les affaires abonderaient, ces tribunaux pourraient se diviser momentanément en sections, et dans ce cas, l'une serait présidée par le directeur du jury, et l'autre par l'un des suppléans ; le second suppléant remplirait dans l'une des sections, les fonctions du ministère public, et on appellerait un nombre suffisant de jurés pour compléter celui des juges dans les deux sections.

Comme aussi dans les villes populeuses, ou dans les arrondissemens considérables, on pourrait établir plus d'un directeur de jury et plus d'un magistrat de sûreté, selon le besoin du service.

Tribunaux criminels.

Les tribunaux criminels seraient composés d'un président, d'un vice-président, d'un commissaire, d'un substitut, de deux suppléans et d'un greffier. Les deux suppléans seraient chargés de suppléer, au besoin, ou le vice-président, ou le commissaire, ou son substitut : ils n'auraient pas de traitement fixe ; mais il leur serait accordé un droit d'assistance toutes les fois qu'ils seraient employés.

Indépendamment de ces fonctionnaires, il y aurait auprès de chaque tribunal criminel un certain nombre de jurés ou assesseurs. Cette liste, également au choix du Premier Consul, serait formée des habitans les plus

----

(1) Le Projet a adopté cette idée.
(2) Le Projet a adopté cette idée.

recommandables, par leur moralité, leur instruction et leurs facultés, de la ville où siégerait le tribunal. Leur nomination serait permanente, cependant révocable. Ces jurés n'auraient pas de traitement fixe, mais il leur serait accordé un droit d'assistance toutes les fois qu'ils seraient employés. Voici quel serait leur service, en supposant qu'on maintienne la forme actuelle de procéder :

Lorsque le tribunal n'aurait à décider que sur des points de forme, ce que l'on nomme *jugemens préparatoires*, il procéderait au nombre de trois juges ; savoir, le président, le vice-président, et l'un des suppléans, ou à défaut un juré.

Lorsqu'il s'agirait de juger des appels en matière correctionnelle, le nombre des juges devrait être de sept ; savoir, le président, le vice-président, deux suppléans et trois jurés, ou un plus grand nombre de ceux-ci en cas d'absence de l'un des précédens.

Enfin, lorsqu'il s'agirait de juger des affaires criminelles, le nombre des juges devrait être de neuf, en prenant de jurés ou assesseurs le nombre suffisant pour compléter le nombre de neuf délibérans. On pourrait même, en certains cas graves, tels que ceux qui emporteraient la peine capitale, &c., porter le nombre des juges à onze.

Pour les affaires par contumace, le nombre de trois ou cinq délibérans serait, je pense, suffisant. Dans tous les cas, les suppléans seraient chargés de remplacer le vice-président, ou le commissaire et son substitut ; ceux-ci devraient assister à toutes les opérations où leur ministère serait requis : ils se distribueraient le service de manière à ce que la surveillance et la correspondance restât toujours entre les mains du commissaire ; objets qui ne sauraient être divisés sans perdre une partie de leur effet.

Le choix des jurés serait fait par le tribunal, au nombre de trois délibérans comme pour les jugemens de forme en présence du commissaire ou de son substitut. Ce choix aurait lieu par le sort sur la liste des jurés ou assesseurs. Cette liste serait notifiée aux accusés vingt-quatre heures avant le jugement ; il ne serait plus reçu de récusations sans motifs ; elles seraient jugées tout de suite en l'absence du juge ou juré récusé. Ces jugemens pourraient être prononcés au nombre de trois juges.

Les tribunaux criminels, lorsque le besoin du service l'exigerait, pourraient se diviser en sections ; dans ces cas, l'une des sections serait présidée par le président, et l'autre par le vice-président ; les suppléans seraient de même répartis dans les deux sections, ainsi que le commissaire et son substitut ; et l'on appellerait un nombre suffisant de jurés ou assesseurs qui serait nécessaire pour compléter le nombre des juges pour les deux sections. Par ce moyen bien simple, on expédierait promptement les affaires, et on n'aurait pas la douleur de voir croupir des mois entiers, et quelquefois des années, des malheureux dans les prisons.

J'ai

J'ai cru devoir donner un substitut au commissaire, l'expérience m'a convaincu qu'il est impossible que la masse des devoirs qui lui est imposée fût bien remplie par un seul individu, sur-tout dans les tribunaux où le nombre des affaires est considérable ; car, pour satisfaire à tout, il est réduit à traiter les affaires avec trop de célérité pour y apporter cette attention, cette réfléxion que la plupart d'elles exigent. Alors, les affaires ne sont, pour ainsi dire, qu'effleurées ; l'examen qu'elles exigent n'y est pas apporté, et le service en souffre nécessairement ; ce qui est véritablement désespérant pour le fonctionnaire jaloux de ses devoirs.

Je puis dire pour ce qui me concerne, que je ne suis parvenu à remplir mes devoirs que par un travail continuel et forcé, auquel, sans doute, ma complexion forte m'a fait résister, ce qu'un autre n'aurait peut-être pu faire ; et quoique je puisse me flatter de n'avoir pas démérité de la confiance du Gouvernement, je sens que j'aurais pu mieux faire si je n'eusse été aussi sur-chargé de travail.

Je crois devoir aller, autant que possible, au devant des abus, et pré-venir les absences ou les négligences malheureuses trop fréquentes de cer-tains fonctionnaires. Je pense donc qu'il serait infiniment utile pour le bien du service que ceux qui auraient un traitement fixe, eussent également un droit d'assistance au moins pareil à celui qui serait accordé aux suppléans ou aux jurés. Cette rétribution pourrait être considérée comme un supplé-ment à leur traitement, elle serait à coup sûr un stimulant contre la paresse et l'insouciance, et elle aurait l'avantage de proportionner du moins jusques à un certain point le salaire au travail.

Si l'on prenait un tel parti pour toutes les fonctions publiques, on n'au-rait pas la douleur de voir tant de fonctionnaires traiter leur devoir comme un pis-aller, et celui qui travaillerait le plus, aurait un salaire plus propor-tionné à son travail. Car en déterminant un traitement fixe sans accessoire, il arrive souvent que l'un avec un tel traitement s'épuise de travail et de fatigue, tandis qu'un autre avec le même traitement n'a rien à faire.

Il paraîtrait nécessaire d'étendre cette mesure envers les greffiers. Car il est scandaleux de voir cette classe de fonctionnaires se rendre d'une indé-pendance sans exemple. Ils s'en reposent presque toujours sur leurs commis-greffiers, et leur absence ne diminue pas d'une obole leur traitement et leurs immenses rétributions, tandis que si un juge a le malheur de tomber malade, il a la douleur de voir réduire son traitement précisément lorsqu'il en a le plus besoin.

Tel est, citoyens Consuls, le plan d'organisation criminelle que je prends la liberté de vous soumettre. Je n'ai rien créé dans ce Projet, il n'est qu'un composé des institutions actuelles, et de celles qui les ont précédées. Je me suis borné à prendre de chacune d'elles ce que j'y ai reconnu d'utile et propre à s'adapter au caractère de la nation, en conservant d'un côté le principe de l'institution des jurés ; de l'autre, la forme actuelle de procéder, qui est à mes yeux la plus puissante des garanties pour la bonté des opérations. Je veux parler de leur publicité.

Je ne sais si j'aurai rempli le but que je me suis proposé. Mais il me semble que ce plan réunit plusieurs avantages bien précieux, sans être exposé aux inconvéniens de l'organisation actuelle.

1.° Économie. Si l'on calcule d'un côté ce que coûte l'organisation actuelle, et que l'on y ajoute les frais immenses qu'entraînent l'indemnité, les frais de voyage et la convocation des jurés, on se convaincra que l'organisation que je propose sera bien moins dispendieuse.

2.° Célérité dans les opérations. Si la célérité dans la distribution de la justice, et sur-tout de la justice criminelle, a été de tous les temps considérée comme le premier des biens, on est assuré que le mode proposé ne laissera rien à desirer.

3.° Enfin, si les lois les plus sacrées commandent de protéger l'innocence, l'ordre social exige aussi que le crime ne reste pas impuni. Or, combien l'ordre social n'est-il pas journellement compromis par ces acquittemens scandaleux, dictés par la bêtise, l'esprit de parti, et peut-être la perversité. L'organisation que je propose préviendra à coup sûr de telles erreurs. Des juges incorruptibles, dégagés de toute prévention, des hommes judicieux habitués à étudier le cœur humain, ne livreront rien au hasard ; en tendant une main secourable à l'innocence malheureuse, ne s'appitoieront plus sur le sort de ces scélérats qui se font un jeu des crimes les plus atroces, et qui même pendant les débats calculent les moyens de soustraire leurs nouveaux forfaits à la vigilance et à la sagacité de la justice.

Économies à faire sur les frais de justice.

Permettez, citoyens Consuls, que je vous soumette maintenant mes vues sur les moyens de réduire les énormes frais de justice.

Ces frais se composent en grande partie, savoir, devant le magistrat de sûreté et le directeur du jury, 1.° de l'indemnité à ces fonctionnaires pour leur déplacement ; 2.° du salaire des huissiers ; 3.° de l'indemnité aux témoins ; 4.° de celle aux jurés ; 5.° des taxations aux greffiers pour leurs expéditions, &c. ; 6.° dans plusieurs départemens, du salaire de l'interprète.

La plupart de ces frais se renouvellent, et devant les tribunaux correctionnels, et devant les tribunaux criminels. Je vais donc les traiter simultanément.

Frais de voyage du Directeur du jury et du Substitut.

Les frais de voyaye du directeur du jury et du magistrat de sûreté se réduisent aujourd'hui à bien peu de chose, du moins dans ce département : la taxe qui leur est accordée étant trop au-dessous des dépenses qu'ils doivent faire , leur déplacement est très-rare. Voilà pourquoi j'ai pensé qu'il était indispensable d'augmenter cette taxe, en leur faisant un devoir du transport sur les lieux dans tous les cas graves , ou dans les affaires dans lesquelles un grand nombre de témoins doivent être entendus. J'ai la conviction que cette augmentation de dépense deviendrait une véritable économie.

Salaire des Huissiers.

Si j'en juge d'après ce qui se passe dans ce département, le salaire des huissiers attachés , soit auprès des directeurs de jury et des magistrats de sûreté , soit auprès des tribunaux correctionnels , doit se monter à des sommes énormes pour toute la République. En effet, la convocation des jurés, qui plusieurs fois le mois les met dans le cas de parcourir leur arrondissement, les citations aux témoins, l'exécution des mandats d'amener , de dépôt et d'arrêt, les procès-verbaux de recherche et perquisition , tous les actes enfin de leur ministère, sont tout autant de moyens de grossir leurs états au grand détriment du trésor public. Si même je dois en croire à certains rapports , il s'y glisse de grands abus dont à la vérité je n'ai pu acquérir la preuve , mais qui n'en sont pas moins possibles.

On réduirait je crois de beaucoup cette énorme dépense et l'on couperait court à tous les abus, si au lieu d'accorder des taxations pour leurs actes d'office., on se bornait à leur accorder un traitement fixe, au moyen duquel ils seraient tenus d'exécuter tous les ordres qui leur seraient donnés par le ministère public.

En effet , je suppose que l'on attache à chaque directeur de jury et tribunal correctionnel quatre huissiers, et qu'on leur accorde , selon les localités , à chacun 4, 5 ou 600 francs par an, la totalité de ce traitement ne s'élèverait , pour chaque arrondissement , que de 1600 fr. à 2400 fr. par an, somme fixe qui ne serait plus sujette à des variations , et totalement à l'abri des abus.

Maintenant que l'on prenne la peine de calculer ce qu'il en coûte par chaque arrondissement pour les frais des huissiers, l'on se convaincra que ce qu'ils retirent du trésor public dépasse de beaucoup cette somme. J'ai la certitude que pour l'arrondissement de Bruxelles, les taxations des huissiers pour le service du magistrat de sûreté, directeur du jury et tribunal correctionnel, dépassent, année commune , 8000 francs. Si celles pour les autres arrondissemens, s'élevaient aussi haut , en calculant sur quatre cents arrondissemens , et aujourd'hui il y en a davantage , le montant de ces taxations pour toute la République devrait s'élever au-delà de 3,000,000; tandis que le traitement que je propose ne s'élèverait pas à 1,000,000.

Il en serait de même pour les huissiers près les tribunaux criminels. Je suis convaincu qu'il y aurait une grande économie à faire en leur donnant un traitement fixe. Il en résulterait toujours cet avantage inappréciable de présenter une dépense fixe, invariable, et exempte de tout genre d'abus.

Indemnités aux témoins.

S'il est juste que celui qui vit de son travail soit indemnisé de la perte du temps qu'il consacre au service public, si le citoyen qui se déplace pour un service public a droit à une indemnité pour ses dépenses extraordinaires, il est aussi du devoir de tout fonctionnaire d'être économe de telles dépenses, et de ne pas mettre sans nécessité le trésor public à contribution. Malheureusement la plupart des fonctionnaires ne savent se pénétrer de ces devoirs, et ils abusent peut-être trop souvent du droit qu'ils ont de disposer en cette partie de la fortune publique.

J'ai de fortes raisons pour croire que si l'on adoptait le traitement fixe aux huissiers, en supprimant les taxations, on réduirait peut-être beaucoup la dépense que l'indemnité des témoins entraîne, et on ne retrouverait pas autant d'inutilités dans les procédures.

Que l'on rétablisse aussi l'ancien usage de demander au témoin s'il requiert taxe, et qu'il soit fait mention, au bas de sa déclaration, de celle qui lui a été accordée, ou de son refus : on obvierait par-là à quelques abus.

Mais il serait possible, en changeant quelque chose aux formes de procéder, de réduire de beaucoup ces dépenses. J'ai fait observer que si l'on obligeait les magistrats de sûreté et les directeurs de jury à se transporter, dans bien des cas, sur les lieux, on épargnerait les frais de voyage et de retour des témoins, qui sont souvent bien considérables, selon l'éloignement et leur nombre.

La loi semble imposer l'obligation indéfinie à l'officier de police judiciaire de poursuivre, sans distinction et d'office, tout délit susceptible d'être puni de plus de trois jours de prison, ou d'une amende de plus de trois journées de travail. Dans un grand nombre de départemens, on a interprété le sens littéral de la loi par son esprit, et l'on a senti que la loi n'a pas voulu mettre à la charge du trésor public la poursuite des délits qui n'intéressent que bien faiblement l'ordre social, et dans lesquels il n'y a véritablement que l'intérêt particulier de compromis. Dans ces départemens, les officiers de police judiciaire ne reçoivent pour ces sortes de délits, ni plainte, ni dénonciation ; ils sont directement poursuivis devant le tribunal correctionnel, à la requête et aux frais des parties intéressées ; aussi, dans ces départemens, ces sortes de frais de justice sont beaucoup moindres.

Dans d'autres départemens, tels que ceux-ci, on en agit bien différemment, la moindre querelle, même entre proches parens, la moindre rixe de cabaret, la moindre chiquenaude, donnent matière à des procédures monstrueuses, et ruineuses pour le trésor public ; car il n'y figure jamais aucune partie civile ; tout se fait d'office et aux frais du trésor public.

Il y a de quoi gémir, lorsqu'on examine certains jugemens en matière correctionnelle. Il n'y a que quelques jours qu'une affaire de cette nature fut portée par appel devant le tribunal criminel : il s'agissait d'un coup de poing donné par un homme qui défendait sa propriété, et à raison duquel ce même homme avait été injustement condamné à l'amende de la valeur de quatre journées de travail. Hé bien ! dans cette affaire, le juge de paix avait entendu une trentaine de témoins ; le même nombre de témoins avait été appelé devant le tribunal correctionnel, et cette énorme procédure a coûté au trésor public environ cinq cents francs en pure perte. Je ne finirais pas si je voulais citer de pareils exemples.

Comment, avec une telle forme de procéder, les frais de justice ne seraient-ils pas excessifs ! Mais le mal vient de loin, l'habitude en est prise, et il sera impossible de la déraciner, si l'on ne se hâte de particulariser ce que la loi généralise ; et, puisque nous en sommes sur cet article, il faut que je remonte à l'origine du mal.

Il s'était introduit un usage vraiment scandaleux que je n'avais pu déraciner, et que les dernières lois ont enfin prévu. Les juges de paix avaient autrefois le choix de leurs greffiers et huissiers : ils ne prenaient ceux-ci ou ne les conservaient qu'autant qu'ils consentaient au moins à partager avec eux le produit de leurs taxations et rétributions. Alors il était de l'intérêt de tous de poursuivre beaucoup de procédures, d'appeler beaucoup de témoins ; car plus il y avait de procédures, plus il y avait de témoins, plus les taxations des greffiers et huissiers grossissaient ; voilà pourquoi tout se faisait d'office ; et c'est ainsi que cet usage s'est introduit et se soutient, malgré mes observations et recommandations.

On aurait peine à croire jusqu'à quel point de tels abus étaient portés : non-seulement les moindres délits étaient métamorphosés en crimes, non-seulement la contestation civile la plus ordinaire était recherchée comme un délit ; mais on allait jusqu'à créer des délits qui n'avaient jamais existé. Il est heureux que l'institution des magistrats de sûreté soit venue couper court à une partie de ces abus ; mais ils subsisteront en partie, si on ne trace une ligne bien prononcée de démarcation entre les poursuites d'office et celles qui doivent avoir lieu aux frais des parties intéressées.

Il est une autre cause de l'augmentation des frais de justice résultant de l'indemnité aux témoins. C'est la faculté d'opter accordée aux accusés par l'article 303 du Code des délits et des peines.

L'effet de cette option est de faire arriver des affaires souvent des départemens bien éloignés d'où il faut faire venir les témoins : alors leur indemnité est d'autant plus forte que l'éloignement est plus considérable. Aussi ces sortes d'affaires sont toujours infiniment onéreuses au trésor public. Ne conviendrait-il pas de révoquer cette faculté d'opter, dont l'innocent ne retire aucun avantage, puisqu'il n'en use pas, tandis que le coupable qui s'agite en tous les sens est le seul qui en profite au grand détriment de l'ordre social (1) !

Indemnités aux Jurés.

Quelque modique que paraisse d'abord cette indemnité, elle n'en est pas moins considérable dans son ensemble. Je suis convaincu que si l'on adopte le plan que je propose, le droit de présence qui sera accordé aux jurés ou assesseurs n'égalera jamais la dépense actuelle de l'institution des jurés.

Frais des taxations des Greffes.

Une des plus fortes dépenses pour frais de justice, sont les taxations des copies de procédures et autres expéditions des greffes ; car si j'en juge par celle qui a lieu à notre tribunal, cette dépense doit être énorme dans toute la République. En effet, en l'an 10 les expéditions du greffe se sont élevées à 16,295 rôles $\frac{1}{4}$, qui ont produit au greffier 6,518 francs 10 centimes ; l'année précédente elles s'étaient élevées à 18,173 rôles $\frac{1}{2}$, qui avaient produit au greffier 7,269 francs quarante centimes. Or si une telle dépense a lieu proportionnellement pour les autres greffes soit criminels soit correctionnels, soit des directeurs de jury, je dois tirer la conséquence que cette dépense doit être très-considérable pour toute la République. Voici les moyens de la réduire.

D'abord, je ne vois pas pourquoi la loi du 30 nivôse an 5, accorde aux greffiers criminels quatre décimes par rôle, lorsque celle du 21 ventôse an 7, article 20, n'en accorde que deux aux greffiers civils. Cependant c'est le même travail ; cependant les uns et les autres font faire ce travail par des expéditionnaires à un prix bien inférieur à deux décimes. Ce bénéfice pour ceux qui ont déjà un traitement, et tant d'autres rétributions, est en pure perte pour le trésor public.

D'un autre côté, et sans s'écarter des intentions de la loi, ne serait-il pas possible de réduire cette énorme dépense en réduisant les copies qu'elle exige !

Quel est le but de la loi ! C'est que l'accusé reçoive copie de toutes les pièces de la procédure qui peuvent lui être utiles, c'est-à-dire, qui tendent à charge ou à décharge, ou bien ce qui peut constater l'exécution ou la non exécution des formes. Mais certes, ils n'ont nullement besoin de ces préambules éternels que certains officiers de police judiciaire

---

(1) Le Projet de la commission a adopté cette idée.

ont la rage de mettre en tête de tous leurs actes, ni de ces refrains très-prolixes qu'ils mettent à la fin. Or, certes, sans nuire en aucune manière à leurs intérêts, il serait possible de retrancher, dans les copies que l'on délivre aux accusés, toutes ces inutilités qui ne sont que de style, et qui ne font que grossir sans nécessité les volumes des copies dont elles forment souvent plus de la moitié des écritures (1).

Pourquoi ne pas retrancher aussi de ces copies tous les actes dont l'accusé aurait déjà reçu copie ! En effet, avant d'être traduit devant le tribunal criminel, il a déja reçu copie des mandats d'amener, de dépôt et d'arrêt ; il a reçu aussi copie de l'ordonnance de prise de corps dans laquelle se trouve littéralement compris tout l'acte d'accusation. Cependant, devant le tribunal criminel il reçoit encore copie et des mandats d'amener, de dépôt et d'arrêt, ainsi que de l'acte d'accusation et de l'ordonnance de prise de corps, de manière qu'il reçoit, aux dépens du trésor public, deux fois copie des mandats d'amener, de dépôt et d'arrêt ; trois fois copie de l'acte d'accusation et deux fois celle de l'ordonnance de prise de corps. Voilà donc de doubles et de triples emplois !

Enfin, je ne vois pas pourquoi l'on ne devrait pas retrancher de ces copies tous les actes inutiles et souvent extra-judiciaires que l'on entre-liasse à tort et à travers dans les procédures, et qui ne peuvent en aucune manière concourir à l'instruction ! Que dans tous ces cas, le président et le commissaire soient autorisés à détacher de ces énormes dossiers de papiers incohérens tout ce qui ne peut servir à l'instruction avant que le greffier se livre à la copie des pièces, et l'on verra diminuer les gros volumes de ces copies.

En outre, lorsque par l'effet de la cassation, une procédure est renvoyée devant un autre tribunal, l'accusé a déjà reçu copie des pièces de cette procédure. Pourquoi les greffiers s'obstinent-ils à lui en délivrer une nouvelle copie ! N'est-ce pas là un double emploi, et ne devrait-on pas se borner à ne délivrer que la copie des nouveaux actes d'instruction et de ceux dont on ne lui aurait pas donné copie !

Lorsqu'il y a plusieurs co-accusés, la loi impose l'obligation de délivrer à chacun d'eux copie des pièces de la procédure. C'est ici encore une source d'abus : car cette multiplication de copies augmente excessivement la dépense, et presque toujours sans nécessité. J'ai constamment remarqué que les co-accusés, en quelque nombre qu'ils soient, n'ont ordinairement qu'un même intérêt et un même conseil qui rendent parfaitement inutile cette multiplication de copies. On devrait donc se borner à ne leur délivrer qu'une seule copie qui serait commune à tous les accusés ; sauf à en délivrer d'autres à ceux qui en réclameraient. Mais alors il serait essentiel

____

(1) Le Projet a prévu tout ceci, en ne faisant pas délivrer de copies des procédures.

que cette réclamation fût adressée au commissaire, qui devrait s'assurer qu'elle n'est pas suggérée.

L'article 592 du Code des délits et des peines prescrit de transmettre aux municipalités du lieu où siège le tribunal criminel et du domicile des accusés, copie des jugemens de condamnation ou d'absolution. Ne vaudrait-il pas mieux, au-lieu de transmettre cette multitude de copies souvent très-volumineuses, et que personne ne lit, y substituer un simple avis qui contiendrait les prénoms, noms, âge, &c., des condamnés ou absous, la nature de l'accusation et le résultat du jugement! Ce moyen simple et peu dispendieux atteindrait plus sûrement le but de la loi (1).

Salaire des Interprètes.

Dans quelques départemens où la langue française n'est pas fort répandue, l'on a dû avoir recours à des interprètes pour l'instruction des affaires criminelles. Leur salaire augmente nécessairement les frais de justice, mais il s'y glisse de grands abus qu'il est facile de prévenir.

Lorsque les prévenus ou les témoins ne parlent pas la langue française, mais une langue étrangère, point de doute que l'on ne doive recourir à un interprète. Mais s'il ne s'agit que d'interpréter la langue ou le jargon local, je ne vois pas la nécessité d'avoir recours au ministère d'un interprète, car il n'y aurait aucun point de la France où l'on ne dût se servir habituellement d'un interprète. Il me semble que, dans ces cas très-ordinaires, les greffiers ou les commis greffiers devraient être chargés de traduire le jargon ou la langue locale; ou que s'ils voulaient s'en épargner la peine, ils devraient le faire faire à leurs frais.

Ce n'est pas sans raison que je présente ce moyen d'économie : j'ai la certitude que le salaire des interprètes fourni par le trésor public, sert de traitement à une infinité d'employés qui doivent être salariés par ceux qui les emploient. Alors c'est un véritable double emploi pour le trésor public; puisque d'un côté il en sort, soit en frais de bureau, soit en taxations en faveur de divers fonctionnaires, sur lesquels ces fonctionnaires sont censés prendre le salaire des employés dont ils ont besoin ; tandis que ces mêmes employés se trouvent salariés par le prétendu salaire des interprètes, qui sort aussi du trésor public.

Pour faire cesser un tel abus infiniment préjudiciable au trésor public, le meilleur parti serait de ne passer aucun salaire d'interprète, qu'autant qu'il s'agirait d'interpréter une langue étrangère, ce qui est fort rare.

Je terminerai ces observations par quelques réflexions sur d'autres objets de dépense, et sur lesquels il serait possible de faire quelques économies.

____

(1) Le Projet a aussi prévu cet abus.

Paiement

Paiement des Amendes et des Frais.

La majeure partie des condamnés, le sont à des amendes envers la République : tous, depuis la loi du 18 germinal an 7, le sont au remboursement des frais de procédure. La facilité, j'ose dire, scandaleuse avec laquelle la plupart des maires accordent des attestations d'insolvabilité, jointe à la légèreté avec laquelle les procès-verbaux de carence sont dressés, rendent les condamnations illusoires, quoique souvent elles soient celles qui produisent le plus d'effet pour la répression des délits.

Il est certain aussi qu'un mois de prison, en compensation de ce paiement, pour les insolvables, est insuffisant pour faire renoncer certains condamnés à une insolvabilité supposée. Il devrait même exister une différence dans la durée de cette prison, à raison de la nature et de la gravité des délits qui ont donné lieu aux condamnations (1).

Commis Greffiers.

Je crois devoir terminer ce travail, relatif aux économies, par quelques réflexions sur l'institution des commis greffiers.

Il est certain, et l'expérience le confirme chaque jour, que dans les tribunaux qui ne se divisent pas en sections, ou dont les sections ne siégent pas simultanément, ces fonctionnaires étaient un véritable double emploi. En effet, qu'est-ce qu'un commis greffier, sinon le substitut ou le suppléant du greffier ! Lors donc que celui-ci n'est pas tenu à un double ministère simultané, il est évident que ces commis greffiers ne sont autre chose que des employés absolument à la dévotion du greffier, qui, quoique salariés par le trésor public, ne travaillent pas moins pour le compte du greffier aux expéditions qui lui sont passées en taxe : ainsi le trésor public fournit, à leur égard, un double salaire, l'un par le traitement qui leur est accordé, l'autre par la taxation de leur travail.

Il faut tout dire, et il est vraiment scandaleux de voir un subordonné se faire représenter, à volonté, par un commis salarié par le Gouvernement, sans la moindre diminution ni sur son traitement, ni sur ses immenses taxations, tandis que les autres fonctionnaires, qui n'ont ni commis, ni frais de bureau, ni adjoints, et qui, par conséquent, sont forcés de faire tout par eux-mêmes, ne peuvent se faire suppléer un instant dans leurs fonctions sans diminution de leur traitement. Aussi rien de plus décourageant pour ceux-ci que de voir leur greffier dont le traitement, joint au bénéfice des taxations et rétributions, s'élève à plus du double du leur, se livrer à toutes sortes de distractions et de plaisirs, se consacrer même à d'autres industries

---

(1) Le Projet a prévu ce cas.

lucratives, se dispenser à volonté de son service en substituant à sa place un employé, tandis que l'absence la plus légitime comme la plus fâcheuse pour eux, celle pour cause de maladie, les met dans la dure nécessité de voir diminuer leur modique traitement pour indemniser ceux qui les ont suppléés.

Telles sont, citoyens Consuls, les vues d'économie et d'amélioration que je prends la liberté de soumettre à votre sollicitude pour la prospérité publique. S'il en est quelqu'une d'utile, je m'estimerai infiniment heureux. Si je me suis trompé, j'ose espérer que vous daignerez rendre justice à la pureté de mes intentions.

Salut et profond respect. Signé DEVALS.

TELLES sont les observations que j'ai pris la liberté de transmettre, il y a environ deux ans, au Gouvernement. Quoique plusieurs vues d'amélioration et de réforme ayent été prévues par le projet de Code, je n'ai pas cru devoir morceler ce travail, qui peut-être présentera quelque degré d'utilité, si celui de la commission ne remplit pas toutes les vues que le Gouvernement a conçues.

Rédigé à Bruxelles, le 29 floréal an 12.

DEVALS.

OBSERVATIONS

DU TRIBUNAL CRIMINEL

DE L'ESCAUT,

SUR

LE PROJET DE CODE CRIMINEL.

OBSERVATIONS

DU TRIBUNAL CRIMINEL

DE L'ESCAUT,

SUR

LE PROJET DE CODE CRIMINEL.

Avant de se livrer à l'examen de chacune des parties du Projet, il est indispensable d'offrir quelques réflexions sur les mœurs, le caractère des habitans de la ci-devant Belgique, et particulièrement de ceux de l'Escaut.

Jaloux d'une liberté douce, sage, modérée, attachés au sol par des propriétés infiniment divisées, par les soins et les travaux perpétuels d'une culture diversifiée et poussée au dernier point de perfection, engagés dans des entreprises et des spéculations commerciales immenses, tous leurs intérêts les plus chers les réunissent dans un desir commun; c'est celui de la stabilité dans les institutions politiques, dans les lois civiles et criminelles : jamais ils ne virent sans inquiétude et sans crainte les projets d'innovation ou de réformation générale. S'il s'est élevé des troubles au sein de la Belgique, on en trouvera toujours la cause dans quelque atteinte portée à ses lois, à ses usages. Le Belge, plus que tout autre, s'attache à une législation uniforme et antique; il respecte les magistrats qui lui sont connus ; il ne court point au-devant des choses nouvelles; son jugement ne se forme que par sa propre expérience.

Depuis plusieurs années, il a celle des lois criminelles vivantes et des tribunaux qui les appliquent et les exécutent : nous osons assurer qu'il en est content, qu'il en a conçu une idée honorable et avantageuse, qu'il n'en desire que le maintien et la conservation, sauf les changemens légers et partiels que le temps et les circonstances ont rendus nécessaires; aussi ne dissimulerons-nous pas au Gouvernement que le nouveau projet de Code criminel, correctionnel et de police, n'a été envisagé ici que comme une innovation au moins inutile, que comme un bouleversement de lois récentes, de lois salutaires en pleine vigueur dans toutes les parties de la République.

On n'y voit pas la preuve de la sagesse de ce Gouvernement fort honoré autant
par l'invariabilité de ses lois, la fixité et l'hérédité du pouvoir suprême, et
l'inamovibilité des magistrats, que par l'éclat de ses victoires et la puissance
de ses armes.

Non, dit le Belge, un renversement total de son propre ouvrage, ne
peut entrer dans les vues de cet homme immortel, qui va tout fixer par la
fermeté de ses desseins, qui a réalisé le bonheur de la France en liant et
enchaînant tous les mouvemens impétueux ou anarchiques à des établissemens inébranlables et immobiles.

Telle est l'opinion générale de la Belgique : nous avons rempli un premier
devoir en la manifestant ; nous allons nous acquitter d'une seconde tâche, en
examinant le Projet dans ses deux parties.

I.ʳᵉ PARTIE.

DES DÉLITS ET DES PEINES.

NOUS avons vu avec douleur que l'on proposait des peines plus rigoureuses, des peines multipliées pour la répression des crimes : nous croyons,
en vérité, que celles qui sont décernées par les lois actuelles, sont suffisantes ;
nous pensons même qu'elles peuvent être modérées, en accordant une juste
latitude aux tribunaux dans leur application, c'est-à-dire, en fixant au-dessous
de la peine un *minimum* auquel les juges pourraient descendre. S'il était
question d'une simple réforme au Code pénal de 1791, nous indiquerions
les articles susceptibles de ce *minimum,* tels que ceux relatifs aux vols à
force ouverte, avec effraction, aux complices des crimes et au recélement
des effets volés, &c.

Mais, comme il s'agit uniquement de donner notre avis sur le Projet,
nous allons énoncer, en peu de mots, les motifs de notre modération et de
notre attachement aux peines les moins rigoureuses.

Quelques efforts que nous ayons faits pour persuader le jury de jugement
que sa déclaration avait pour objet unique les faits posés dans les questions,
il a été impossible de détourner son attention de la peine qui s'ensuivrait.

Or, nous n'avons jamais rencontré de jury qui ait indiqué d'aucune
manière, que la peine appliquée était trop faible ; et bien souvent au contraire, nous avons reconnu aux mouvemens et aux soupirs des jurés, que
la peine appliquée était à leurs yeux beaucoup trop forte.

De là nous avons conclu que les peines actuelles étaient assez graves ;
qu'en présenter de plus fortes, de plus barbares, ce serait révolter l'humanité des jurés, et les porter à absoudre des hommes coupables ; que ce
résultat était infaillible, comme nous l'avons vérifié en quelques occasions ;
qu'ainsi il était nécessaire d'établir un *minimum* pour assurer la punition de

quelques délits répréhensibles, mais en quelques circonstances trop fortement réprimés par l'inflexibilité des lois.

La rigueur des supplices ne prévient point les crimes ; c'est la vigilance des magistrats, c'est la rapidité des poursuites, c'est la sévérité du juge, c'est la certitude de la punition. Un châtiment modéré, auquel on ne peut échapper, fera toujours une impression plus vive que le danger douteux et vague d'un supplice terrible.

Plus la peine sera grave, plus le malfaiteur accumulera les forfaits pour s'y soustraire ; et la rigueur des lois multipliera les crimes, en punissant trop fortement le coupable. Notre propre expérience nous a convaincus de ces vérités ; elles ne sont point les principes d'une théorie vaine et mensongère.

Après ces observations préliminaires, nous allons suivre les articles de la première partie du Projet, et rapporter les pensées qu'ils nous ont fait naître.

Art. 4. Sa disposition générale n'est pas sans inconvéniens ; la vengeance et la malignité peuvent en abuser pour susciter des accusations majeures à des individus dont les actes n'ont été qu'indiscrets, indécens, ou susceptibles de peines correctionnelles. Par exemple, en fait de viol, où placer l'acte qui caractérise la tentative !

On peut en dire autant du meurtre.

On peut qualifier de tentative d'homicide, toute blessure grave faite avec un bâton ou autre instrument.

La loi sur la tentative du crime est un droit nouveau ; elle a des effets salutaires en fait de vols ; mais il faudrait la spécialiser aux crimes seuls dont la tentative est réellement le crime lui-même.

L'art. 8, n.° 2, doit être modifié. Les mots, *remplissant des fonctions militaires ou en état de service militaire,* sont trop étendus. On desire que l'on y substitue les expressions suivantes, *se trouvant actuellement dans l'exercice de leur service.*

On demande aussi la suppression du n.° 3, en ce qu'il concerne d'autres individus que les militaires.

Art. 9, n.° 2. Nous n'admettons point la perpétuité des peines. Il n'y a pas d'exemple, en effet, qu'un individu, après avoir subi vingt-quatre années de fers, ait commis de nouveaux crimes, et soit devenu un nouveau sujet de terreur : ainsi l'on peut toujours fixer le *maximum* des travaux forcés à vingt-quatre années, sauf la peine de la récidive.

N.ᵒˢ 6 et 8. La déportation et la relégation conviennent à un peuple qui a des possessions éloignées et inaccessibles à ses ennemis, et dont la population n'a point à redouter les déportés et les relégués. Ces peines, en usage chez les Romains, étaient bonnes quand ils étaient maîtres du monde et des mers connues.

A 2

Art. 10, n.° 2, et art. 23. Il nous paraît que la privation des droits civils ou de famille doit seulement résulter des condamnations, mais non pas être appliquée comme peine.

Art. 11. Le renvoi sous la surveillance du Gouvernement ne saurait passer pour une peine. C'est une mesure de police administrative. Il faut surveiller les gens justement suspects ; mais cette surveillance ne doit pas être ordonnée par un jugement : les surveillés pourraient devenir si nombreux, qu'ils pourraient, au besoin, et dans des circonstances difficiles, occasionner des troubles publics.

Au surplus, la perspective de cette mesure trop relâchée porterait quelquefois les jurés à des acquittemens des faits les plus graves ; ils en prendraient prétexte de dire que l'accusé ne pourra plus nuire, étant surveillé par le Gouvernement. Les jurés, et même les tribunaux criminels, ne doivent se soutenir que par l'application de peines modérées, mais précises. Il ne leur faut ni barbarie, ni pusillanimité. Celui qui sort d'un tribunal criminel doit s'en aller avec confiance, et non point avec une surveillance du Gouvernement, qui l'inquiétera toujours, qui l'empêchera de trouver des moyens de subsistance. Rien ne fait plus de plaisir au peuple que de voir une procédure irrévocablement terminée ; il veut que cela soit fini ; au lieu qu'il ne trouverait aucune fin avec une surveillance prononcée par les jugemens.

Art. 13. Une voix unanime repousse l'amputation du poing. C'est encore ici que se vérifierait la doctrine de Montesquieu, *livre VI, chap. 9*, dont la vérité nous a été démontrée par une expérience presque journalière. Soyons justes et sévères ; que le coupable meure puisqu'il le faut, qu'il meure avec un appareil qui annonce l'énormité de son crime : mais ne soyons pas cruels envers lui ; que son sang ne coule qu'une fois ; que la nation ne voie pas des flots de sang avant la mort ; que la nation ne soit point ainsi excitée à la barbarie, à une double vengeance ; que le patient meure en paix ; qu'il ne soit point irrité par une amputation préliminaire, et qu'il ne soit pas exposé à perdre le fruit des consolations qu'il a reçues du *ministre* qui l'accompagne : il n'appartient qu'à la Divinité de supporter patiemment les tourmens qui précédèrent sa mort, il y a dix-huit siècles. Ne mettons pas la faible humanité à une épreuve si rude et si périlleuse.

Art. 15. Cet article est inexécutable : 1.° il occasionnera des dépenses considérables ; 2.° le poteau ne sera pas respecté malgré la peine décernée pour sa conservation ; 3.° il en résulte un nouveau délit et une peine de plus ; 4.° ce serait un monument éternel d'infamie pour la famille ; 5.° si ce monument terrifiait quelques scélérats, il porterait aussi l'épouvante dans le cœur des passans ; les femmes, les enfans, n'en approcheraient qu'avec horreur, et, sur la fin du jour, les cheveux se dresseraient sur leur tête : quels lieux seraient ces parties de routes qui se trouveraient bordées de poteaux rouges et d'inscriptions funèbres !

Les art. 16 et 22 paraissent contradictoires avec le Code civil, art. 26, tit. I.ᵉʳ, loi du 27 ventôse an XI, qui ne répute la personne morte que du jour de l'exécution du jugement.

Art. 24. La flétrissure n'a point de partisans, sur-tout lorsqu'elle devient commune à plusieurs crimes ; elle occasionnera encore des acquittemens ; son exécution sur une femme sera indécente et inhumaine.

Art. 29. On préfère l'exposition sur un échafaud telle qu'elle se pratique aujourd'hui. A quelle scène n'exposerait pas le châtiment infligé au condamné par un exécuteur impitoyable ! Quelle triste émotion les cris du condamné jeteraient dans le cœur des spectateurs !

Art. 31. Le déplacement sera dispendieux ; au lieu d'un échafaud, il en faudra quatre, cinq et six dans chaque département. Comment le ministre du culte accompagnera-t-il son pénitent ! Et s'il s'agit d'un jugement rendu sur un délit commis dans un autre département, après cassation d'une procédure et renvoi par le tribunal suprême, comment fera - t- on l'exécution à vingt ou trente lieues du juge qui aura statué en dernier lieu !

Art. 47, 48, 49, 50. Les dispositions de ces articles sont inutiles ; ce sont des armes dangereuses dans les mains de l'intrigue et de l'ambition.

Il faut y substituer des peines plus convenables.

Art. 60. Les détentions pour le paiement des amendes et frais de justice sont trop longues ; elles accumuleraient trop de condamnés dans les prisons.

Art. 63. Cette disposition contredit le Code civil : elle se trouvait dans le Projet, article 28 ; mais elle ne put soutenir la discussion au Conseil d'état, où elle fut rejetée.

Art. 68. On a trouvé ces dispositions trop étendues, particulièrement celles des n.ᵒˢ 5, 7 et 9.

Art. 127. 1.° Quelle sera la peine à l'égard des monnaies qui ne sont pas nationales et qui ont cours dans quelques départemens de la République !

2.° Quelle sera la peine, à l'égard des monnaies étrangères qui sont reçues dans les places de commerce ! Une loi du mois de frimaire an 2 assimilait ce délit à celui prévu par l'article 1.ᵉʳ, VI.ᵉ section, titre 1.ᵉʳ du Code pénal.

Art. 129 et suivans, jusques et y compris l'art. 136.

Les peines portées dans ces articles sont démesurées ; il faut les réduire.

L'art. 139 semble autoriser l'agiotage et le commerce du numéraire ; il ne contribuera pas à ramener l'ordre dans la comptabilité.

Art. 143. On devrait comprendre dans cet article les greffiers et les employés des administrations.

Art. 144 et 145. La rédaction paraît obscure.

Art. 152. Il n'est pas sans exemple que d'autres fonctionnaires que ceux désignés dans cet article, aient fait des poursuites ; on desire donc que l'on emploie l'expression générique, *tout fonctionnaire.*

Art. 160. Il faut ajouter aux officiers ministériels, les mots, *et leurs assistans ;* car ce sont ces derniers qui sont les plus exposés.

Art. 179. La peine est trop forte pour l'effusion de sang.

Art. 180. Même observation.

Art. 199. Même observation ; l'amende suffit.

Art. 225 et suivans. La mendicité et le vagabondage peuvent et doivent se réprimer par des peines précises : par exemple, que tout mendiant ou vagabond, trouvé hors de sa commune, soit puni de trois mois de prison ; de six mois, en cas de récidive : ces mesures nous ont toujours paru efficaces.
Art. 255. Il sera facile d'éluder cette disposition, en limitant le nombre à dix-neuf.

Art. 259. Cet article est révoltant ; et nous assurons d'avance des acquittemens à raison de l'excès de la peine.

Art. 262. On ne saurait limiter ou circonscrire la défense légitime ; elle dépend du danger, qui varie suivant des circonstances infinies, des modifications sans nombre : par exemple, celui qui est attaqué la nuit par un seul voleur qui escalade ou enfonce les clôtures de la maison, ne prendra jamais le temps de compter le nombre des voleurs ; il ne le pourra pas même : quoiqu'il n'y ait eu qu'un voleur, sa défense est certainement très-légitime.

Art. 268. Cet article est inutile. On ne peut embrasser tous les cas de préméditation dans une définition. Il se trouvera toujours des cas non prévus ; ainsi la définition est dangereuse.

Art. 271. La peine est trop forte. Aussitôt qu'il y aura effusion de sang, l'agresseur devra tuer ; car il ne courra pas plus de risques, et il aura de moins le principal témoin.

Art. 272. Cet article est conçu dans des termes très-étendus, très-équivoques. On préfère une disposition simple et laconique.

Art. 273. Il est impossible d'appliquer la peine de mort au meurtre simple. Son excès assurera toujours l'impunité. Il ne faut qu'avoir observé les jurés, pour être convaincu de ces vérités.

Art. 275, 276. Même observation.

L'art. 277 ne peut subsister qu'à l'égard des pères, mères et autres ascendans.

Art. 278. Il serait d'une barbarie inouie de faire subir une telle peine à celui qui aurait donné un soufflet ou un coup de poing de guet-apens.

Art. 279. Même observation.

Art. 280. Il faut faire une distinction entre les coups et les blessures ; et même, dans tous les cas, une amende peut suffire à la réparation du délit.

Art. 281. Cet article serait-il applicable à l'égard des noyaux de cerises !

Art. 285. Pourquoi une femme mariée ou divorcée n'est-elle pas sujette à la même peine !

Art. 288. Les tuteurs confondus avec les geoliers ! il faut, dans tous les cas, vérifier le délit et entendre le prévenu. Qui pourrait se résoudre à condamner celui qui n'aurait pu user du droit naturel de se défendre !

L'art. 306 paraît en contradiction avec les articles 275, 276, 278, 279 et 280, et sur-tout avec celui-ci.

Art. 307. Cet article est effroyable ; il doit être supprimé. Il n'y a pas de crime sans intention criminelle. A force de créer des crimes, on réduirait les membres de la société à l'inaction, à l'esclavage.

Jamais on ne croira se rendre coupable en se livrant à des jeux et à des badinages ; il vaudrait mieux chercher un remède à la peur.

Art. 342. La peine est trop grave ; elle n'a aucune proportion avec celle portée en l'article suivant.

Art. 347. On pense qu'il faut supprimer ou adoucir les numéros 4 et 5, ainsi qu'on a fait par la loi du 25 frimaire an 8.

Art. 348. La disposition est trop étendue ; il en résultera que tous les vols, à-peu-près, seront commis dans des maisons habitées.

Art. 349, 350, 351 et 352. Même observation. La disposition enveloppe tous les vols, à l'exception de ceux commis en plein champ.

Art. 360. La peine est trop forte pour la simple filouterie.

Art. 362. La peine est trop grave en ce qui concerne le poisson; mais il faudrait prévoir et punir les vols de poissons dans les eaux supérieures des étangs, où le propriétaire a droit de suite, et d'où le poisson revient dans les bornes de l'étang.

Il est des saisons où les poissons remontent ainsi aux eaux vives; quelquefois même ils y sont attirés par ruse et par des appâts, sans cesser d'appartenir au propriétaire de l'étang.

Ainsi, les prendre dans ces eaux supérieures qui n'appartiennent exclusivement à personne, c'est commettre un véritable vol.

C'est comme si on volait des animaux domestiques dans les rues ou chemins publics, lorsqu'ils ont encore l'instinct du retour, soit à l'écurie, soit à la basse cour.

Au reste, le Code civil conserve la propriété du maître de l'étang sur son poisson, tant qu'il n'est point passé dans un étang voisin.

Par conséquent, il faut punir celui qui le dérobe avant le passage, et lorsqu'il peut naturellement rentrer dans l'étang.

Art. 367. On peut abuser de la disposition de cet article pour détruire des obligations ou conventions écrites, et se procurer des preuves vocales contre la prohibition du Code civil dans les affaires au-dessus de 150 francs.

Art. 371. On demande la suppression de cet article; les cas qui en font l'objet, sont des matières civiles. Celui qui contracte avec le mineur, ne fait rien de certain; il est exposé à voir annuller le contrat, et à payer des dommages et intérêts. Cela suffit.

Art. 373. Il faut ajouter ces mots, *ou par coalition,*

Art. 374. Ces dispositions appartiennent au Code des douanes.

Art. 383. La seule dénonciation du Gouvernement, sans la preuve du délit, ne peut point servir de motif à une condamnation.

Art. 395, 396 et 398. Il faut ajouter les mots, *au préjudice d'autrui.*

Art. 400. Cette peine ne pourrait avoir lieu qu'à l'égard des auteurs.

Art. 425. Le temps de la contrainte par corps pour le paiement de l'amende, est trop long; et c'est une seconde peine bien plus grave que la peine principale. Le séjour dans les prisons n'est propre qu'à corrompre les condamnés; ils y prennent des leçons toujours funestes à l'ordre public.

Art. 430. Les instrumens de labourage sont abandonnés au milieu des campagnes, et souvent loin des habitations, pour reprendre l'ouvrage le lendemain; la loi les déclare sous la foi publique : comment donc faire un crime de cet abandon !

N.° 9. Peut-on cueillir les fruits et les manger ailleurs impunément! L'affirmative

L'affirmative paraît résulter de la disposition ; on doit la supprimer : tout larcin de fruits doit être puni sans considérer le lieu où ils sont mangés.

IIe PARTIE.

POLICE ET JUSTICE.

C'EST une chose digne d'admiration, que l'exercice de la police et de la justice criminelle en France.

Par-tout la police est sur les pas du crime ; chaque mois les coupables sont frappés du glaive vengeur des lois : ces mouvemens, rapides et constans, épouvantent les scélérats les plus consommés ; la présence d'un tribunal criminel, toujours complet et à son poste, contient les plus déterminés brigands.

La police et la justice criminelle, organisées comme elles le sont aujourd'hui, vaincront l'opiniâtreté et la force du crime ; elles le harcèlent ; elles l'atteignent si promptement, qu'il est obligé de succomber enfin sous les coups fréquens et redoublés qu'il essuie.

Tel monstre qui répandait naguère la terreur dans son canton, a été vu, après un bref délai, sur l'estrade du tribunal criminel ; il y a été attaqué, convaincu et condamné en quelques heures ; tous ont été témoins de cet exemple, nul ne le craint plus : la confiance renaît dans le village ; la justice est venue promptement au secours de l'opprimé ; le laboureur enhardi est prêt à résister aux brigands, et les bandes dévastatrices disparaissent.

Le Gouvernement a créé lui-même les tribunaux criminels ; ils se sont montrés dignes de la confiance dont ils ont été honorés. Dans un rapport rendu public, ils ont reçu un témoignage favorable du chef de la justice.

Cependant le Projet entraînera leur désorganisation complète ; ils seront bien réellement supprimés : que deviendraient donc ces places inamovibles, instituées par la Constitution, ces places conférées à vie par le premier Consul ! N'avaient-ils pas droit de compter sur des actes aussi solennels ! faudra-t-il dire qu'ils ont tort d'avoir eu tant de confiance ! après avoir abandonné leurs anciennes professions pour se livrer exclusivement à l'étude des lois criminelles ; après s'être déplacés avec toute leur famille ; après avoir laissé d'anciens établissemens pour en former de nouveaux dans les lieux où la loi fixait leur résidence, et où ils s'étaient flattés de terminer honorablement leur carrière ; les forcera-t-on à déserter le sanctuaire de la justice et à descendre de leurs siéges !

Le grand-juge, dans son rapport au premier Consul, leur a donné d'autres espérances ; ils se sont dit avec lui : « Après de si nombreuses vicissitudes » dans le sort et dans l'état des citoyens, il est temps que les juges jouissent » en paix des places sur l'inamovibilité desquelles ils ont eu droit de compter.

» Ne peut-on pas, sans d'inutiles commotions, sans employer des moyens
» trop brusques, rectifier et améliorer ce que l'organisation actuelle offre de
» défectueux ! »

Cette parole du grand-juge est pour nous un gage assuré que la désorganisation générale projetée ne sera point adoptée. Nous sommes les enfans du premier Consul ; nous tenons nos dignités de sa main généreuse et bienfaisante : nous ne serons pas anéantis sans une nécessité absolue ; et l'on n'échangera pas la réalité de nos services contre des espérances à la vérité brillantes, mais, à ce que nous croyons, plus spécieuses que solides.

Nous ne voyons dans le nouveau plan que des dépenses plus considérables, des lenteurs dans la marche et dans l'instruction des procédures, de longs séjours des accusés dans les maisons de justice, et à la suite, des fièvres, des maladies épidémiques, les longues oppressions de l'homme innocent par des arrestations prolongées, des condamnations tardives et portées lorsque la mémoire du crime commence à s'évanouir, la mort ou la disparition des témoins, le dépérissement des preuves.

On dit que les tribunaux actuels n'ont pas maintenant assez d'occupation : cela n'est pas général ; et pour preuve, nous joindrons ici un état sommaire des jugemens rendus depuis le moment de notre installation.

Au reste, le défaut d'occupation est une bonne preuve de l'efficacité des tribunaux criminels : ils n'ont point laissé multiplier les crimes ; et quand ils ont concouru à en diminuer le nombre, il faudrait, en les conservant, leur décerner la couronne civique.

C'est une base fautive que de les apprécier à raison du nombre des jugemens qu'ils ont portés : le tribunal qui en rend le moins, toutes choses égales d'ailleurs, est probablement le plus digne d'éloges.

Nous allons examiner, au surplus, quels peuvent être les avantages de la nouvelle organisation que l'on propose.

Art. 467. On croit qu'il est nécessaire de prescrire aux gardes la saisie des animaux trouvés en délit, et leur dépôt en fourrière, sauf à les rendre à la première réclamation, moyennant un gage ou cautionnement.

Art. 477. N'est-il pas à craindre que le commissaire du Gouvernement n'influe trop puissamment sur le jury d'accusation !

Après avoir fait les premières poursuites, après avoir rédigé l'acte d'accusation, on ne verra plus en lui, aux débats, qu'un poursuivant intéressé à la condamnation ; et il perdra de son crédit, de son autorité aux yeux du jury de jugement.

Quand il aura fait les poursuites d'un délit correctionnel devant le tribunal de première instance, si le jugement n'est pas conforme à ses premières idées, il s'en portera toujours appelant ; et alors encore au tribunal d'appel, ses conclusions perdront beaucoup de leur poids.

Art. 546, 547. Il convient d'autoriser expressément ces officiers à faire des visites domiciliaires, sur - tout en cas de flagrant délit et de clameur publique ; car c'est de là que dépendent souvent le succès des poursuites et l'arrestation des coupables.

Art. 551 et 557. Nous desirons l'inamovibilité des directeurs du jury ; c'est peut-être la seule chose qui manque à l'organisation actuelle : mais il ne faut point permettre que les directeurs de jury, ou les propréteurs, se mêlent des affaires civiles ; autrement ils négligeront la police de sûreté, à laquelle ils devront tous leurs soins ; ils peuvent présider les audiences correctionnelles, mais rien de plus.

Art. 564. Il faut une disposition semblable pour toute charge nouvelle qui peut survenir après cet interrogatoire ; le prévenu doit être interrogé sur ces nouvelles charges, qui doivent aussi lui être lues ou communiquées.

Art. 584. Le prévenu doit suivre les pièces de la procédure. Sa présence est nécessaire pour l'instruction, pour répondre sur les objets ou pièces de conviction, pour être reconnu par les témoins.

En un mot, tout prévenu doit être renvoyé promptement là où le délit a été commis ; sans quoi l'instruction sera toujours imparfaite.

Art. 587. Toutes ces facultés contrarient l'instruction de la procédure et la découverte des coupables.

Supposons, par exemple, six prévenus du même crime, arrêtés dans six départemens éloignés ; faudra-t-il que les témoins aillent dans chacun de ces six départemens pour reconnaître les accusés, pour déposer sur quelques faits dépendans de cette reconnaissance ? Pourquoi ces facultés et ces priviléges en faveur des prévenus ? Il est un grand nombre de circonstances où leur présence est nécessaire au lieu de l'instruction : nous demandons qu'ils soient toujours renvoyés, avec les pièces de conviction, dans le lieu où le délit a été commis.

Art. 610. L'effet du cautionnement cesse-t-il au moment de la condamnation du tribunal de première instance ? ou bien a-t-il lieu, et arrête-t-il l'exécution pendant le délai pour appeler, pendant l'instance d'appel, et même pendant le pourvoi en cassation de la part du condamné ?

Nous demandons que ces questions soient tranchées par une disposition expresse.

Art. 617 et suivans. L'organisation des tribunaux de police est impossible. Quel sera donc ce suppléant qui parcourra tous les cantons d'un arrondissement ! On ne voit déjà en lui qu'un malheureux pélerin, mouillé, crotté, chargé de son sac, allant à la quête de quelques misérables discussions de police.

On prévoit bien aussi que le paysan le plus imposé du canton refusera le service , et que ses excuses et ses réclamations seront interminables dans les bureaux de la sous-préfecture.

On a bien senti ces vérités, et l'on a été obligé de porter des peines contre les absens. Mais qu'est-ce donc qu'une administration de la justice qui ne marche qu'à force de contraintes et d'amendes ! Il faut l'avouer, c'est une chose nulle et bonne à rejeter.

Qu'on laisse la simple police telle qu'elle est aujourd'hui , en modérant et fixant toutefois les dommages et intérêts qu'elle peut prononcer. C'est ce qu'il y a de plus naturel et de plus facile à exécuter. Les cantons ne sont pas susceptibles de tribunaux plus considérables : en cette matière, le juge de paix suffit, pourvu qu'il ne prononce que de petites amendes et de courts emprisonnemens.

Si on veut augmenter sa compétence, il faut sans doute un tribunal considérable ; mais c'est placer un géant où un homme ordinaire suffit.

Au reste les tribunaux correctionnels , présidés par un directeur de jury sévère et assidu, auront une force assez réprimante et assez prompte contre tous les délits qui excèdent la compétence de la simple police ; et toute autre innovation à cet égard est inutile et même dangereuse.

Art. 681. Il faut ajouter ces mots : « pourvu toutefois que le délai ne » soit pas moindre de trois jours francs. »

Art. 683. Un seul jour par mois est insuffisant aux jugemens des délits correctionnels , dans les départemens étendus et populeux. Il en faut un chaque semaine dans les premiers arrondissemens du département de l'Escaut , dont la population est de plus de six cent mille individus.

On croit aussi que le magistrat de sûreté pourrait donner ses conclusions dans les affaires correctionnelles qu'il aurait lui-même instruites , et qu'il connaîtrait à fond.

Les débats et la dernière instruction à l'audience lui donneraient d'excellentes leçons pour l'instruction préliminaire ; il saurait mieux les détours et les moyens des prévenus qui veulent éviter la correction, et il pourrait dans la suite prévenir les ruses , les chicanes, la corruption et la versatilité des témoins.

Art. 708. La faculté de faire entendre des témoins autres que ceux produits en première instance, n'est propre qu'à favoriser la chicane et à provoquer de faux témoignages contre les preuves acquises des contraventions et des délits. Dans ces matières , qui ne sont pas de la dernière gravité, les prévenus n'épargnent ni démarches ni moyens pour atténuer les témoignages qui leur ont d'abord été contraires, et pour se procurer des témoins à décharge. Les matières correctionnelles participant souvent des matières civiles, l'instruction en doit être prompte et très-serrée : il faut un peu l'assimiler à celle des affaires sommaires ; et comme, dans ces dernières, on est forclos de faire entendre des témoins, il est bon, dans les autres, de ne pouvoir en produire de nouveaux en cause d'appel.

Art. 736 et 832. Quand plusieurs prévenus sont impliqués dans le même délit, l'accusation doit être unique, s'il est possible. Le jury doit embrasser dans son examen tous les prévenus et tous les accusés. Pour se convaincre de cette nécessité, il suffit de réfléchir que les interrogatoires font une partie considérable des charges dans tout procès criminel, et qu'il peut en résulter des éclaircissemens décisifs, soit devant le jury d'accusation, soit devant celui de jugement.

Un jour plusieurs brigands, prévenus de garrottages et. vols à force ouverte, étaient en présence du tribunal criminel, à Gand, avec une femme chez laquelle ils s'étaient réunis masqués et déguisés, et chez laquelle quelques-uns étaient revenus après le crime commis.

La plupart des brigands n'avaient contre eux que des indices, et pouvaient espérer d'échapper à la condamnation.

Mais enfin la femme, pressée par des interpellations et vaincue par la force de la vérité, demande à être séparée des brigands ses coaccusés. Bientôt elle donne une explication fidèle et détaillée de tout le complot, de toutes les parties du crime et de son exécution : tout est dévoilé ; la vérité entière est manifestée, et les coupables sont connus et condamnés.

Assurément, si l'un d'eux eût été livré séparément à l'examen, il aurait peut-être échappé à la juste vengeance des lois.

Ces exemples et d'autres que l'on pourrait citer encore, prouvent assez ce que nous avons proposé ci-dessus.

Art. 771 et suivans. *Du Préteur.* Le préteur est juge unique, ayant la voix prépondérante et n'étant assisté que d'un propréteur ; il est évident que sa volonté seule fait loi.

Art. 779. Cette volonté est absolue et indépendante : à peine le propréteur oserait-il faire une humble remontrance contradictoire ; car il est sous la surveillance du préteur. (Art. 788.)

Le préteur pourra d'office rejeter, en plusieurs cas, la déclaration du jury, et renvoyer l'affaire aux prochains grands jours, pour être examinée par un autre jury. (Art. 873.) Ainsi, comme il est seul juge de la régularité de la déclaration du jury, il pourra l'irrégulariser, l'invalider à son gré, et renvoyer successivement le même accusé aux prochains grands jours.

Lorsque le jury aura donné sa déclaration sur le premier délit, le préteur, avant l'examen du second, et ainsi de suite, pourra porter son jugement, &c., et renvoyer l'examen des autres délits aux prochains grands jours. (Art. 887.)

Ainsi, lorsque le préteur croira reconnaître que les jurés s'écartent de son opinion, il soustraira l'accusé au jugement de ceux que la loi avait assignés pour juger du fait.

Que l'on joigne à tous ces pouvoirs, la direction exclusive des débats, la police de l'audience, le pouvoir discrétionnaire illimité, il est évident que le sort des accusés est dans la main d'un seul homme.

Si le préteur n'est pas un dieu, à quels dangers l'innocence ne sera-t-elle pas exposée !

C'en est fait ; l'erreur ou la prévention du préteur décidera tout : rien ne peut les contenir ; il ne reste aucune lumière autour de lui qui puisse les dissiper ou en amortir les funestes résultats. Encore un coup, il n'est assisté que d'une faible voix à peine consultative, que d'une voix qui ne sera que l'écho de la sienne, et qui expirera sur les lèvres du propréteur placé en état de surveillance.

Nous le déclarons franchement ; l'unité d'un juge dans les matières les plus graves, nous paraît épouvantable.

Quoi ! dans les affaires civiles, un intérêt pécuniaire de cent francs est soumis à la décision de trois juges ; si l'objet contentieux excède mille francs, on peut en appeler devant un tribunal composé de sept juges ; on propose trois juges pour un délit de simple police ; ce sont aussi trois-juges qui statuent sur les délits correctionnels, et encore à charge d'appel : et nous serions soumis, en grand criminel, au pouvoir absolu d'un seul préteur, au jugement d'un seul homme ! Cette idée est révoltante.

En vain dirait-on que le jury juge le fait : cela n'est plus dans le système du Projet ; cela n'est plus dans la pensée de ceux qui l'ont rédigé.

D'ailleurs, quiconque a suivi les audiences des tribunaux criminels, a bien senti de quelles conséquences sont, dans les débats, les interpellations, les observations des trois juges. L'un aperçoit ce que l'autre n'a point saisi ; celui-ci fait ressortir un fait, une circonstance que le président aurait laissé échapper. Enfin le président, éclairé des lumières de ses collègues, porte le flambeau par-tout ; ce qui lui serait impossible, s'il était seul.

Tous juges concourent à l'application de la loi pénale. Les dispositions de ces lois sont connues, claires, précises et observées depuis long-temps ; elles ne laissent aucune latitude aux trois juges. Cependant ils ont encore erré dans l'application des peines, et leurs erreurs sont attestées par les bulletins des jugemens du tribunal de cassation : il est vrai qu'aujourd'hui ces erreurs sont plus rares ; cela vient sans doute de l'expérience des tribunaux actuels : faut-il donc dissoudre ces tribunaux au moment qu'ils approchent de la connaissance parfaite des lois !

Dans le système du Projet, un seul sera l'applicateur de la peine ; il aura une très-grande latitude à cet égard, savoir d'un à cinq ans, de cinq à dix ans de reclusion, de dix à vingt ans de travaux forcés : tout sera nouveau jusqu'aux dénominations des peines ; ainsi tout exigera une nouvelle étude, une nouvelle expérience : que d'erreurs seront commises avant d'arriver au point de perfection où nous sommes maintenant !

Mais le préteur ne sera pas simple applicateur de la peine : il sera véritablement juge dans la latitude qui lui est laissée ; il sera juge des réparations civiles, des dommages et intérêts prétendus, soit par la partie poursuivante, soit par le prévenu acquitté, et cela à quelque somme qu'ils puissent s'élever. Ce sera donc un juge unique ; et cette idée répugne à nos mœurs, à nos usages, à toutes nos lois.

On a invoqué *Beccaria* dans son Traité des délits et des peines : sans doute on ne récusera pas ici son sentiment ; or voici ce qu'il dit au S. 43 :

« Un moyen de prévenir les crimes, c'est d'écarter du sanctuaire des » lois jusqu'à l'ombre de la corruption ; c'est d'amener les magistrats à » trouver plus d'intérêt à conserver, dans toute sa pureté, le dépôt qui » leur est confié, qu'à l'altérer dans ses moindres objets. Plus le tribunal » sera nombreux, moins seront à craindre les usurpations sur les lois, parce » qu'entre plusieurs hommes qui s'observent mutuellement, l'avantage d'ac- » croître sa propre autorité diminue, en raison de ce que la portion qui » en reviendrait à chacun sera plus petite, sur-tout en la comparant » aux dangers de l'entreprise : mais si, donnant trop d'appareil, de » pompe et de sévérité à la justice, le souverain ferme tout accès aux » plaintes justes ou même mal fondées du faible, qui se croit opprimé, » et accoutume ses sujets à craindre moins les lois que le magistrat ; celui-ci » y gagnera autant que la sûreté publique et particulière y perdra. »

On dit, contre l'organisation actuelle, que les présidens des tribunaux criminels sont plongés dans l'atmosphère départementale, qu'ils sont placés au milieu de leurs parens, de leurs amis, de leurs créanciers, de leurs débiteurs, pour recevoir toutes les sollicitations.

C'est-là supposer la faiblesse ou la corruptibilité par-tout : mais où en sont les exemples !

Au reste, le remède n'est-il pas dans la main même du Gouvernement ! Ne peut-il pas faire rentrer à son gré les présidens dans les tribunaux d'appel dont ils sont membres ! Ne peut-il pas les remplacer par des juges qui n'ont aucun lien dans le département où la corruption est à craindre !

Mais ce président que l'on suppose corruptible, est au moins au milieu de deux autres juges, dont les voix sont comptées, et qui opinent dans l'indépendance et la liberté ; or, il est impossible, ou du moins il n'est pas probable que trois juges se laissent corrompre.

Enfin, si tout le tribunal venait à être séduit, tous les jurés ne le seraient pas ; les trois juges n'ont pas sur eux ce pouvoir absolu, capable d'étouffer leur voix ; ils font aussi des interpellations ; ils participent aux débats, et ils n'ont point à redouter que leur déclaration sera annullée ou rejetée sous des prétextes frivoles : voilà le fondement de la véritable justice ; c'est une liberté raisonnable dans tous ceux qui portent la décision.

Si l'on suppose la possibilité de corrompre trois juges, cette supposition sera-t-elle sans fondement à l'égard d'un seul, qui n'a d'autre surveillant que sa propre conscience ; à l'égard de celui qui ne viendra qu'une seule fois dans le ressort qui lui aura été assigné ; qui n'aura plus aucune censure à y craindre, et qui, par son retour en des pays lointains, échappera au jugement de l'opinion locale qui seule saurait apprécier ses travaux !

Quelles difficultés, quels embarras d'ailleurs ne rencontrera pas un préteur dans les régions dont le langage, les mœurs, les habitudes lui seront inconnus ! Il ne saura pas même apprécier les termes, ni la valeur des interprétations. S'il n'a ni parens ni amis dans le département, qui le garantira des approches de l'intrigue et de la malveillance ! Si les liaisons d'un juge offrent quelques inconvéniens, il est bien avantageux aussi qu'ils connaissent au moins le pays et les personnes auxquelles il est obligé d'avoir affaire.

Il semble que les tribunaux actuels concilient tous les avantages, et écartent tous les dangers. Le président tiré des tribunaux d'appel n'est point placé dans son propre département, s'il en résulte le moindre inconvénient : mais aussi il n'est point tellement étranger au pays, qu'il n'en connaisse les habitudes ; et il peut par lui-même éviter tous les piéges qui lui seront tendus : d'ailleurs il trouve deux juges consommés dans les matières criminelles, qui lui sont d'un grand secours.

Le président n'est pas plongé dans l'atmosphère départementale ; il est d'un horison plus étendu ; il vient d'une région plus élevée : il n'a point le gigantesque de la préture, et il est au-dessus des miasmes de l'atmosphère départementale.

Si un accusé était assez puissant dans un département, et qu'on eût à craindre son influence sur les jurés ou sur le tribunal, le remède est encore dans la loi : il ne s'agit que de se pourvoir en réglement de juges, et de faire ordonner le renvoi à un autre tribunal.

On cite l'exemple de l'Angleterre pour faire adopter le projet présenté.

Il faudrait examiner, avant tout, si l'Angleterre est mieux que nous sous le rapport de la police et de la sûreté.

Si l'on en juge par le grand nombre de voleurs et de brigands dont elle est infestée, nous devons nous garder de l'imiter. Les riches habitans de ses campagnes, pour se mettre à l'abri des vols et des pillages, sont obligés de poser des sonnettes à toutes les issues, aux portes, aux fenêtres de leurs habitations, pour donner l'éveil et effrayer les malfaiteurs.

Tout voyageur est obligé de se pourvoir de fausses guinées qui se vendent publiquement à Londres pour être données aux voleurs sur les grandes
routes ;

routes ; voleurs qui ne manqueraient pas d'assassiner si on ne leur payait rançon.

Ces faits notoires sont la preuve irréfragable que la police et les tribunaux anglais sont insuffisans pour prévenir et réprimer les crimes , et que leur législation criminelle ne convient pas plus à la France que les marchandises de leurs manufactures.

Tous les publicistes enseignent que les lois doivent être en harmonie avec l'étendue du pays , avec le nombre des habitans , avec leurs mœurs et leurs habitudes.

L'Anglais a des mœurs dures et un caractère tout particulier : il aime les grands jours ; il aime ces exécutions longues et multipliées qui se renouvellent à chaque saison. L'Angleterre est de peu d'étendue ; par-tout on y parle le même idiome ; le préteur y rencontre moins d'obstacles.

Mais en France, le territoire est immense ; les courses y sont longues ; on y parle une multitude de langues différentes, le français, le flamand, le haut, le bas allemand, l'italien, le bas-breton, et en outre une multitude de patois.

Le Français n'a point vu un seul juge prononcer sur sa vie, sa liberté, son honneur ; on ne croit pas que le Projet puisse jamais lui convenir.

Nous pouvons aussi assurer que les exécutions longues et tragiques qui suivent ordinairement les assises, ou grands jours, en Angleterre, ne seront pas non plus du goût d'une nation légère et enjouée.

Par toutes ces considérations, nous émettons une opinion contraire à l'établissement et aux courses d'un préteur ambulant : *Montesquieu* est, du même avis.

Enfin, si, contre notre sentiment, le nouveau Projet est adopté , nous demandons que les juges actuels fassent, de plein droit, partie des tribunaux criminels, comme ayant été nommés à vie par le premier Consul.

Art. 778. Cette solennité et ce serment n'auront sans doute lieu qu'une seule fois de la part de ceux qui feront partie du tribunal criminel.

Art. 780. On exige trois juges à défaut du préteur. On croira difficilement , quand il reviendra , que ses deux yeux en valent six.

Art. 786. Le préteur ne peut point déléguer au propréteur le tirage des jurés. Le préteur doit nécessairement assister à ce tirage , et vider les contestations qui peuvent y survenir ; cela est d'autant plus nécessaire, que cette opération se fait en présence des accusés.

L'art. 817 ne peut profiter qu'à ceux qui ont les moyens de payer un défenseur pour rechercher les nullités.

Art. 824. Par qui sera dressé le nouvel acte d'accusation ! sera-t-il présenté à un autre jury d'accusation !

Escaut.   C

Art. 827. Aux frais de qui les pièces seront-elles délivrées ? ceux qui n'ont point de moyens en seront-ils dépourvus !

Art. 832. Il faut que les accusés d'un même délit soient jugés simultanément ; rien n'est plus propre à manifester la vérité : nous l'avons déjà observé.

Art. 858. Il faut ajouter, « lorsque le préteur, le propréteur, le commissaire, les jurés, &c. parleront des langues différentes. »

Art. 866. On croit qu'il est nécessaire d'autoriser la position d'autres questions que celle du titre de l'accusation ;

Par exemple, dans une accusation d'assassinat, le jury déclarera que l'accusé n'est pas coupable, quoiqu'il soit convaincu qu'il y ait eu meurtre ou blessures graves.

Art. 890. Le propréteur ne pourrait-il pas consigner son opinion sur un registre à ce destiné !

Art. 891. Peut-on être juré, ignorant la langue française !

Art. 911. Les jurés qui se déplaceront, ne seront-ils pas indemnisés !

Art. 921. Il arrivera souvent que les quarante-huit jurés seront obligés de rester un mois entier, et de se présenter tous les jours.

Sera-t-il possible de retenir un nombre pareil de citoyens loin de leur famille, de leur domicile, de leurs affaires ! il en résulterait des pertes considérables.

Art. 923 et suivans. Toutes ces cérémonies emporteront des heures entières avant l'ouverture des débats : le mode actuel paraît plus simple.

Art. 941. Le propréteur, qui n'a point voix déliberative, sera-t-il aussi réprimandé !

Art. 977. On demande que le sursis soit du moins motivé.

Art. 981. Si l'exécution d'un des deux jugemens à mort ou à la flétrissure a eu lieu, que fera-t-on ! Ne peut-on point prévenir cette cruelle hypothèse !

Art. 993. Si l'écrit n'est rien moins qu'un volume considérable, remplira-t-on les mêmes formalités !

Art. 1079. Cet article semble justifier tout ce que nous avons dit des présidens actuels ; et c'est une réponse aux entours qu'on lui a supposés.

Art. 1098. Quelle peine appliquera ce tribunal de famille !

Art. 1162 et 1163. On pense que la prescription de dix ans est suffisante pour tous les délits énoncés dans ces articles.

Mais la prescription ne doit courir en faveur des auteurs ou fabricateurs de fausses monnaies, de faux actes, de faux écrits, que du jour de l'émission ou usage et emploi des pièces fausses.

Nous bornons ici nos réflexions : quelques dispositions pénales sont nécessaires : qu'en les portant on les réunisse dans un seul Code avec les lois actuelles, ce sera un nouveau bienfait dont nous serons redevables au Gouvernement sous lequel nous avons le bonheur de vivre. Mais nous supplions qu'on ne fasse pas de changement, soit dans les dénominations, soit dans la durée ou la gravité des peines.

Nos lois vivantes sont classées avec ordre, rédigées avec clarté et précision ; plus on les étudie, plus on les applique, et plus on en reconnaît la sagesse et l'efficacité.

Qu'on nous laisse ce monument de bonne législation avec lequel nous sommes familiarisés, voilà notre vœu.

Quant à l'organisation de la police et de la justice criminelle, nous croyons qu'il n'y a rien à faire, sinon de nommer à vie les directeurs du jury, qui ne se mêlent aucunement des affaires civiles.

Nous desirons aussi que les juges, et sur-tout ceux d'accusation, soient renforcés ; et nous n'avons rien à dire contre les moyens proposés, à cet effet, dans le Projet.

Fait à Gand, le 26 floréal an 12. *Signé* BLEMONT, F. A. VARENBERGH, F. VISPOEL, MÉAULLE, AMOREAU.

OBSERVATIONS

DU TRIBUNAL CRIMINEL

D'EURE-ET-LOIR,

SUR

LE PROJET DE CODE CRIMINEL.

OBSERVATIONS

DU TRIBUNAL CRIMINEL

D'EURE-ET-LOIR,

SUR

LE PROJET DE CODE CRIMINEL.

Les membres du tribunal criminel du département d'Eure - et - Loir ont l'honneur d'adresser au citoyen grand - juge les observations qu'une lecture réfléchie de ce Projet leur a fait naître ; ils ne suivront pas l'ordre dans lequel il est rédigé ; leurs observations seront divisées en trois parties : dans la première, ils examineront le plan de la nouvelle organisation des tribunaux ; ils discuteront, dans la seconde, les avantages et les inconvéniens de la nouvelle formation du jury et de l'ordre de ses délibérations ; ils remarqueront, dans la troisième, ce que le Code, dans ses dispositions pénales, leur a paru avoir d'utile , d'imparfait ou de défectueux.

Ire PARTIE.

TRIBUNAUX DE POLICE.

Art. 617. Le tribunal de police offre dans sa composition une plus grande garantie que par le passé, d'une justice exacte et impartiale. Trois juges, dont l'un , qui doit être présumé le plus éclairé , sera presque toujours étranger aux parties , inspireront de la confiance et jouiront de la considération attachée à une plus grande réunion de lumières et de vertus : on regrette seulement que les auteurs du Projet n'aient pu trouver d'autre moyen que celui de la rigueur et de la contrainte pour obliger l'assesseur ou le troisième juge à se rendre au tribunal de police. Un homme devenu juge malgré lui, n'apportera pas à l'audience cette disposition calme si nécessaire pour bien rendre la justice, et n'imprimera pas le respect qui est dû à l'importance de ses fonctions. L'exemple des peines dont la loi menace les jurés qui n'ont point d'excuse légitime à proposer, ne peut point autoriser une pareille mesure contre les juges ; les jurés se remplacent si facilement, que les condamnations prononcées contre les récalcitrans sont rarement mises à exécution ; et d'ailleurs celui qui est mulcté, ne vient point siéger avec ses collègues : la considération dont un juge a besoin, doit faire écarter tout ce qui tend à ternir sa dignité ; il doit être plutôt attiré par la vue des récompenses, qu'excité par la crainte des peines. La distinction promise par l'article 627 ne fournirait point un aiguillon assez puissant ; il semble qu'on devrait accorder une exemption de charges publiques ou quelque privilége personnel aux citoyens désignés pour remplir les fonctions d'assesseurs.

On croit aussi que les frais de voyage que le juge de police peut réclamer en vertu de l'article 620, sont fixés à une somme trop modique ; ils devraient être réglés d'après le prix des grains, dont la quotité serait déterminée (1).

Art. 645. L'instruction préliminaire, prescrite ou autorisée par l'article 645, peut avoir un but d'utilité : mais la visite faite en l'absence de la personne citée pour l'audience pourrait préjudicier à ses droits ; elle aurait à craindre l'influence de la partie civile qui y assisterait. Ne conviendrait-il pas de dire que tous les actes d'instruction préliminaire seront *faits en présence de l'ajourné, ou icelui dûment appelé !*

Art. 650. Cet article, vers la fin, laisse au tribunal de police la faculté de ne prononcer le jugement que dans l'audience qui suivra celle où l'instruction aura été terminée. Mais pourra-t-il le prononcer plus tard ! Le jour d'audience qui suivra l'instruction sera-t-il un terme fatal ! Il faudrait que l'article s'expliquât plus précisément, comme le fait l'article 683, en parlant des jugemens de police correctionnelle, et comme le prescrit l'article 184 du Code des délits et des peines.

TRIBUNAUX DE POLICE CORRECTIONNELLE.

CES tribunaux ne seront point organisés d'une manière uniforme : dans le chef-lieu du département, le propréteur sera juge supérieur du tribunal de police correctionnelle ; dans les autres arrondissemens, le propréteur sera membre de ce tribunal, et subordonné, sous ce rapport, au propréteur du chef-lieu, qui, en cas d'absence du préteur, présidera le tribunal criminel dans les affaires correctionnelles, suivant l'article 780. Les propréteurs, d'après le même article, pourront être appelés au jugement de

----

(1) Il y a même observation à faire pour le magistrat de sûreté.

ces sortes d'affaires portées au tribunal criminel. Cet ordre de choses en-traînera l'inconvénient qui s'est fait sentir dans l'ancienne organisation des tribunaux criminels ; il arrivait que, dans la même audience, des juges ne pouvant connaître des affaires qu'ils avaient jugées en première instance, se retiraient pour faire place à d'autres juges, qui eux-mêmes étaient rem-placés ensuite dans d'autres affaires, pour le même cas d'empêchement : tous les propréteurs pourraient être déplacés à-la-fois ; ce qui pourrait avoir des conséquences graves. Il y aurait d'autres réflexions à faire, qui trou-veront leur place lorsqu'on examinera le plan d'organisation des tribunaux criminels.

Art. 683. Les cinq derniers jours de chaque mois seront consacrés à l'instruction des affaires de police correctionnelle. Il est des tribunaux, et même dans ce département, qui peuvent à peine expédier toutes les af-faires de cette nature, quoiqu'ils aient par semaine deux audiences qui leur sont uniquement destinées. Il y aurait peut-être d'ailleurs de l'inconvénient à reporter toutes les affaires à la fin de chaque mois. Les premières, dont l'instruction peut être très-longue, nuiraient à l'expédition des dernières. Les parties et les témoins ne pouvant être entendus aux jours indiqués, il en résulterait un retard et un encombrement préjudiciable à l'intérêt du fisc, comme à celui des parties. Il semble que les audiences devraient être réparties dans le cours de chaque mois, ainsi que celles de simple police, sauf à les combiner de manière que le service du tribunal civil ne souffrît pas d'interruption.

Art. 691. Cet article est susceptible d'une observation juste et naturelle ; il donne au tribunal, en renvoyant le prévenu devant le tribunal de police compétent, le droit de statuer sur les dommages et intérêts qu'il aurait demandés. Si le prévenu n'était pas même coupable d'une contravention de police, ses dommages et intérêts devraient être plus considérables : on ne devrait pas juger l'accessoire avant le principal. Les dommages et intérêts devraient être réservés ; ou le tribunal de police correctionnelle, qui aurait le droit d'y statuer, devrait avoir en même temps le pouvoir d'appliquer la peine qui aurait été infligée par le tribunal de police, s'il avait été saisi de la connaissance du fait, ainsi que paraît le décider l'article 693, qui semble être en opposition avec l'article 691.

Art. 706. Doit-on interpréter l'article 706 par l'article 680 ! Les frais de l'expédition, de la signification du jugement par défaut et de l'oppo-sition, seront-ils dans tous les cas à la charge du prévenu défaillant ! Il serait à propos de lever le doute par une disposition littérale et précise.

Art. 718. Cet article se reporte aux articles 539 et 540 ; l'on ne con-naît point le motif qui porte à attribuer au tribunal civil la connaissance des causes d'escroquerie, lorsqu'il aura à prononcer, comme le tribunal de police correctionnelle, les peines de détention, d'amende, de confiscation spéciale, d'interdiction, et d'envoi sous la surveillance du Gouvernement : il ne peut y avoir que la raison du ressort du tribunal supérieur , qui puisse justifier cette interversion d'ordre et de pouvoir. Au lieu d'enlever aux tribunaux criminels la connaissance de ces sortes d'affaires , qui peuvent présenter un grand intérêt pécuniaire , il serait peut-être mieux de les composer d'un nombre de juges suffisant , qui garantisse la bonté de leurs jugemens. Si on laissait subsister l'article 718 et les autres qui ont des dispositions semblables , il faudrait en former un chapitre ou une section à part , pour ne pas les confondre avec ceux qui les précèdent immédiatement , et qui ne concernent que les tribunaux criminels.

T R I B U N A U X   C R I M I N E L S.

LE tribunal criminel sera composé d'élémens différens et presque incompatibles. Il aura pour chef le préteur , qui aura sous sa surveillance ceux qui partageront avec lui les mêmes fonctions. Tous les propréteurs lui seront subordonnés, même celui du chef-lieu, qui présidera en son absence dans les affaires correctionnelles, et qui lui sera associé dans l'administration de la justice criminelle. Le préteur , suivant les articles 788 , 789 et 790, pourra , pour de simples négligences , lui faire des injonctions , et prononcer une condamnation de frais contre lui : le public qui les aura vus siéger ensemble, sachant ensuite que l'un a mulcté l'autre par une injonction ou une condamnation humiliante , ne pourra pas se persuader qu'ils sont tous deux investis du même pouvoir de juges dans le même tribunal.

La prépondérance de la voix du préteur dans les délibérations, peut rendre inutile la voix du propréteur. Le tribunal n'étant composé que de deux juges, cette prépondérance serait sans doute nécessaire; mais cela même démontre le vice de l'organisation. Le second juge n'aura , à proprement parler, qu'une voix consultative : avec le même caractère, il n'aura pas le même pouvoir ; pourra-t-il se concilier le respect dû au magistrat qui a l'honneur de siéger dans un tribunal supérieur ?

Les autres propréteurs , qui seront tantôt juges de première instance et tantôt juges d'appel dans les affaires correctionnelles , qui ne connaîtront pas des matières soumises à un jury, seront encore moins environnés de la considération publique ; ils seront plus dépendans de l'autorité du préteur.

Le commissaire, placé jusque-là sur la même ligne que les juges, éprouvera l'effet de la supériorité de ce premier magistrat, qui, à l'ouverture des grands-jours , recevra son serment : mais lorsqu'il remplira les fonctions de magistrat de sûreté, ne sera-t-il pas lui-même sous la surveillance du préteur ! On remarque encore dans les articles 811 et 812, que le commissaire près le tribunal criminel peut être dénoncé et poursuivi par le magistrat qui lui est subordonné. La hiérarchie des pouvoirs n'a pas toujours été suivie dans le Projet, et c'est dans leur confusion que se trouve le plus grand abus.

On reprochait à l'ordonnance de 1670 d'avoir mis dans la même main le pouvoir de décréter, d'instruire et de juger. Le même juge qui avait fait l'instruction, devenait le rapporteur du procès ; il était rare que son avis ne prévalût. L'accusé avait souvent à se plaindre des préventions que le juge instructeur avait apportées dans la délibération. Le même abus se renouvellera, si le préteur du chef-lieu, qui aura décerné un mandat d'amener ou d'arrêt contre le prévenu, et qui, après l'avoir interrogé et avoir entendu des témoins contre lui, l'aura traduit devant un jury d'accusation, devient encore son juge au tribunal criminel. La voix du préteur sera quelquefois comptée pour rien ; mais le plus souvent il acquerra dans les affaires l'ascendant que donne la permanence dans la même place. D'ailleurs, le préteur, qui n'aura point interrogé, qui, pressé par une multitude d'affaires qui l'appelleront dans plusieurs départemens, n'aura pas eu le temps de se livrer à un examen approfondi, s'en rapportera souvent à l'avis du préteur, qui sera juge du mérite de sa propre procédure.

Le commissaire du Gouvernement, qui aura fait fonctions de magistrat de sûreté dans la même affaire instruite par le préteur du chef-lieu, poursuivra, devant le jury de jugement, le même homme contre lequel il aura provoqué la décision du jury d'accusation. Sera-t-il dégagé de ses premières idées, lorsqu'il présentera l'affaire aux jurés qui auront à prononcer définitivement sur le sort de l'accusé ? Dans l'ordre actuel des choses, le commissaire reçoit les pièces des mains de ses substituts ; il les examine de sang-froid ; n'étant point préoccupé dans une affaire qui est toute nouvelle pour lui, il peut se garantir des illusions ou des préjugés qui ont séduit les auteurs de la première procédure. Mais s'il est déjà pénétré de l'affaire comme magistrat de sûreté, si son zèle et son activité ont laissé dans son esprit des impressions peut-être trop profondes, qui pourra le ramener à ce calme si nécessaire pour l'examen de la procédure, et des moyens de défense de l'accusé ? Ce ne sera point le préteur qui aura instruit conjointement avec lui : les vices d'une procédure qui sera leur ouvrage commun, échapperont à leurs regards ; et s'ils les aperçoivent, pourront-ils ou voudront-ils les réformer ? En les supposant doués de cette force d'esprit, et de cette impartialité rare que le préjugé ne peut jamais altérer, ne seront-ils pas suspects à l'accusé, qui, sortant du jury d'accusation où il les aura vus, et les retrouvant devant le jury de jugement, se croira jugé d'avance ? Le Projet ne lui laissant pas la faculté d'opter, rien ne pourra calmer ses inquiétudes. La confusion des pouvoirs, et leur inégale distribution parmi les juges du même siége, ne sont pas les seuls vices qu'on remarque dans le projet d'organisation des tribunaux criminels.

Le préteur, qui n'aura pas moins de trois départemens dans sa division, et qui jugera, au moins une fois par trimestre, les affaires criminelles de chaque département; qui verra une grande partie de son temps emportée soit par des voyages, soit par son séjour à Paris, où il se réunira à ses collègues pour rendre compte au Gouvernement de leurs observations et de leurs travaux, ne pourra guère s'occuper des affaires de police correctionnelle : le propréteur deviendra, dans le fait, le seul président dans ces matières; il ne sera donc alors soumis à aucune surveillance.

On a déjà dit que le préteur n'aurait pas même toujours le temps d'approfondir l'examen des affaires criminelles avant de les présenter aux débats : en effet, les divisions ne pouvant être composées que de départemens voisins, il y en aura telle qui, par sa situation et par des circonstances particulières, fournira elle seule plus d'affaires que deux ou trois autres ; l'administration de la justice en souffrira; n'y eût-il qu'une expédition plus lente des procès, et un encombrement dans les prisons, ce serait un très-grand mal, auquel le Projet ne pare point.

L'ambulance des préteurs investis d'un grand pouvoir, environnés d'un appareil imposant, séduit au premier coup-d'œil : on peut y découvrir même de l'utilité sous un certain rapport; le préteur sera moins exposé aux sollicitations que les juges sédentaires ; étranger aux amis ou protecteurs des accusés, ne connaissant personne dans le pays où il exercera ses fonctions, il ne fera acception de personne : mais, d'un autre côté, il sera privé de ces notions locales, si essentielles pour être parfaitement instruit des mœurs, de l'esprit du pays, et même de l'idiome des habitans, pour entendre les témoins et les accusés et pour en être entendu. S'il est vrai que l'habitude de juger au criminel endurcisse le magistrat, le préteur qui se livrera toute la vie à de pareilles fonctions, sera d'autant moins exempt de ce défaut, qu'il n'aura point à redouter l'opinion publique des départemens qu'il aura plutôt parcourus qu'habités, et qu'il ne reverra plus. Ce contre-poids lui manquera pour le retenir dans l'exercice légitime d'une autorité presque absolue.

Un autre inconvénient qui résultera de l'ambulance du préteur, c'est que son absence arrêtera certains actes importans et urgens qui ne pourront être faits que par lui, dans le cas d'une procédure instruite par le propréteur du chef-lieu, et par le commissaire qui aura fait fonctions de magistrat de sûreté. S'il existe des vices, si l'acte d'accusation est inexact ou défectueux, il pourra être annullé par le tribunal criminel, aux termes de l'article 824. Mais si le préteur est absent, qui composera alors le tribunal criminel ! Le commissaire ni le propréteur ne pourront ni requérir ni prononcer la nullité de leurs propres actes; il faudra appeler les suppléans, à qui l'on ne doit pas donner le pouvoir de réformer ce qui est émané des principaux membres du tribunal : on attendra donc le préteur, qui n'arrivera pas assez tôt pour que le vice soit corrigé avant l'ouverture de la prochaine session, et l'affaire subira un nouveau délai de trois mois. .

Art. 8 3 o. Cet article semble n'accorder qu'au préteur le pouvoir d'accorder une prorogation de délai. Dans quel temps doit-elle être demandée ?

L'article 3 3 5 du Code des délits et des peines veut que la requête en prorogation de délai soit présentée avant le 5 de chaque mois, ce qui donne au moins dix jours d'intervalle ; délai que les assignations à donner aux jurés et aux témoins rendent nécessaire. Le même intervalle devrait se trouver avant les grands-jours où l'affaire serait portée ; mais si le préteur n'est pas sur les lieux, à qui le commissaire ou l'accusé s'adresseront-ils pour demander une prorogation de délai que le préteur seul peut accorder ! Le Projet suppose toujours que le préteur est présent, tandis que le cas de l'absence sera le plus ordinaire.

L'intensité du pouvoir du préteur, qui, par l'article 8 7 4 , peut, par la seule prépondérance de sa voix, arrêter la délibération du jury revètue d'une forme légale, et donner lieu à une nouvelle révision du procès, à de nouveaux débats et à une nouvelle déclaration du jury de jugement, porte atteinte à l'institution même qu'on veut conserver , et peut faire naître des craintes sur l'abus d'un si grand pouvoir.

On terminera cette première partie par une observation générale. La condition des accusés, passant du jury d'accusation au jury de jugement, se trouve empirée par le Projet. D'abord ils sont privés de la faculté d'opter. Si les préteurs changent , les autres membres du tribunal criminel ne changent pas ; il semble qu'il y avait un motif de plus pour leur conserver cette faculté , puisqu'ils doivent retrouver au tribunal criminel les mêmes magistrats qui , dans la ville où il tient ses séances , auront fait l'instruction devant le jury d'accusation. En second lieu , ils ne doivent plus avoir de copies de pièces , et ils n'auront que cinq jours pour proposer leurs moyens de nullité, d'incompétence, ou d'excès de pouvoir ; la plupart, dénués d'intelligence ou de connaissances nécessaires , ou privés des moyens pécuniaires qui pourraient leur procurer le secours des conseils , ne pourront user de la faculté que leur accorde l'article 8 1 7. D'ailleurs, dix accusés, ayant chacun un conseil , pourront-ils , dans le court espace de quatre à cinq jours , prendre au greffe, sans déplacement, une communication de toutes les pièces ! Cependant le délai est fatal : ne serait-il pas à propos de dire qu'il sera de cinq jours, s'il n'y a qu'un ou deux accusés , et qu'il sera augmenté d'un jour de plus pour chaque accusé au-dessus de ce nombre !

II.ᵉ PARTIE.

DES JURÉS D'ACCUSATION ET DE JUGEMENT.

Le jury d'accusation ne sera point l'objet de nos observations. L'institution, en cette partie, manque de son principal élément. Les jurés ne jugent plus sur des dépositions orales ; ils deviennent en quelque sorte juges de procès par écrit. Si l'intérêt du fisc a pu amener ce changement, nous pouvons aussi présumer que l'institution qui est dénaturée n'inspire pas beaucoup de confiance, et qu'on ne la laisse subsister que parce qu'on tient encore au jury de jugement, qui est attaqué de toutes parts.

C'est pour se relever du discrédit dans lequel il est tombé, qu'on lui donne une nouvelle forme, et qu'on le place sous les auspices de plus grands fonctionnaires. L'institution sera sans doute améliorée, en ne composant le jury que de propriétaires et de quelques fonctionnaires qui auront probablement tous des propriétés ; mais ne peut-on pas objecter que la plupart des accusés seront jugés par une classe d'hommes à laquelle ils n'appartiennent point, et que le sort du pauvre sera à la merci du riche !

Mais c'est moins dans la formation du jury que dans le mode de ses délibérations que se trouvent l'abus et le danger.

Art. 864. Cet article porte que la décision du jury ne pourra se former pour ou contre l'accusé, qu'à l'unanimité, à peine de nullité. Dans tout le plan il n'y a point d'article qui appelle plus que celui-ci l'attention des magistrats instruits par une longue expérience.

Il faut se défier de ces théories sublimes qui plaisent à l'esprit, qui honorent l'humanité, et qui ne peuvent s'allier avec les mœurs et les usages d'une nation. Si nous n'avions pas déjà fait l'essai de l'institution du jury, si l'expérience ne nous eût pas démontré qu'elle ne peut s'acclimater en France, nous applaudirions à cette partie du Projet ; mais, nous ne craignons pas de le dire, il n'y en a point qui présente autant de danger et d'écueils.

Nous sommes bien loin de penser, avec un des respectables auteurs du Projet, que l'unanimité soit presque toujours le résultat des délibérations des jurés. Nous osons dire qu'elle n'est qu'apparente ; que la crainte de passer vingt-quatre heures dans leur chambre, ramène la minorité à la majorité ; que le plus ordinairement une ou deux voix de plus que la moitié, forment ce que la déclaration présente comme un vœu unanime ; mais que, de l'aveu même des jurés, les trois quarts au moins de leurs délibérations qui paraissent sous les dehors imposans de l'unanimité, ne sont réellement que l'ouvrage d'une majorité qui obtient l'assentiment

forcé

forcé de ceux qui ne peuvent lutter avec avantage. Le délai de vingt-quatre heures fatiguait la minorité, et la portait souvent à sacrifier ses devoirs et sa conscience à la crainte de perdre désagréablement un temps précieux pour ses affaires. La loi de l'unanimité, sans prescrire de terme à la délibération, sera une source d'erreurs et d'abus. Un homme opiniâtre, qui se fait un plaisir cruel de ne jamais céder (et il ne s'en trouve que trop parmi les jurés), arrêtera seul, pendant plusieurs jours, la délibération ; la décision retardée de la première affaire retardera les autres ; les témoins, les jurés, les juges, perdront un temps précieux. Des frais immenses, des pertes incalculables, seront le triste résultat de l'opiniâtreté d'un seul. Que serait-ce si l'inimitié ou l'esprit de parti était la cause de sa résistance ? Oui, on peut le dire hautement, quoiqu'il n'y ait plus de parti dans l'État, qui a été pacifié par la sagesse et la fermeté de son chef, les sentimens ne sont point étouffés, l'esprit d'un parti survit quelquefois au parti même. C'est une vérité d'expérience, qui doit dissiper l'illusion flatteuse dont on environne le Projet. Cet esprit retardera long-temps, s'il ne détruit point les heureuses espérances que l'institution du jury pouvait donner.

Cette plante a jeté de profondes racines dans un autre climat, et elle y produit de bons fruits ; mais notre sol ne paraît pas lui convenir. Une expérience de douze années nous a fait voir qu'elle dégénérait de jour en jour, et que, loin d'être salutaire, elle devenait extrêmement dangereuse. On peut douter, a dit le chef du tribunal suprême, si l'institution des jurés, si belle en théorie, peut s'adapter parfaitement au caractère national ; si elle n'a pas été jusqu'aujourd'hui plus nuisible qu'utile dans ses effets, et si l'ordonnance de 1670, modifiée par les décrets de 1789, n'offre pas une garantie plus sûre et des motifs plus réels de sécurité.

Frappés de la même considération, les auteurs du Projet ont cru devoir, en certains cas, indiquer les moyens de paralyser la déclaration du jury ; après avoir dit dans l'article 874, que la décision du jury ne peut jamais être soumise à l'appel, ils donnent néanmoins le droit au tribunal de surseoir au jugement, et par l'article 979, ils ouvrent la voie qui peut anéantir cette décision irréfragable.

Si les partisans même de l'institution du jury la regardent comme dangereuse, on ne doit l'adopter qu'avec de sages modifications qui en préviennent ou en corrigent l'abus. Lui donner toute la faveur dont elle jouit chez les Anglais, qui s'enorgueillissent de cette conception, c'est supposer que deux peuples qui ont un génie si différent, des mœurs et des usages si contraires ne forment qu'une seule nation qui peut être gouvernée par les mêmes lois. Combien avons-nous de lois sages qui, contrastant avec les mœurs anglaises, tendraient à la dissolution du contrat social ou à la désorganisation d'un gouvernement pour lequel elles n'auraient point été faites ! Notre Code civil , dont nous devons nous promettre les plus heureux effets , trouverait-il beaucoup de partisans en Angleterre !

Les plus grands législateurs ont toujours pensé que les meilleures lois n'étaient pas celles qui étaient les plus philosophiques et les plus sublimes , mais celles qui s'adaptaient le mieux au caractère et au génie de chaque peuple : nous ne devons pas chercher chez nos voisins des exemples qui démontrent l'utilité de l'institution du jury ; nous devons les puiser dans les annales de notre jurisprudence criminelle : un essai infructueux , ou plutôt un essai malheureux de douze années , doit nous convaincre que nous n'avons point à nous louer de ce que nos ennemis vantent avec orgueil et avec transport.

Mais combien cette institution peut être funeste, si l'unanimité dans un temps indéfini est une condition nécessaire pour la déclaration du jury ! Il peut être qu'un accusé reconnu innocent par onze jurés, soit victime de la méchanceté ou de l'opiniâtreté d'un seul , qui, plus maître de son temps , subjuguera de lassitude l'opinion de ses collègues. Le réglement provisoire de l'Assemblée constituante avait ordonné qu'aucune condamnation à mort ne pourrait être prononcée qu'aux quatre cinquièmes des voix. Ne pourrait-on pas exiger dix voix sur douze, pour la condamnation d'un accusé, à quelque peine que ce fût ! on préviendrait par-là le mal qui naîtrait infailliblement de la nécessité d'une délibération unanime.

Nous finirons par un mot qui doit être répété, quoiqu'il soit dans la bouche de tout le monde : il faut perfectionner l'institution des jurés, ou la supprimer. La perfectionnera-t-on en la fondant dans une organisation judiciaire qui présente elle-même des nouveautés et des dangers ! Pense-t-on qu'un juge ambulant, quels que soient son mérite et sa capacité, puisse lui donner plus de crédit et d'éclat, lorsqu'on verra que sa seule opinion pourra énerver celle de douze jurés ! Au lieu de faire un nouvel essai, il serait peut-être mieux d'abandonner entièrement le jury : il serait mieux sans doute, que la balance dé la justice criminelle fût confiée à des magistrats sédentaires et éclairés, qui, comptables envers la société au milieu de laquelle ils vivraient, de l'usage de leur pouvoir, et ne pouvant se passer de la considération et de l'estime de leurs concitoyens, feraient par honneur ce qu'ils ne feraient point toujours par le sentiment de leur devoir.

III.ᵉ PARTIE.

EXAMEN DU CODE dans ses dispositions pénales.

LE Code, dans cette partie, présente un grand travail ; il renferme des vues très-sages : mais comme on le livre aux réflexions des magistrats, dans le dessein de le porter au degré de perfection dont il peut être susceptible, nous croyons devoir observer d'abord, qu'il manque de méthode ; qu'on y trouve des redites ; que les délits n'y sont pas classés dans leur ordre naturel, et que la confusion vient peut être de ce qu'on n'a voulu faire qu'un Code, au lieu d'en faire trois. Il paraîtrait, en effet, que si l'on eût fait un Code de simple police, un Code de police correctionnelle et un Code pénal, il eût été plus aisé de mettre de l'ordre, de la clarté et de la précision dans le travail, de distinguer les délits et de bien graduer les peines.

Nous allons, dans cette partie, suivre l'ordre numérique des articles.

Art. 13. L'exposition pendant une heure est un supplice terrible. S'il n'est pas trop rigoureux pour un parricide, ne le serait-il pas trop pour un simple assassinat ! La diversité des nuances dans les crimes doit produire une graduation dans les peines : un parricide doit être puni plus que tout autre assassin.

Art. 15. Le poteau effraiera moins les brigands que les voyageurs ; il rappellera le souvenir de ceux qui sont tombés sous les coups de l'assassin.

Art. 21. La peine de mort contre le déporté qui sort du lieu de sa déportation, paraît trop sévère ; c'est remettre en vigueur des lois révolutionnaires, dont les circonstances seules pouvaient faire excuser l'extrême sévérité.

Art. 29. L'exécuteur ne peut être juge de l'irrévérence ; on ne spécifie pas le châtiment ; il y a trop de vague dans l'article. Un commissaire de police ou un huissier pourrait assister à l'exposition, pour donner l'ordre à l'exécuteur : il le dénoncerait s'il n'obéissait pas.

Art. 48. Qu'entend-on par la paix publique ! ce mot est-il synonyme avec le repos public ! L'art. 220 donnerait à entendre qu'un crime contre la paix publique est une machination contre l'État, une tentative de guerre intestine ; il faudrait donner une définition plus précise de ce mot, qui est nouveau dans un Code pénal.

Art. 54. Un homme acquitté deux fois peut n'être nullement suspect ; une serveillance ferait note contre lui.

Art. 60. Trop de rigueur dans cet article : un homme, après l'expiration d'une peine afflictive, ne doit pas, pour le seul intérêt du fisc, subir une nouvelle peine de trois années de prison. Il doit encore moins être de nouveau privé de sa liberté, s'il lui survient quelque moyen de solvabilité. Le fisc ne devrait alors avoir de droit que sur les biens, et non sur la personne.

Art. 64 et suivans. Les peines de la récidive paraissent bien graduées.

Art. 68. Cet article, sous le n.° 8, devrait être modifié ; on peut sciemment recevoir, à titre gratuit, un objet volé, avec intention de le remettre au propriétaire, ou d'en donner connaissance au magistrat de sûreté: Il faudrait fixer un délai pour faire la remise ou la déclaration.

Art. 78 , 4.ᵉ alinéa. Lorsqu'il y a communauté, les revenus des biens personnels de la femme y tombent. Les condamnations pécuniaires qui interviennent contre la femme en matière criminelle, ne doivent pas se prendre sur les effets de la communauté tant qu'elle dure, parce que le mari en est le maître. Ce sont les anciens principes, qui n'admettaient aucune exception que lorsque le mari avait autorisé la femme ou qu'il était partie au procès. L'article doit être modifié.

Art. 97. Il semble que cet article doive être retouché. De simples discours ne doivent pas être punis comme des placards et des écrits; des paroles peuvent être équivoques ou mal entendues.

Art. 116 et 117. Il faut distinguer la négligence et l'inattention de la malveillance ou de la méchanceté; il paraîtrait convenable de mander, la première fois, l'officier de police ou le magistrat coupable d'une simple négligence, de lui faire une injonction de se conformer dorénavant à la loi, et, en cas de récidive, de le condamner en l'amende.

Art. 132. On ne devrait pas comprendre au nombre des crimes qui doivent être punis de la déportation, l'omission de faits que, sans réquisition, le fonctionnaire ou l'officier public devait constater; l'article pourrait être divisé en deux parties.

Art. 134. Cet article doit être rapproché et combiné avec l'article 129, afin qu'on ne confonde point les faux des billets de banque avec les fausses signatures ou écritures de banque, deux délits différens qui emportent deux peines différentes; la rédaction pourrait être plus claire et plus précise.

Art. 143. Cet article devrait être divisé, ou reporté sous le titre *des Complices des crimes.*

Art. 144. Si le fait qui était l'objet de la corruption, n'est pas réputé crime ou délit, il ne doit pas y avoir de peine.

Art. 148. La sévérité de cet article donne lieu d'observer que l'on n'aurait point introduit cette disposition nouvelle dans le Code pénal, si l'on n'y avait pas remarqué de fréquens abus dans l'administration de la justice qui se rend sur des déclarations du jury.

Art. 151. Cet article punit de la même peine le juge qui soustrait une pièce à la connaissance du tribunal, celui qui juge par inimitié, et celui qui juge par faveur; trois cas bien différens. La soustraction d'une pièce importante est un délit qui, s'il est prouvé, mérite une peine sévère. L'inimitié, à moins qu'elle ne soit survenue dans le cours du procès, ou que la cause n'en ait pas été connue de la partie qui avait droit de récuser le juge, ne devrait pas être le fondement d'une plainte ou d'une réclamation. Quant à la faveur, l'inculpation est trop vague. Quel est le plaideur qui, après la perte de son procès, n'ait pas dit que son adversaire avait obtenu gain de cause par faveur ! On doit punir le juge partial et inique ; mais l'on ne doit pas exposer le magistrat probe à l'humiliation de repousser une accusation calomnieuse : il ne faut pas avilir la magistrature, en attendant que le Gouvernement, par de bons choix et par un traitement supérieur aux besoins, lui concilie tout le respect dont elle doit être environnée. Il semble que l'on doive retrancher de l'article 151 tout ce qui se rapporte à l'inimitié ou à la faveur, sauf les faits précis qui pourraient donner lieu à la prise-à-partie.

Art. 158. Cet article pourrait être également retranché. Une loi ne devrait pas annoncer qu'un commis peut recevoir l'ordre de violer le sceau des lettres confiées à la poste; l'administration doit avoir un réglement de discipline intérieure qui lui donne les moyens de réprimer ces abus.

Art. 165. Toute réunion d'individus pour un crime ou un délit est réputée une réunion armée, lorsque plus de deux personnes portent des armes ostensibles. Les termes généraux de cet article donneraient à entendre qu'il s'applique à toute espèce de crimes et de délits ; et cependant on doit le restreindre aux rebellions et désobéissances comprises sous la section III.

Art. 183. Aux termes de cet article, le crime de meurtre commis contre les dépositaires de la force publique, agissant dans l'ordre de leurs fonctions, est réputé assassinat; mais s'il était commis contre d'autres fonctionnaires publics qui, dans les articles précédens, sont assimilés aux dépositaires de la force publique, serait-il également réputé assassinat ! Il semble qu'il ne devrait pas y avoir de distinction, d'autant que l'article 184 comprend les uns et les autres.

Art. 187. Il ne suffit pas de dire que la désobéissance aux ordres donnés par les diverses autorités, chacune dans le cercle de ses attributions, est un délit; il faut, ce semble, exprimer que les ordres sont donnés par le supérieur à celui qui lui est subordonné, ou que les ordres sont donnés *légalement*. Il faut, d'un côté, pouvoir de commander, et, de l'autre, devoir d'obéir.

Art. 200. Il paraîtrait à propos de distinguer la simple négligence d'avec le refus. Que le commandant qui a négligé, quoique requis légalement, de faire agir la force publique, soit puni d'une forte amende, cela peut être juste : mais celui qui oppose un refus formel à la réquisition légale, est bien plus coupable ; il devrait être puni soit par la suspension, soit par la destitution ou la détention.

Art. 201. Dans cet article et dans les suivans, l'on est entré dans les plus grands détails , pour graduer les peines du délit d'évasion des détenus. On a voulu prévoir tous les cas, et cela était impossible ; mais la peine doit être plus ou moins grave, selon la qualité des personnes, leurs moyens de force et la nature de leurs fonctions. Les huissiers ne devraient pas être punis de la même peine que les commandans de la gendarmerie ou de la force publique, ou que les gardiens et geoliers.

Art. 222. Ceux qui auront fourni des armes et des munitions aux bandes, divisions ou subdivisions des malfaiteurs ou vagabonds, devraient être punis comme les auteurs et directeurs des associations.

Art. 232. Cet article se réfère à l'article 135 ; mais celui-ci, outre la peine qu'il prononce, dit que les porteurs de faux passe-ports pourront, suivant les circonstances, être déclarés vagabonds. Cette espèce de vagabondage déclarée par jugement, devrait être rappelée sous cette section IV, destinée à caractériser les vagabondages de tout genre.

Art. 235. Cet article devrait être reporté dans la section suivante , à la suite des articles 245, 246 et 247 ; il est étranger aux délits spécifiés en la section V.

Art. 245. Ne serait-il pas à propos de parler du délit commis par celui qui , dans un discours tenu publiquement, attaquerait les lois de l'État ! Ce délit n'est-il pas différent de la violation de la morale publique ! L'article 252 paraît avoir eu en vue de réprimer ce délit dans le cas qu'il exprime.

Art. 248. Cet article isolé trouverait sa place naturelle sous le titre II, avant l'article 309.

Art. 257. Il conviendrait d'ajouter à l'article , que celui qui a contre lui la présomption légale d'avoir prévu l'effet d'une arme meurtrière , sera puni comme coupable , *s'il ne détruit pas cette présomption.*

Art. 259. Les blessures ou les coups qui auront causé la mort dans les dix jours , lorsqu'ils auront été faits ou portés sans armes meurtrières, seront réputés meurtres ; et tout coupable de meurtre est puni de mort, suivant l'article 273. Mais une rixe élevée entre deux buveurs peut, faute de secours , ou par l'impéritie d'un officier de santé, être suivie, dans les dix jours , de la mort de l'un d'eux ; quand l'autre aurait été l'agresseur , la peine des travaux à temps ou à perpétuité paraîtrait suffisante pour punir un crime qui ne serait que l'effet de l'effervescence ou de l'ivresse.

Art. 269, 270, 271. Il y a transposition ; l'article 271 devrait venir immédiatement après l'article 269. Cet article 271 est bien sévère, en réputant coupable d'assassinat celui qui, de guet-apens , a porté des coups qui ont empêché le blessé de travailler pendant quinze jours. Pour être réputé tel, il faudrait qu'il fût porteur d'armes meurtrières ! dans cette circonstance, la peine des travaux à perpétuité suffit.

Art. 275. Cet article paraît être en opposition avec l'article 271.

Art. 276. La mort au bout de quarante jours, sans guet-apens ni préméditation, expose celui qui en est l'auteur à la peine des travaux forcés à perpétuité, sans dire si les blessures ont été faites avec armes ou sans armes. L'article 259, au contraire, prononce la peine de mort, quand elles ont été faites avec armes. Plusieurs articles rentrent les uns dans les autres, et ne peuvent se concilier. L'article 278 en fournit une nouvelle preuve ; il devrait venir à la suite de l'article 269.

Art. 279. Cet article est aussi déplacé ; on devrait classer les crimes de préméditation et de guet-apens.

Art. 281, 282. La peine de la détention et d'une amende de 51 fr. à 200 fr. est bien sévère pour un jet de pierre contre un individu qui n'en a pas été atteint. Les gens de la campagne se rendent coupables tous les jours de ces délits ; quelle carrière de procédures va s'ouvrir ! que de frais, de condamnations et de contraintes ! L'esprit de sévérité et de fiscalité paraît régner dans le Projet.

Art. 284. Si à toutes les peines correctionnelles portées dans les articles précédens, les tribunaux peuvent ajouter le renvoi sous la surveillance du Gouvernement depuis cinq ans jusqu'à dix, le nombre des citoyens réputés suspects sera immense. Il est à craindre que, se voyant flétris dans l'opinion publique, ils ne se prêtent trop facilement aux vues de quelques ambitieux ennemis du Gouvernement.

Art. 285. La définition de l'infanticide n'est pas exacte ; c'est le crime commis par une mère mariée ou non mariée : il se commet bien plus rarement par une mère engagée dans les liens du mariage ; mais, dans le silence de la loi, quelle sera la peine de celle qui s'en rendra coupable ! On pourrait citer des exemples de ce forfait, qui outrage la nature et la sainteté du mariage. Le père qui ferait périr son enfant nouveau-né, commettrait aussi un infanticide.

Art. 286. La privation des précautions et des soins doit être distinguée d'un attentat direct aux jours de l'enfant, tel que l'étranglement ou les meurtrissures : la peine ne doit pas être la même dans un cas que dans l'autre.

Art. 288. Cet article ne devait pas être intercalé entre l'infanticide

et le viol : il n'a aucun rapport avec les articles qui le suivent et le précèdent. On est étonné de voir des instituteurs et des tuteurs accolés avec des
gardiens et des geoliers. Des instituteurs pourront être punis de deux mois
de détention, pour avoir excédé les bornes d'une correction légitime sur
leurs élèves ; mais pendant ce temps que deviendront les élèves ! Après une
détention humiliante, les instituteurs pourront-ils se faire respecter ! pourront-ils échapper aux railleries des enfans qui les auront fait punir ! L'article
veut encore que la peine soit prononcée sur la seule dénonciation ou plainte
des familles ; ce qui semble exclure la défense légitime des tuteurs, instituteurs
et gardiens. L'article doit être retranché ; quelques faits rares ne peuvent pas
justifier sa disposition : il faudrait, au moins, le modifier et le placer dans
un autre endroit du Code. Il vaudrait mieux faire fermer les écoles des
instituteurs et des institutrices, que de leur infliger la peine de la détention.

Art. 295. Pour n'avoir pas porté un enfant abandonné à l'hospice le
plus voisin, l'on ne mérite pas une peine aussi grave que celle d'une
détention de douze jours ; au moins, on peut avoir de bonnes raisons pour
s'excuser d'avoir agi ainsi, comme si l'hospice le plus voisin était dans un
dénuement total, ou comme si l'on ignorait qu'il fût le plus voisin.

Art. 297. Le fait de l'enlèvement doit être accompagné de circonstances
aggravantes pour mériter la peine de la reclusion, qui, d'après l'article 25,
consiste dans cinq ans au moins de détention.

Art. 298. La gravité du délit dépend encore des circonstances ; un oncle
qui fait enlever sa nièce, ou un frère sa sœur, déposée par un tuteur,
autre que le père et la mère, dans une maison suspecte, ne mérite pas
d'être puni comme un forçat, pour avoir sauvé les mœurs d'une personne
qui lui est aussi chère : l'enlèvement d'une personne du sexe doit avoir le
caractère d'un rapt de violence ou de séduction, pour être puni de la peine
des travaux à temps.

Art. 300. Si, pendant le cours de la détention, le père de la fille
approuvait le mariage, le mari resterait-il toujours dans la maison de force
jusqu'à l'expiration de la peine ! Il devrait être mis en liberté , sauf la
peine de l'amende.

Art. 304. La simple menace de mort faite à un individu détenu, paraîtrait
ne devoir être punie que des travaux à perpétuité, ou de la déportation.
L'article suivant conduit à cette modification.

Art. 305. La menace d'assassiner ou d'empoisonner doit engendrer une
peine différente de la menace d'attenter à la pudeur d'une fille au-dessous
de quinze ans, avec les circonstances décrites dans l'article 291.

Art. 306.

Art. 306. La peine de la détention de trois mois est excessive pour de simples négligences ou imprudences.

Art. 307. Même observation.

Art. 308. On devrait admettre l'exception de bonne foi, qui est admise par l'article 33 du titre II de la II.ᵉ partie du Code pénal.

Art. 309. Au-dessus de seize ans, un jeune homme est présumé avoir du discernement; cependant, d'après cet article, tant qu'il n'aura pas vingt-un ans, il pourra s'abandonner impunément à une honteuse prostitution avec des personnes de l'un ou de l'autre sexe. L'outrage ou attentat aux mœurs doit être puni toutes les fois que le crime est commis par une personne qui a du discernement.

Art. 313. L'amende de deux mille livres est excessive.

Art. 314. Si le mari qui entretient une concubine dans sa maison, peut être condamné à 2000 francs d'amende, la femme n'osera pas le dénoncer. L'article parle de dommages et intérêts; la femme pourra-t-elle les demander sans dissoudre la communauté? la communauté peut être bonne malgré l'inconduite du mari. La femme serait obligée de renoncer pour l'avenir au bénéfice de cette société, si elle voulait profiter des dommages et intérêts qui ne lui seraient accordés que dans le cas de divorce ou de séparation de corps et de biens. Il semble que l'intérêt pécuniaire blesserait la délicatesse d'une femme qui voudrait venger l'honneur du nœud conjugal.

Art. 315. Cet article porte l'amende jusqu'à 10,000 francs; il en est d'autres qui la font monter à 20,000 : le régime fiscal n'a jamais été si loin.

Art. 323 et 324. La peine de la déportation ne doit pas avoir lieu pour deux cas bien différens. En matière correctionnelle, le faux témoin serait puni plus que le prévenu. L'art. 324 prouve qu'il doit y avoir une proportion entre la peine du faux témoignage et celle du délit ou crime sur lequel il a été porté.

Art. 325. C'est ici le lieu de faire remarquer que les délits de police ne devraient pas être compris dans le Code pénal, ou au moins qu'ils devraient être classés à part. Le Code pénal actuel ne comprend que les délits qui se poursuivent par voie de jurés. Le projet de Code, qui laisse subsister l'institution du jury, aurait, en suivant la même méthode, évité la confusion qui se trouve dans la classification des délits. L'article 325 pourrait être renvoyé à un Code particulier, qui porterait le titre de Code de police.

Art. 330. La calomnie verbale et sans publicité ne devrait pas emporter la peine de la détention, sur-tout lorsqu'elle ne porte que sur des faits non punissables de leur nature; il ne devrait y avoir lieu qu'à la condamnation, d'amende et des dommages et intérêts.

Art. 331, 332, 335. Le premier de ces articles n'admet pas la preuve de l'imputation. L'article 332 ne permet pas d'alléguer que les faits sont notoires, et l'article 335 dit que, dans le cas où le fait imputé serait légalement vrai, l'auteur de l'imputation, qui rapporterait cette preuve acquise, serait à l'abri de toute peine. Comment pourra-t-il rapporter la preuve qu'il ne lui sera pas permis de faire! Ces articles ne peuvent se concilier.

Il faut encore observer, sur l'article 331, que, sous prétexte de punir les calomniateurs, il peut ouvrir la porte aux délations; que des paroles sont souvent équivoques, que l'imputation de faits qui exposent à la haine ou au mépris des citoyens, est trop vague, et que, pour renfermer cet article et autres semblables dans leurs véritables bornes, il serait à desirer qu'il y eût des définitions plus précises.

Art. 338 et 339. Ces articles paraissent sagement conçus et rédigés.

Art. 340. Soustraire la chose d'autrui, ce n'est pas toujours commettre un vol. Il faut la soustraire ou furtivement, ou avec force, pour être réputé avoir voulu la voler. Il est dangereux de laisser à l'arbitrage des jurés ou des juges de décider si une action qui est peut-être innocente, est ou non un crime; il paraît qu'on veut écarter la question intentionnelle. Il serait bon, non de la rejeter entièrement, mais de la borner à quelques délits.

Art. 342. La loi du 26 floréal an 5 exige, pour prononcer la peine de mort, que les actes de violence aient été commis dans l'intérieur d'une maison. Cet article, au contraire, prononce la même peine sans distinction de lieux où les actes de violence auraient été commis; ainsi un voleur qui enleverait quelques gerbes dans un champ, et qui blesserait le maître du champ, qui s'opposerait à cet enlèvement, pourrait être puni de mort. Si l'on veut ajouter à la sévérité de la loi du 26 floréal an 5, l'on ne devrait étendre ses dispositions qu'aux vols commis avec violence dans un chemin, rue ou place publique.

Art. 343, 344, 345 et 346. Ces articles présentent un calcul trop compliqué de circonstances; il vaut mieux répéter les mêmes termes dans chaque article, que de renvoyer pour l'application aux articles précédens.

Art. 347. Dans cet article on met sur la même ligne le vol domestique et le déplacement de bornes : le premier délit, qui est bien plus grave que le second, devrait former un article à part. L'on remarque d'ailleurs que le déplacement de bornes fait encore partie de l'art. 415, et qu'il est puni d'une peine moindre que celle portée par l'art. 347 : l'art. 32 de la loi du 6 octobre 1791 range ce délit dans la classe des délits ruraux.

Art. 351. La définition du parc ou enclos ne paraît pas exacte. Un terrain qui n'est pas clos et fermé, et dans lequel l'on peut s'introduire aisément sans escalade ni effraction, ne forme point un enclos. Le Code pénale se sert de ces deux expressions *clos* et *fermé*, pour faire entendre que le terrain doit être inaccessible, et qu'on ne peut y pénétrer qu'en violant la clôture.

Art. 362. Sur cet article, plusieurs observations : la 1.ʳᵉ, qu'il rentre en grande partie dans le n.º 4 de l'art. 347; la 2.ᵉ, que les chevaux, bestiaux et voitures ne doivent pas former une classe à part, le vol qui s'en fait ne prenant un caractère de gravité que des circonstances particulières; la 3.ᵉ, qu'un vol aussi mince que celui de quelques tas de marne ou de fumier ne doit pas donner lieu à la peine de la reclusion, qui entraîne l'exposition et le carcan, sans compter qu'entre cultivateurs voisins, ce ne serait qu'une voie de fait tenant aux matières possessoires.

Art. 370. Trop de latitude dans l'amende : si on ne veut pas la réduire, il serait plus à propos de la porter de 1000 à 6000 francs.

Art. 371. Cet article a un côté moral, en mettant les mineurs sous la protection des lois, et en sévissant contre ceux qui tendraient des piéges à leur faiblesse et à leur inexpérience. Il est à craindre cependant que les mineurs qui peuvent rendre leur condition meilleure, ne trouvent point à traiter avec les majeurs effrayés de la peine de la détention dont ils seraient menacés. Les mineurs faisant commerce devraient être exceptés dans l'article, pour tout ce qui aurait rapport à ce commerce.

Art. 372. Cet article est transposé; il devrait précéder le 371.ᵉ

Art. 373. Les soumissions ne se font pas ordinairement dans un lieu public, elles ne se font pas avec la solennité qui accompagne les adjudications; le trouble doit-il être également puni de la détention dans un cas comme dans un autre?

Art. 378. Par ces termes, *quiconque aura fait émigrer des directeurs, commis ou ouvriers de fabrique,* on entend dire sans doute, quiconque aura fait passer ces personnes chez l'étranger; mais s'il n'y a pas de loi qui prohibe leur sortie, comment punirait-on de la reclusion ceux qui la favoriseraient? Quand il ne s'agirait que d'une émigration d'une fabrique dans une autre et dans l'intérieur du territoire français, il n'y aurait point de complicité, sans délit principal; la prohibition devrait porter directement contre les directeurs, ouvriers et commis.

C 2

Art. 379. La preuve des faits faux et calomnieux semés dans le public, ne pourra se faire que par témoins. Cette preuve sera donc reçue, à quelque somme que monte la valeur de la marchandise ou denrée dont on aura voulu faire hausser ou baisser le prix ; en voulant réprimer les fraudes et les manœuvres des agioteurs, il faut prendre garde de ne pas ouvrir un vaste champ aux procès et aux condamnations arbitraires.

Art. 382. L'article ne devrait pas être maintenu : outre qu'il ne s'agit que d'intérêts pécuniaires entre le vendeur et l'acheteur ; si l'article était exécuté à la lettre, le commerce de spéculation qui a toujours été licite, serait prohibé. L'article devrait être au surplus renvoyé au Code de commerce.

Art. 383, 384. En assurant le service de l'État, il ne faut pas prendre des mesures trop rigoureuses contre les fournisseurs qui feraient payer cher les risques d'une détention ou d'une reclusion qu'on leur ferait courir ; combien d'honnêtes gens n'oseraient faire de ces sortes de marchés ! moins il y a de concurrens, plus le marché est désavantageux à l'État.

Art. 387, 388, &c. Ces articles devraient être rangés sous le titre général de faux.

Art. 399. Cet article rentre en partie dans les articles 367 et 368 ; les redites doivent être d'autant plus évitées dans un code pénal, qu'elles peuvent donner lieu à diverses interprétations, et à l'application de peines différentes pour les mêmes délits.

Art. 404. Abattre les arbres d'autrui n'est souvent qu'une voie de fait qui ne peut donner lieu qu'à une action civile et à des dommages et intérêts. Des voisins se disputent souvent des arbres plantés le long de la ligne séparative de leurs héritages ; celui des deux qui serait jugé avoir abattu des arbres appartenant à son voisin, pourrait donc être condamné à la peine de détention ; mais une détention de six mois pour chaque arbre, pourrait entraîner quinze à vingt ans de prison. Des arbres abattus dans des forêts, dans des bois de particuliers, dans des parcs, formeraient des délits plus graves : cette matière appartient au Code rural et forestier.

Art. 407. Il semble qu'on doive excepter de cet article les faits d'entreprise de cultivateurs voisins. Celui qui succomberait dans une contestation en complainte ou en réintégrande, serait réputé voleur pour avoir porté la faux ou la faucille sur la terre de son voisin ; il pourrait, outre l'amende, être condamné en deux mois de détention.

Art. 409. Cet article, ainsi que les précédens, pourrait être renvoyé au Code rural. La peine d'un mois de détention serait trop rigoureuse pour la rupture d'un instrument de peu de prix, tel qu'une bêche ou un hoyau. Plusieurs autres articles devraient également entrer dans le Code rural.

Art. 415. En lisant cet article, on demeure persuadé de la vérité de l'observation qui a été faite sous l'art. 399 : il punit d'une simple détention de six mois ou d'un an une suppression ou déplacement de bornes, que l'art. 347 punit de la reclusion. Ces deux articles sont inconciliables.

Art. 417. Si l'on prend le parti de diviser les matières, et de faire un Code rural, cet article doit y trouver place ; il y aurait une addition à y faire. Le meunier, par l'élévation du déversoir, nuit autant au travail des moulins supérieurs qu'aux chemins et propriétés d'autrui.

Art. 420. Cet article devrait être placé dans la section IV, *du Vaga-bondage.*

Art. 425, 427. Ces deux articles doivent être modifiés; la contrainte ne devrait jamais être reprise, quand il surviendrait au condamné des moyens de solvabilité. La cause du fisc n'est pas assez favorable pour priver une seconde fois un citoyen de sa liberté. Le fisc doit se venger seulement sur les biens.

Art. 430. Les n.ºs 9 et 10 de cet article, rapprochés de l'article 342, donneraient lieu de penser que ceux qui, en cueillant les fruits d'autrui, en glanant, grappillant ou grattant le chaume, écarteraient avec violence le maître qui les en empêcherait, et lui feraient quelques blessures ou contusions, pourraient être punis de mort ; on se réfère aux observations faites sous l'article 342.

Art. 435, 439. Ces articles rentrent en partie dans l'art. 430. On est surpris de trouver classé parmi les délits spécifiés dans l'art. 435, le délit de ceux qui auraient refusé de recevoir les espèces et monnaies nationales non fausses ni altérées, selon la valeur pour laquelle elles ont cours. Il y a dans le projet plusieurs exemples de ces disparates; on a fait la même observation sous l'art. 288. Le n.° 15 de l'art. 435 demanderait une rédaction plus claire.

Art. 439. A la lecture de cet article, l'on sent plus que jamais la néces-sité de faire un Code de police à part, de classer et de spécifier les espèces de délits. Les cas spécifiés sous cet article 439 rentrent dans les précédens articles. La section III pourrait être fondue dans la section II.

Le n.° 10 du même article 439 doit être modifié ou expliqué. Le pos-sesseur d'un champ peut être condamné à une amende de 26 à 50 francs, pour avoir étendu sa culture au-delà des limites déterminées par le dernier état de possession. Quand il n'y a ni bornes ni indices de séparation, quel est le dernier état de possession! C'est un acte de possession annale, qui se prouve par témoins. Un possesseur légitime pourra donc être condamné en l'amende, s'il manque de témoins ou si son adversaire en produit de faux contre lui. Cet objet devrait être renvoyé au Code judiciaire, qui traitera des matières possessoires.

Le supplément indique encore la nécessité de diviser les matières, et de faire plusieurs Codes, pour éviter les redites et la confusion.

Art. 447. L'action publique, dit cet article, s'éteint par la mort du coupable ; c'est ainsi que s'exprime l'article 7 du Code des délits et des peines, qui a été rédigé avant la loi du 18 germinal an 7. Maintenant il faut dire que l'action publique s'éteint par la mort du prévenu ou de l'accusé. Quand le coupable meurt après le jugement de condamnation, l'action publique peut être intentée, soit pour la confiscation, dans le cas où elle a lieu, soit pour la restitution des frais auxquels le coupable a dû être condamné, aux termes de la loi du 18 germinal an 7.

Art. 457. Cet article, ainsi que les articles 462, 467, 468, 457 et 548, nomme, sans nécessité, les adjoints de maire avant les maires ; l'on doit s'en tenir à la rédaction de l'art. 469, qui, dans la même matière, n'appelle l'adjoint qu'à défaut du maire ; il a omis seulement de dire dans quel délai les procès-verbaux devront être affirmés devant le maire ou l'adjoint du lieu.

Il y aurait beaucoup d'autres observations à faire sur les dispositions pénales du Projet, qui a demandé un travail prodigieux ; la tâche ne serait guère moins pénible s'il fallait le refondre. Le Code pénal, avec quelques additions et changemens qui remplissent les lacunes, réparent les omissions et graduent mieux les peines, pourrait remplir le but du Gouvernement : d'autres Codes particuliers de police comprendraient les délits qui ne seraient pas soumis aux jurés.

Si la procédure par jury n'est pas abandonnée, l'on croit que les formes actuelles sont préférables à celles que l'on veut introduire. Il serait dangereux de faire une nouvelle épreuve dans une matière où les essais ont été si malheureux. En fait de lois pénales, on doit corriger quelquefois, et rarement innover. Le jury peut être perfectionné d'après les observations sages et judicieuses du grand juge, sans changer l'organisation des tribunaux.

Nous répondrions mal à la confiance dont le Gouvernement nous honore, si nous ne lui faisions pas connaître les justes inquiétudes que peut donner le projet de la nouvelle organisation.

Fait et arrêté à la chambre du conseil du tribunal, par suite des délibérations précédentes, le 29 floréal an 11.

Signé BROCHETON, *président ;* LIEUDON, PAILLART, *juges ;* BOUIN, DOUBLET-BOUTHIBAULT, *suppléans ;* GUILLARD, *commissaire accusateur public.*

OBSERVATIONS

DU TRIBUNAL CRIMINEL

DES FORÊTS,

SUR

LE PROJET DE CODE CRIMINEL.

OBSERVATIONS

DU TRIBUNAL CRIMINEL

DES FORÊTS,

SUR

LE PROJET DE CODE CRIMINEL.

Ire PARTIE.

DISPOSITIONS PRÉLIMINAIRES.

Art. 1.er, 2 et 3. Dès qu'il est reçu en principe sage et nécessaire dans toute bonne législation, ainsi que dans le Projet, que dans les lois criminelles actuellement en vigueur, il existe un vide embarrassant, en ce que ces lois ne donnent pas la distinction caractéristique des noms comme des peines aux crimes, délits et contraventions, parce qu'elles n'emploient que comme expression ou signification générale, le mot *délit*, pour désigner les crimes, comme les délits et les contraventions, il est conséquent que cette confusion doit être levée, et la différence des uns aux autres bien désignée de nom comme d'effet ou d'objet; et que, pour atteindre à ce but salutaire dans le nouveau Code, il semble, 1.º qu'on parviendra à cette précision, en mettant à la tête de la première partie l'intitulation, *Code pénal*, ou *Code des peines*, ou *lois pénales*, pour ne point donner par celle *Délits et peines*, l'air d'une signification générique qu'elle n'aura plus, n'a point, proprement dit, et ne devait pas avoir;

2.º Que les trois premiers articles, avec l'ajouté d'un quatrième ainsi conçu, « Toute infraction ou offense faite à une loi pénale, qui n'entraîne » qu'une peine de police, est qualifiée *contravention*, » en donnant la différence marquée par des noms analogues aux trois espèces d'infractions déjà exprimées de la même manière par l'intitulation principale et générale de *Code criminel, correctionnel et de police*, préciseront également au juste les objets de ces trois définitions;

3.º Qu'il suit de soi-même que, si cette observation mérite d'être accueillie,

il faudra en continuer et soutenir les expressions parmi tout le nouveau Code,
et faire dans le Projet le même changement là où l'expression du mot *délit*
se réfère encore en quelque chose, soit au crime ou criminel, soit à la contravention ou police, et respectivement, pour qu'il n'y ait dans aucun article
ni équivoque, ni confusion à cet égard.

On observe de plus, sur le premier article du Projet, qu'après la peine
énoncée de la forfaiture, pour la ranger dans la classe des crimes, il n'est
pas ajouté la confiscation générale, et que cependant, d'après l'article 9,
elle est dans cette même classe. On présume que c'est parce que cette
confiscation n'est en elle-même qu'un accessoire à d'autres peines d'un crime.

Art. 13. Il paraît que le parricide mérite, par son exécration, une peine
plus exemplaire que les autres crimes y énoncés, et être indiqué, dans le
Code, le premier crime, par un article séparé des peines de la première
classe. Ne peut-on pas, par exemple, ajouter à celle du parricide, que le
poteau soit peint en couleur noire, de sang et de flammes, et que le condamné restera exposé pendant quatre heures, &c. ?

Le parricide, dont les anciens n'avaient pas même fait mention, tant
ils en trouvaient l'exécration au-dessus des autres crimes, est, dans le
Projet, sur la même ligne avec des crimes fréquens, et qui, par cela
même, n'inspirent qu'une partie d'horreur : le parricide ne serait donc pas
plus en abomination ni plus rigoureusement puni que l'incendie d'une
chaumière, que l'empoisonnement d'un étranger !

Assassiner son père, assassiner tout autre individu, serait le même crime !
le poteau du parricide aurait à son côté celui d'un brigand ! voilà le parricide et le brigand dans la même classe. Celui qui assassine son prochain
est un scélérat ; celui qui tue son père est un monstre, dont la vue et
l'idée doivent faire frémir : la loi ne doit-elle donc pas mettre dans les
peines une différence frappante !

Art. 20. La disposition de cet article n'étant applicable qu'aux condamnés
en Europe, il y en aura sans doute une pour les condamnés en France
hors de l'Europe.

Art. 25. Il y est sans doute entendu que la partie du produit du travail du
condamné qui pourra être appliquée à son profit, sera celle réglée par le
Gouvernement, comme il est dit dans l'article 46, pour prévenir l'arbitraire.

Art. 27. Pourquoi la durée de la peine des travaux forcés à temps et de
la reclusion ne se compterait-elle pas du jour où la condamnation est devenue irrévocable, à l'instar de ce que prescrit l'art. 16 ! Cela ne serait-il
pas plus humain, plus naturel et plus juste ! Les jours ou le temps inter-
médiaires entre l'irrévocabilité et l'exposition, ne compteraient-ils pas contre
le condamné une peine de prison de plus sans cause !

Art. 29. Une espèce de balance du pouvoir attribué à l'exécuteur paraît nécessaire, afin que souvent trop incliné à la sévérité, pour ne rien dire de plus, il n'en abuse pas envers les condamnés, toujours à plaindre dans l'instant de l'exécution.

Il serait mieux, sans doute, si on pouvait indiquer l'espèce de châtiment auquel il doit être autorisé dans certains cas.

Art. 43. Comme la très-juste base de cet article est établie sur le principe que la confiscation générale au bénéfice de l'État ne doit en rien nuire aux créanciers légitimes, il paraît conséquent d'ajouter à sa disposition, que le Gouvernement leur devra conserver, jusqu'à la concurrence des biens confisqués, les mêmes facilités pour le paiement et l'exécution sur ces biens, le cas échéant, qu'ils avaient envers leur débiteur condamné relativement à ces mêmes biens.

Art. 44. Il s'ensuit de l'observation sur l'article précédent, que la disposition du présent article est nécessairement : *Sans préjudice aux droits que les créanciers ont et conservent sur ces mêmes biens.*

Ne serait-il donc pas plus satisfaisant pour eux d'y trouver expressément insérée cette clause, autant salutaire qu'elle est juste et sous-entendue!

Art. 50. Il paraît que, pour écarter de la disposition de cet article de plus en plus l'idée ou l'apparence d'une arrestation arbitraire, et le borner absolument dans ses seules vues de prévenir le danger de la liberté, sans caution des individus mis sous la surveillance du Gouvernement, on peut ajouter à la fin cette clause, en ces termes ou autres équivalens : *Sans que cependant cette arrestation puisse comporter quelque autre gêne personnelle que celle absolument nécessaire pour s'assurer que la personne détenue dans cet atelier ne s'évade pas, et que d'ailleurs elle doit y être traitée comme tout ouvrier ordinaire.*

Art. 60. Il est nécessaire d'indiquer qui prononcera sur la liberté provisoire et les preuves acquises y mentionnées.

Art. 63. Ne serait-il pas plus avantageux au public de borner la disposition de cet article aux actes gratuits faits par un coupable depuis l'époque de son crime ! parce que, quant aux délits, outre qu'il y en a qui ne sont susceptibles que des peines légères et des indemnités semblables, ils atteignent grand nombre d'individus de la classe indigente ou y approchant, vis-à-vis desquels, et ceux à qui seraient faites ces dispositions gratuites, il naîtrait par la réclamation des difficultés et des procédures, dont il résulterait plus de frais et de mal que ne pourra procurer de bien l'exécution difficile de cet article, quant aux coupables de délit et leurs

A 2

donataires ; on dit difficile, parce que ces sortes d'actes sont toujours cou-
verts d'un autre titre simulé, qui entraîne si souvent à tant de procès
dispendieux.

Art. 64. Les peines y exprimées paraissant graduées d'après l'article 9,
c'est d'après sa teneur que l'échelon doit être monté ici.

Art. 66. Les délits correctionnels étant variables en gravité, et de plus
ou moins, par différentes circonstances et nuances diverses, la récidive l'est de même ; il paraît donc plus naturel de donner à la récidive
les degrés proportionnés à la peine accessoire de droit de l'état de la surveillance, par la latitude du pouvoir de la déterminer, d'un an au moins
jusqu'à cinq au plus par le jugement condamnatoire à cette peine.

Art. 68, §. 8. Le mot *sciemment* ne doit pas faire naître de doute qu'il
ne soit essentiellement requis que, pour que les faits matériels indiqués
dans les autres paragraphes soient punissables des peines y exprimées, il ne
soit également requis que les prévenus les aient commis de même sciemment.

Ne convient-il pas conséquemment de les exprimer ainsi dans les autres
dispositions de cet article qui en sont susceptibles ?

Et comme on peut, ce semble, déjà prévoir actuellement que la cinquième disposition présenterait de grandes difficultés dans l'exécution, et
mènerait à l'arbitraire, ne paraît-il pas qu'il serait préférable de l'omettre,
puisqu'elle est déjà comprise dans les autres paragraphes, sinon pour tous
ces objets, du moins pour la plupart, les plus connus ou prévus ! outre
que, si on voulait s'attacher à en appliquer la peine à ceux qui auraient,
d'un crime ou délit, reçu ou retiré un profit quelconque, c'est-à-dire, de
la plus mince valeur, cela ne serait-il pas exposer derechef la conscience
du jury, par rapport à la peine à infliger pour le plus chétif objet, comme
à l'auteur du crime même, et qui, par cette considération, quelqu'illégale
qu'elle fût, se laisserait induire parfois à déclarer non-coupable celui qui,
cependant, le serait d'après la loi !

Art. 70. N'est-il pas requis que, par explication sur cet article, il soit
dit : « Cependant celui qui aura provoqué, conseillé, aidé ou facilité, &c.
» un individu en état de démence, dans l'action, laquelle, s'il n'avait pas
» été dans cet état, eût constitué un crime et délit, et de sorte que ce second
» en aurait été le complice, sera néanmoins, comme coupable, dans l'un
» ou l'autre cas énoncé dans ce chapitre, condamné aux peines y portées. »

Art. 72. Cet article paraît contenir que, si l'accusé complice est au-
dessus de l'âge de seize ans, il ne doit pas être participant de la modération
de la peine de l'auteur au-dessous de cet âge ; cette explication, très-juste
presque dans tous les cas, l'est nommément dans ceux qui arrivent le plus
souvent en matière de vol : des receleuses et revendeuses d'effets volés

provoquent, engagent très-fréquemment de jeunes filles et servantes aux vols de toute espèce, et sont conséquemment bien plus coupables que les auteurs de pareils vols.

Art. 78. Il est d'abord de principe, que toute personne responsable ne peut être condamnée, à moins d'avoir été citée, et ouïe si elle comparaît; ainsi la citation y est sous-entendue.

Les personnes responsables, en matière criminelle, ne peuvent-elles pas être déclarées excusables ou recommandables par le tribunal, quant aux amendes?

Quant aux tuteurs et tutrices, s'ils étaient responsables, d'après le Projet, dans leurs propres biens, ne deviendrait-il pas trop difficile de trouver des personnes qui voudraient se charger de tutelle? outre l'obligation, très-forte pour eux, d'après les lois civiles, de l'hypothèque légale et l'inscription à faire par eux, sous la peine d'être punis comme plagiaires en cas d'aliénation de leurs biens, ils deviennent encore civilement responsables, même pour les amendes et frais, en cas de crime ou délit de leurs mineurs.

N'est-il donc pas plus utile à la chose publique et plus juste de diminuer cette dernière responsabilité, et de la restreindre à une somme déterminée par un *maximum* et par approximation à la négligence, à laquelle le tuteur serait condamné, pour, cette somme, être appliquée à l'indemnité civile?

Ne pourrait-on pas fixer un *maximum*, de manière que la peine de la responsabilité ne puisse jamais surpasser ce à quoi il n'est pas présumable qu'un tuteur ait voulu tacitement s'obliger?

Un mineur aura reçu une mauvaise éducation, contracté des inclinations perverses déjà du vivant de ses père et mère; il passe avec des penchans malheureux sous la tutelle; il se rend immédiatement après coupable de crimes ou de délit qui entraîne une condamnation à des amendes, dommages et frais considérables; il n'a point dans ses biens de quoi faire face à cette condamnation: avec quelle justice pourrait son tuteur être frappé de la responsabilité dans ses propres biens?

Ces mêmes observations n'exigent-elles pas également, quant aux maîtres de pension, instituteurs ou institutrices, que la loi fixe aussi un *maximum* à leur égard, sur le pied ci-dessus retracé, et d'après les obligations présumées auxquelles seulement ils peuvent être censés s'être liés d'après la nature de leur état?

Pour ce qui est des chefs de famille, maîtres et entrepreneurs, qu'entendra-t-on dans l'application de la loi au fait du *crime et délit commis par leurs gens de service, &c.* à l'occasion seulement du genre de service auquel ils les emploient? Ce genre de service est d'abord présumé légal ou non défendu. Par exemple, un garçon de boutique est envoyé par son maître chez le magasinier un tel, pour choisir un nombre des parties achetées dans un plus considérable ; il le choisit, vole une partie ou le tout du surplus, et s'enfuit. Le maître en serait-il responsable ! &c. &c.

La responsabilité ne doit-elle pas être fondée, tout au moins, sur une négligence ou une omission telle que tout bon père de famille ne ferait pas ; ou être la suite naturelle, présumée ou présumable d'une manière quelconque, d'un fait ou d'une action ou omission de celui qu'on veut rendre responsable !

Peut-être, si le temps nous l'avait permis, aurions-nous approfondi davantage la nature très-importante de ce chapitre, et pu donner des observations plus suivies et plus rapprochées des véritables principes, d'où sont tirés les articles prémentionnés. A défaut de temps suffisant, nous devons terminer ce chapitre par celle sur les aubergistes, en observant que cet article paraît plutôt avoir sa cause dans des circonstances récentes et transitoires que permanentes ; que, d'ailleurs, il ne paraît susceptible d'exécution et strictement nécessaire que dans les grandes villes ; qu'il ne l'est guère ou point du tout constamment dans les communes rurales ; que son application pénale serait à un temps indéterminé après celui auquel aurait logé chez lui celui qui aurait commis un crime ou délit ; et qu'enfin la responsabilité dans l'étendue de l'arrondissement, ne peut guère se rapporter toute part à une suite ou à l'occasion de réception inconsidérée ou faite de bonne foi, du coupable dans une hôtellerie éloignée du lieu du crime ou délit. Ne suit-il donc pas de ces motifs, qu'en faisant observer exactement les lois de police sur l'obligation des aubergistes d'inscrire les noms de ceux qu'ils logent, et faire condamner les défaillans sans ménagement et constamment aux amendes voulues par ces lois, cette mesure suffira pour prévenir les suites que ce défaut pourrait entraîner !

Art. 97. Cet article paraît comporter une espèce de prescription d'action, si l'événement y mentionné venait à ne pas avoir lieu au moment même, mais seulement après un temps prochain : il semble donc que de toute nécessité il faudra fixer ce que la loi entend par *temps prochain,* pour que le juge n'en fasse pas, malgré lui, une fausse application.

Art. 101. Comme cet article énonce que sous la dénomination d'époux sont compris aussi ceux divorcés, n'est-il pas convenable d'expliquer si, sous celle d'enfans, il comprend également ou non les enfans naturels reconnus et ceux adoptés !

Art. 102. Dans les termes que cet article est conçu, en le combinant avec la définition de complot, donnée dans l'article 91, il ne paraît guère compatible avec les causes d'exemption accordées aux coupables de tentative de complots, et à voir si on n'a pas voulu dire que ceux des coupables seront exemptés, qui, avant toute exécution ou tentative d'exécution de ces complots, ont dénoncé, &c.

Art. 103. Comme cet article frappe de la même peine l'attroupement, les voies de fait et les menaces, il semble que les deux derniers étant moins graves que le premier, la peine doit être moindre pour ceux-là que pour celui-ci.

Art. 107. Si on se représente, par l'application de cet article, nombre de cas qu'on peut prévoir y être compris, on en trouve quantité à l'égard desquels il est très-douteux s'ils y sont effectivement ; que d'autres diffèrent considérablement en gravité entre eux.

De cette réflexion, jointe à celle de l'étendue que cet article désigne, et des circonstances différentes plus nuancées encore dans les cas particuliers, qu'il est impossible de prévoir, et que cependant on trouve que la loi inflige la forfaiture sur tous indifféremment, on doit, ce semble, tirer la conséquence du péril trop alarmant pour tout fonctionnaire d'être exposé, lorsqu'il y penserait le moins, à encourir cette peine, la plus sensible et la plus déshonorante, sur-tout dès qu'il en serait atteint sans avertissement préalable, qui, très-souvent, pourrait seul rendre constant, soit son intention de contrevenir à la loi ou à la Constitution, soit son dol ou son ignorance, s'il n'y déférait pas ; il s'ensuit donc ultérieurement, ce semble, que la disposition de cet article, entraînant la forfaiture, doit être déterminée aux faits plus positifs de ce crime, ou faire précéder du moins l'avertissement avant que le fonctionnaire puisse l'encourir, s'il n'y déférait pas.

Art. 110. La disposition concernant tout autre fonctionnaire que les ministres, peut, ce semble, en proportion des mêmes motifs à l'égard de ceux-ci, être, avec la même justice, limitée à l'indemnité et à l'avertissement : de sorte que la signature surprise à tout autre fonctionnaire, puisse être alléguée pour ce qui concerne la punition, même pour circonstance atténuante, modifiante ou commuante, à charge que l'erreur soit redressée par lui ou par qui il appartiendra, s'il se peut, autant qu'il dépend de lui, et aussitôt qu'il en aura eu connaissance.

Art. 142. Là où l'administrateur, le préposé du Gouvernement, le juge et les autres fonctionnaires y mentionnés, ne se mêlent pas du commerce des grains, vins, &c., c'est une preuve que le choix en est bon ; qu'ils sont dévoués à leur état, l'aiment et s'en acquittent bien ; ils s'attirent la confiance et la considération.

Mais dès que la loi doit le défendre, c'est que ce bien n'existe pas, et devrait cependant avoir lieu. Dès qu'elle doit en faire la défense sous des amendes et des confiscations considérables, elle présume que l'intérêt surpasse le devoir, et que l'habitude de ce penchant séducteur rendra difficile l'exécution de ce qu'elle ordonne.

Il faut donc qu'en même temps elle fasse aussi de son côté tout ce qui

est requis pour extirper la cause de cet intérêt si blâmable dans cette classe
de fonctionnaires, sur-tout parce qu'elle est louable et agréable dans les
autres individus. Il faut prévenir qu'il ne tombe dans ce délit politique, et
n'encoure pas les peines, puisqu'elles ne pourraient porter dans cette classe
que le mépris au lieu de la considération, et mettre la défiance à la place de
la confiance, si essentiellement nécessaire à ces autorités.

Le Gouvernement connaît cette cause mieux que personne ; il s'est occupé dans sa sagesse du remède : le secret en est le bon choix dans une
bonne pépinière ; le choix gradué d'après une sage expérience, bien successive ; la probité et le dévouement à l'État reconnus dans les personnes
auxquelles sont conférées les places importantes ; ensuite seconder les
pourvus d'un traitement y proportionné, et tel qu'ils puissent, avec leur
famille, se sustenter honnêtement suivant leur état, se passer de pareils
commerces, et les abandonner entièrement à l'industrie des autres classes
faites pour en profiter.

A défaut de pareils choix et sans pareil traitement, le cri de la loi sera
vain.

A ce défaut, son commandement sera-t-il regardé comme juste !

Ne diront-ils pas, les intéressés par habitude ou par besoin, ou du
moins ne penseront-ils pas que ce qui est naturellement fait pour tous (le
commerce), ne peut être exclusivement attribué au profit des uns, sans
que les autres en soient indemnisés en proportion, d'après leur état auquel
ils se sont voués pour le bien de la généralité !

C'est ici que, sur les peines contre les fonctionnaires publics, on peut,
pour appuyer en même temps le but des observations ci-dessus, rappeler
le péril continuel auquel ils seront exposés en matière d'abus de pouvoir
et d'attribution d'affaires administratives, quant aux juges, et judiciaires
quant aux administrateurs, si les lois sur la démarcation ne devenaient
point, pour tous les cas, si positives, si claires et si précises, qu'on ne pourra
s'y tromper que par ignorance, volonté ou négligence, qui seules devront
et pourront rendre coupables les fonctionnaires y contrevenant.

Art. 157. La graduation des peines paraît demander que ceux qui con-
treviendront à cet article, en portant le costume ou l'uniforme, soient
moins punissables que les autres dont il y est fait mention, parce que ce
délit paraît moindre de sa nature.

Art. 158. La disposition de cet article mène naturellement à une autre
qui n'y est pas, celle concernant les lettres venant de l'étranger par la poste
pour les mêmes cas y mentionnés de celles de l'intérieur.

Art. 187. L'on suppose que c'est la désobéissance formelle qui est placée
comme délit punissable de la peine y mentionnée : ne convient-il donc
pas de l'énoncer expressément, pour que des omissions, des retards simples,
des

des défauts de promptitude ou de célérité, souvent éloignés de toute désobéissance, et même inconséquens, ne soient pas confondus avec le vrai
délit de la désobéissance, et n'embarrassent pas le juge pour l'application de
la loi au fait!

Art. 194. Pour ce qui concerne les tuteurs dans la disposition de cet
article, on ne peut pas se dispenser d'employer les mêmes observations
déjà faites à leur égard sur l'article 78.

Quant à ceux autres que pères et tuteurs ayant autorité sur le mineur
refusant de servir, il faut sans doute que cette autorité soit la même que
celle des pères et tuteurs.

Mais si le tuteur ou celui ayant la même autorité, avaient fait tout ce qui
dépend d'eux pour déterminer et obliger tel mineur à servir, jusqu'à avoir
employé la dénonciation et épuisé tout leur pouvoir sur lui, ou qu'il se
soit éloigné, enfui ou évadé malgré eux, et qu'ils n'auraient d'ailleurs aucun recours efficace sur les biens de ce mineur, ne doivent-ils pas être
déclarés excusables, ou même n'être point soumis à la poursuite de la peine
prononcée dans ce même article !

Art. 248, combiné avec l'art. 309. La matière de ces dispositions est
certainement aussi délicate qu'importante; la restauration et ensuite la conservation des bonnes mœurs en sont l'objet. Elles tendent à retenir par des
lois une passion qui n'en est que difficilement susceptible; l'habitude et des
principes funestes l'ont mise à l'aise sans frein pendant les troubles et la
révolution.

Tandis donc que la religion et la morale, sur leur retour, mettront tout
en œuvre pour corriger ce vice dominant, il semble que les lois sur cette
partie, de concert avec ces véhicules puissans, pourraient attaquer avec plus
d'étendue, par la source, les actions extérieures et publiques d'où ce mal,
cette immoralité dérivent; toujours néanmoins avec la précaution du plus
sage, qui paraît avoir été adoptée dans le Projet. Que la rigueur de la loi
ne soit pas telle, qu'elle puisse mener à une corruption plus réfléchie ou
hypocrite, plus comprimée en apparence, et qui, en éclatant enfin, fût
plus déterminée, plus hardie et plus scandaleuse.

Art. 249 et autres du même chapitre. L'article 249 commence par désigner
les sociétés spécialement défendues, et par celles ayant tout autre objet.

L'article 251 fait une défense relative à la réunion des membres de toute
société quelconque, ou pour l'exercice d'un culte.

On peut avoir quelque doute sur le vrai esprit de la loi, pour déterminer
dans divers cas, si effectivement quelques assemblées d'hommes sur certain
objet sont dans la défense, soit pour être véritablement société ou association,
soit que, ne l'étant pas strictement, la loi les atteint cependant, en matière
de culte nommément.

Il semble que toute espèce de doute disparaît, si l'article 1.ᵉʳ du chapitre commençait par la définition du 251.ᵉ; ensuite, que le second donne le contenu du 249.ᵉ, en énonçant « qu'aucune société, même religieuse, &c. » si elle n'est pas formellement autorisée; » que, par après, l'article final rabatte le mot *quelconque*, et qu'omettant aussi vers le milieu, ceux *ou pour l'exercice du culte*, termine par ces mots, *il en sera de même pour l'exercice du culte, si la réunion était de plus de vingt personnes, non compris celles domiciliées dans la même maison, quand même il n'existerait entre elles aucune association à cet égard.* Nos motifs, s'ils sont justes, doivent résulter de cette construction.

Art. 275 et 278. Il y a erreur ou omission dans l'article 275, parce que, dans les termes dans lesquels il est porté dans l'exemplaire du Projet, il comprend les mêmes crimes que l'article 278, et ces deux articles prononcent des peines bien différentes. Cette erreur ou omission paraît consister en ce que l'article 275 ne rapporte pas les mêmes circonstances aggravantes énoncées dans l'article 277, lequel, avec celui 279, contiennent, pour le cas de préméditation, les mêmes punitions proportionnelles que doivent comprendre les deux articles 275 et 278, pour le guet-apens : ainsi, il paraît clair que le rédacteur ou le copiste aura omis d'ajouter à la fin de l'article 275 ce qui est exprimé dans le 277.ᵉ en circonstances aggravantes de maladie, d'incapacité pendant plus de vingt jours, ou contre les pères et mères, &c.

Art. 319. Les ensevelissemens ou mises en cercueil ou fermetures de cercueil précipités, seront et resteront sans doute compris avec les inhumations précipitées, comme sujets aux mêmes dangers.

Art. 325. Le serment décisoire déféré d'office ou par la partie, étant accepté et prêté, est-il réputé compris dans le crime de faux témoignage en matière civile ? il est vrai que tel faux serment n'est pas compris dans le crime de faux témoignage punissable, d'après l'art. 47, seconde partie, titre II, section II.ᵉ du Code pénal de 1791, actuellement en vigueur, ainsi qu'il en a été décidé par le tribunal de cassation. Comme cependant il y avait doute raisonnable à cet égard, nommément en ce que tel serment sert de témoignage ou de preuve supplétoire, et que s'il est faux, il est tout aussi préjudiciable et plus criminel, sous certains rapports, que le faux témoignage, de sorte que l'on attend que, dans le nouveau Code, il soit déclaré punissable d'une manière proportionnée à son immoralité et au préjudice qu'il cause; il convient donc, ce semble, que dans cet article la loi s'explique positivement à cet égard, ainsi qu'elle le fait dans le Projet, pour le faux témoignage en matière civile ou de police.

Et si sous l'expression en matière de police n'était pas compris, comme quelques-uns en doutent, le faux témoignage en matière d'instruction préparatoire devant le directeur du jury ou propréteur, dans ce cas il serait à desirer qu'il y fût aussi prononcé une peine, nommément si le prévenu est traduit devant un jury d'accusation, puisque, d'après la législation sur les jurés, il intervient sur cette instruction, quoique préparatoire seulement, un jugement définitif, lorsqu'il est prononcé que l'accusation n'a pas lieu, et qu'à défaut de punition, des témoins intéressés, dévoués ou gagnés en faveur du prévenu, connaissant l'impunité en déposant contre la vérité ou en la recélant, pourront d'autant plus facilement être menés à cette dépravation, qui doit cependant d'autant plus être prévenue qu'elle parviendrait à faire manquer le but des lois pénales les plus importantes, portées pour la sûreté et tranquillité générale et particulière.

Nous sentons bien la force des motifs pour lesquels le faux témoignage, dans l'instruction préparatoire, n'est pas réputé tel ; mais si on observe que dans les cas où il n'échet plus aujourd'hui ce qu'on nommait récolement et confrontation, avec la liberté au témoin de changer, d'ajouter ou diminuer, conformément à la vérité, on trouvera que ces motifs n'ont aujourd'hui, dans les mêmes cas, ni la même force ni la même conséquence.

Au reste il sera toujours bon d'expliquer positivement si, sous les noms de *matière civile et de police,* sont compris les faux témoignages, tant en matière de police simple que correctionnelle, et instruction devant le directeur du jury ou propréteur, lorsqu'elle a lieu pour les peines criminelles avant l'accusation admise, ou si seulement y sont placés ceux en matière de police simple et correctionnelle.

Art. 347, §. 4. Il a été différentes fois agité devant ce tribunal, ainsi que devant les tribunaux de première instance de ce département, jugeant en matière de police correctionnelle, si la soustraction ou vol d'une corde, ou demie, de bois façonné ou d'un arbre abattu et équarri, &c., dans une coupe communale, lors de son exploitation et après la distribution faite des portions ou lots à chacun des membres de la commune, et tandis que d'autres étaient plus ou moins avancés dans l'opération et perception de leurs portions, et que les uns ou plusieurs avaient vendu, soit à des particuliers ou à des maîtres de forges, une partie ou toute leur portion par cordes ou autrement; si la soustraction prémentionnée n'était qu'un délit forestier soumis seulement aux peines prononcées à cet égard, il pouvait conséquemment être prouvé par le seul rapport ou procès-verbal d'un garde forestier; ou si ce délit était un vol caractérisé, fait dans des ventes de bois exposés sur la foi publique, mentionnés dans l'art. 27 du Code pénal de 1791, 2.ᵉ partie, titre II, 1.ʳᵉ section, il ne pouvait être prouvé conséquemment que de la manière prescrite pour les délits de cette espèce qui sortent de la classe des délits forestiers.

On a constamment jugé que ce n'était qu'un délit forestier, que le seul procès-verbal du garde forestier suffisait pour la preuve; parce que la coupe d'un bois, pendant son exploitation et pendant sa conservation, d'après les lois forestières, ne pouvait être envisagée pour une vente de bois exposés à la foi publique.

Le tribunal de cassation vient récemment d'en décider autrement.

Comme l'art. 347 présente le même doute, on se tiendra à cette décision, si la disposition de cet article subsise comme il est conçu dans le Projet.

Et on jugera conséquemment, à l'avenir, que les vols de bois cesseront d'être délit forestier, dès qu'ils sont faits dans une coupe où il y aura ou pourra être faite une vente des bois abbatus, et entreront dans la classe des vols mentionnés dans ce même article ; parce qu'il faudrait naturellement qu'il y eût une circonstance frappante de démarcation qui dénote le changement caractéristique de l'un à l'autre de ces deux délits différens. On peut aussi voir, sur cet objet, l'article 440 du Projet.

Art. 348. Il nous paraît qu'on a trouvé nécessaire d'expliquer très-clairement le terrain y désigné, pour qu'il n'y eût pas d'équivoque par rapport à l'importance de l'objet : le terrain qui y est désigné comme enfermé, quand même il ne serait pas compris dans la clôture commune, et quand même il y aurait une clôture particulière dans la clôture ou enceinte générale, nous semble assez clairement indiqué, en appliquant cette désignation sur certaines localités, mais présenter de l'équivoque sur d'autres ; de sorte que pour donner, conformément à l'esprit de la loi, cette indication pour tous les cas, il semble qu'on réussirait mieux en la particularisant par division l'une après l'autre.

Art. 366. La complicité de la banqueroute frauduleuse avait certainement besoin d'être clairement indiquée. Le Projet n'épargne rien pour parvenir à ce grand but. Si le temps nous eût suffi, nous y aurions joint notre travail, d'après notre expérience ; mais le temps prescrit n'y suffisant pas, nous passerons avec confiance sur cet article, n'ayant rien de mieux à présenter actuellement.

Art. 378. Pour assurer d'autant mieux le but du Projet, et que cette disposition sage ne puisse servir à de certains fabricans, de moyen de tromper ou surprendre, ne serait-il pas préalablement nécessaire qu'ils inscrivissent le secret de leur fabrique dans un registre secret, qu'ils le signassent et le fissent signer par ceux à qui ils en confieront l'exécution, afin que ceux-ci connussent l'obligation de garder et ne point divulguer ou communiquer ce secret.

Art. 383. Est-ce qu'il n'est pas à craindre que les précautions et peines extraordinaires reprises dans cet article, n'occasionnent une hausse de prix extraordinairement plus forte que vis-à-vis de tout particulier, à charge de la République, des communes, municipalités et établissemens publics, sur-tout si on y conserve les expressions de condamnation , sur la seule dénonciation du Gouvernement ; parce qu'on pourrait appréhender que, sans autre preuve , la condamnation ne s'ensuivît.

Art. 385. La peine y prononcée pour avoir trompé sur la nature de toutes marchandises quelconques, que l'acheteur peut cependant examiner, paraît disproportionnée à celle des autres abus y déterminés.

Art. 386. N'est-il pas plus juste et utile , même plus propre au caractère de toute loi, de borner la voie, pour obliger à son exécution , à des moyens et peines directes , qui toujours puissent atteindre les contrevenans eux-mêmes , et jamais indirectement d'autres, et conséquemment se servir de cette voie directe seulement, pour parvenir à faire observer les lois émanées pour les nouveaux poids et mesures établis pour la République?

D'ailleurs les ruses , les spéculations frauduleuses et raffinées de certains vendeurs ne trouveront-elles pas une occasion, dans les moyens indirects du Projet, à tromper la bonne foi des trop crédules acheteurs ! Il sera , conséquemment bon , en tout cas , d'y porter quelque remède, en augmentant la peine contre ces vendeurs doleux au-delà de la valeur du bénéfice qui pourrait résulter en leur faveur, de leur supercherie.

Art. 398. La durée de la reclusion étant de cinq années au moins, et dix au plus ; et cet article comprenant, dans sa disposition générale, la destruction ou le renversement , en tout ou en partie , des bâtimens, maisons, édifices, ponts, digues, chaussées, de très-petits objets comme de très-grands , il semble qu'il y en aura de ces destructions ou renversemens, de si mince valeur et de si peu d'importance, que la peine de cinq ans se trouvera bien trop grave dans le *minimum*, en comparaison de ceux qui la mériteraient seulement à ce moindre terme. La connaissance des communes rurales et l'expérience attestent la vérité de cette observation.

La peine criminelle pour la circonstance aggravante y ajoutée, se trouvera aussi, dans bien des cas, être trop sévère, et peut-être non conséquente pour l'honneur de la loi, en devant déclarer l'accusé coupable d'assassinat ou de meurtre, ou d'homicide avec préméditation, nonobstant qu'il puisse être présenté comme excusable ou recommandable par le même jugement.

Art. 416 et 417. Ainsi l'amende prononcée par cet article ne pourra être moindre que de cinquante-un francs, et devra être plus forte, et toujours jusqu'au quart des restitutions , dommages et intérêts , si ce quart passe les cinquante-un francs.

Ainsi il faudra toutefois, quand même la partie civile ne serait pas comparue, déterminer préalablement les restitutions, liquider et taxer les dommages et intérêts : cela ne paraît-il point inconvenable!

Art. 466 et 642. On a , lors de la rédaction de ces articles du Projet, senti combien il est nécessaire, pour la sûreté et l'authenticité d'accomplissement des différens devoirs attribués aux gardes-champêtres et forestiers, qu'ils sussent non-seulement signer leur nom, mais aussi lire et écrire, et même suffisamment pour les remplir.

L'expérience journalière prouve cette nécessité, et qu'il y en eût plutôt en moindre nombre qui eussent cette qualité, que d'avoir le grand nombre qui existe avec ce défaut.

Art. 467. Si le garde-forestier avait la liberté de se faire, dans le cas y exprimé dans la troisième disposition, accompagner de deux citoyens à son choix, sur-tout lorsque ni lui ni eux ne savent pas écrire, cette précaution, au lieu d'atteindre le but, pourrait bien le manquer : ne serait-il pas convenable d'ajouter que ces deux citoyens soient désignés par un fonctionnaire dénommé dans cet article.

Art. 468. N'est-il pas requis aussi, pour le but de cette disposition, que, de ces rapports, lecture en soit donnée au garde-rapporteur par ceux qui les ont rédigés, et que mention y en soit faite par celui-ci?

Art. 470. Cet article suppose que la distance de la résidence du sous-inspecteur à celle des gardes forestiers soit telle, que ceux-ci puissent, dans le terme y voulu, lui remettre leurs rapports facilement dans toutes les saisons de l'année, nonobstant la crue des eaux dans certaine partie de l'an en certaines localités.

Art. 477. Il semble, d'après les justes observations du commissaire près de ce tribunal, qu'il est nécessaire qu'il y eût, pour ce département, un magistrat de sûreté spécial, tant par les considérations du chef-lieu, toujours plus chargé par la population, que par rapport au renvoi multiplié des affaires, outre ses devoirs de poursuivre et surveiller, &c.

Art. 498. L'expérience journalière démontre le peu d'attention ou de connaissance qu'ont la plus grande partie de ceux qui sont chargés de dresser de ces espèces de procès-verbaux, en ce qu'au lieu de borner le contenu à ce qui se présente sous les yeux au *visum repertum*, et à ce qui doit et peut seul en faire le contenu, ils y entremêlent des résultats d'information, des déclarations de témoins, des réponses aux interrogatoires, de manière que parvenus comme pièces annexées à l'acte d'accusation au tribunal criminel, on est très-embarrassé d'encartonner ou voiler tout ce qui est défendu d'être communiqué ou lu au jury de jugement. Ainsi, pour prévenir ces inconvéniens très-conséquens par rapport aux nullités qu'ils pourraient entraîner, il serait bon de donner dans ce chapitre la définition de tels procès-verbaux, avec avertissement de l'obligation d'observer dans leur rédaction ce qui en constitue l'essence, et de porter sur cahier séparé les dires, désignations ou résultats de toute autre espèce d'actes.

Art. 510. Il paraît, pour plus de facilité, même pour marquer l'exactitude que l'on met dans le travail d'un Code, qu'il est bon de citer l'article auquel un autre renvoie pour la prononciation d'une peine.

Art. 517. Cet article suppose au magistrat de sûreté un adjoint. Ce ne peut pas être le même qui fait les fonctions de greffier près du directeur du jury ou propréteur ; ce doit cependant être un homme assermenté pour ce devoir : il convient donc de le désigner, ou qu'il en soit nommé un.

Art. 526, 527 et 533. Les devoirs y mentionnés d'inventaire, opposition et levée des scellés, doivent-ils aussi être faits à l'adjonction d'un greffier ou commis assermenté ? Ces devoirs et ceux du magistrat de sûreté n'exigent-ils pas qu'il y ait un greffier nommé pour son adjoint nécessaire ?

Ne faut-il pas aussi qu'il soit positivement dit de quelle nature sont, et l'audition des témoins, et les interrogatoires que sont chargés de faire le magistrat de sûreté et les fonctionnaires officiers de police qui suppléent le directeur du jury dans certains cas ?

Si ces actes sont seulement des renseignemens pour servir à l'instruction devant le directeur du jury, une note sommaire y suffira, et ces devoirs devront être réitérés devant lui, pour pouvoir être soumis au jury d'accusation et y mériter foi ; mais si déjà ils sont censés former l'instruction, et doivent mériter foi devant le jury, comment alors ces fonctionnaires pourront-ils être réputés plaignans, poursuivans ou acteurs contre le prévenu ? Cela impliquerait avec le principe adopté qui confie l'instruction aux juges seulement, d'impartialité légale. Veut-on cependant, en donnant la double qualité à ces fonctionnaires, d'acteurs sous un rapport, et de juges suppléans sous un autre, que ces dépositions et interrogatoires fassent partie de l'instruction, comme censés être tenus par des juges suppléans, c'est-à-dire, si le magistrat de sûreté et les fonctionnaires dénommés à ce pouvoir étaient réputés comme directeurs du jury ou juges ; ce devoir, ou leur besogne, devra du moins être rédigé dans de la forme de l'instruction qui se fait devant le directeur du jury ou propréteur lui-même, à l'adjonction d'un greffier nommé *ad hoc*, et signé comme devant le directeur, c'est-à-dire, par les témoins, par le prévenu, respectivement par ce fonctionnaire, comme juge suppléant, et le greffier.

Enfin, au cas que ces devoirs du magistrat de sûreté et autres officiers de police ne soient que des notes pour l'instruction, ne convient-il pas de les borner aux cas de nécessité où ils ne pourraient pas être aisément faits assez à temps par le directeur du jury ou propréteur lui-même !

Si ces observations méritent l'attention que nous croyons, l'on espère que les lois du Code en fixeront positivement ce qui en devra être au juste.

Art. 533, 592 et 705. En cas d'envoi des pièces, il doit toujours être ordonné ou sous-entendu qu'elles soient spécifiées dans un inventaire signé , tant pour la sûreté que pour la facilité de l'instruction , et parce que l'expérience démontre que cette omission cause souvent des inconvéniens.

Art. 564, 570 et 727. Il est dans l'esprit ou le sens de ces articles, que, lorsqu'après l'interrogatoire , ou après la communication des charges, ou après que le magistrat de sûreté et le propréteur ont déclaré que l'affaire est suffisamment instruite, on découvrait de nouveaux témoins, ils soient entendus comme ont été les autres ; mais qu'ensuite le prévenu soit aussi interrogé sur leur résultat, et lui en soit donné lecture et communication , pour être interrogé de nouveau s'il le demande.

Comme cependant, dans la pratique , l'on n'observe pas bien cette marche , au point que ce défaut d'intelligence a occasionné des nullités , ne conviendrait-il pas d'indiquer expressément cette marche, en déclarant aussi positivement que la disposition de l'article 724 se réfère au temps entre l'ordonnance de traduction et l'assemblée du jury d'accusation, et que, dans ce cas, celui d'audition des témoins doit être observé de la même manière à l'égard du prévenu, tant pour l'interrogatoire que pour la communication ultérieure des dépositions des témoins ouïs dans cet intervalle; ne serait-il pas même dans l'ordre, après tous ces nouveaux devoirs, que, de la part du magistrat de sûreté, il soit requis que l'ordonnance de traduction soit suivie de son effet, et que, de la part du directeur ou propréteur, cela fût aussi ordonné ?

Art. 593. Il y a erreur d'impression , en ce qu'il y est rappelé les chapitres XXXI et XXXII du livre de la justice, le XXXI.ᵉ étant de la prescription et le dernier.

Art. 596 à 607. Les procès, par les frais qui en résultent, les embarras , les inimitiés et autres maux qu'ils occasionnent, sont toujours une espèce de fléau dans un État, dès qu'ils excèdent la vraie nécessité de ceux indispensables : il faut donc que le Gouvernement, le législateur, emploient tous les moyens possibles qui sont propres à les prévenir. Il est vrai, au cas particulier , que l'élargissement d'une détention ou arrestation, moyennant caution , est aussi juste qu'humain, dès que le prévenu peut jouir de sa liberté provisoire, sous la garantie que la loi sera néanmoins satisfaite, en cas de condamnation ; mais la complication à laquelle ce chapitre paraît assujettir quelques cautionnemens, dans la généreuse intention de donner à cette liberté provisoire toute l'étendue dont les cautionnemens peuvent être susceptibles , n'amènera - t - elle pas beaucoup de procès incidentels à l'égard de ceux qui ne pourront pas donner ce cautionnement évidemment suffisant ! Le mal que ces procès causeront alors, ne détruira-t-il pas le bien d'une liberté provisoire plus étendue en faveur des prévenus ci-mentionnés !

ci mentionnés! Ne conviendrait-il donc pas de borner cette liberté provisoire au cautionnement requis, pourvu qu'il soit évidemment d'abord, à sa présentation, justifié être suffisant pour le trentième auquel la loi le fixe, ou encore d'accorder, dans les autres cas, cette liberté, sous la promesse solennelle du prévenu de se reproduire toutes et quantes fois qu'il en sera requis, à peine d'une détention de trois jours au-dessus de sa peine, s'il était condamné ; nommément dans le cas où le magistrat de sûreté et le propréteur seraient d'accord que son état d'existence est tel, que son défaut de se reproduire, ou de contumace par rapport à sa fuite, serait, à son égard ou à l'égard des siens, une privation équivalente, par approximation, à la souffrance ou exécution de sa peine, s'il s'était présenté ou était présent!

Art. 613. Il paraît être requis que le jour de la réception mentionné dans cet article, auquel le terme des dix jours commence, soit fixé, pour atteindre les vues de la disposition ; à moins que ce commencement ne soit entendu dater du jour après les vingt-quatre heures de celui de l'ordonnance du propréteur, dont il est fait mention dans l'article 611 ; et, en ce cas, il sera bon de l'expliquer ainsi.

Art. 627, 633 et 636. Toutes les récompenses et contraintes mentionnées dans ces articles, toutes ces voies indirectes, ne démontrent-elles pas un vice ou un faible dans la base ou le principe de la loi ! Ne s'ensuit-il pas alors que tout ce qu'on emploie pour arriver au but, n'est que hasardé, n'est que palliatif, et même nécessairement a quelque autre abus souvent plus grand que n'est celui qu'on veut prévenir ou corriger !

Ne résulte-t-il donc pas de ces observations, qu'il est préférable de rentrer dans le chemin naturel et direct, d'augmenter en proportion le nombre des juges, pour que l'administration de la justice ne soit pas retardée, et que la justice elle-même soit rendue par des hommes instruits et dévoués par état pour en remplir les fonctions !

Indépendamment de ces observations, ne vaudrait-il pas mieux encore, à l'égard de l'art. 627, s'il subsiste, que la récompense y reprise ne fût donnée que sous le référé du tribunal, la partie publique entendue, qui attesterait que le citoyen à récompenser s'est bien acquitté de ses fonctions! sans quoi, ce serait plutôt une indemnité commune ou égale à tous, qu'une distinction ou attrait particulier : et, d'ailleurs, quant aux articles 633 et 636, avec quelle proportion de justice le défaillant, d'après ce dernier article, serait-il puni de la même peine, n'étant averti qu'à l'instant même où il doit comparaître, que celui qui, averti trois mois d'avance, d'après l'art. 633, ne comparaît point !

Art. 644 et 647. En combinant les deux espèces de jugemens rendus sur défaut et mentionnés dans ces articles, on trouve que ceux de la première espèce sont infectés de la nullité y prononcée, parce qu'ils sont rendus sans que la partie, non dûment citée ou citée trop tard, ait été ouïe. La cause de cette nullité ne provient pas du défaut de la partie non comparante, tandis que ceux de l'autre espèce sont légalement rendus sur défaut légal des non comparans. S'il est donc juste que ceux-ci supportent les frais de ces jugemens ainsi que ceux de l'opposition, pour faire lever leur condamnation sur défaut, il paraît injuste que les frais des jugemens de la première espèce et ceux de l'opposition necessaire, soient à la charge des condamnés sur un prétendu défaut qu'ils n'avaient pas encouru : ces frais doivent donc plutôt être à la charge du demandeur, *factum judicis, factum partis*, en tout cas au moins suivre le sort de ceux du principal.

Art. 653 et 688. La liberté que laisse cet article, par le mot *pourront s'opposer*, fait naître la question si, à défaut d'opposition, le juge doit d'office rejeter les témoins dans ces degrés prohibés, et en statuant sur l'opposition formée, si son pouvoir d'admettre ou rejeter le témoin contre lequel il y a opposition, est uniquement borné sur la connaissance du fait, s'il est justifié ou non que ce témoin est ou n'est pas parent dans ce degré.

Art. 665. N'est-ce pas ici la place de fixer quelle foi mérite le témoin décédé après qu'il avait déposé en première instance, lorsqu'en celle d'appel il echet une espèce de récolement ou audition nouvelle de tous ceux ouïs en première, même avec audition d'autres !

Art. 683. N'est-il pas sous-entendu que, si l'instruction n'est pas nécessairement interrompue ou prorogée, elle se fera sans interruption ! Les causes de prorogation ou d'interruption nécessaire sont entre autres, par exemple, si un ou plusieurs témoins nécessaires légalement cités ne comparaissent pas, tandis que, commençant l'instruction par la lecture des procès-verbaux et audition des autres témoins, on était dans la persuasion certaine qu'à chaque moment il arriverait ; ou si, d'après les interrogatoires, qui ne se feront qu'après la partie principale de l'instruction, des faits se présentaient qu'on pourrait justifier être vrais, ou prouver, par témoins qui fussent relevans, n'être point véritables, et que ces faits n'auraient été ni prévus ni prévoyables, &c. !

Art. 684. Quelle sera dans ce cas la tâche ou quels seront les devoirs du substitut, nommément lorsqu'il serait différent en avis, opinion ou soutenement du commissaire ou de l'officier forestier!

Art. 686. La peine contre le greffier, statuée par cet article, aurait-elle aussi lieu, s'il avait tenu une note sommaire quelconque où seraient négligées ou omises de principales dépositions ou principales défenses!

Art. 691, 695 et 712. Le mot *pourra* désigne que le tribunal ne doit pas, dans le cas de cet article, statuer sur les dommages et intérêts. Il s'ensuit que certaines circonstances peuvent le déterminer à statuer ou ne pas disposer sur les dommages et intérêts, et que ces circonstances sont laissées à son arbitrage : mais comment jugera-t-il sur les dommages et intérêts, tandis qu'il renvoie le principal, dont ils ne sont que l'accessoire, à un autre juge !

Si le premier tribunal, en faisant le renvoi, condamnait néanmoins le prévenu aux dommages et intérêts, et par suite, d'après l'art. 695, en outre aux frais tant envers la République qu'envers l'autre partie, et que sur ce renvoi à l'autre juge, celui-ci, faisant droit au principal après une procédure nouvelle, renvoyât le prévenu des fins prises au principal, il aurait, comme dans le cas réciproquement inverse, deux jugemens contradictoires l'un à l'autre : ne vaut-il donc pas mieux que, dans le cas de cet article, le renvoi fait à l'autre tribunal soit tant du chef du délit que des dommages, intérêts et frais !

Art. 704. Comme le terme de l'appel, mentionné dans l'art. 702, est indiqué par une expression claire, et cependant différente de celle du terme énoncé dans le présent article, ne pourrait-on pas, pour la même clarté, s'exprimer aussi de même dans celui-ci, ou y ajouter par un mot que le jour de la prononciation du jugement n'y est pas compris !

Art. 706. N'est-il pas avantageux de fixer ici la décision sur les différentes questions de droit sur l'effet ou le profit de la contumace, par comparaison du correctionnel au civil, savoir, si le défaut de l'appelant entraîne de droit la réjection ou la déchéance de l'appel, sans examen de la forme, ni de la compétence, ni du fond du jugement, et qu'en conséquence il doit sortir son effet, et si le défaut de l'intimé entraîne de même de droit la déchéance du bénéfice de la sentence dont est appel ; et encore de fixer quel est l'effet ou la suite de cette déchéance ! Entraîne-t-elle l'abjuration des conclusions que l'intimé avait prises en première instance, comme s'il y avait été déclaré non fondé, ou seulement l'anéantissement du jugement dont est appel, de sorte qu'il puisse encore intenter de nouveau la même action et y faire disposer derechef par un autre jugement en premier degré !

Il paraît superflu de nous étendre davantage sur ces questions, qui sont si connues, et qui, autrefois sur-tout, ont causé tant d'embarras devant plusieurs tribunaux des différentes provinces réunies ; il semble nous suffire d'en avoir fait l'observation, pour qu'il y soit pourvu de l'une ou de l'autre manière.

Art. 733, dern. §. Il paraît qu'il est naturellement sous-entendu que la nouvelle rédaction de l'acte d'accusation devra être faite par le commissaire du Gouvernement.

C 2

Art. 740. Le serment des jurés concernant aussi les intérêts la partie civile, ne doit-on pas en faire mention par ces mots, *ni ceux de la partie civile*, après celui *Gouvernement!*

Art. 742. Pour la certitude du but de cet article, ne suffit-il pas de dire que le propréteur fera lecture de l'acte d'accusation et des pièces y annexées, s'il y en a, parce que toutes celles de l'instruction préparatoire peuvent y être relatives, comme elles le sont communément!

L'alternative ou le choix donné aux jurés, quant à leur chef, pourrait occasionner parfois des différens entre eux, et il faudrait alors prescrire un mode pour la décision.

Ces différens seraient quelquefois de nature à influer sur la bonne harmonie, et indirectement sur leur déclaration, ou la prolonger : nous sommes donc d'avis que le plus ancien soit leur chef.

Art. 746. Nous observons que cette formule que nous proposons, *il y est disposé sur l'autre acte d'accusation*, paraît préférable dans le cas où il y aurait deux actes d'accusation, et que le jury eût écrit sa déclaration sur un ; car mettre sur celui pour lequel il se sera déterminé la formule affirmative, *oui*, *il y a lieu*, et sur l'autre la négative, *non*, *il n'y a pas lieu*, présupposerait que le dernier acte d'accusation serait contraire au premier, tant quant à la substance que dans le résultat, tandis néanmoins qu'il n'est pas à présumer que l'accusation, quoique présentée par deux actes séparés, étant sur le même objet et contre le même ou les mêmes accusés, et presque toujours dans les mêmes vues et pour le même but au fond, puisse être rédigée de deux manières si opposées entre elles.

Art. 751. Nous croyons que le greffier doit également être chargé de tenir procès-verbal de la séance, et qu'il convient conséquemment de l'exprimer par un ajouté à cet article.

Art. 766. Il paraît important de fixer le mode d'insinuation ou signification de l'ordonnance de prise-de-corps, de mandat d'arrêt, de dépôt et de comparution, à faire aux prévenus et accusés évadés ou latitans, desquels n'est pas connu le dernier domicile ou la dernière habitation ; il pourra, à cet effet, être dit qu'elle le sera par affiche à la principale porte d'entrée des tribunaux respectifs.

Art. 768. Le mémoire des frais, pour être propre à toute fin, est celui détaillé article par article. Ne convient-il donc pas de l'ordonner ainsi!

Art. 789, 790, 791. Les propréteurs sont juges du même tribunal que le préteur. L'avertissement et l'injonction attribués à celui-ci sur ceux-là, seront, dans certains cas, le pouvoir attribué *pari in parem* ; ce pouvoir tiendra, dans plusieurs circonstances, à l'arbitraire. L'inscription de l'avertissement et de l'injonction dans un livre à ce destiné, sera publique et

ineffaçable ; elle le sera souvent, sans que la défense y soit à côté. Ce
pouvoir n'entraînera-t-il donc pas l'abus de l'excès d'ascendant, d'une part,
et celui opposé de trop de sensibilité d'assujettissement, de faiblesse, de
crainte ou de bassesse, de l'autre ?

Ne vaudrait-il pas mieux, même dans le système du Projet, convertir ce
pouvoir en celui de comminatoire ; en premier lieu, en avertir le grand-
juge ministre de la justice, et, en cas de récidive, lui en référer, pour
qu'en conséquence il enjoignît aux propréteurs d'être plus exacts à l'avenir ;
injonction qui emporterait de droit, au lieu de la condamnation aux frais,
une amende de l'import de ceux-ci, s'il en avait été fait, à l'instar de ce
qui est prescrit par l'article 80 ? !

Cette mesure ménagerait d'ailleurs le respect et la considération si nécessaires aux corps de justice dans le public, et ferait tout au moins autant
d'effet, pour l'exemple, sur les autres juges, et sur le juge qui aurait
manqué, que si elle était publiée effectivement, puisqu'elle serait connue
du tribunal : outre que la publicité serait très-désagréable, sur-tout à ces
juges qui, par leur conduite distinguée dans tous les temps, bien loin
de devoir rougir dans le public par désagrément, mériteraient au contraire
la douce satisfaction d'effacer quelque négligence qui peut arriver à l'un
ou l'autre de leurs confrères.

Art. 817. Les cinq jours accordés à l'accusé pour attaquer les actes de
poursuite, &c. sous la peine de déchéance, sont un terme bien court. Sans
liberté, souvent ignorant dans cette partie, quelquefois sans défenseur zélé
ou qui n'aimera pas ou n'aura pas le loisir de sacrifier tout de suite son temps
de préférence à l'honneur d'un procès volumineux, et presque toujours
sans espoir d'être désintéressé ; tout ceci prouve le danger que les cinq
jours ne suffisent pas dans plusieurs occurrences : en tout cas, il faudra
donner au tribunal ou au préteur des moyens coercitifs que l'on n'a pas
dans les lois actuelles, et desquels on sent la nécessité absolue, pour obliger
les conseils ou défenseurs nommés par l'accusé ou d'office, d'accepter ou de
refuser sur-le-champ, s'ils ont des raisons admissibles ; de sorte qu'il puisse
aussitôt en être nommé un autre qui soit tenu d'accepter, ce qui n'est
pas aisé à trouver par-tout, et sans quoi cependant la défense de l'accusé
dans ce point, limitée par cet article au terme de cinq jours, tombera en
déchéance, comme si l'accusé en était privé indépendamment de lui, ce qui
ne peut pas être.

Art. 820 et suiv. Il résulte de l'ensemble de ces dispositions, que dans
les cinq jours qui suivent la signature du procès-verbal mentionné dans
l'article 817, cinquième disposition, l'accusé et le commissaire doivent attaquer de nullité, d'incompétence ou excès de pouvoir, les actes d'instruction
et de poursuite faits jusque-là, à peine de déchéance ; que, dans le même

délai et sous la même peine, ils sont tenus de proposer les moyens à la même fin ;

Que, nonobstant cette déchéance portée, le tribunal criminel pourra, même d'office, ordonner qu'il soit rédigé un autre acte d'accusation au cas y déterminé ;

Qu'il n'y est rien disposé à cet égard, pour ce qui peut concerner la partie civile, ni ce que doit faire le tribunal, si, à défaut d'opposition et en cas de déchéance, il existait cependant, dans l'instruction ou la poursuite, des nullités de forme, d'incompétence ou abus de pouvoir.

Il est donc question de savoir si, nonobstant cette déchéance, le tribunal doit d'office prononcer sur ces nullités, s'il s'en trouve, ou si elle entraîne de droit la présomption *juris et de jure*, même contre la partie civile, la validité de cette procédure, de manière qu'elle ne pourra être ni annullée de ce chef par le tribunal criminel, ni cassée par celui supérieur de cassation, par rapport à telles nullités. Il paraît que l'effet de cette déchéance, à cet égard, mérite assez qu'il soit positivement énoncé ; ce qui pourra se faire en peu de mots.

D'ailleurs, l'article 825 permet l'audition de nouveaux témoins, si la procédure est déclarée valable : cependant il arrive qu'il n'échet pas de déclaration sur la validité, lorsqu'il n'y a d'opposition, ni de la part de l'accusé, ni de la part du commissaire, et que le tribunal n'y trouve rien qui soit susceptible de cette déclaration ; en ce cas, les témoins pourront être produits après la déclaration du commissaire au bas de l'acte d'accusation, portant ces mots, *la loi autorise*. Si cette explication peut ne point être sous-entendue dans cet article, il sera facile de l'y ajouter ; comme on peut y ajouter aussi, pour plus de précaution, que l'accusé devra être averti ou insinué qu'il y a de nouveaux témoins entendus, afin qu'il puisse être à même d'en prendre communication, d'après la disposition de l'art. 827. Ne convient-il pas d'exprimer encore, sur l'article 824, que l'ordonnance d'un nouvel acte d'accusation doit ou ne doit pas être portée par un jugement solennel, comme celui mentionné dans l'article 823 !

Art. 828. Ne faut-il point, 1.° que le tribunal déclare préalablement, par un jugement d'annullation de l'acte d'accusation, que son objet n'étant pas de nature à entraîner une peine afflictive, &c., il passera néanmoins outre aux débats, &c. ;

2.° Que le mot *pourra* soit changé en ceux *devra néanmoins* !

3.° Il semble, tant parce qu'il n'y est pas dit que les débats et l'instruction doivent se faire devant le jury de jugement, que parce que le jury y serait non-seulement superflu, mais aussi contraire à son institution, d'après les articles 732 et 815, qu'il peut être ajouté qu'il sera passé outre sans jury devant et par le tribunal, tant à l'examen et aux débats qu'au jugement ; et ce, de la manière ordinaire, en omettant tout ce qui concerne le jury.

Art. 840. Ne doit-il pas être dit que le greffier fera lecture de l'acte d'accusation et des pièces y annexées, s'il y en a !

Art. 842. Il suit de cet article que la faculté qui y est attribuée au directeur, reste subordonnée à celle mentionnée dans l'article 792, et qu'ainsi il ne peut pas appeler dans l'examen de nouveaux témoins, sans en avoir prévenu l'accusé, et lui avoir procuré le temps suffisant pour sa défense ; mais ce temps, sera-t-il réglé d'après un terme légal, ou à l'arbitrage du préteur, qui en jugerait d'après les circonstances !

Il résulte, de plus, que l'accusé et le commissaire pourront s'opposer à l'audition d'un témoin qui n'aurait pas été indiqué ou n'aurait pas été clairement désigné dans l'acte de notification ; mais s'il n'y avait pas d'opposition, et que cependant il fût vrai que le témoin n'a pas été indiqué, &c., le tribunal devra-t-il d'office, d'après la troisième disposition, rejeter ce témoin, ou sera-t-il censé assez indiqué en cas de non-opposition !

Enfin, le tribunal, statuant sur l'opposition, aura donc à examiner à cet effet, seulement, si le témoin a ou n'a pas été indiqué dans la liste, ou clairement désigné dans la notification !

Art. 845. On suppose que cet article ne s'oppose pas et ne peut pas être censé s'opposer à ce que le préteur demande aux témoins, même pendant ou dans l'intervalle de la déposition, sans l'interrompre, autant que possible, les éclaircissemens requis, puisque sans cette faculté, et si le préteur ne pouvait user de ce pouvoir qu'après la déposition, les témoins timides, ne sachant d'ailleurs aucunement s'expliquer ou n'aimant pas le faire, interrogés seulement en gros sur les faits et circonstances mentionnés dans l'acte d'accusation, resteraient sans parler ou s'expliquer, soit au commencement, pendant ou avant d'avoir fini de déposer.

Art. 848. On fait ici la même observation que sur l'article 653.

L'embarras pour rendre justice serait sensible, si, sur l'opposition du chef de parenté prohibée, l'accusé alléguait des faits très-apparens de ce chef contre un témoin le plus important, en offrait la preuve que l'on présumerait facile à faire, et qui cependant ne pourrait pas être effectuée sans interrompre les débats commencés.

Mais comme ceci tient, comme d'autres circonstances semblables, au système adopté de l'instruction publique et des dépositions orales des témoins, il paraît que ce n'est pas ici proprement la place de s'étendre davantage sur ce point.

Art. 855. Le système de l'instruction publique, par le seul mode de l'audition orale des témoins devant le jury de jugement, exclut les dépositions écrites des témoins décédés alors, et qui avaient déposé dans

l'instruction préparatoire et avant les débats ; il exclut de même les dépositions ainsi écrites des témoins qui sont dans l'impossibilité morale ou physique
de se présenter.

Ce système a déjà dû, pour différentes raisons, être modifié, 1.° devant
le jury d'accusation, 2.° pour des témoins militaires, 3.° contre les contumax, et il reçoit une nouvelle modification par les dispositions des art. 989,
990 et 1022 du Projet.

Ce système n'existe donc plus dans son entier ; sa nécessité ou sa prépondérance adoptée sur celui auquel il a succédé, a donc perdu dans les
conséquences qu'on en a tirées, et par l'expérience qui en a été faite. Le
mode de l'audition des témoins auquel doit se référer le jury, est donc mixte
ou amalgamé de dépositions orales et écrites.

Si nous proposons maintenant que les déclarations écrites des témoins
décédés après qu'ils ont été légalement entendus, et rédigées dans l'instruction préparatoire, doivent aussi être lues au jury de jugement, parce
que souvent toute la preuve de la culpabilité ou de l'innocence peut en
résulter ;

Si les motifs de cette proposition sont vraiment ceux sur lesquels doit
être basée la meilleure administration de la justice, on reconnaîtra qu'elle
devrait être admise.

Et si elle l'était, ce serait un renversement de plus du système adopté,
une amalgame ultérieure qui, par l'expérience successive, menerait à rétro-
grader et à retourner au système précédent, pour n'en avoir qu'un qui soit
du moins uniforme, et ne mette pas les juges ou les jurés dans la perplexité
de se demander, sans pouvoir se répondre en conscience, auxquels des
témoins d'entre ceux qu'ils viennent d'ouïr oralement et ceux qui ont
légalement déposé autrement par écrit, il faut qu'ils ajoutent plus de foi,
cæteris paribus.

Art. 856. Si, dans le cas mentionné dans cet article, le préteur remplit
les fonctions de magistrat de sûreté et d'officier public, et le commissaire
les fonctions de directeur du jury, ne convient-il pas d'indiquer la marche
ultérieure pour ce cas extraordinaire, et devant qui elle devra se faire !

Art. 863. Pour assurer les devoirs du préteur et en écarter l'arbitraire,
ne serait-il pas à propos de déterminer les motifs pour lesquels il peut permettre à un étranger au jury, l'entrée et la communication avec les jurés
dans leur chambre à délibérer ; vu sur-tout que la loi met, avec raison,
beaucoup d'importance à ce qu'ils y soient seuls !

Art. 864. Dès que les jurés doivent rester assemblés sans communication
à l'extérieur jusqu'à ce qu'ils auront donné leur déclaration, et qu'elle ne
peut se former qu'à l'unanimité, on sent, même malgré soi, si on voulait
se persuader le contraire, que ce mode, d'après la composition d'un

jury

jury nombreux en personnes différentes d'âge, de façon d'être et de raisonner , &c. , qui peut-être se voient pour la première fois de la vie ,
exposé à des dangers plus ou moins graves , et qu'il est de difficile exécution ; que, conséquemment, il paraît moins dangereux de fixer un terme
pour l'unanimité : que ce terme soit de moitié de celui actuel , contre lequel
on réclame déjà avec raison ; et que, ce terme révolu, il soit passé à la décision ou déclaration à la majorité absolue, qui toujours a fait la loi.

Art. 867 à 871. L'article 871 fixe la fin de toutes les opérations des
déclarations générales et spéciales du jury de jugement, la lecture, la signature et la remise au préteur ; de sorte qu'il semble s'ensuivre que ces lecture,
signature et remise ne doivent alors se faire qu'à la fin, tandis cependant
que les opérations antérieures et successives paraissent supposer qu'avant
cette fin, la déclaration sur l'accusation doit déjà être absolument terminée, conséquemment lue, signée et remise.

La marche de ces opérations successives paraît susceptible d'être présentée plus clairement, suivant qu'en est l'esprit de la loi, et développée
à l'intelligence de tous : on observe cependant que les déclarations sur l'excusabilité, ensuite sur la recommandabilité, et de là sur une ou plusieurs
circonstances aggravantes, dès qu'elles doivent toutes être à l'unanimité,
demanderont souvent bien plus de temps que peut-être on ne le croit ; et
cette prolongation seule, après une session longue, sans interruption et
sans communication à l'extérieur , pourra devenir ennuyeuse au jury, et
être par fois abrégée par une précipitation nuisible à la justice.

Art. 872. Cet article paraît ne devoir se référer qu'à plusieurs crimes
non connexes.

Art. 873. Toujours, en affaire d'administration de la justice, on a regardé comme sage de ne point laisser à la disposition d'un seul des décisions
importantes ; cependant et au cas de cet article, le préteur pourra, s'il
veut , renvoyer d'office à un nouveau jury , pour être l'affaire instruite
sur nouveaux frais, à un temps très - prolongé, les témoins entendus de
nouveau s'ils vivent encore , &c. , tandis qu'elle peut être décidée alors
même dans le cas de l'article, l'instruction étant achevée ; et c'est encore
le préteur qui, pour ce cas de renvoi, décide sur la réjection de la déclaration du jury, puisque, dans la décision du tribunal, on ne trouve que
lui par rapport à la voix prépondérante qu'il a vis-à-vis du propréteur,
avec lequel seul il le compose. Comme enfin cette observation se rapporte plutôt au système qui forme la base du Projet, on ne peut que la
renvoyer à celles y relatives, pour qu'elles soient toutes ensemble balancées
contre les motifs de ce système, et qu'il soit, après l'examen qui en sera
fait très-scrupuleusement, décidé si ce système doit ou ne doit pas être
adopté.

Forêts,   D

Art. 875. Comme les juges sont astreints à tenir la main à l'exécution de cet article, sous peine d'être avertis officiellement, ils doivent connaître si le pouvoir y attribué au préteur s'entend qu'il peut accorder le repos de la nuit et la réfection pendant le jour à chacun chez soi, ou seulement à quelques-uns.

Art. 893. Dès que la partie civile a le droit de recours en cassation, pour ses intérêts civils sans autre limitation, ce droit paraît accordé, tant pour les nullités des formes, incompétence ou abus de pouvoir, que pour fausse application de la loi : il est donc conséquent, comme on l'a déjà observé sur les articles 817 et 818, que la partie civile, comme il y est dit à l'égard de l'accusé et du commissaire, puisse s'opposer de ces chefs devant le tribunal criminel.

Art. 897. Nous estimons que la disposition de cet article à l'égard des complices est la suivante :

« Quand des complices sont, séparément de l'auteur du crime, pour-
» suivis, avant qu'ils soient en état d'arrestation, ou libres sous caution,
» et que la poursuite séparée contre l'auteur soit soumise aux débats, le
» tribunal criminel ordonnera qu'il soit poursuivi contre les complices par
» le magistrat de sûreté du lieu où siége le tribunal criminel, et cependant
» il ne sera pas sursis à l'instruction contre l'auteur accusé, mais seulement
» à l'exécution de sa condamnation, jusqu'au jugement du procès contre
» les complices. »

Si c'est là le sens de cet article, il faudra encore surseoir à la première condamnation, malgré qu'elle fût devenue irrévocable après le jugement des complices, s'ils se pourvoient en cassation, et jusqu'à ce qu'il y soit jugé.

Au surplus, nous ne sentons pas la raison de cette surséance, à moins que ce ne fût celle du cas de deux jugemens contradictoires ou se contrariant sur le même crime à l'égard de personnes différentes.

En tout cas, ne serait-il pas préférable alors de soumettre ensemble et l'auteur et les complices accusés aux mêmes débats ?

Art. 898. N'est-ce pas ici l'endroit, lorsque des jurés parens ou alliés entre eux, des juges, de l'accusé ou de la partie civile dans les degrés prohibés, qu'il échet de déclarer qu'ils ne peuvent pas siéger ensemble ?

Art. 902 et 908. N'est-il pas plus convenable, pour remédier aux abus que l'expérience nous a fait connaître, et ne point donner occasion à des abus nouveaux, d'enjoindre au préfet qui est chargé de composer la première liste des jurés d'accusation et de jugement, de la former respectivement d'un nombre double ; savoir, de trente et quatre-vingt-seize ;

Que cette première liste soit réduite à la moitié sur délibération du conseil de la préfecture, afin que l'on reste dans le principe de précaution légale contre le pouvoir ou le choix d'un seul dans une matière si importante, et parce qu'il est sensible que le nombre requis pour la présentation au préteur et au propréteur, dès qu'il est choisi dans un nombre double par un corps qui tient à l'administration de la justice, inspire plus de confiance, et est plus propre à accélérer les opérations du préteur et du propréteur dans cette partie!

Art. 910. Pour qu'au desir de la disposition de cet article on soit assuré que les jurés compris dans la liste y mentionnée seront notifiés, et qu'on soit à même de constater cette notification en cas de défaut de leur part de comparaître, il est nécessaire qu'il soit ajouté que de la notification qui leur en est faite, il sera dressé relation légale par l'exploitant, et qu'elle sera par lui remise au préfet avant le jour où la liste doit servir ; sans quoi on sera exposé, comme on l'a déjà été, à ne pouvoir décerner contre les défaillans les peines prescrites par la loi, parce qu'il n'aura pu être constaté que la notification leur en ait effectivement été faite.

Art. 911. Nous renvoyons aux observations sur l'art. 627, parce qu'il nous paraît que cette voie indirecte d'engager au zèle n'aura pas l'effet qu'on paraît s'en promettre.

Art. 913. On remarque que le dimanche est un jour de repos, et consacré au culte adopté par la grande majorité des Français.

Art. 924. Comme le cas d'impossibilité s'entend d'une impossibilité absolue, et que cependant d'autres cas et circonstances peuvent valoir ici une excuse légitime, nous pensons que cette expression doit être mitigée, de manière à ne pas devoir composer avec la loi, et cependant à ne laisser que le moins d'arbitraire qu'on pourra.

Art. 942. Cette mesure paraît être trop rigoureuse : les juges ou les commissaires devront au moins être préalablement entendus dans leurs moyens de défense.

Cette mesure, jadis ordonnée dans quelques pays, est restée sans exécution pour des raisons très-plausibles, et démontrées telles par l'expérience.

Au reste, après deux ans révolus, on aura sur le besoin de cette mesure, plus de certitude qu'on ne peut en avoir présentement, et on pourra voir plus au juste si les motifs de cassation des jugemens de l'espèce ci-mentionnée proviennent après ce temps manifestement, comme le suppose ce même article, de la négligence ou de l'ignorance des officiers, juges et tribunaux.

Art. 943. La disposition de cet article n'amenera-t-elle pas, dans son exécution, à une prolongation, soit nécessaire, soit recherchée par certains accusés, qui y trouveraient des moyens de soustraction, de corruption ou

autres de cette espèce, que leur culpabilité ne pouvait pas leur procurer
d'abord ! Par exemple, lorsqu'ensuite de l'art. 8 1 6 de ce Projet, l'accusé
coupable, près d'être mis en jugement, formera la demande en nullité du
chef d'incompétence, qu'elle soit rejetée par le tribunal, le recours en cassation lui sera ouvert, en vertu de l'art. 8 2 1 , et le pourvoi suspendra la
poursuite au fond jusqu'à la décision du tribunal de cassation ; pendant ce
temps, il cherchera à coup sûr des moyens quelconques qu'il n'aurait pas
pu se procurer sans cette prolongation.

Art. 977, 978 et 979. Il paraît résulter de ces dispositions, que, pour
que les motifs qui auraient déterminé le tribunal à penser que les jurés se
seraient trompés au fond, soient connus au conseil privé, il est nécessaire
que le tribunal les exprime, sur-tout dès que ces motifs ne sont pas contenus
dans les actes écrits, puisque les débats et les dépositions orales des témoins,
principale base de la déclaration au fond des jurés, ne sont pas rédigés
par écrit.

La prolongation, les épreuves d'une nouvelle procédure, ont leurs dangers
et souvent de grands inconvéniens, qui deviennent inévitables par l'exécution de cet article.

Cette observation paraît ici suffire, avec cette remarque encore, que,
d'après le système du Projet, il sera rare de pouvoir connaître si les jurés
se sont trompés au fond, vu que la déclaration du jury, au fond ou au principal,
ne consisterait plus que dans celle, *Oui, l'accusé est coupable,* ou,
dans celle négative, *il ne l'est pas.* Décider alors qu'ils se sont trompés au
fond, ce serait juger qu'il en échet appel ou révision au fond. Et qui est-ce
proprement qui le jugerait ainsi ? ce serait le tribunal qui entend, et non le
conseil privé, les dépositions orales des témoins ; tandis cependant que,
dans le système du Projet, on refuse de donner au tribunal d'autre pouvoir
à cet égard que celui de l'application de la loi, et absolument celui de connaître du fait de la culpabilité. Le résultat est donc qu'on voudrait maintenir
encore, du moins par nouvel essai, l'établissement du jury, et à cet effet
trouver des moyens contre son imperfection.

Art. 983. A l'égard de cet article très-important, il faut sans doute un
moyen, et le plus sûr possible, pour empêcher qu'il ne soit porté, encore
moins exécuté, aucun jugement qui ait pour motifs des preuves ou des
pièces fausses à charge. Ces cas, que nous croyons devoir être rares, par
rapport aux peines rigoureuses contre les faussaires par lesquelles la loi
cherche à les prévenir et les punit, méritent, s'il se peut, d'être prévenus davantage encore par le mode d'instruction de la procédure, autant
adapté à ce but que la sagesse et la sagacité du législateur peuvent le
permettre. On doit donc bien approfondir si l'instruction actuelle, d'après
laquelle l'audition des témoins et l'examen étant une fois commencés, doivent

être continués, terminés, et le jugement s'ensuivre sans interruption et sans prorogation quelconque, est la meilleure qui puisse atteindre à ce même but, ou si, peut-être, elle n'occasionne pas le contraire dans des circonstances qui en présentent tellement le danger, qu'il ne puisse être évité, par rapport à cette continuation ordonnée sous peine de nullité.

D'ailleurs, si sur l'exception de faux témoignage proposée d'après cet article, et lorsqu'elle est suivie de mandat d'arrêt, ou d'admission de l'accusation, la condamnation prononcée était indistinctement suspendue jusqu'à la décision de cet incident, &c., cette exception ne fournirait-elle pas trop facilement ou trop fréquemment des tentatives et occasions de toute espèce à certains condamnés, qui plus ils sont certains de la justice de leur condamnation, plus ils saisissent tout ce qui peut se présenter pour l'éviter et la retarder, dans l'espoir de s'évader, n'ayant rien à perdre ni à craindre au-delà ! Tout moyen leur sera bon : ainsi, par exemple, pour peu qu'ils soient ou aient des parens ou amis riches ou intéressés à leur sort, ils emploieront la corruption : ils savent quels témoins ont donné et ont peut-être seuls pu présenter la preuve de leur conviction ; ils les dénonceront, les poursuivront pour avoir prêté faux témoignage à charge ; ils obtiendront contre eux, soit à l'aide de témoins corrompus, soit autrement, mandat d'arrêt ou l'admission de l'accusation ; ils continueront ce détestable stratagème ; ils emploieront peut-être, pour mieux réussir, l'argent ou la persuasion, afin de déterminer ces premiers témoins à s'éloigner pendant quelque temps ; ils les feront enfin condamner par contumace ou contradictoirement pour faux témoignage : conséquemment leur jugement sera annullé ; et comme ces mêmes témoins ne seront plus entendus dans la nouvelle procédure, ils seront absous, ou se seront, s'ils l'ont pu, évadés pendant le tour de ce cercle d'instruction.

Art. 985. La pièce jugée fausse pourra parfois, étant reproduite dans les nouveaux débats, servir, dans certaines circonstances, à la justification de l'accusé ; de sorte qu'elle ne pourra cependant et seulement être reproduite qu'à sa décharge et s'il le requiert.

Art. 987 et suiv. Les témoins ouïs préparatoirement devant le propréteur, doivent de nouveau déposer oralement devant le jury de jugement ; l'accusé peut les questionner alors. Les doutes ou observations qui, d'après les principes, résultent sur l'exception donnée par cet article pour les déclarations préparatoires ou définitives devant d'autres autorités commises au lieu du propréteur et du tribunal, sont, 1.° si ces déclarations d'exception ne doivent pas être répétées de même, par forme de récolement, devant les mêmes commis, pour être ensuite lues devant le jury de jugement, et à lui remises ; 2.° si l'état des faits et demandes, pour ces déclarations à faire après l'accusation admise, ne doit pas être communiqué à l'accusé, pour

qu'il puisse, avant que les réponses ou les déclarations des témoins soient
reçues, les faire questionner aussi sur des circonstances ou faits relatifs;
3.° si la même chose ne doit pas être observée, à l'égard du commissaire et
de la partie civile, lorsque l'accusé ferait entendre des témoins de la classe
et de la manière que le porte ce chapitre.

L'identité des raisons concernant la variation, l'éclaircissement ou l'explication que peut donner un témoin sur sa première déposition lors de la
seconde, et la réciprocité du cas ordinaire à celui d'exception pour la défense
de l'accusé, établissent la nécessité d'une décision claire sur ces observations.

Art. 992. On se demande, pour la vraie intelligence du sens de cet
article, quelle foi les observations critiques qui en sont l'objet, et qui de
leur nature seront différentes et variables suivant la différence ou la variation du cas et de ses circonstances, mériteront en jugement : si elles doivent
être précédées d'une prestation de serment, comme font les experts ; si
elles doivent ou peuvent être repétées, changées, expliquées et confirmées
lors du jury de jugement;

. Si elles sont assujetties à une contre-preuve qu'en voudrait faire l'accusé
par une nouvelle déclaration pour servir à ce jury, et si cette nouvelle déclaration peut être donnée par les mêmes ou par d'autres que ceux qui ont
souscrit la première, et si ceux-ci doivent aussi être nommés par l'Institut
national.

Si ces observations renferment effectivement des doutes raisonnables, il
est conséquent qu'ils soient levés par une décision positive.

Art. 994. Nous estimons que si la défense faite dans cet article au dépositaire de la pièce arguée de faux, à peine d'amende, était séparément
des autres dans la rédaction, ou par un article séparé, le surplus en serait
plus clair.

Art. 1009. Si, après l'ordonnance de prise-de-corps ou de se représenter, l'accusé ne peut pas être saisi, ou s'il s'évade avant que la procédure soit reconnue valable du chef des formes, compétence ou abus
de pouvoir, ne peut-il pas, avant ou pendant l'instruction de la contumace, être par le tribunal criminel, sur le réquisitoire du commissaire,
disposé sur cette validité, pour que, si la procédure était reconnue nulle,
de manière que les devoirs sur la contumace fussent inutiles et superflus,
on ne continuât point à y procéder ou l'on n'y procédât pas !

Une explication à cet égard épargnerait des frais et des devoirs qui seraient sans cause.

Cette observation se fait pour le cas où la non-représentation ou l'é-
vasion de l'accusé ne comporte pas de droit la présomption de la validité de la procédure antérieure des chefs prémentionnés, de manière que
le tribunal n'en puisse connaître; ce qui paraît cependant, dans ce cas,

devoir être inséré dans ce chapitre, à cause que le contraire existe dans les lois actuelles.

Art. 1022. Par une suite des motifs de cette disposition, il paraît conséquent d'y ajouter encore que, si même après le jugement de la contumace on découvrait de nouveaux témoins, nécessaires ou utiles à la manifestation de la vérité, pour le cas de l'instruction et des débats, si le contumax se présente ou est arrêté, ils seront entendus, et leurs déclarations seront écrites par le préteur et lues aux jurés, le cas échéant, comme il est mentionné dans cet article.

Art. 1024. Quoiqu'à parler proprement, un juge ne puisse guère devenir complice d'un crime de la classe de ceux mentionnés dans ce chapitre, art. 1023; si cependant cela pouvait être, serait-il assujetti à la compétence et aux formes de procéder contre l'auteur, qui n'aurait pas exercé les fonctions judiciaires ?

Art. 1043. Quelle sera la forme de procéder ou d'ouïr le juge prévenu, pour ensuite prononcer l'admission ou le rejet de la requête en prise à partie, lorsque le fait n'est pas de la nature de ceux énoncés dans l'article 1041 ! le jugement sera-t-il en dernier ressort, sans recours ?

Art. 1055 à 1058. N'échet-il pas, pour faciliter l'exécution de ces dispositions, de donner un mode de procédure et de jugement, pour l'incident d'exception qui pourra naître de la dénégation de l'impossible y mentionnée, ainsi que pour les autres points ?

Chap. XLVI, art. 1094. Ce chapitre a pour but très-sage d'introduire et conserver, par des voies de douceur, les mœurs dans chaque famille, par ceux même qui la composent et ont le plus grand intérêt à les y faire chérir et respecter. La surveillance et tout le pouvoir qui doit diriger l'exécution de cette loi salutaire, approuver ou rejeter les mesures prises à cet effet par ceux qui composent le plus intimement chaque famille, sont confiés à un seul homme (le préteur ou le propréteur) : ils doivent donc chacun avoir une bonne connaissance de l'intérieur et des inclinations des familles de leur ressort, outre l'esprit de sagesse et les qualités particulièrement requises pour seconder les vues du législateur, si essentielles dans ces circonstances.

Art. 1120. Cet article, par rapport au précédent et à son exécution, entend, sans doute, indiquer tout fonctionnaire public du lieu de la détention, et particulièrement les fonctionnaires publics compétens, sans quoi il serait de trop difficile exécution; et soit par méchanceté, soit par excès de zèle, on se plairait à faire indiscrètement accourir de loin le premier fonctionnaire auquel on voudrait s'adresser, tandis qu'il s'en trouverait à portée, et dans le lieu même, qui sont faits pour remplir le vœu de la loi.

Art. 1122. Le commissaire près de ce tribunal observe, par des raisons plausibles, qu'il paraît bien nécessaire que les prisons soient visitées par les fonctionnaires publics de ce poste, chargés de l'exécution des jugemens, et d'examiner si les condamnés sont détenus selon le vœu des lois, et s'il ne se commet aucun abus à cet égard.

OBSERVATIONS

Sur celles qui font la base ou le tableau général du Système du projet de Code.

I.re PARTIE.

LE premier principe des lois criminelles ou du Code pénal, est sagement établi, dans cette partie, sur la nécessité de punir, et que les peines, aussi douces qu'il sera possible, soient en même temps efficaces. Dans la division conséquente des crimes, à laquelle cet ouvrage précieux et instructif procède, se trouvent d'abord ceux qui attaquent la sûreté de l'État, comme les plus graves, et ensuite ceux qui attentent à la vie et à la sûreté des individus.

SECTION I.re Dans cette section, ainsi que dans les observations du tribunal de cassation, sont fondamentalement traitées, d'après les bons principes et l'expérience, les deux grandes questions, si la peine de mort est légitime et nécessaire.

Nous ne pouvons que donner notre assentiment aux motifs pressans y allégués, ainsi qu'à la résolution qui s'ensuit : que la mort est légitime contre les malfaiteurs atroces, et nécessaire en attendant des temps plus heureux, et avec le moyen de faire grâce, exercé avec sagesse dans les cas particuliers y indiqués ; et qu'enfin cette peine ne soit prononcée que contre les six crimes spécifiés dans cette même section.

SECTION II. Nous donnons de même notre assentiment à ce que les quatre crimes du même genre que les six ci-dessus, mais d'un degré inférieur en gravité, soient punis des peines corporelles y indiquées, pendant la vie des coupables, avec la modification néanmoins mentionnée aux deux derniers paragraphes ; et nous reconnaissons particulièrement, comme un point démontré par l'expérience, qu'il y avait erreur dans la règle qui avait été adoptée, que nulle peine ne serait perpétuelle.

SECTION

SECTION III. La graduation des peines après les deux premières classes à la troisième, la déportation à vie, nous paraît être dans son ordre; il nous semble aussi que l'infanticide avec le faux, en matière grave, et le péculat et la concussion, en matière importante, peuvent s'y trouver.

Les motifs y présentés, ainsi que par le grand-juge et le tribunal de cassation, paraissent suffisans pour démontrer qu'il se rencontre toujours dans l'infanticide une espèce d'excuse qui doit en rendre l'horreur moins sensible.

Mais, d'accord que les coupables des trois autres crimes de cette section puissent, après les vingt-cinq ans écoulés de leur exil, réclamer un terme et ensuite la réhabilitation, nous sommes d'avis que cette exception donnée en faveur du repentir, ne soit pas applicable au coupable d'infanticide : son retour dans la société, dans sa famille même, ferait frissonner et renouvellerait l'atrocité, accuserait peut-être la loi de trop d'indulgence, et cesserait d'effrayer ceux qui pourraient être portés à le commettre aussi ; outre que les justes règles de la graduation paraissent exiger de la différence entre les peines de ce crime et les trois autres, différence que la privation de la faveur dont il s'agit marquerait sensiblement.

SECTION IV. L'explication y donnée est la conséquence de la section précédente ; la modification ajoutée comporte un sentiment d'humanité qui ne blesse en rien l'effet de l'exemple, objet principal de la peine ; bien entendu que le terme et la réhabilitation proposés ne pourront jamais être accordés au coupable d'infanticide.

SECTION V. Comme il est démontré par la nature des actions humaines , et même par l'expérience , qu'on a souvent et depuis plusieurs siècles cherché , et qu'on tâcherait en vain de donner un tarif exactement détaillé , ou même par approximation, de toutes les circonstances qui excusent, atténuent ou aggravent les crimes, et que cependant les peines doivent être proportionnées à ces circonstances , lorsqu'elles les aggravent ou les atténuent effectivement ; il nous paraît aussi qu'il n'existe pas de meilleur moyen pour y suppléer, que de fixer un *minimum* et un *maximum* des peines temporaires , en accordant aux tribunaux le pouvoir de l'application entre ces deux points fixes, d'après le plus ou le moins de gravité.

Mais, quant à la fixation faite du *minimum*, nous avons observé dans notre travail sur le Projet même, qu'il y a des cas où les circonstances atténuantes sont de nature à faire sentir que cette détermination du *minimum* même comporterait une peine de trop de rigueur encore, en comparaison de celles qui , moins atténuantes, la diminuent avec justice jusque-là.

De sorte que , dans ces cas, la latitude, sans l'étendre trop , pourrait cependant l'être à diminuer encore le terme dans cette proportion, par exemple, que la réduction à dix ans pourrait l'être, dans ces circonstances, jusqu'à neuf, huit, sept ou six, sans plus ; ou ce qui aurait plus d'ordre, ce serait de baisser jusque-là le *minimum* de la peine.

SECTION VI. Le principe adopté pour base de la distribution des peines, nous paraît entièrement conforme à ce but et analogue à ce qui a été donné de mieux dans les meilleurs ouvrages qui ont paru sur cette matière.

SECTION VII. On y voit clairement présider la sagesse et la vraie connaissance de l'homme, en ce qu'il aime et craint, en ce qu'il devrait être, en ce qu'il est devenu depuis des circonstances malheureuses, et en ce que l'on peut espérer qu'il devienne dans des circonstances plus heureuses : dès que ces leçons ont dicté la distinction entre la peine corporelle y mentionnée, qui aussi entraîne naturellement l'infamie, et celle de l'infamie simple, qui est réservée à la seule classe de ceux qui y sont autant sensibles par état que d'autres à la première, nous y adhérons certainement par toutes les raisons de la justice qui y est due.

SECTION VIII. Nous sommes aussi d'avis que la peine de la marque et de la flétrissure accessoire aux autres peines afflictives, perpétuelles et temporelles, soit rétablie, et qu'elle sera avantageuse à la société ; mais que l'usage doit en être borné, comme le porte cette section. Il serait superflu de donner des motifs de notre opinion, tandis que ceux du Projet nous paraissent contenir tout ce qu'on peut prévoir de plus apparent et de mieux à cet égard, même d'après la comparaison des effets qui en sont résultés du temps où cette peine a existé, avec ceux pendant les années qu'elle a cessé d'avoir lieu.

SECTION IX. Sans doute la forfaiture doit être punie, et sa peine étendue à tous les fonctionnaires, comme les peines militaires le sont à tout militaire ; sans doute qu'il est naturel que, dans tous les cas des délits qui peuvent entraîner cette peine, avant de déclarer les fonctionnaires coupables et de les punir, on doit, dès qu'ils paraissent en être ou s'en rendre suspects, épuiser tous les moyens pour les rappeler à l'ordre légal, lorsque leurs écarts semblent plutôt être l'effet de l'erreur que celui de la prévarication ; puisque ce n'est pas l'erreur, mais bien la prévarication elle-même qui peut être punie de la peine de forfaiture, et qu'il est bien plus magnanime de prévenir les crimes, sur-tout chez ceux où on ne peut pas supposer l'intention d'en commettre, que de les punir après la perpétration.

Mais, ce qui n'est pas moins important, dit avec raison cette section, l'ordre général est intéressé à ce que les ménagemens, les égards, le respect pour les dépositaires des différentes autorités, soient maintenus, et que des plaintes indiscrètes ou des rigueurs précipitées ne viennent pas troubler à chaque instant le pénible et délicat exercice des fonctions nécessaires au mouvement de la chose publique.

Cette observation tient au bien-être de la société ; elle mérite conséquemment d'être suivie de l'effet par des dispositions qui mènent à l'exécution de son but.

Mettre sous les yeux de l'universalité des lecteurs une série des délits et
des peines qui les accoutument à voir continuellement leurs juges comme
délinquans ou criminels, cela n'expose-t-il pas à ces plaintes indiscrètes qu'on
veut éviter !

Dire que les juges sont investis de la confiance, du respect et de la
considération publique, et les présenter aux yeux du public comme si à
chaque instant ils manquaient à leurs devoirs essentiels ou prévariquaient,
n'est-ce pas une espèce de contradiction, et empêcher la confiance, la
considération et le respect des justiciables !

Que les juges soient bien choisis, ils feront peu de fautes ; qu'ils sachent
que des fautes graves de leur part encourront une punition certaine, ils
n'en feront peut-être pas.

Les juges doivent être, aux yeux des justiciables, des hommes dignes
de respect, même de vénération, s'il se peut. Voir des lois portées en
grand nombre contre les délits ou les crimes qu'ils commettraient dans leur
ministère, n'est-ce pas substituer à une disposition de l'esprit et du cœur que
l'on desire donner aux justiciables, ce qui s'y oppose le plus !

Les juges peuvent, à la vérité, commettre de ces délits et crimes ; mais
cette possibilité dans l'ordre moral est-elle aussi prochaine d'eux que dans
la généralité des individus de toutes les classes !

D'abord ils ne peuvent être nommés que par le souverain : celui-ci doit
mettre tous ses soins à être bien informé si les postulans ont pour eux
ce qui est essentiellement requis à cet effet ; c'est qu'ils doivent être pleinement instruits des sciences qui peuvent les rendre capables de remplir
les charges dont ils seront pourvus ; qu'ils doivent être licenciés avant
d'être admis dans la judicature, avoir assisté pendant deux ans au moins
et assidument aux audiences des cours et siéges où ils faisaient leur demeure, avoir subi en outre un examen ; qu'ils doivent être doués de plusieurs vertus réunies, la prudence, la candeur, la vérité, et le discernement
de ce qui peut être équitable, avec la volonté de le suivre, la fermeté de
résister à toute tentative au contraire, portés à rendre indifféremment justice
à tout le monde ; qu'ils n'aient rien tant à cœur que de suivre les lois et la
justice ; qu'ils doivent considérer le ministère de juge comme une fonction
non pas d'un homme, mais de Dieu ; que le juge est obligé de donner
l'exemple d'une conduite irréprochable ; qu'il faut qu'il se soit appliqué dès
sa jeunesse à l'étude, qu'il mène une vie exemplaire et laborieuse pour se
bien acquitter d'un tel emploi.

Les juges ainsi choisis dans les meilleurs sujets de la pépinière des avocats,
élevés et conduits à ces places importantes, secondés d'un traitement

honnête et suffisant, nommés par le souverain, qui leur confie ces fonctions sacrées, et reconnus par lui-même comme sages et éclairés sous tous les rapports . . . . ; ces hommes vertueux, guidés alors par l'honneur, attentifs aux regards du public sans cesse fixés sur eux, desirant de mériter son estime et sa considération, d'ailleurs éclairés sur les effets des vices comme des vertus, auront tant de motifs d'éviter les uns et de pratiquer les autres, que l'on ne peut présumer ou que l'on doit le moins possible donner à connaître publiquement que l'on appréhende qu'ils ne tombent dans des crimes si contraires à leur état.

Ne serait-il donc pas conforme aux ménagemens posés pour principe à leur égard, de rassembler davantage et le plus succinctement et séparément possible des autres crimes et délits, même dans un code à part, ce qui concerne les juges en cette qualité, et de concentrer les peines, 1.° à un avertissement du grand-juge, avec le comminatoire de le rendre public au tribunal; 2.° en cas de non-conformité, à la publicité devant le tribunal réuni; 3.° par affiche au greffe, et que, dans les crimes graves de leur ministère, la peine de forfaiture soit la destitution absolue, avec la progression donnée au Projet pour les circonstances aggravantes résultant soit de la nature du crime lui-même ou d'ailleurs!

C'est ainsi qu'ici, sous l'ancien régime, avec peu de lois sur cette matière, autres que celles du droit romain, il n'y a pas eu, depuis l'année 1762 que l'ancien d'entre nous a exercé au barreau, ni poursuite ni plainte de ces chefs contre aucun juge, et que, par la lecture et tradition des actes antérieurs, on n'en connaît du moins aucun qui ait mérité d'être relevé.

C'est ainsi que le bon esprit des corps judiciaires, stables et permanens ici, a tellement su écarter d'eux une pareille tache, que si on avait remarqué que l'un ou l'autre membre pût s'oublier, on se serait écrié d'avance à l'honneur, à la pureté de la justice et à l'impartialité, comme des vertus innées chez eux.

C'est ainsi que, lors de la conférence qu'eut l'empereur Joseph II avec son conseil de Luxembourg, pendant son passage dans les Pays-Bas, ce souverain savant et éclairé, sur la demande qu'il lui fit si les deniers de corruption, en allemand *corruptions yrlser,* avaient aussi lieu dans ce pays, eut, avec tant de satisfaction, pour réponse, d'abord un silence triste et sombre, qui lui fut de suite expliqué; et il comprit par lui-même que ce silence était l'effet du saisissement ou de l'abattement causé par une demande si extraordinaire faite par son souverain à un corps de justice supérieur, pour la première fois qu'il s'y était présenté, et où jusqu'au mot de *corruption* était en horreur, et, pour ainsi dire, inconnu, et où notoirement l'impartialité et la justice avaient constamment attiré la pleine et entière confiance du public.

Nous osons espérer que cette petite digression démontrera que nous ne demandons pas des ménagemens personnels, mais uniquement ceux qui peuvent tendre à faire respecter et chérir les corps de justice, pour le bien-être de tout ce qui en dépend.

Sᴇᴄᴛɪᴏɴꜱ X et XI. Nous nous empressons enfin de rendre nos hommages aux principes de ces sections et articles ; les développemens qui les accompagnent en justifient le mérite.

Nous nous remettons néanmoins aux observations particulières que nous avons faites sur les articles en déduits dans le projet de Code même.

II.ᵉ PARTIE.

DES JUGES ET TRIBUNAUX CRIMINELS.

Nᴏᴜꜱ croyons devoir observer, pour être bien à même de décider si on peut ou plutôt si on doit réduire le nombre des présidens des tribunaux criminels, que les fonctions de ces magistrats sont des plus importantes, et plus pénibles que celles des autres ; que, dans l'avenir sur-tout, les juges ne parviendront guère à ces places que dans un âge avancé ; que cependant par-tout leurs occupations sont de nature à être réparties, pour ainsi dire, sur chaque journée, quoiqu'à la vérité il y ait peu de travail à certains jours, outre qu'ils n'ont point de vacances, tellement que le président de ce tribunal n'en a fait aucune depuis celles de l'an 7, comme président alors du tribunal civil ; que si on déduit, sur les jours de l'année, les vacances des autres tribunaux, on trouvera peut-être la compensation de ceux où les tribunaux criminels ne sont pas occupés.

Pour démontrer leur travail pour ainsi dire de chaque jour, on observe qu'ici le correctionnel a ses jours fixes à quatre par mois pour les audiences publiques, où se plaident quelquefois plusieurs causes ; de sorte que le président a au moins quelque travail pour huit autres jours : ce travail pourrait se faire, à la vérité, souvent dans un ou deux jours, si la distribution pouvait s'en faire à volonté, et ne devait point, soit par la nature de la chose, soit pour plus de régularité, être fait à différens jours.

Quant au criminel, chaque affaire exige plusieurs jours différens par mois pour l'interrogatoire, la remise au commissaire, l'examen sur les formes, le jugement conséquent, l'examen du fond, le travail préparatoire pour les questions, le tirage antérieur du jury, les récusations de la part des accusés, les excuses aussi antérieures des jurés, les séances devant le jury de jugement, qui sont ici utilement et strictement observées, et se tiennent par deux, trois, quatre et quelquefois cinq et plus de jours, outre une grande partie des nuits, et enfin pour la rédaction des jugemens quelconques.

La manière de procéder et de juger les affaires soumises au tribunal spécial, demande également du président plusieurs journées différentes, tant pour l'instruction et le jugement de compétence, que pour le fond, s'il y a lieu.

Les différens *visa* et ordonnances sur des états et frais judiciaires qui doivent être signés par lui en présence du commissaire, se présentent également à divers jours du mois.

Ainsi, en supposant trois ou quatre séances au correctionnel par mois, seulement une ou deux au criminel d'annullation, deux à trois au criminel devant le jury de jugement, et quelquefois une devant le tribunal spécial, qui toujours se croisent dans le mois, il y aura peu de jours dans l'année auxquels la présence du président, sa signature, ou quelque travail marqué personnellement pour lui, ne soit pas nécessaire ; et ce, indépendamment des nuits et longues journées d'un travail pénible dans les causes devant le jury de jugement.

Si cette magistrature a été offerte et refusée plusieurs fois, et que beaucoup de juges d'appel ne l'ont acceptée que par convenance de leurs propriétés, c'est principalement parce qu'elle est révocable, et que le peu de différence de traitement n'avait pas de quoi déterminer les juges d'appel à un déplacement passager et éloigné de leur domicile : remédier à ces causes, ce sera en faire cesser les effets.

Nous balancions de suivre la peinture désolante pour tout juge honnête, faite dans le tableau où sont représentés ceux délégués à cette magistrature par le premier Consul, dans les départemens où ils ont leur domicile. Ce tableau doit cependant démontrer, dit-on, l'utilité du système des préteurs, avec la condition, comme mesure essentielle, qu'aucun ne puisse en remplir les fonctions dans le département qu'il habite ou dans lequel il est né.

Le temps, les mœurs, sont-ils donc changés aujourd'hui au point qu'il ne serait plus véritable, ni même présumable, que le vrai honnête homme ne le soit plus chez lui ! Un juge vertueux, un président d'honneur, qui n'a acquis la réputation et la confiance de plus en plus, que parce qu'il a rempli dans son domicile, dans son pays, sous les yeux qui l'ont vu naître et élever, et toujours avec intégrité, les devoirs de sa place, sera donc présumé de droit agir au contraire, et politiquement suspect, s'il continue dans son même pays ces mêmes fonctions !

Il ne sera donc plus vrai ni présumable que tel magistrat à qui la confiance et la renommée de son impartialité servaient d'aiguillon et d'encouragement à continuer, jusqu'au dernier moment de sa vie, de marcher constamment dans le chemin d'honneur dans le pays qui l'a vu naître ; il ne sera donc plus vrai, dit-on, qu'il continuera d'avoir ces sentimens précieux, s'il reste ou s'il est délégué à l'avenir pour ces mêmes fonctions dans ce même pays ! Il a sans doute toujours existé en France comme ailleurs, et il existe sans doute encore des magistrats et juges respectables sous tous les rapports, et, sans doute, il s'en formera en France de plus en plus de cette bonne trempe, au fur et à mesure que la tranquillité, la morale et le perfectionnement des institutions et des mœurs y seront ramenés tous les jours davantage.

Mais il n'y a aucune loi pour les autres fonctions de cette classe, ni même pour celles supérieures, qui exige cette mesure du Projet : si des cas particuliers, autant extraordinaires que rares, le demandaient, n'y a-t-il pas de moyen autre, et même ordinaire, qui pût les prévenir ou y remédier d'abord !

Les présidens, en France et ailleurs, n'étaient-ils pas, dans leur propre pays, doués de toute impartialité et dignes d'assez de considération !

Ont-ils cessé de l'être effectivement ! Fléchissent-ils maintenant dans le crédit de leurs fonctions, sous le crédit et l'autorité d'autrui, dans des vues d'ambition ou autres personnelles à eux !

Ce vice est-il plus à craindre en eux que dans tous les autres fonctionnaires résidant dans le département de leur domicile ou naissance ! Non.

Éloignons donc de nous, autant que possible, l'idée de détruire des systèmes antiques, reconnus bons jusqu'au temps des erreurs et des troubles, pour y en substituer de nouveaux que l'on pourrait croire nécessaires et conséquens pour remédier à quelques excès et abus qui n'ont dû leur naissance qu'aux temps mêmes des troubles, des insurrections, des passions et des erreurs, et qui doivent nécessairement venir à cesser par le retour, le seul retour de la stabilité et de la tranquillité.

Qu'il nous soit permis d'observer, à cet égard, que, sous le régime antérieur, il n'y avait dans ce pays de Luxembourg, depuis mémoire d'homme et la tradition rédigée même dans les rétroactes de toute ancienneté, aucun juge, même presque aucun autre officier public ou avocat, qui ne fût né dans cette province, et que si l'un ou l'autre étranger voulait y postuler, il devait être naturalisé par lettres patentes du souverain, et que cependant l'impartialité et l'intégrité y étaient la vertu pleinement et notoirement en usage.

Mais qui prévoira les abus que ce système nouveau et extraordinaire en France peut lui-même amener! ces abus ne seront-ils pas plus grands que ceux qu'on prête au système auquel on veut le substituer, et qu'on exagère peut-être !

Voudra-t-on essayer aussi ce nouveau système, malgré qu'il soit contraire aux coutumes et habitudes du pays où on veut l'introduire !

La seule idée qu'un seul homme soit le seul qui décide par arrêt en matière criminelle, c'est-à-dire, dans ce qui est le plus important de la société, que ce même homme n'ait qu'un seul homme, plutôt pour conseil que pour juge, avec lui et dépendant de lui; que cet homme indique presque formellement aux jurés le prononcé qu'ils vont faire, qu'il les dirige en tout et par-tout; base de ce système : cette idée pourra-t-elle être agréée par nous en France, où, depuis tant de siècles, on a constamment vu qu'on n'y jugeait qu'à trois, cinq, sept, neuf et plus de juges, à la pluralité des voix et à pouvoir égal.

Ce seul homme, quelle que soit sa sagacité, ce magistrat, quelque mérite qu'il ait, arrivera successivement pour les grands-jours dans un nouveau département, tous les trois mois, où peut-être il ne sera connu autrement que par le titre de sa nomination, où il ne connaîtra pas davantage par lui-même les propréteurs, les commissaires, les jurés, ni bien des choses qu'il est nécessaire de connaître, outre la localité et les mœurs de l'endroit; tandis que dans un poste si important, outre les devoirs essentiels y attachés, ces connaissances privées, qui ne s'acquièrent que par la demeure, sont souvent requises. On ne repassera pas ici en détail, à l'égard des propréteurs, commissaires, jurés ou témoins, les inconvéniens ou les abus auxquels le défaut de cette connaissance dans le préteur peut mener, soit pour placer sa confiance de préférence dans les uns ou les autres de ces fonctionnaires ou jurés, soit pour prendre les instructions et les éclaircissemens dont il aura besoin, soit tout autrement.

Mais on croit qu'en se les représentant en détail, et les comparant à ceux que l'on dit craindre de trop de connaissances, d'intérêt et de familiarité, par rapport à la naissance ou domicile des présidens dans le département où ils siégent, ils se trouveront bien inférieurs en nombre et en qualité.

On présente, en faveur du nouveau système, le bien qu'il produit en Angleterre depuis si long-temps. A quelle époque y a-t-il eu son origine ! Son commencement fut sans doute, dans une époque favorable, heureux et accueilli.

Il est devenu habituel à ce peuple, qui s'y est tellement familiarisé successivement, qu'il s'en est formé une loi fondamentale et agréable pour lui.

S'ensuit-il que si ce même peuple avait été, depuis l'origine de ce système, accoutumé de même à un autre système très-opposé, on pourrait aujourd'hui, avec avantage, substituer facilement celui qui existe, ou que les mœurs et l'état politique d'aujourd'hui y seraient ce qu'ils y furent alors !

N'en est-il donc pas de même actuellement pour la France ! voudra-t-elle d'une loi nouvelle si importante, non encore éprouvée ! voudra-t-elle essayer cette nouveauté, et la passer pendant quelques années par le creuset de l'expérience, au risque de s'être trompée, et sachant qu'en Angleterre les jurés sont nécessairement plus éclairés dans leurs fonctions qu'ils ne pourront l'être ici, parce que, depuis très long-temps, ces fonctions y sont attachées à une seule classe de propriétaires de certaines terres, qui, imbus de père en fils de l'obligation de s'acquitter de ces devoirs, s'en sont instruits, en desirent sans doute l'emploi comme une distinction honorable des autres classes, et ne sont conséquemment pas exposés à suivre absolument l'impulsion d'un préteur, lorsque lui-même donnerait dans l'écart ou dans l'erreur !

N'est-il donc pas convenable de nous en tenir à l'ancienne formation
des

des présidens et juges à résidence fixe , sans s'exposer d'un autre côté aux inconvéniens qui pourraient d'ailleurs résulter de cette ambulance continuelle de préteurs ; condition qui, par sa nature , conduirait à ne pouvoir nommer à cette dignité les personnes les plus dignes de l'être, ou dont d'autres voudraient profiter pendant une ou deux années, pour se retirer contens dans leur premier poste ? Mais on a cité des exemples de la république de Rome, comme conformes et favorables à ce système ; et ne peut-on pas y répondre que nous , dans la France, nous ne sommes plus dans la situation affreuse où Rome république fut du temps des·Scipion , Lucius et Cassius ; que ces exemples concernent des cas extraordinaires et les temps de guerres civiles ; et qu'à tels cas extraordinaires il a déjà été pourvu chez nous par l'établissement de tribunaux spéciaux, remède qui , malgré qu'il ait trouvé d'abord de grandes oppositions, a cependant très-bien atteint au but, et qui, si malheureusement on en avait encore besoin , peut être continué ou réitéré là où il serait nécessaire.

Il peut d'ailleurs être permis de s'interroger maintenant, sur le parallèle, l'exemple et l'imitation qu'on a peut-être mis trop souvent en usage des Romains à nous , si ce qu'on en a tiré était bien applicable à la France : nous ne parlons pas des lois civiles.

Les circonstances , les temps , les mœurs , les opinions , l'intérêt et les vues furent-ils les mêmes ?

La réponse à cette demande sera peut-être éversive du moyen à l'aide duquel on veut appuyer le système dont il s'agit sur l'exemple de ce peuple célèbre.

Il se peut, d'ailleurs, que certains changemens que le système propose pour le préteur, et qui doivent en augmenter la considération, conviennent de même à l'établissement actuel , et qu'il en soit susceptible.

Est-ce que les présidens et les tribunaux ne se rangent pas facilement et vraiment, quant à leurs fonctions, dans la classe des magistrats qu'on voudrait être vraiment nationaux !

Les présidences ne sont-elles pas susceptibles d'être à vie ! Plus elles sont stables, plus les pourvus s'y attachent sincèrement , plus le bon choix sera facile.

Ces places et les tribunaux sont certainement susceptibles d'augmentation de traitemens, de pompes et de cérémonies imposantes, sans que cette considération donne aux présidens, plutôt qu'aux préteurs, ni orgueil ni vanité, et sans que cela déroge à la simplicité dans la discussion et dans le jugement.

Rien ne paraît empêcher, si cela peut être utile , que le commissaire du Gouvernement près le tribunal criminel soit aussi magistrat de sûreté dans l'arrondissement, en lui donnant un suppléant lorsqu'il sera jugé nécessaire.

Forêts, F

Rien n'empêche aussi qu'on accorde au président, toujours si cela est trouvé avantageux, le pouvoir de présenter au jury ses observations avec plus de latitude dans son résumé ou autrement.

Les présidens pourront également, si cela est trouvé bon, se réunir chaque année, par exemple, dans le chef-lieu de leurs divisions respectives, pour le même effet qu'on le propose à l'égard des préteurs : de là, un de chaque division, à nommer par le premier Consul ou par délégation entre eux, se rendrait à Paris, et tous les délégués se réuniraient sous les yeux du grand-juge, pour rendre un compte commun au Gouvernement, de la même manière et à la même fin du Projet, pour être le tout communiqué, par ceux ainsi réunis, aux autres présidens de leurs divisions respectives; et cependant, dans l'intervalle de l'absence des uns, pendant un ou deux mois, l'administration de la justice ne chômerait pas, puisqu'elle se ferait à l'aide d'un juge suppléant, tandis que le premier ferait les fonctions du président absent.

Nos observations, contraires au Projet, nous paraissent fondées dans les motifs ci-dessus déduits, et ceux qui en résultent.

JURYS D'ACCUSATION ET DE JUGEMENT.

Nous persistons dans les réclamations qui ont été faites de notre part, par le commissaire, au grand-juge et à ses prédécesseurs, ministres de la justice, contre les abus saillans de toute espèce que l'expérience a mis dans un grand jour et qui sont résultés dans l'exécution de l'instruction par jury.

Comme ces réclamations font partie de celles rappelées dans le compte exact et précis qu'a rendu le grand-juge au Gouvernement à la fin de l'an 11, et que ce compte fait partie, quant à ce point, de l'exemplaire du Projet dont il s'agit, nous ne pouvons que nous y référer, comme ne contenant que la vérité, en ajoutant que rien n'a changé en mieux, à ce sujet, sur ce point, depuis alors jusqu'à présent.

Il nous semble en conséquence que le résultat en est comme il l'a présenté, que cette institution ne peut et ne doit plus subsister, du moins de la manière qu'elle est organisée, et que, si on ne prévoyait pas que, par des moyens de la perfectionner, elle pût arriver au but pour lequel elle a été adoptée, il faudrait nécessairement retourner à l'ancien système, en corrigeant les abus qu'on y a remarqués.

En examinant donc scrupuleusement, et sans prévention pour aucune opinion, quelque respectable qu'elle puisse être d'ailleurs, les principes et le projet d'amélioration, ils paraissent consister principalement, 1.° dans une meilleure composition du jury, et en ce qu'on espère qu'en en formant la liste seulement parmi les plus imposés, comme les plus intéressés à la société, sans en soustraire les personnes en place, à la réserve de ceux seulement

qui ont des emplois incompatibles, ou désignés pour tels, avec les fonctions du jury, on n'aurait que des hommes éclairés, impartiaux et propres
au maintien de l'État, et, en un mot, tels qu'ils puissent accomplir le
serment qu'ils doivent prêter, pour arriver au but de cette institution.

En suivant l'examen, ne trouve-t-on pas que, dans les petits départemens, comme, par exemple, dans celui-ci, il n'y a nécessairement qu'un
petit nombre de gens éclairés de cette sorte, si on excepte les fonctionnaires publics et les hommes de loi qui suivent le barreau ; qu'on aura beau
y prendre les six cents plus imposés, ou encore les six cents qui les
suivent, on sera loin d'en trouver de la classe convenable le nombre requis
pour les listes ! les trois quarts et plus sont toujours absolument étrangers
aux notions et qualités qu'on cherche, et chez eux l'intérêt de la société
ne se conçoit peut-être pas ou n'est pas apprécié ni appuyé, n'ayant d'autres
notions que celles relatives à l'agriculture, au bétail ou à leur commerce,
à leur ménage, et à diriger, entretenir ou améliorer leurs affaires particulières et domestiques.

Si dans la liste il ne faut choisir que les plus éclairés, le petit nombre
de ceux-ci n'aura-t-il pas le double inconvénient d'une espèce de magistrature presque concentrée, et d'une surcharge à laquelle ils chercheront à se
soustraire ! Si on a recours à différens fonctionnaires publics ou défenseurs
officieux pour plus de lumières, ceux-ci n'y trouveront-ils pas un fardeau
à supporter ! n'allégueront-ils pas des difficultés et l'impossibilité d'un
déplacement préjudiciable à leurs fonctions !

Au reste, quant à ceux qui ont les talens requis, cesseront-ils de trouver
dans cette fonction un devoir pénible ! s'en trouveront-ils honorés ! seront-
ils bien pénétrés de cette opinion ou de cette vérité, sans laquelle, dit fort
bien le tribunal de cassation, cette institution n'est plus qu'une vraie abstraction ! D'ailleurs, ne sera-t-il pas très-difficile de faire changer l'opinion ou
le préjugé déjà formé, que la fonction des jurés est malheureusement
envisagée comme une charge pesante !

En second lieu, on en espère l'amélioration, en substituant à tant de
questions embarrassantes que l'on pose maintenant au jury, la seule, *L'accusé
est-il coupable, ou non !*

Mais cette seule question, qui paraît être la véritable à juger, embarras-
sera plus que jamais et le droit et le fait déjà par eux-mêmes si confondus,
si inséparables dans les matières judiciaires : la seule conscience du jury en
sera donc chargée ; et le système de preuve légale restera proscrit.

Ne suit-il donc pas de ces motifs et de leur résultat, qu'il sera plus
essentiellement nécessaire que les jurés aient en connaissance ce que les
magistrats instruits sont obligés de connaître, et qu'il n'acquièrent que par
une longue application dans cette partie ! Et auront-ils, sans expérience dans
pareilles affaires, assez d'esprit d'ordre, de jugement et de bon sens, pour

s'assurer eux-mêmes en conscience et le faire présumer au public, que vraiment ils se trouvent convaincus à déclarer, lorsqu'ils le feront, la culpabilité constante ; et lorsque les preuves sont compliquées, et de nature à être méditées et discutées chez les hommes de l'art ou vraiment instruits, si effectivement la culpabilité est telle !

D'un autre côté, est-ce que les questions subséquentes du projet d'excusabilité, de recommandabilité, la déclaration spéciale sur les circonstances atténuantes, ne présentent pas le même doute du chef du devoir et de capacité suffisante des jurés !

Et encore ne meneront-elles pas à des longueurs qui peuvent occasionner à certains d'entre eux la lassitude ! Celle-ci n'ajouterait au danger que les doutes ci-dessus mentionnés sur leur suffisance.

L'unanimité des opinions des jurés, que le Projet demande, n'entraînera-t-elle pas à un péril imminent !

Notre opinion contre l'unanimité, que nous avons donnée sur l'article du Projet qui la concerne, est fondée d'ailleurs sur tous les motifs que nous avons trouvés plausibles, tels qu'ils sont rapportés dans le mémoire de M. *Bourguignon* sur le perfectionnement du jury.

Nous y ajouterons seulement une réflexion qui nous paraît intéressante ; c'est que nous craignons que l'unanimité ne soit, dans certains cas, on ne peut pas plus dangereuse pour la moralité en général, et notamment pour celle si nécessaire dans les jurés eux-mêmes ; c'est lorsqu'elle doit être formée d'un ou de plusieurs contre leur opinion ou conscience : cas qui devra nécessairement arriver dans les affaires compliquéés ou douteuses ; de manière qu'il n'est pas présumable qu'elles puissent humainement se décider à l'unanimité par douze hommes juges.

Un homme juge ou juré déclarerait donc sous le serment par lui prêté et signerait qu'il reconnaît l'accusé coupable, tandis que dans sa conscience il serait convaincu du contraire, qu'il l'aurait hautement prononcé et soutenu dans la chambre du jury, et là aurait avoué aussi ou donné à connaître que cependant il signerait le contraire, soit par lassitude, soit pour terminer une lutte qui, sans cela, durerait toujours, ou parce qu'il préfère de se référer à la conscience des autres plutôt qu'à la sienne : un tel exemple ne serait-il pas, si ce n'est l'ouvrage, du moins l'effet du danger auquel le système et la loi qui l'adopterait l'auraient exposé !

Cet exemple n'enseignerait-il pas qu'on peut impunément, dans certaines circonstances, transiger avec sa conscience ! n'habituerait-il point à en faire autant dans d'autres d'un intérêt majeur ou personnel ! Et la morale et les mœurs, au lieu d'être corrigées par les institutions, les lois et l'exemple, ne recevraient-elles pas ici une direction tout opposée, et nommément pour les jurés !

3.º Enfin on espère que le système de préteur offrira, par son organisation imposante, son influence et sa direction, un moyen qui a manqué jusqu'à présent, celui d'empêcher dorénavant les abus qui se sont glissés dans les jurys, et de faire parvenir enfin cette institution au grand but pour lequel elle a été adoptée.

C'est donc, à proprement parler, le perfectionnement du jury qui est le véritable motif du système de préteur; ils doivent donc exister ensemble et être en harmonie.

Il s'ensuivrait donc à-peu-près que sans joindre à l'institution du jury celle du préteur, celle-là n'arriverait pas, ou que très-difficilement, à son perfectionnement nécessaire; et s'il n'y avait pas de jurés, le système de préteur serait sans cause.

Supposons conséquemment qu'ils existent ensemble ; faisons-en l'application à l'exercice commun ; et prévoyons, s'il est possible, ce qui en résulterait après l'expérience ou l'essai de leur marche simultanée.

Le jury composé comme il le serait sous un préteur, sera-t-il mieux qu'il pourrait l'être sous l'établissement actuel des tribunaux sans préteur? Sera-t-il plus éclairé? aura-t-il réellement plus de capacité, plus de fermeté, d'impartialité? Pourra-t-il être moins influencé et dirigé, pour ne suivre que sa conscience et son intime conviction?

Est-ce que la grande influence du préteur sur le jury, sa direction plénière, son pouvoir presque absolu, la réunion en lui d'être de plus le seul juge pour ce qui reste à faire après la déclaration des jurés ; est-ce que ces attributions nouvelles, jointes à ce que nous avons déjà observé à cet égard, n'opéreraient pas de deux choses l'une, ou qu'il ne serait regardé que comme suppléant les capacités qui pourraient manquer aux jurés, et remplissant ainsi par lui les devoirs qui n'appartiennent qu'à eux, conséquemment de les envisager eux-mêmes comme disparus ; ou que les jurés étant contraires au préteur par leur déclaration, après qu'il aurait prononcé son opinion publiquement, il serait taxé lui-même, si ce n'est comme inférieur à eux en connaissances, du moins de ne pas avoir été assez heureux pour être écouté par des hommes faits pour être guidés par ses lumières!

On ne parlera pas des cas possibles où le préteur lui-même donnerait dans l'erreur, ni d'un jury obstiné, ni des suites conséquentes qui en résulteraient contre le but du système.

On sent aussi que ni l'une ni l'autre de ces observations n'est relative à ces affaires où la vérité se manifeste sans embarras, sans difficulté, sans discussion, et qu'elles ne se rapportent qu'à celles douteuses et compliquées.

Cependant, pour tous les cas, nous proposons la suppression du jury d'accusation, déjà dégénéré du principe de son origine dans la partie qui lui avait été essentiellement attribuée ; nous parlons des dépositions orales des témoins , sur lesquelles il devait disposer, tandis qu'il ne décide plus que sur leurs déclarations écrites en l'absence dudit jury.

Sa décision n'est d'abord que sur une instruction préparatoire ; le directeur du jury la reçoit ; il y décide déjà avant le jury, et d'après les mêmes motifs , endonnant l'ordonnance de traduire, ou toute autre disposition, s'il en échet.

La loi du 7 pluviôse an 9 a perfectionné l'instruction devant lui , a même étendu son pouvoir, en envisageant que ce juge, en cette qualité , devait être plus propre à certaines fonctions que ne pouvaient être censés les juges de paix, de qui elle les a transportées à lui: si donc le jury d'accusation ne peut pas être amélioré de beaucoup, il restera, comme il l'est maintenant, plus exposé que le jury de jugement, à être influencé de la part des prévenus ou de leurs parens, parce qu'il sera toujours pris dans l'arrondissement; de sorte que, si on joint le danger permanent de cette influence, à ce que ce jury n'entend plus les témoins oralement, et à ce qu'il ne sera guère susceptible de bien saisir, d'une part , les preuves, pour ne les rapporter qu'à ce qui doit seulement former des présomptions suffisantes à la mise en jugement, et, d'une autre, de borner son pouvoir à ne pas envisager la peine dont le prévenu, s'il était convaincu, serait puni , il s'ensuit qu'il sera préférable d'y substituer des juges, parce que leurs connaissances sont celles d'hommes instruits des lois et de la pratique.

Par ces considérations et autres, fondées sur les excès ou abus démontrés par l'expérience dans les opérations de ce jury , ne vaudrait-il pas mieux que le directeur du jury prononçât sur cette instruction, dès qu'elle devrait être soumise à ce jury, et prît à cet effet un second juge du tribunal de première instance , par tour, et qu'en présence du greffier, du *magistrat de sûreté* et aussi du public, si on veut, ils donnassent lecture de toutes les pièces , et après le délibéré, s'il y avait lieu, ils prononçassent publiquement leur disposition ; avec cette mesure, qu'en cas de partage d'opinions, ou d'égalité des suffrages , l'accusation devra être admise !

Enfin, comme nous n'avons rien à ajouter aux observations que nous avons déjà faites sur la troisième et dernière partie, concernant les formes de procéder, nous soumettons tout notre travail à la décision qui sera portée sur cette matière importante, et qui ne peut que faire le bonheur de tous, puisque la sagesse comme la prudence, la sagacité comme l'expérience, avec l'amour du bien , y présideront et la sanctionneront.

A Luxembourg, le 1.er prairial an 12.

Signé N. PASTORET , *Président ;* SIMONIN, LAMBERTY, *Juges ;* CLÉMENT , *Procureur-général.*

OBSERVATIONS

PRÉSENTÉES

PAR LE PRÉSIDENT DE LA COUR DE JUSTICE CRIMINELLE

DU GARD,

SUR

LE PROJET DE CODE CRIMINEL.

OBSERVATIONS

PRÉSENTÉES

PAR LE PRÉSIDENT DE LA COUR DE JUSTICE CRIMINELLE

DU GARD,

SUR

LE PROJET DE CODE CRIMINEL.

SUR L'INSTITUTION DU JURY.

L'INSTITUTION du jury est, sans doute, tout ce qu'on a pu concevoir de plus utile à l'humanité ; mais il faut des hommes propres à faire goûter à la société le bienfait de cette institution, et à la garantir de l'abus, l'on peut dire scandaleux, que les jurés font journellement de la plus sublime et de la plus importante fonction.

Une assez longue expérience a prouvé qu'il est impossible, dans ce moment, de rétablir et de maintenir l'ordre social avec les jugemens par jurés ; et qu'il est bien dangereux, pour la chose publique, de confier l'importante fonction de juré à des hommes qui, par leurs dispositions, ou leur insouciance, contrarient, presque toujours, la marche de la justice, et trompent le vœu des amis de l'ordre social.

L'idée des jugemens par jurés, conçue dans des temps d'enthousiasme, où les institutions nouvelles semblaient aussi faciles dans la pratique qu'elles étaient belles dans la théorie, n'est devenue qu'une séduisante illusion : aussi le Gouvernement a senti la nécessité de recourir à d'autres moyens, lorsqu'il a eu besoin de faire cesser le désordre : l'institution du jury a été suspendue, et des tribunaux spéciaux ont été établis sur divers points de l'Empire, où les crimes se multipliaient par l'impunité dont on laissait jouir les coupables.

Le rétablissement du droit de faire grâce est un moyen de réparer l'injustice ou l'erreur d'un jury ; mais la loi n'en offre aucun, pour réparer le tort que fait à la société l'absolution d'un coupable.

Cependant, je dois le dire, je n'ai personnellement qu'un seul exemple,

Gard. A

depuis l'établissement du jury, d'un innocent sacrifié à des passions particulières , et cette institution vue sous ce rapport est bien précieuse ; mais
aussi il est extrêmement rare de voir que des coupables soient condamnés:
combien de décisions de jurés, dictées par la prévention ou par la faiblesse,
par l'ignorance ou par le caprice, ou par une pitié mal entendue, ont assuré
l'impunité à des coupables, qui ont ensuite reparu devant les tribunaux,
chargés de nouveaux crimes !

Je verrais, je l'avoue, avec peine, que l'on renonçât pour toujours à une
institution que l'on regarde, à juste titre, comme la sauve-garde de l'honneur, de la vie et de la sûreté des citoyens ; et je desirerais qu'on renvoyât
à la mettre en activité, au temps où une meilleure éducation, donnée sous
l'influence d'un génie actif et régénérateur , aura formé d'autres hommes et
aura fait germer dans leurs cœurs cet attachement à la chose publique , qui
peut seul rendre cette institution utile ; au temps, enfin , où il y aura en
France un esprit public. « Former des citoyens , a dit un grand homme,
» n'est pas l'ouvrage d'un jour ; et pour les avoir hommes , il faut les ins-
» truire enfans. »

J'aime à croire que le temps où l'on pourrait jouir du bienfait de l'institution du jury n'est pas bien éloigné ; que la génération présente en serait seule
privée , et que la génération qui commence , préparée par une meilleure
éducation , et ayant sucé avec le lait les principes de notre nouveau système
social , pourrait réaliser les vœux et les espérances des amis de l'humanité.

En attendant, je trouve dans une bonne composition des cours de justice
criminelle, et sur-tout dans la publicité des débats, une garantie bien propre
à rassurer tous les citoyens.

Des hommes qui joindront les lumières à la probité, des hommes investis
de la confiance publique, jugeant en présence du public qui les juge eux-
mêmes , ne peuvent inspirer aucune crainte à l'innocence , et doivent rassurer la société contre les suites funestes de l'impunité des crimes.

On pourrait établir une cour de justice criminelle par chaque département ou pour deux départemens.

Cette cour serait composée de dix juges et d'un procureur général.

Il faudrait au moins huit juges pour rendre un arrêt.

Chaque juge devrait avoir au moins quarante ans; c'est l'âge où la raison
triomphe des passions , et où l'on trouve communément chez les hommes
ce calme si nécessaire à des magistrats chargés de prononcer sur le sort de
leurs semblables.

Les juges devraient être pris parmi les membres des tribunaux de première instance , qui auraient au moins dix années d'exercice, ou parmi les
avocats qui auraient exercé leur profession pendant quinze années au moins:
cette précaution paraît suffisante pour assurer qu'on trouvera dans ces juges

les lumières qu'on est en droit d'exiger de ceux qui prononcent sur l'honneur et sur la vie des hommes ; l'on ne fait pas des juges par la seule imposition des mains ; c'est par la science des lois, c'est par une connaissance approfondie du cœur humain ; c'est sur-tout par cette probité austère, sans laquelle les plus grands talens deviennent de grands vices, que l'on se rend digne d'entrer dans le sanctuaire de la justice, si profané de nos jours par le vice et par l'ignorance.

Si l'on craint que le juge ne s'endurcisse par l'habitude de voir des coupables, l'on pourrait établir une chambre criminelle dans chaque cour d'appel, dans laquelle on ferait passer tous les juges de cette cour par tour, et à des époques de six mois ou d'une année.

Mais l'on ne peut se dissimuler que cet ordre de choses présenterait deux inconvéniens, 1.º celui de faire oublier alternativement aux juges les principes de la législation civile et de la législation criminelle ; 2.º d'occasionner une dépense considérable pour appeler, à de grandes distances, les accusés, les témoins et les parties civiles.

Le premier inconvénient pourrait être, sinon évité, du moins diminué, en attachant à la chambre criminelle un président et un magistrat chargé des fonctions du ministère public.

L'inconvénient de la dépense est inévitable, puisque la publicité des débats, qui est l'un des plus grands bienfaits de notre nouvelle législation criminelle, nécessite l'appel des témoins et des parties dans le lieu où le jugement doit être rendu.

Le juge de paix du lieu du délit, ou le tribunal d'arrondissement, pourrait être chargé de constater les délits, et de rédiger de suite par écrit les dépositions des témoins ; mais un prévenu ne pourrait être mis en jugement qu'après que cela aurait été ainsi décidé sur le vu de toutes les pièces de la procédure par la chambre criminelle qui doit juger, ou par le tribunal d'arrondissement ; car il ne faut pas faire subir à un citoyen l'humiliation d'une épreuve judiciaire, si la prévention n'est pas bien établie.

Le recours en cassation aurait toujours lieu.

Si l'institution du jury est conservée, il faut prendre les jurés, soit d'accusation, soit de jugement, parmi les citoyens les plus imposés ; ils ont le plus d'intérêt au maintien de l'ordre social.

Mais la fortune ne donne pas la capacité, ainsi que la probité ; et celle-ci est souvent inutile sans les lumières : il y aurait donc un choix à faire parmi ceux qui possèdent les plus grandes fortunes ; et ce choix nous ramènera toujours aux citoyens qui ont reçu l'éducation la mieux soignée.

Je ne pense pas qu'il convienne d'établir une peine contre les jurés qui refuseront de remplir leurs fonctions ; toute institution qui a besoin d'être soutenue par le ressort de la crainte, paraît être près de sa chute.

Les peines flétrissent l'ame ; elles avilissent l'homme à ses propres yeux ; elles le révoltent contre une institution à laquelle on veut l'attacher par force.

Ce n'est pas un bon système , que de faire des juges contre leur volonté ; on a toujours de mauvais juges.

Le législateur doit principalement consulter le caractère, l'esprit de la nation à laquelle il donne des lois. Le Français pliera sous l'autorité de la loi, pour éviter la peine qu'elle prononce contre lui , dans le cas de désobéissance ; mais le caprice et la mauvaise humeur dicteront alors les décisions des jurés. Pour remplir un ministère aussi important que celui de juré , il ne faut pas seulement la personne, il faut la volonté.

Ce qui prouve le vice ou l'inutilité d'un système de pénalité , pour obliger les jurés à venir remplir leurs fonctions , c'est la facilité qu'ils trouvent à se procurer des certificats de maladie pour se faire excuser.

Si le tribunal , soupçonnant la fausseté de l'excuse, ordonne la visite du prétendu malade , il en coûtera au trésor public des sommes considérables sans aucun succès : les nouveaux officiers de santé commis par le tribunal accorderont , avec la même facilité , des certificats de maladie ; et il paraît bien difficile d'empêcher qu'ils ne prostituent leur ministère , comme ils le font journellement , en attestant , par complaisance ou par corruption, des maladies qui n'existent pas. Pour se mettre à l'abri de la peine que la loi prononce contre eux dans ce cas , ils ont la ressource de se retrancher sur des maladies internes ; et ils ont l'assurance de n'être pas contredits par leurs confrères : en dernière analyse , le desir de se procurer un certificat pour se faire dispenser de remplir une fonction qui répugne généralement , démoralise celui qui le demande et celui qui l'accorde , en les accoutumant au mensonge et à la fausseté.

L'honneur a toujours été le plus puissant aiguillon des Français : il conviendrait de les attacher à la fonction de juré, pour laquelle ils sont généralement peu portés, par des honneurs , par des distinctions , par des récompenses , après un nombre déterminé d'années de service fait avec zèle, avec assiduité.

Il faut encore que le juré qui se déplace reçoive une indemnité qui représente la dépense que le déplacement lui occasionne ; et l'on doit laisser au président le réglement de cette indemnité suivant les localités.

Sur les Peines prononcées par le nouveau Code criminel.

Le nouveau Code criminel porte, à l'article 13 , « que les coupables con-
» damnés à mort pour parricide, conjugicide, assassinat, empoisonnement,
» incendie, meurtre exécuté avec tortures, seront conduits sur le lieu de
» l'exécution, qu'ils y seront attachés à un carcan au pied de l'échafaud,
» qu'ils y demeureront exposés aux regards du peuple pendant une heure,

» sur une estrade élevée d'un mètre.... que de suite ils auront le poing droit
» coupé, et seront immédiatement exécutés à mort. »

Tous les sentimens que l'on veut exciter dans l'ame des spectateurs, par
la vue d'un criminel dans les tortures, sont absorbés par la compassion qu'il
inspire ; elles diminuent donc l'effet de l'exemple que la justice se propose
de donner par le supplice d'un coupable, et alors son but est manqué.

D'ailleurs, l'expérience des temps passés a prouvé que les tortures,
quelque cruelles qu'elles soient, n'arrêtent point ces hommes qui malheureusement semblent nés pour le crime, et que les pays où les supplices
sont les plus terribles, sont aussi ceux où ils sont les plus fréquens.

Puisque le maintien de l'ordre social, puisque la sûreté des citoyens,
exige que les individus qui y portent atteinte soient punis de mort, il faut
qu'une législation marquée au sceau de la philantropie commande à la
mort de frapper d'un seul coup les têtes criminelles.

Mettre pendant une heure devant les yeux du criminel les instrumens
de son supplice, lui couper le poing avant que de lui porter le coup fatal qui
fait cesser son existence, nous paraît un supplice trop rigoureux et d'ailleurs
inutile pour l'exemple.

Ce n'est pas la douceur des peines qui enhardit au crime, c'est l'impunité dont les coupables jouissent : on a, depuis la révolution, accusé notre
Code pénal d'être trop doux ; on a provoqué des peines plus sévères :
si les tribunaux et les jurés s'étaient mieux pénétrés de leurs devoirs, ils
n'auraient pas acquitté tant de coupables ; si les coupables qu'on avait
condamnés aux fers, à la gêne, à la détention, avaient été mieux gardés,
ils ne seraient pas rentrés dans la société pour la troubler par de nouveaux
crimes.

Ce n'est donc pas la douceur des peines qui enhardit au crime, c'est
l'impunité dont jouissent les coupables.... Tous les condamnés aux fers
demandent à y être conduits de suite, parce qu'ils ont l'espoir et presque
la certitude de s'évader.

J'ai entendu un homme, condamné à quatre années de détention, demander à grands cris au tribunal qui venait de le juger, la conversion
de cette peine en celle des fers, même pour un plus grand nombre
d'années, parce qu'il avait plus d'espoir de s'échapper des bagnes que
de la prison ; aussi j'ai vu des condamnés aux fers reparaître plusieurs
fois devant les tribunaux, toujours chargés de nouveaux crimes. Un échappé
des fers est l'être le plus dangereux pour la société ; ne pouvant pas se
montrer, parce qu'il craint d'être repris, privé de tous moyens de subsistance, il n'a plus d'autre ressource que celle que lui offre le crime,
et il devient d'autant plus terrible, qu'il cherche à se venger de sa situation.

Le vœu depuis si long-temps exprimé pour l'abolition de la peine de mort, honore sans doute ceux qui l'ont formé ; il semble cependant qu'il est des crimes si atroces, que l'individu qui s'en est rendu coupable ne mérite pas qu'on lui laisse l'existence : mais les cas où la peine de mort aura lieu, devraient être extrêmement rares ; ils devraient être bornés à ceux qui sont exprimés dans l'article 13 du Projet.

La loi prive de la vie le traître qui conspire contre sa patrie, celui qui compromet la sûreté intérieure et extérieure de l'État ; ce supplice est trop court ; il faudrait que, réduit désormais à l'impuissance de renouveler son crime, le coupable trouvât un supplice plus long dans l'infamie et dans le spectacle continuel de la prospérité de sa patrie, dont il voulait déchirer le sein ; sa situation serait celle d'une bête féroce, contenue par de fortes chaînes, et agitée par la rage qu'excite en elle l'impuissance de dévorer la proie qu'elle s'était choisie.

Le voleur ne doit pas être puni comme l'assassin ; de quelques circonstances aggravantes que le vol soit accompagné, il y a sans doute une grande différence entre celui qui en veut à la vie de son semblable, et celui qui n'en veut qu'à sa propriété. Il doit donc y avoir une différence dans la peine de ces deux crimes, et la sûreté publique l'exige : c'est bien ici le cas de rappeler cette maxime si répétée par les philosophes : « proportionnez les peines aux délits », autrement vous faites des assassins de ceux qui ne seraient que des voleurs ; ils tuent, pour se débarrasser d'un témoin dont la déposition les conduirait à l'échafaud.

D'ailleurs, un homme qu'on supplicie n'est plus bon à rien, et il vaut bien mieux lui laisser la vie pour qu'il l'emploie à réparer par son travail le mal qu'il a fait à la société par ses crimes.

Autrefois les voleurs étaient punis en France par le supplice de la roue ou par le gibet. On a remarqué que les assassinats y étaient très-communs : chez d'autres peuples ils y étaient très-rares, parce que les voleurs n'y étaient pas punis de mort. Le Code pénal de 1791, plus doux pour les voleurs que nos anciennes lois françaises, a épargné le sang de beaucoup de citoyens.

Je le répéterai ici : que les coupables ne jouissent pas de l'impunité et la masse des crimes diminuera ; que le Gouvernement prenne des précautions pour éviter l'évasion du voleur condamné à la peine des fers ou à la détention, et cet exemple suffira pour contenir ceux qui seraient tentés de marcher sur ses traces.

Du reste, l'excessive rigueur de la peine est une autre cause de l'impunité. Le juge du fait, juge ou juré, frissonne à l'idée de priver de la vie celui qui n'est coupable que d'un attentat aux propriétés ; il cherche des raisons pour ne pas le condamner, et avec cette disposition, il finit le plus souvent par se faire illusion à lui-même, et par croire innocent celui qu'il aurait vu d'un œil différent, si la sévérité de la loi n'avait pas mis son cœur à une si dure épreuve.

Le législateur fait donc, par trop de rigueur, le mal qu'il voudrait éviter.

Mais il est un moyen plus sûr d'éviter le crime ; c'est de faire des lois propres à le prévenir ; c'est de s'appliquer plus à donner des mœurs qu'à infliger des supplices : ce moyen n'échappera point à l'active vigilance du grand homme à qui la France à confié ses destinées : toutes les nouvelles institutions, frappées au coin de son génie étonnant, préparent la régénération des mœurs et l'amélioration de l'espèce humaine ; toutes les branches d'industrie excitées, encouragées, honorées, offriront des moyens sûrs de subsistance aux pauvres laborieux ; et celui qui refuse à la société le juste tribut de son travail, sévèrement surveillé par la police, sera mis dans l'impuissance de nuire à ses semblables.

Sur la Réhabilitation.

Le nouveau Code criminel, comme celui de 1791, veut que celui qui a expié son crime, et qui, depuis qu'il a subi sa peine, a mené une vie irréprochable, soit réhabilité.

Le retour à la vertu, le repentir sincère, doivent sans doute être des titres d'expiation auprès de la justice humaine, comme ils le sont auprès de la Divinité ; mais il est à craindre que l'opinion publique à laquelle on ne commande pas, n'oppose un éternel obstacle à la réhabilitation d'un individu qui a été flétri d'un fer chaud sur les épaules ou exposé aux regards du peuple, sur un échafaud, par l'exécuteur des jugemens criminels. Il faut supprimer ces deux sortes de flétrissures si l'on veut obtenir quelqu'effet de la réhabilitation ; autrement l'individu réhabilité sera repoussé, honni par-tout, de quelque solennité que l'on accompagne son acte de réhabilitation.

Sur la peine de l'Emprisonnement pour les délits de la compétence des tribunaux correctionnels et de police.

La peine de l'emprisonnement que le nouveau Code criminel prononce contre une foule de délits qui sont du ressort des tribunaux correctionnels et de police, ne devrait avoir lieu que pour les vols et pour les attentats publics aux mœurs : dans tous les autres cas, il semble qu'il suffirait de condamner à des amendes, à des dommages-intérêts envers la partie lésée, et aux frais de la procédure ; du moins faudrait-il borner la peine de l'emprisonnement au plus petit nombre de cas possible. Il semble qu'on ne doit priver un homme de sa liberté, qu'autant qu'on a lieu de craindre qu'il n'en abuse contre ses semblables , qu'autant qu'on voit en lui un penchant irrésistible au crime ; mais qu'une vivacité , qu'un emportement , qu'une imprudence , quelques suites qu'ils aient , ne méritent pas qu'un homme soit assimilé à un voleur , à un filou , à un escroc , et qu'il subisse l'ignominie d'un emprisonnement ; car , cette peine qui n'est rien pour tel individu , est un supplice pour tel autre , et la loi ne distingue pas les personnes :..... et si cette peine frappe sur un homme qui a un état , un commerce en pleine activité qui exige continuellement sa présence , une famille entière peut souffrir de l'absence de son chef.

Il est des cas où la vindicte publique doit être satisfaite par des amendes , et où celui qui éprouve un tort doit être également satisfait par les dommages-intérêts qui lui seront accordés.

Sur le Régime intérieur des prisons.

L'objet principal que se propose le législateur , en prononçant la peine de la reclusion , de la détention , de l'emprisonnement , c'est de corriger , de rendre meilleur l'individu condamné ; ce but n'est jamais rempli ; au contraire , il arrive toujours que l'individu condamné sort de la prison plus vicieux , plus pervers qu'il n'y est entré.

Les prisons sont des écoles de crimes ; les détenus n'y reçoivent que des leçons qui fortifient leur penchant à faire le mal : le seul moyen d'épurer ces lieux infectés par tous les vices , c'est d'y introduire le travail , c'est d'y substituer l'industrie au désœuvrement absolu , c'est d'y faire pénétrer les instructions de la religion ; on parviendrait ainsi à ramener les détenus à la vertu par le châtiment même de leur crime , et à en faire de nouveaux hommes utiles à la société.

Dans tous les temps l'on a fait là-dessus de beaux projets qui ont toujours resté sans exécution : il n'y a pourtant rien de si facile que de monter des ateliers dans les prisons ; le commerce y acquerra des bras qui lui manquent le plus souvent ; une partie du produit du travail du prisonnier peut être employée à lui adoucir son sort , à lui procurer une meilleure nourriture ; une autre partie servira à lui faire un fonds , qui lui sera remis lors de son élargissement pour le mettre à l'abri du besoin , cause-la plus ordinaire du crime.

Sur la composition des Tribunaux de police.

L'article 633 du projet de Code criminel veut que le citoyen désigné par le sous-préfet pour compléter le tribunal de police , soit contraint , même par corps , au paiement d'une somme de dix francs pour la première absence , de vingt cinq francs pour la seconde absence , et de cent francs pour la troisième absence.

L'article 6 ₃ 6 porte qu'il sera remplacé de suite par un citoyen pris dans la municipalité dans le territoire de laquelle siége le tribunal de police, et que celui-ci sera contraint, même par main mise sur sa personne, de se rendre à l'instant au tribunal de police.

Il est dangereux, ainsi que je l'ai déjà observé, de faire un homme juge par force ; les jugemens auxquels il concourt se ressentent nécessairement de sa mauvaise disposition.

Eh! d'ailleurs, ne serait-ce pas un scandale pour le public de voir un citoyen, amené par des huissiers ou par des gendarmes, sur le tribunal pour rendre la justice! on le signalerait ainsi comme un mauvais citoyen, et l'on attirerait le mépris sur celui que doivent entourer le respect et la confiance des justiciables.

Il faut dans cette partie renoncer à tout système de contrainte, et exciter le zèle par des honneurs, par des distinctions, et par l'espoir de parvenir aux places. Ces témoignages publics d'estime, qui ne coûtent rien à l'Etat, font que celui qui en est l'objet fait les plus grands efforts pour montrer qu'il en est digne.

Sur les avis officiels, injonctions, réprimandes faites aux Juges pour négligences, omissions, &c.

Ces avis, ces réprimandes, pour des fautes légères qui échappent à l'homme le plus avisé, humilient le juge, et lui rappelant trop souvent l'espèce de dépendance dans laquelle il se trouve placé, affaiblissent en lui ce sentiment de sa dignité qui donne de l'élévation à son ame.

Ces avis, ces injonctions, ces réprimandes connues du public, peuvent faire perdre aux juges la considération des justiciables, sans laquelle ils cessent d'être utiles.

Il faudrait, ou supprimer absolument ces avis, ces injonctions et ces réprimandes, ou les rendre extrêmement rares, et les réserver pour des cas où l'on voit évidemmnent de la mauvaise volonté dans le juge ; car s'il a de bonnes intentions, s'il n'est guidé que par l'honneur, il sera assez puni par la peine qu'il éprouvera, en apprenant qu'un acte, qu'une procédure ont été cassées par sa faute, par son inadvertance.

Sur les Amendes prononcées contre les Greffiers des différens tribunaux.

Le projet de Code criminel prononce des amendes plus ou moins fortes contre les greffiers qui auront fait certaines omissions; et les cas où ces amendes sont prononcées, sont très-fréquens.

Il arrivera que ces dispositions ne seront pas rigoureusement exécutées, et alors il vaudrait mieux les supprimer ; si on les exécute à la rigueur, on risque de décourager et de perdre des greffiers habiles et honnêtes, qui, ne pouvant pas tout faire par eux-mêmes, dans les tribunaux où les affaires sont multipliées, craindraient de se voir ruinés par les inadvertances des commis dont ils répondent.

Enfin une omission, une simple négligence ne doivent pas être punies comme un délit; et il n'y a que la mauvaise intention qui mérite une peine.

Procédure refaite aux frais du Juge qui a mal procédé.

L'art. 942 du Projet porte que, lorsque le tribunal de cassation annullera une instruction faite ou un jugement rendu deux ans après la promulgation du présent code, il pourra ordonner que le procès recommencé, ou le nouveau jugement sera aux frais de l'officier, du juge ou du tribunal qui aura commis la nullité.

D'après cet article, la cour de cassation devient juge des cas où le fonctionnaire doit supporter les frais de la nouvelle procédure, et c'est un juste tempérament mis à la rigueur de la loi; car l'on doit être assuré que le tribunal suprême dont toutes les décisions sont marquées au coin de la sagesse, n'usera qu'avec la plus grande circonspection du droit que lui donne cet article, et qu'il ne fera supporter à un fonctionnaire les frais d'une nouvelle procédure, qu'autant que sa faute sera évidemment inexcusable.

La loi du 3 brumaire de l'an 4 a tellement embarrassé la marche de la procédure criminelle, en multipliant les formalités, que le fonctionnaire le plus habile et le plus avisé, fait presque toujours quelque omission; aussi la cassation des procédures donne lieu à de grandes dépenses, et souvent à l'impunité des crimes.

En simplifiant la procédure criminelle, en ne laissant subsister que les formalités indispensablement nécessaires, celles qui assurent à l'accusateur les moyens de convaincre, et à l'accusé la plus grande liberté pour sa défense, tous les intérêts seront conciliés.

Sur la composition des Tribunaux criminels.

L'article 779 du Projet porte « que les jugemens des tribunaux criminels » seront rendus par le préteur et celui des propréteurs en fonctions dans » l'arrondissement communal où est établi le tribunal criminel.

» Que le préteur aura voix prépondérante. »

Il est à craindre que les idées reçues parmi nous ne s'opposent au succès d'une pareille institution : le peuple français qui, sous l'ancien régime, était accoutumé à voir la justice souveraine rendue par des corps nombreux, qui ne trouvait de la majesté que dans les grands tribunaux, n'a pu, depuis quinze années de révolution, s'accoutumer à la composition mesquine des tribunaux criminels : si l'on réduit encore le nombre des juges, ils est à craindre que les tribunaux criminels ne voient diminuer cette considération dont il est si nécessaire qu'ils soient entourés.

Un corps judiciaire composé de huit ou dix membres inspire plus de confiance, parce qu'on croit y trouver une plus grande masse de lumières, je dis même plus de probité ; parce qu'il est plus difficile de réussir à corrompre huit ou dix juges, qu'un ou deux.

De quelqu'éclat que l'on environne le préteur, il n'en imposera pas assez, parce qu'on ne verra qu'un seul homme, qu'un seul juge ; car la loi lui donnant voix prépondérante, il devient le maître de la décision.

Mais, a-t-on dit, le préteur préside seul à l'examen de l'accusé ; si celui-ci est acquitté, les autres juges n'ont rien à faire ; s'il est convaincu du fait dont il est accusé, tous les juges ensemble appliquent la loi pénale, et pour cela il ne faut que des yeux.

A la vérité, cela n'exige pas de grandes lumières, on pourrait dire que c'est presque une opération mécanique : mais il peut s'élever sur l'audience des incidens dont la décision influe sur le sort d'un accusé ; par exemple, il peut être question de décider qu'un témoin dont la déposition peut faire absoudre ou condamner l'accusé, sera ou ne sera pas entendu ; une pareille décision ne doit pas être l'ouvrage d'un seul homme ; je dis d'un seul homme, puisque le préteur ayant voix prépondérante, est toujours sûr de faire prévaloir son opinion.

Suivant le Projet, un préteur exercera ses fonctions dans une division composée de plusieurs départemens ; la division où il devra présider lui sera assignée tous les ans : il ne pourra présider au-delà d'une année dans une même division, et il ne pourra remplir les fonctions de préteur dans le département où il est né, ni dans celui où il a fixé son domicile.

On n'a pris toutes ces précautions, pour rendre le préteur absolument étranger aux départemens où il doit exercer ses fonctions, que parce qu'on a craint que ce fonctionnaire, étant délégué dans le département où il a son domicile, ne se laisse aller à la prévention ou à la crainte ; qu'il ne prenne parti dans tous les événemens du pays ; qu'il n'accueille et ne recherche peut-être les hommes les plus accrédités ; qu'il ne fléchisse, peut-être, dans l'exercice de ses fonctions sous le crédit et l'autorité d'autrui, et qu'il ne soit lui-même sans force, sans crédit, sans influence.

La nomination des juges à vie, assurant leur indépendance, semble devoir faire cesser cette crainte. Ce n'est pas d'ailleurs pour le juge du droit que l'on doit redouter les effets de la crainte ou de la prévention ; il est sans influence, parce qu'il ne fait qu'appliquer la loi, ce qui est, comme je l'ai déjà dit, une opération presque mécanique ; mais la sollicitude du législateur doit se porter sur les juges du fait, sur les jurés qui, choisis parmi les habitans du pays où l'on juge, et n'exerçant qu'une fonction momentanée , cèdent presque toujours à l'affection ou à la crainte de se faire des ennemis, et qu'on a toujours le temps de solliciter, malgré qu'ils soient désignés immédiatement avant le jugement; parce qu'une affaire est rarement terminée dans une seule séance, et qu'il y a des intervalles pour les repas et pour le repos.

La sollicitude du législateur doit se porter aussi sur le magistrat qui exerce les fonctions du ministère public; parce que avec de mauvaises dispositions il peut facilement nuire à l'accusé ou le favoriser ; et cependant ce magistrat demeure fixé dans un département au milieu de toutes les tentations.

L'ambulance du préteur présente de graves inconvéniens : si, au moment de son arrivée dans un département, une affaire n'est pas prête à être jugée ; si, dans celles qui sont prêtes, des témoins essentiels ne se rendent pas au jour indiqué pour le jugement, les voilà nécessairement renvoyées aux prochains grands-jours, c'est-à-dire, à plusieurs mois. Il ne faut pas que l'accusé attende le juge , mais plutôt le juge l'accusé : s'il est innocent, sa trop longue détention est une grande injustice; s'il est coupable, sa con-damnation trop retardée est perdue pour l'exemple.

Si le préteur est dans le cas d'être remplacé pour cause d'absence, de maladie, ou pour tout autre légitime empêchement , son remplacement devant être fait sur la désignation du chef du Gouvernement, toutes les affaires sont par là arrêtées.

Le préteur voyageant souvent aura peu de temps à donner à l'examen des procédures; et s'il ne les connaît pas parfaitement avant les débats, il obtiendra rarement la vérité de la bouche des témoins.

S'il est délégué dans une contrée où l'on parle un idiome particulier qu'il ne connaisse pas , il n'entendra ni les accusés ni les témoins, et ne sera pas entendu d'eux ni de la plupart des jurés.

Enfin, exclu d'exercer ses fonctions dans le pays où il a pris naissance, où il a sa famille, ses amis, dans le pays qui renferme les objets de ses plus tendres affections , il éprouvera souvent des distractions ; et le cœur sans cesse tourné vers sa patrie, il n'aura pas cette liberté d'esprit dont on a indispensablement besoin pour bien juger.

Sur la composition des Tribunaux criminels , jugeant les appels des affaires correctionnelles.

Il paraît résulter de l'article 780, que la composition de ce tribunal est la même que celle du tribunal jugeant avec des jurés ; c'est-à-dire qu'il est composé d'un préteur et d'un propréteur, le préteur ayant voix prépondé-rante ; et que ce n'est que dans le cas de l'absence du préteur, que le tri-bunal est composé du propréteur en fonctions dans la ville où siége le tribunal criminel, qui fera les fonctions de président, et de deux autres propréteurs ou suppléans.

Dans l'un et dans l'autre cas, le nombre des juges paraît insuffisant : un jugement correctionnel déclare un homme voleur, filou, escroc ; il lui imprime donc, pour toujours, une marque d'ignominie sur le front.

Il ne faut pas que l'honneur, qui est plus précieux que la vie, soit à la discrétion d'un seul homme, qui a voix prépondérante dans le premier cas, ou de deux hommes, qui forment la majorité dans le second cas : cette composition ne saurait être justifiée par la composition actuelle de ces tribunaux, parce que celle-ci n'a jamais eu l'approbation générale.

A Nîmes, le 26 Messidor de l'an 12.

Le Président de la Cour de justice criminelle du département du Gard.

Signé MOUTON - COMBLAT.

OBSERVATIONS

DU TRIBUNAL CRIMINEL

DE LA HAUTE-GARONNE,

SUR

LE PROJET DE CODE CRIMINEL.

OBSERVATIONS
DU TRIBUNAL CRIMINEL
DE LA HAUTE-GARONNE,
SUR
LE PROJET DE CODE CRIMINEL.

LE peu de temps qui a été donné au tribunal pour fournir ses observations sur le projet de Code criminel, et l'immense multiplicité des travaux qui lui sont survenus précisément pendant les deux mois qui se sont écoulés depuis l'envoi qui lui a été fait du projet de Code par le grand-juge, ne lui ont pas permis de donner à ses idées, à cet égard, tout le développement dont un travail de cette nature aurait été susceptible, et moins encore de les présenter dans la perfection et l'étendue qu'elles eussent obtenues dans tout autre temps et dans des circonstances moins pénibles.

Dans cette position, l'on s'est attaché à parcourir rapidement le Projet présenté à la méditation des divers tribunaux et à la censure du Gouvernement, et à donner l'aperçu des objections les plus frappantes auxquelles il donne lieu à la première lecture ; bien persuadé que les autres tribunaux d'appel et criminels, auxquels il a été soumis, fourniront chacun leur contingent de réflexions et de vues, qui, se rattachant avec les observations du tribunal de la Haute-Garonne, feront juger le Projet dans toute son étendue, comme dans chacune de ses parties.

Le tribunal criminel de la Haute-Garonne a examiné le Projet dans son ensemble, sous le rapport de sa contexture ; il l'a examiné dans ses détails.

Il a examiné particulièrement le chapitre IV du livre second de la seconde partie, traitant des tribunaux criminels. Les observations qu'il présente au Gouvernement sont le résultat de cet examen.

PREMIÈRE OBSERVATION.

Le Projet lui a paru mal conçu, et de mauvaise rédaction dans son ensemble.

En effet, plus les lois sont longues et diffuses ou embrouillées, plus elles présentent de l'embarras et des difficultés dans l'exécution.

Haute-Garonne.   A

La clarté, la précision, la simplicité, sont les caractères principaux, comme elles sont les signes distinctifs des bonnes lois.

Or, 1.º le Projet, composé de onze cents soixante-neuf articles, dont une foule sont aussi longs que diffus, embrasse pêle-mêle, et sans classification particulière, une quantité considérable de matières distinctes cependant les unes des autres par leur nature et leurs effets.

Une telle confusion règne dans la classification des délits et des peines, qu'on est très-souvent embarrassé, en lisant le Code, de savoir à quel genre de punition est attribué tel ou tel crime, comme à quelle espèce de tribunal il appartient d'en connaître.

Et cependant, telle était la première, la règle la plus essentielle à prescrire, celle qui précisât, d'une manière à ne pouvoir donner lieu à aucun doute ni à aucune méprise, cette partie de la loi et la compétence de chaque tribunal.

2.º La manipulation de la procédure, qui n'est autre chose que le précepte relatif aux détails d'exécution et de développement de la loi, se trouve confondue et mêlée avec les préceptes de la loi même, et ne fait qu'un avec ses dispositions, quand on avait senti dans tous les temps la nécessité de pratiquer le contraire.

Les lois de l'Assemblée constituante offrirent, dans des cadres différens et séparés, les principes et leur exécution.

Les lois criminelles furent l'objet du Code pénal de 1791, proprement dit ; et un cahier volumineux en forme d'*instruction*, et portant ce titre, traça la marche de la procédure.

Le Code de brumaire an 4 suivit la même marche ; il fut substitué à la loi d'instruction, et ne fut pas amalgamé avec les lois pénales, qui ont toujours fait un Code séparé.

Si l'instruction de 1791, si le Code de l'an 4, donnèrent lieu à des méprises et à des réclamations, c'est parce que les formes de procéder et le mode d'exécution d'une législation régénérée, offrirent, malgré le travail pénible des hommes instruits qui s'en étaient occupés, tantôt des lacunes, tantôt des longueurs, et quelquefois même des vices, malheureusement inséparables d'un système jusqu'alors inconnu aux Français.

Aujourd'hui qu'une expérience de treize années a dû nécessairement éclairer les hommes d'état, on serait impardonnable de s'éloigner tout-à-fait des sentiers battus que la révolution avait offerts, et de créer des nouveautés totalement inconnues, quand on ne demandait que la diminution des abus et la correction des erreurs qui avaient frappé la généralité des citoyens instruits.

3.º Le Projet embrasse les lois relatives à la police judiciaire, celles relatives à la police correctionnelle, et le code criminel.

Il fixe les formes de procéder dans chaque espèce de délit.

Il constitue les trois divers tribunaux, et laisse aux fonctionnaires chargés de la poursuite et du jugement de tous les délits, le soin de démêler dans l'ensemble de la loi, les dispositions particulières qui, regardant chaque espèce de délit, appartiennent à chacun des magistrats auxquels elles se trouvent attribuées.

D'après cela, on ne voit, dans le Projet, qu'un mélange confus de délits et de crimes, de peines de tous les genres, et de formes de procéder nouvelles, qui ne peut que multiplier les fautes et les erreurs des citoyens, ainsi que des fonctionnaires; et c'est précisément ce qu'il fallait éviter.

On y serait parvenu en divisant naturellement le travail par le nombre des matières qu'il offrait à la méditation des jurisconsultes appelés pour le faire.

Tous les délits appartenant à la police judiciaire devaient être clairement énoncés et désignés, et devaient se trouver classés dans un cadre unique, suivi des peines à appliquer à chacun d'eux par le tribunal de dernier ordre.

Ceux appartenant à la police correctionnelle devaient faire la matière d'une seconde loi, très-précise, très-claire, et ne laissant matière à aucun doute, suivie des peines correctionnelles.

Une troisième devait énumérer les divers genres de crimes attribués par leur nature aux tribunaux criminels, et devait être suivie du Code pénal.

Une quatrième loi devait fixer d'une manière irrévocable la forme de procéder dans chacun des tribunaux ayant la connaissance des contraventions, des délits et des crimes.

Et la cinquième, faisant le complément de cette organisation nouvelle, eût apporté, si on les avait crus nécessaires, les changemens qu'on avait eu en vue de proposer à l'ordre et à la composition des tribunaux actuels.

Dès-lors, chaque fonctionnaire, occupé tout entier de son travail, et se renfermant dans l'objet unique de son attribution, n'aurait pas pu tomber dans des erreurs que la clarté et la précision de la matière eussent dû rendre inexcusables; quand, au contraire, la *longueur* et la difficulté de la loi proposée, exigeant un entendement plus qu'humain, doivent nécessairement mener à des fautes et à des méprises que l'homme le plus appliqué, le plus lumineux, et le mieux intentionné, ne peut pas se flatter d'éviter.

4.° Les observations faites par le grand-juge et par le président du tribunal de cassation, présentées au Gouvernement, le 3 complémentaire an 11, en exécution d'un arrêté du 5 ventôse an 10, s'accordaient à déclarer que le Code de brumaire fourmillait de beaucoup trop de dispositions prescrites à peine de nullité; ce qui faisait que, quelle que fût l'attention sévère des magistrats, il était comme impossible qu'ils échappassent à quelqu'une des nullités prononcées. Il fallait donc s'appliquer à les diminuer; et cependant elles se trouvent considérablement augmentées dans le projet du nouveau Code. Le but proposé a donc été manqué sous ce rapport.

5.° D'autre part, ces magistrats suprêmes s'étaient accordés à faire l'éloge des officiers judiciaires et des corps entiers des tribunaux créés par la Constitution de l'an 8. Ils avaient presque voté des remerciemens à leur zèle, à leur intégrité, à leur exactitude dans l'exercice des fonctions pénibles qui leur sont confiées; ils avaient manifesté le desir unanime d'une amélioration dans leur état et dans leur existence physique et politique; ils avaient desiré et même promis des encouragemens!!......

Et cependant le projet de Code criminel présente, dans une foule d'articles, le tableau, sinon injurieux, du moins rebutant pour les organes des lois et de la justice, des doutes et des soupçons les plus multipliés et les plus fâcheux, sur leur zèle, sur leur application et sur leurs lumières. Il est peu de titres, de chapitres et de paragraphes, où l'on ne trouve l'énumération répétée de quelques censures et admonitions, ou de peines à infliger aux juges négligens ou réfractaires, et des formes juridiques à suivre pour punir leurs délits.

Serait-il donc vrai qu'on eût reconnu, depuis l'établissement des lois nouvelles, une telle quantité de magistrats et de fonctionnaires ignares ou prévaricateurs, qu'on ait dû croire indispensable de consigner dans un Code, monument éternel et impérissable de sagesse et de précaution, dans une loi qui est le tableau vivant du caractère et des mœurs de la génération des peuples, l'affligeante nécessité d'effrayer cette classe d'hommes probes et justes par état, en mettant sous leurs yeux un rapprochement quasi continu de punitions et de flétrissures à encourir!?.....:.....

Certes, s'il était vrai que des dispositions législatives de cette espèce fussent démontrées nécessaires, il faudrait peut-être renoncer à l'idée consolante de l'utilité des lois chez un grand peuple, et de l'amélioration qu'elles promettent dans l'espèce humaine et dans la société.

« Ce qui n'est pas moins important (dit le C.ᵉⁿ Target, dans son discours
» préliminaire sur le projet de Code), ce qui n'est pas moins important,
» l'ordre général est intéressé à ce que les ménagemens, les égards, le res-
» pect pour les dépositaires des différentes autorités, soient maintenus, et
» que des plaintes indiscrètes ou des rigueurs précipitées ne viennent pas
» troubler à chaque instant le pénible et délicat exercice des fonctions
» nécessaires au mouvement de la chose publique. »

Il s'en faut bien que, dans leur Code, ces jurisconsultes aient mis en pratique ces leçons de leur sagesse et de leur expérience; car, à le lire, on serait tenté de croire que la masse des fonctionnaires est tellement faible, inappliquée et corrompue, qu'on se voit forcé de mettre et

remettre sans cesse sous ses yeux l'état de ses devoirs, et les peines coér-
citives ou flétrissantes qui doivent être la suite de sa négligence ou de
ses méfaits.

Des magistrats organes et dépositaires des lois, ne sauraient être traités
de la sorte.

Qu'un titre unique, dans la classification des délits ou des crimes, énonce
d'une manière précise, positive et claire, les cas de la forfaiture, et les peines
qu'elle doit encourir : mais que l'on fasse disparaître pour jamais toutes ces
répétitions fastidieuses d'avertissemens et de censures à mériter, de délits ou
de crimes à punir chez les divers magistrats dans l'exercice de leurs fonctions, et de peines ou de supplices à leur infliger, dont on a pris à tâche de
remplir le Projet, qui, s'il était maintenu à cet égard, déshonorerait la nation française dans l'esprit de tous les autres peuples de la terre.

SECONDE OBSERVATION.

LE Projet est mal vu, mal ordonné, et impraticable dans plusieurs de ses
détails.

Ire PARTIE.

LIVRE Ier

ART. 9. La peine de mort a dû nécessairement être conservée dans le
Code ; car l'expérience a trop démontré que toutes les autres peines, telles
que celles des fers, de la déportation, de la prison, étaient insuffisantes pour
contenir les malfaiteurs, qui n'ont jamais pu et ne pourront être réprimés
que par la terreur des supplices.

C'était une belle idée de philantropie et d'humanité, que celle qui voulait
mettre en doute le droit d'une nation sur la vie ou la mort de ses membres,
et sur-tout la nécessité de punir de mort ceux qui se rendaient coupables
même des plus grands forfaits.

L'expérience de tous les temps, de tous les empires, de tous les peuples,
a prouvé que la peine de mort était non-seulement juste dans certains cas,
mais qu'elle était nécessaire et souvent indispensable, non pas tant pour
sévir contre le malheureux qui s'est rendu coupable d'un grand crime, car
la loi ne doit jamais être faite en haine de l'homme et par vengeance, mais
pour empêcher, par l'exemple terrible du condamné, la propagation du
crime, et pour éviter, par la mort d'un seul, la mort peut-être de plusieurs
milliers de victimes : et, sous ce rapport, il n'est pas sans doute de philosophe, quelque philantrope, quelque humain qu'il puisse être, qui ne doive
être forcé de convenir que la peine de mort n'ait dû être conservée.

Mais on aurait peut-être lieu d'être étonné qu'après les belles discussions qui eurent lieu dans l'Assemblée constituante s'occupant de la rédaction des lois criminelles, contre la perpétualité des peines, les auteurs du projet de Code aient voulu la rétablir, lors sur-tout qu'elle n'avait été sollicitée ni reconnue juste ou nécessaire par aucun tribunal ni par aucune classe de citoyens, et que même, dans le fait, on en sente toute l'inutilité; car, dès que la loi était allée jusqu'à vingt-quatre ans, il n'est pas possible de ne pas voir dans cette durée de peine un dédommagement suffisant pour la société, des crimes pour lesquels elle était prononcée; et personne ne saurait penser qu'un homme qui a subi une peine de vingt-quatre ans, ne soit pas suffisamment puni pour un vol, lors duquel il n'y a eu ni mort, ni blessures, ni sang répandu.

La peine des travaux forcés à perpétuité paraîtrait donc devoir être supprimée, et remplacée par celle de vingt-quatre ans, qui est bien suffisante, avec d'autant plus de raison, qu'il arrive très-rarement, et n'arrive presque jamais, que le condamné à cette durée de fers achève son temps et soit rendu à la société.

La déportation est juste et bien vue; mais il faut que le Gouvernement avise aux moyens de faire rendre à leur destination, aussitôt après leur condamnation, les malfaiteurs qui auront mérité cette peine, sans les laisser encombrer pendant long-temps dans les lieux de leur détention, attendu que la peine se trouve alors perdue pour l'exemple; et l'on croit même que la relégation, dont les auteurs du Projet ont voulu faire une huitième classe de peine, devrait être confondue avec la déportation; sauf la diminution de temps, eu égard au plus ou moins de gravité des crimes à punir: car, dans tous les cas, l'on ne saurait se persuader que par l'obligation imposée à un malfaiteur d'aller résider seulement à quelques lieues de son domicile ordinaire, ou du lieu de sa naissance, on puisse parvenir à réprimer les crimes et délits. Il y a plus; c'est que par la relégation, telle qu'elle est proposée dans le Code, l'homme expatrié momentanément, se trouvant sans biens et sans ressource dans la nouvelle patrie que la justice lui donne, se livrera nécessairement à de nouveaux et quelquefois de plus grands forfaits pour vivre, quand cet inconvénient grave ne saurait avoir lieu dans la contrée choisie pour la déportation, où la police et la magistrature s'accordent à tenir la plus scrupuleuse comme la plus exacte surveillance sur tous les déportés.

La reclusion, dont on a voulu faire un genre de peine du cinquième ordre, bien différent de la prison correctionnelle, trouverait de très-grands obstacles dans son exécution, vu qu'elle nécessiterait des dépenses énormes dans chaque département, pour construire et entretenir, sous tous les rapports, des prisons ou maisons de force autres que celles actuellement existantes, et qu'on ne saurait assimiler aux maisons de reclusion; car la justice ne saurait souffrir que l'homme poursuivi pour un crime, et que la

loi présume innocent jusqu'à sa condamnation, qui doit néanmoins être
retenu, se trouve mêlé et confondu, jusqu'au jour de son jugement, avec des
hommes qui, reconnus et jugés coupables, expient leurs crimes dans les fers.

La reclusion ne saurait être maintenue sous ce rapport, non plus que sous
celui du crime auquel elle est appliquée, notamment dans la banqueroute frauduleuse, qui, de tous les temps, a été punie et doit même l'être des fers ou des
travaux forcés ; car il n'en est pas de plus dangereux en fait de *vol*, et qui se
multiplie d'une manière d'autant plus effrayante, qu'il a trop souvent joui
d'une fâcheuse impunité.

On ne quittera pas l'article des peines en général, sans témoigner le
regret de voir un condamné à mort (art. 13) *traîné au lieu du supplice,
revêtu de sa chemise rouge, attaché pendant* une heure *à un carcan avant de
subir sa peine ;* tandis que l'expérience a démontré que la plupart des
condamnés arrivaient quasi sans vie, et tout au moins sans mouvement, à
la bascule fatale, et que ce surcroît de peine ne saurait être d'aucun bien ni
d'aucune nécessité ; comme aussi celui de l'enterrement à certains lieux, des
corps des suppliciés, avec le poteau indicatif du supplice et du condamné,
dont tout le monde avait réclamé la suppression.

Art. 23. Cet article donne lieu au développement d'une idée que le
tribunal avait eue en vue depuis bien long-temps, savoir, d'un *maximum*
et d'un *minimum* de peine ; mais il ne l'avait adoptée que dans le sens où
il devrait être permis aux tribunaux de diminuer le temps de la peine portée
par la loi, suivant les circonstances plus ou moins atténuantes qui se ren-
contreraient dans la procédure. Il pensait que, dans tous les cas, la loi devait prononcer telle ou telle autre peine contre tel crime ; sauf, devrait-il
être dit, s'il se rencontre des circonstances atténuantes, pour raison desquelles il sera loisible aux juges de diminuer et modifier la peine.

Eh! qu'on ne soit pas tenté de croire qu'une disposition de cette nature donnerait une trop grande latitude aux juges, et tendrait à rendre les
peines *arbitraires ;* car l'arbitraire, s'il en existait, ce qui n'est pas, *n'irait
qu'en moins de la peine portée par la loi,* et jamais en plus ; et, sous ce rapport, qui ne verrait un bien dans la diminution de peine que des juges
éclairés et justes se croiraient obligés, d'après les circonstances bien dé-
veloppées, de prononcer en faveur de certains accusés, quelquefois plus
malheureux que coupables, et qui, méritant, dans le fait, une punition
quelconque, seraient trop rigoureusement punis par la peine entière de la
loi, et devraient néanmoins l'être : au lieu que, dans l'impossibilité où sont
les tribunaux d'user de cette modification, on a vu souvent des coupables
échapper au châtiment que leurs fautes avaient mérité.

Cette observation, que le tribunal soumet à la sagesse du Gouvernement,
suffira pour tous les articles du Code dans lesquels il est parlé d'un

maximum et d'un *minimum* de peine , proposés comme dans l'article 23.

Art. 29. Cet article est barbare, d'un arbitraire révoltant; il est même inexécutable.

Car, de quelle irrévérence a-t-on voulu parler ! La loi ne le dit pas. L'exécuteur serait donc seul le maître et le juge de ce qu'il voudrait appeler une irrévérence ; et dès-lors, d'après son caprice ou son idée, il pourrait et se croirait même peut-être obligé de frapper et de maltraiter le malheureux qui laisserait échapper quelques plaintes, soit contre les témoignages fautifs de ses concitoyens, soit contre la prévention ou la rigueur des juges. Eh ! de quelle barbarie ne serait-il pas de voir frapper à volonté , par un homme brutal, qu'on nommerait alors *bourreau* à trop bon droit, ce malheureux qui croirait être en droit de se plaindre! !!... Eh ! croit-on que le peuple qui s'émeut si aisément, qu'on voit et qu'on a toujours vu s'attendrir sur le sort même des plus grands coupables, de ceux qu'il avait le plus jugés dignes du plus affreux supplice, lorsqu'il est prêt à subir ou qu'il subit sa peine; croit-on que ce peuple restât spectateur inanimé ou tranquille d'une scène d'horreur et d'atrocité ! Non , sans doute ; on le verrait prendre parti pour l'opprimé , et les plus funestes événemens pourraient être la suite d'une disposition de la loi, qu'on ne saurait s'empêcher de regarder tout au moins comme une imprudente.

Art. 31. Le premier membre de cet article a rencontré dans l'application une foule de difficultés ; aussi le Code de brumaire avait-il sagement ordonné que les exécutions seraient faites dans la ville où siége le tribunal criminel.

En effet, sans compter la dépense *excessive* que coûtaient, dans les premiers temps de la loi de 1791 , le transport et le déplacement de tous les accessoires des exécutions , il est aisé de comprendre que l'humanité sollicite, en faveur du condamné , la plus grande brièveté dans la durée du supplice, et que le supplice commence au moment où la certitude est démontrée acquise à l'accusé condamné.

Dès-lors, le trajet qu'on lui fait faire aux gros frais de la nation, devient un accroissement de peine, que le législateur et la justice doivent s'empresser d'anéantir. Le crime est puni par le supplice du coupable ; la société vengée est rassurée pour l'avenir par l'exemple...... C'est tout ce que le législateur humain et philosophe doit desirer ; c'est tout ce qu'il doit ordonner dans ses préceptes : toute circonstance étrangère est une rigueur déplacée, et qui est sans but comme sans besoin et sans mérite.

Sans doute il est des circonstances où le bien d'un pays , les desirs d'une contrée , sollicitent, par la gravité du crime et de ses circonstances, que l'exemple se rapproche le plus possible du théâtre où les forfaits se sont manifestés.

                                                        Mais,

Mais, dans ce cas, ce ne peut, ce ne saurait être aux préfets que doit appartenir le droit et le soin d'ordonner ces translations extraordinaires.

Les tribunaux, seuls juges des circonstances, doivent y prononcer, sauf aux préfets à en ordonnancer les dépenses, ce qui rentre nécessairement dans leurs attributions : toute autre décision de leur part serait rendue sans connaissance de cause, puisqu'ils ne s'occupent et ne peuvent jamais s'occuper, d'après la Constitution, d'aucune fonction judiciaire ni d'aucune procédure, et que ce ne saurait être que dans son examen réfléchi que l'on doit voir la nécessité de porter l'exemple des peines dans le lieu où les crimes ont été commis.

L'article 45, qui assujettit les condamnés correctionnellement, à un travail dont partie sera, suivant l'article 46, appliqué au profit de la maison, est inexécutable dans l'état actuel des choses, où l'on n'a fixé ni prisons séparées, ni aucun genre de travail à faire pour les prisonniers, et où l'on a la douleur de voir que l'individu puni correctionnellement pour un délit de peu d'importance, qui n'annonçait pas encore de vice réel, sort de la prison correctionnelle moins corrigé et beaucoup plus pervers et plus dangereux qu'avant d'y entrer; ce qui fait que les tribunaux, redoutant plusieurs fois le danger des conseils et de la société pour des êtres coupables de délits que la loi punit de la prison, les ont exemptés de la peine pour ne pas les exposer à devenir plus méchans.

Art. 48. Cet article paraît inexécutable et directement contraire aux dispositions postérieures de la seconde section du chapitre Ier, articles 90 et suivans, et à celles du chapitre II, articles 103 et suivans, qui traitent, les uns et les autres, de crimes contre la sûreté intérieure et extérieure de l'État, et contre la Constitution, et qui sont tous, d'après lesdits articles, punis de mort, de la déportation, relégation, ou autres peines afflictives ou infamantes; d'où suit qu'on ne saurait, dans aucun cas, punir de simples privations de vote, &c. énoncées en l'article 47, et par voie de police correctionnelle, les coupables de ces délits, comme le dit mal-à-propos l'article 48.

Et cette observation est d'autant plus essentielle, qu'elle se trouve nécessitée par la rigueur de la loi sur les obligations des divers magistrats appelés à l'exécuter, et par les peines qu'elle voudrait leur infliger dans le cas où ils seraient, non-seulement coupables de son inexécution, mais encore d'inadvertance, négligence ou fausse interprétation ; d'où suit qu'il est indispensable de préciser la loi de manière qu'il ne puisse pas y avoir lieu pour le juge à se tromper ni se méprendre dans le sens qu'elle présente ou peut présenter.

Or, c'est ce qui ne se trouve pas ici ; car il serait possible de dire que, puisque l'article 48 donne aux juges la faculté de punir correctionnellement les coupables de délits *qui intéressent la sûreté intérieure ou extérieure de l'État ou la Constitution* , et de ne leur appliquer que la peine de l'interdiction de quelques droits civiques , civils ou de famille , il y aurait des cas où les auteurs de ces crimes devraient être traduits devant les tribunaux correctionnels ; ce qui ne saurait cependant se supposer , soit eu égard à la gravité desdits crimes , soit vu ce qui résulte des susdits articles 90 et suivans , et 103 et suivans.

Art. 49. On conçoit difficilement, en saine justice, l'établissement d'une peine à subir nécessairement, après une première déjà subie, sans que de nouveaux faits ou des délits nouvellement commis aient pu donner lieu à l'application de la dernière peine; moins encore peut-on concevoir la punition encourue pour un fait absolument étranger à l'individu que l'on veut punir.

C'est cependant ce qui doit arriver nécessairement dans l'exécution de cet article 49, où l'on voudrait assujettir l'homme qui a déjà subi sa peine, à fournir un cautionnement de *bonne conduite*, qu'il est impossible que personne se détermine jamais à fournir pour qui que ce soit ; d'où suit qu'une seconde peine inévitable devrait atteindre celui qui aurait subi la première : et c'est ce qu'on ne saurait tolérer, non plus qu'une deuxième peine contre le mineur, parce que son père ou sa mère, son tuteur ou curateur, ne voudraient pas ou seraient dans l'impossibilité de fournir le cautionnement de bonne conduite; par où il serait puni d'un fait totalement indépendant de sa volonté.

Les articles 50, 51, 52, 53, 54, 55 et 57, doivent nécessairement donner des craintes aux partisans de la liberté individuelle et aux ennemis des peines arbitraires; car il est constant qu'un Gouvernement moins juste, moins protecteur, moins paternel que celui sous lequel nous avons le bonheur de vivre, pourrait abuser étrangement de la latitude que ces articles lui donnent pour oppresser les citoyens : et certes, des tribunaux que la loi investit de son autorité, et que le Gouvernement associe momentanément à ses fonctions augustes, par la confiance dont il les honore en leur soumettant un Projet de loi criminelle, doivent avoir la franchise, le courage et la loyauté de dire toute leur pensée sur les résultats que le temps, les changemens et les circonstances peuvent amener dans des dispositions législatives qui laissent beaucoup à l'intrigue qui entoure indispensablement les gouvernans, et à l'arbitraire.

Art. 67. Cet article paraît excessivement rigide, en ce qu'il veut que, dans le cas où, à raison de quelque circonstance d'un crime ou d'un délit, la loi prononce l'augmentation de la durée d'une peine, la durée de la peine aggravée excède celle du *maximum* de la première.

La rigidité de cette disposition se démontre d'une manière bien sensible, lorsque l'on voit que dans les différens articles du Code on fixe un *minimum* et un *maximum* de peine, qui est d'une latitude étonnante, et qui va de onze jours d'emprisonnement à cinq années en police correctionnelle, et de cinq à vingt ans en différens délits prévus par ledit Code ; d'où suivrait que dans le cas de récidive en police correctionnelle, ou de quelque circonstance aggravante, il ne serait pas possible de prononcer moins de cinq ans et un jour, comme, dans d'autres délits, moins de vingt ans un jour dans les mêmes cas : ce seraient des peines tellement excessives et outre mesure, qu'on ne craint pas de dire qu'elles meneraient à l'impunité, parce que l'on aime mieux souvent absoudre l'homme qu'on a jugé coupable, que de le condamner à une peine qu'on trouve si extraordinairement disproportionnée avec le crime ou le délit.

Art. 87. Il ne punit que de la relégation tout fonctionnaire public qui aurait livré des plans de nos fortifications, arsenaux, ports ou rades, aux puissances ennemies.....

Cette peine est infiniment au-dessous de l'énormité du crime, qui est une haute trahison bien caractérisée, et qui, dans la juste rigueur du Code de toutes les nations, doit assujettir le traître à la peine capitale. Il n'est pas possible de composer sur un fait de cette espèce. Toute trahison envers la patrie doit nécessairement entraîner une peine capable d'arrêter l'exécution de projets aussi sinistres que dangereux, et dont la réussite devrait immanquablement compromettre la vie et la fortune de plusieurs milliers de citoyens.

Aussi il paraît vraiment extraordinaire que cet article 87 se soit contenté d'assimiler par la peine qu'il prononce, le traître qui livre les plans des places fortes, arsenaux, ports ou rades à l'ennemi, à celui qui attenterait à la liberté momentanée d'un ministre, ambassadeur, parlementaire, ou à la franchise d'un vaisseau. Il n'y aucune sorte de comparaison à faire d'un crime à l'autre, et conséquemment les peines ne sauraient être les mêmes.

Art. 112. Cet article laisse à desirer l'application d'une peine plus saillante et peut-être plus forte que celle de la déportation, quoique, dans l'ordre des peines, elle ait été classée au troisième rang, parce que le crime dont parle l'article, se compose de deux faits atroces, tous les deux réputés crimes séparément, et tous les deux également dangereux contre les personnes et contre l'État ; et sous ce rapport, quelque grave qu'on ait pu croire qu'ait été la peine de la déportation, elle ne saurait équivaloir, ni dans le fait ni dans l'idée des citoyens, à celle de la marque faite au moyen du fer chaud, et des travaux forcés, encourue par le faussaire simple : et cependant, indépendamment du faux, on trouve dans l'article le crime d'attentat à la Constitution, qui seul aurait dû encourir la peine ou de la déportation ou des travaux forcés.

La réunion des deux crimes devrait donc assujettir le coupable, d'abord à la marque, qui frappe singulièrement les citoyens, et aux fers pendant un temps limité, après lequel la déportation devrait être encourue et prononcée, comme elle l'est dans ce moment contre le condamné à des peines infamantes ou afflictives pour récidive.

Art. 113. Il peut donner lieu à des tracasseries graves, et le plus souvent non méritées, contre une foule de fonctionnaires publics, par la malveillance et l'inimitié trop communes que le nouvel état de choses a été et sera encore long-temps à même d'entretenir contre les divers membres des autoritées constituées. Il devrait être différemment conçu, afin que les droits respectifs des citoyens et ceux des magistrats fussent respectés.

Art. 114 à 127. Ces articles, trop diffus et beaucoup trop alambiqués, présentent des vices infiniment graves dans leur rédaction et dans leur ensemble, qu'il serait aisé de corriger en les simplifiant de manière qu'ils ne présentassent plus ni doute ni ambiguité.

Art. 134. Cet article, en fait de faux, est rédigé de manière à laisser un doute sur la peine à prononcer contre l'auteur du faux, quand il prononce la déportation contre quiconque aura fait usage des faux énoncés audit article.

Et l'on répétera ici que la peine de la déportation, quoique plus grave dans l'idée des rédacteurs du Code, portée contre les auteurs ou complices du faux, est infiniment au-desous de celle de la marque et des fers, prononcée dans la législation actuelle, et qu'elle ne saurait faire la même impression sur l'esprit du peuple que celle-ci; que conséquemment le but de la loi qui punit étant d'arrêter le progrès du crime par la terreur du supplice et la force de l'exemple, serait totalement manqué en adoptant le système proposé audit Code.

D'ailleurs, puisqu'il est vrai que dans le titre entier du faux, il n'est question que de la déportation, de l'emprisonnement ou de la réclusion, et point de la marque, comment les auteurs du Projet pensaient-ils concilier leur art. 24, au chapitre du premier livre, où il est dit que la lettre *F* sera ajoutée à l'empreinte dans la flétrissure, si le coupable est un faussaire ! Il faut ou rayer la disposition de cet article, ou convenir que la peine de la marque doit être appliquée aux faussaires, indépendamment de celles portées aux divers articles du faux, section I.ʳᵉ, chap. III.

Et dans le fait, le crime de faux en écritures, soit publiques et authentiques, soit privées et lettres de change, est tellement commun et dangereux, qu'on ne saurait trop faire pour en punir les auteurs, qui sont infiniment plus coupables et plus à craindre que les voleurs de grand chemin et avec effraction.

La loi du 23 floréal an 10, qui rétablit la peine de la flétrissure pour ce crime, et créa un tribunal souverain pour le juger, a été si salutaire, qu'il y a à s'étonner qu'on ait cherché un autre mode de jugement, et d'autres peines que celles dont l'expérience a si justement établi les bienfaits et la nécessité.

A la bonne heure qu'on eût laissé aux tribunaux la latitude de diminuer la peine, s'ils *reconnaissaient des circonstances atténuantes dans la procédure en faveur des accusés :* mais limiter la peine des fabricateurs de faux passe-ports, de fausses feuilles de route, de faux certificats, ou de ceux qui auraient pris de faux noms dans ces actes, à une simple détention de six mois jusqu'à deux ans...., c'est dépeupler nos armées, couvrir nos routes de vagabonds et de gens sans aveu ; c'est jeter dans la société une foule de brigands qui, à l'aide d'un faux nom ou d'un faux certificat, se donneraient pour des citoyens honnêtes et probes : car ils ne seront pas retenus, dans leurs méfaits, par la crainte d'une misérable détention de quelques mois ; tandis que celle de la flétrissure et des fers eût été un sûr garant contre toute tentative de cette espèce.

Il y a des cas, sans doute, où le porteur de ces faux actes est plus digne de pitié et quelquefois d'indulgence que de blâme ; mais comme ce ne peut être que dans les circonstances approfondies de la procédure, que cette distinction peut être faite, c'était aux juges qu'elle devait être laissée, en faisant fixer la peine par la loi dans toute sa rigueur, et y ajoutant cette modification prise autant dans la justice que dans l'humanité : *sauf, s'il y a des circonstances atténuantes, auquel cas les juges pourront diminuer la peine à infliger.*

Art. 138. Il présente un vice difficile à pallier. Il veut que tout fonctionnaire qui aura détourné à son profit, dans l'exrcice de ses fonctions, des effets ou deniers publics de valeur au-dessus de trois mille francs, soit puni de la déportation ; et d'une détention simple de deux ans ou de cinq au plus, si la valeur est de trois mille francs ou au-dessous.

C'est-à-dire que pour un franc de plus, la loi applique la déportation, quand pour un franc de moins elle n'applique qu'une légère détention.

Jamais on n'avait vu une précision aussi étonnante et aussi contraire à la justice et à la morale. Le voleur, quoi qu'il ait volé, est toujours un voleur, et doit être puni, non pas tant eu égard à l'objet volé, ou à la valeur de cet objet, qu'à l'action du vol en elle-même ; car celui qui vole moins, eût à coup sûr volé plus, s'il eût été à portée de le faire : et dès-lors, toute distinction à cet égard dans une loi peut et doit nécessairement devenir dangereuse par les conséquences qu'elle est à même d'entraîner. Point de distinction dans les peines pour le plus ou moins des valeurs volées ; sauf toujours les circonstances atténuantes réservées aux juges.

La II.ᵉ section du chapitre III du III.ᵉ livre de la I.ʳᵉ partie, concernant les délits des fonctionnaires dans l'exercice de leurs fonctions , offre un tableau de malversations et de crimes , qu'il n'est venu à l'idée d'aucun magistrat de commettre, et qui, par sa longueur cependant et par ses détails , laisserait dans l'ame du lecteur philantrope l'impression la plus douloureuse, s'il pouvait croire à la possibilité des horreurs dont on a supposé que les fonctionnaires publics pouvaient se rendre coupables. Encore n'est-ce pas, dans le projet de Code, le seul titre où l'on a entassé tant et de si mortifiantes suppositions contre des magistrats honorés de la confiance du peuple et du choix du Gouvernement.

Il y aurait tant de contradictions à énumérer dans ces différens articles, tant d'observations à faire sur la plupart d'entre eux, soit relativement à leur rédaction , soit relativement aux peines y énoncées, qu'on se borne à l'observation générale qui a précédé et à celle ci-dessus énoncée.

Il faudrait beaucoup moins de longueurs, plus de clarté et plus de précision dans les articles du §. 1.er de la IIIe section des mêmes livre et chapitre , concernant les violences envers la force publique ; car la confusion et l'ambiguité qui y règnent, peuvent donner lieu aux plus graves méprises.

Art. 205. Cet article est ou mal conçu ou injuste, et ne saurait être maintenu ; car, ou bien il faut attribuer aux geoliers, gardiens ou conducteurs, les remises d'instrumens pour opérer les bris des prisons et violences , ce qui ne saurait jamais se supposer ; ou bien il faut convenir que les geoliers , gardiens ou conducteurs seraient punis des galères pour un crime qui ne serait pas le leur, et qu'ils n'auraient ni connu ni par conséquent pu empêcher.

Dans le cas de bris de prisons ou de violences, on a toujours vu que les gardiens étaient non-seulement renvoyés absous, mais étaient même à l'abri d'être mis en jugement.

Et cette précision était sage et bien vue ; car un gardien ne peut pas résiter à un bris de prison ni à une violence, et ne doit conséquemment pas être puni d'un crime qui n'est pas le sien, et qu'il a été dans l'impossibilité de prévoir ou d'empêcher.

Si la loi a voulu punir le cas de connivence de la part des gardiens au bris de prison ou aux violences, il fallait qu'elle l'exprimât nommément; elle ne l'a pas fait : elle est vicieuse ; car elle pourrait et devrait même donner lieu aux méprises les plus funestes, et à la condamnation aux fers de plusieurs innocens.

Art. 215. Cet article présente une foule de vices, en ce qu'il amalgame beaucoup trop d'objets , et les classe tous dans la même hypothèse, quand ils devraient être distincts et séparés , et en ce qu'il impose, d'après cela, les mêmes peines pour l'égarement ou la perte d'objets déposés, quand l'enlèvement des uns tend à des conséquences infiniment plus dangereuses que celui des autres.

Par exemple, qu'il soit perdu dans un greffe criminel quelques effets déposés, soit par suite d'une procédure, soit dans l'idée de conviction ou de décharge, et dont cependant, comme il arrive très-souvent, la représentation ne puisse avoir aucune sorte d'influence sur le procès, ni en bien ni en mal pour l'accusé; qu'il soit également perdu une pièce de procédure insignifiante et sans conséquence, &c., &c.; il faudra, d'après cet article, qui fait une énumération de ces pièces et effets sans distinction, condamner le greffier, forcément négligent quelquefois, aux mêmes peines que si une procédure entière lui avait été enlevée, ou que si des pièces d'une conviction irrésistible, et nullement remplaçables, eussent été perdues ou livrées avec adresse................

Cette observation seule suffit sans doute pour démontrer la mauvaise conception de l'article et son ridicule.

La perte d'une procédure entière doit nécessairement en assujettir le gardien à une peine plus forte que celle d'un effet ou d'une pièce insignifians, pour la conservation desquels ni la loi ni la justice ne sauraient imposer ni réclamer une attention ni une sévérité aussi particulière que pour un objet entier dont la perte ou la suppression, souvent irréparables, entraînerait aux plus grands dangers.

Art. 216. Il est trop général, et n'inflige pas une peine assez forte aux coupables de ces soustractions. Il faudrait qu'il portât une distinction entre les procédures, par exemple, faites pour crimes entraînant la peine de mort, dont l'enlèvement devrait assujettir le coupable à la même peine que celle que l'accusé aurait subie; tandis que, dans le cas contraire, et puisqu'au moyen de la peine de reclusion, il est possible de faire disparaître jusques aux traces d'une procédure pour fait de conspiration, d'attentat à la vie des premiers magistrats, de haute trahison, &c. &c. &c., il n'existerait pas de cas où des intéressés ne tentassent, par tous les moyens possibles, de dénantir un greffe ou tout autre dépôt public, des preuves matérielles de ces crimes.

Art. 230. Il est conçu d'une manière trop vague, et prêterait à un arbitraire dangereux, notamment lorsqu'il y est dit : « *Le vagabond* trouvé nanti » *de choses dont il rendra mauvais compte,* sera puni de deux à cinq ans de » détention ». Les dispositions de l'article, confusément entassées, doivent être plus clairement précisées.

Art. 232. Cet article n'étant qu'une répétition absolue de l'art. 135, doit être supprimé, et doit être remplacé par une disposition simple,

portant que tout vagabond trouvé nanti de faux passe-pòrt, certificat ou feuille de route, sera condamné à une peine de moitié en sus de celle portée en l'art. 135, ou à telle ou telle peine.

Art. 248. Il laisse un vide qu'il était cependant important d'éviter. Il devait fixer les peines encourues en cas d'enlèvement ou de départ des jeunes gens du lieu où ils ont été placés par leurs parens, ou de prostitution et corruption pratiquées par des personnes ayant autorité sur ces jeunes gens ; au lieu que l'article ne fait que prévoir ces crimes, sans indiquer ni en infliger les peines.

Les articles 250 et 255, concernant les délits des sociétés existantes dans l'État, laissent à desirer une peine plus forte qu'une simple amende de cinquante-un francs à deux cents francs, portée par lesdits articles.

Pour se convaincre de cette vérité, il suffit de penser aux maux incalculables qui peuvent émaner des sociétés qui se formeraient sans l'autorisation du Gouvernement, et aux dangers qui pourraient en résulter si elles dépassaient les bornes qui doivent leur être prescrites, &c. ; et l'on sentira que les contraventions dans ce genre, devant exciter la surveillance la plus active, doivent être punies au moins d'une détention de six mois à deux ans, et d'une amende très-forte contre le propriétaire qui aurait accordé ou consenti l'usage de sa maison pour ces associations.

Art. 278. Il est en contradiction avec l'article 275, puisque, dans celui-ci, les blessures de guet-apens seront punies des travaux forcés *à perpétuité*, et que, dans le 278.ᵉ, il est dit : « Tous ceux qui auront fait des blessures ou » porté des coups de guet-apens, subiront la peine des travaux forcés à » temps. » L'un est absolument le contraire de l'autre, et le détruit.

Art. 285. La définition portée par cet article, de l'infanticide, est erronée et vicieuse ; car il en résulterait que le meurtre de l'enfant tué par une mère engagée par les liens du mariage, pourrait n'être pas qualifié crime, puisque l'article ne parle que des mères non mariées : il ne faut pas laisser dans la loi une lacune aussi inouie.

Art. 289. Le crime de viol n'est pas suffisamment puni par *la reclusion*, qui n'est qu'un emprisonnement de quelques années, à la volonté du juge.

Art. 308. Le crime de la bigamie, spécifié dans ledit article, n'est pas puni suffisamment par *la reclusion*.

Art. 309. Il est absolument le même que le 248.ᵉ, sauf une addition de peine, néanmoins pour le même crime · les deux articles doivent être refondus et n'en faire qu'un.

Dans l'article 327, qui prive le faux témoin, entre autres choses, *d'être admis*

admis judiciairement en témoignage, il est ajouté ces mots, *autrement que pour faire des DÉCLARATIONS ou donner des renseignemens.*

Mais *être appelé pour faire des déclarations en justice*, n'est autre chose qu'*être admis à témoigner judiciairement.*

Le dernier membre de l'article est donc contradictoire au premier, et annulle celui-ci : ce vice doit nécessairement être corrigé.

La peine de la calomnie verbale, portée par l'article 330, est beaucoup trop modique. Il est des calomnies tellement atroces, et tellement injurieuses, qu'il fallait laisser aux juges la faculté de les assimiler aux calomnies écrites, sauf les circonstances atténuantes.

De tous les temps, le vol domestique a été puni plus sévèrement qu'un vol ordinaire ; et la raison en était bien juste et bien sentie : cependant l'article 347 ne punit que de la *reclusion simple*, le vol commis par le domestique, s'il l'est à l'aide de fausses clefs, d'escalade, ou d'effraction, soit extérieure à des édifices ou enclos non servant à l'habitation, non dépendans de maisons habitées, soit intérieur ou avec usage de fausses clefs dans des appartemens ou chambres servant à habitation. . . En quoi, le voleur domestique se trouverait infiniment moins puni, quoique plus criminel et sur-tout plus dangereux, que le voleur non domestique, qui, volant avec fausses clefs, par escalade, ou effraction extérieure de bâtimens servant à habitation, serait puni des travaux forcés à temps, d'après l'article 345.

Le vol domestique doit au moins être puni de la même peine, quelles que soient les circonstances du crime ; sauf à lui appliquer le *minimum* ou le *maximum* de la peine, eu égard à celles des circonstances qui pourraient être plus ou moins graves, plus ou moins atténuantes ou afférentes.

La peine de la *reclusion*, prononcée par l'article 366 contre les banqueroutiers frauduleux, ne paraît pas à beaucoup près suffisante ; si l'on considère sur-tout qu'au crime de vol qu'elle renferme, se joint le danger nécessaire de ses résultats, qui peuvent faire le malheur ou la perte d'un nombre infini de familles, et entraîner la décadence et la ruine de la société et des États.

L'art. 371 embrasse une trop grande latitude, lorsqu'il prononce une détention de deux mois au moins et de deux ans au plus, avec amende, contre le porteur d'obligations d'un mineur, si elles ont été consenties à des conditions ruineuses, sous quelque forme, est-il dit, que la négociation ait été faite ou déguisée.

Il est aisé de sentir que la chicane et la mauvaise foi pourraient facilement abuser de cette rédaction trop étendue et ambiguë, et créer des vexations odieuses contre le créancier que des circonstances auraient rendu peu recommandable au débiteur, ou à quelqu'un de ses alentours intéressés.

Haute-Garonne. C

L'art. 390, qui déclare coupable du crime de contrefaçon tout marchand de livres ou gravures qui aura à sa disposition *deux* ou plusieurs exemplaires de l'édition contrefaite, est beaucoup trop rigide, et ne manquerait pas de donner lieu à des tracasseries et à des injustices réitérées : l'article doit être rédigé différemment.

L'art. 418 ne punit que d'une amende de 51 francs au moins, et ne pouvant excéder 200 francs, celui qui aura incendié quelque propriété d'autrui, soit par négligence, défaut de précaution ou imprudence, et ne réserve pas les dommages-intérêts dus à l'incendié.

Sous ces deux rapports, la disposition de l'article est insuffisante. On ne saurait devoir être quitte d'un incendie de cette espèce pour une misérable amende de 51 francs, ou de 200 francs au plus. Il faut, pour réveiller l'attention et la vigilance, et pour prévenir les abus, une peine plus forte ; et dans tous les cas sur-tout, l'incendiaire imprévoyant doit être tenu des dommages-intérêts que son imprudence a occasionnés.

L'art. 458 charge les divers maires, adjoints et commissaires de police, de recevoir les plaintes et dénonces, dresser des procès-verbaux et recueillir les preuves et les indices qui existeraient sur les prévenus.

Si cette dernière attribution n'était pas circonscrite dans un temps et des bornes limités et précis, il s'ensuivrait que les maires, leurs adjoints et les commissaires de police pourraient retenir des prévenus pendant tout le temps qu'ils jugeraient convenable, sans les renvoyer aux magistrats de sûreté ; en telle sorte qu'il pourrait en résulter une lenteur très-préjudiciable dans l'administration de la justice criminelle, et souvent un dépérissement de preuves dû à l'inexpérience ou au peu d'aptitude habituel de ces premiers officiers civils dans les affaires criminelles.

Ils doivent donc être circonscrits de manière que les prévenus et les pièces d'une dénonce, procès-verbaux et rapports, soient envoyés de suite et sans retard aux magistrats de sûreté, chargés par la loi d'instruire ces procédures et de recueillir les preuves.

L'art. 467 donne aux gardes champêtres ou forestiers des communes ou des particuliers, une trop grande latitude, quand il les autorise à faire des visites domiciliaires, avec seulement l'assistance de deux citoyens ; et sur-tout, à *arrêter* et conduire devant le juge de paix tout individu qu'ils diront avoir pris en flagrant délit.

On n'a pas besoin de s'appesantir sur le danger d'une disposition de cette nature, qui peut donner lieu à tant de méprises ou de vexations, et dont les conséquences peuvent devenir si funestes, quand des mesures de rigueur telles que les visites domiciliaires et les arrestations, sont livrées à de simples gardes champêtres ou forestiers, gens rustres, non instruits, et sujets à toute sorte de passions.

Ces exécutions, aussi délicates qu'épineuses et importantes, doivent être dans le domaine exclusif des vrais magistrats que la loi investit et doit investir de sa confiance, et nullement confiées à de simples gardes de communes ou de particuliers, qui sont sans titre et sans qualité pour exercer des fonctions d'une si haute importance.

A la suite de cet article 467, vient encore l'attribution donnée à ces mêmes gardes de dresser des procès-verbaux qu'ils doivent affirmer et remettre à leurs supérieurs, qui, à leur tour, en font l'envoi aux tribunaux compétens.

Ici se présente naturellement, et pour ne pas y revenir, une observation relativement à ces procès-verbaux, que les articles subséquens du Code, *651* et *682,* qui se copient à cet égard textuellement, ordonnent devoir *faire foi en justice jusqu'à inscription de faux*, prohibant par exprès, à peine de nullité, toute preuve par témoins outre ou contre le contenu auxdits procès-verbaux de tous officiers de police, agens, préposés ou autres, &c.

De cette disposition répétée dans les deux articles 651 et 682, résulterait la conséquence terrible que les tribuaux auxquels seraient soumis les délits énoncés aux susdits procès-verbaux, ne seraient pas les juges de ces délits, mais seulement les applicateurs des peines portées par la loi contre les crimes énoncés auxdits procè-verbaux ; de telle sorte que les citoyens contre lesquels un rustre, un ignorant, un ennemi vindicatif aurait dressé des procès-verbaux, sans assistance même des témoins du fait (car ils ne sont pas requis pour la validité de ces actes), seraient de cela seul, et par l'unique fait desdits procès-verbaux, condamnés d'avance à toutes les peines portées par les lois, quelle que pût être leur défense, qui ne pourrait, dans aucun cas, anéantir ni même atténuer les preuves résultant de l'accusation énoncée auxdits procès-verbaux.

Ces articles sont infiniment trop dangereux pour la liberté publique ; ils sont trop éversifs de toute justice, et sur-tout de la protection due aux citoyens, et des égards que méritent les accusés jusqu'à leur entière conviction, pour qu'on puisse les laisser subsister dans leur entière rédaction.

Il faut au contraire laisser aux accusés toute la latitude de défense possible, et leur donner les moyens d'établir leur innocence, si elle ne se trouve attaquée que par le dire d'un garde, d'un homme seul, toujours trop intéressé à trouver ou du moins à dénoncer des contraventions, des fraudes ou des délits.

Ces procès-verbaux doivent faire foi, mais dans le cas où ils seront étayés de preuves claires et précises, autres que son dire écrit, de dépositions de témoins, ou de certitude de faits qui ne puissent pas être revoqués en doute. A défaut de cela, il faut ouir les témoins que le prévenu pourra administrer sur les faits et les actes relatifs à l'accusation.

L'inscription de faux n'est pas une voie suffisante pour rassurer des prévenus qui ne sauraient ou ne pourraient pas la prendre ou n'en auraient pas les moyens ; avec d'autant plus de raison, qu'aucune loi nouvelle n'en trace les formes et la marche, et qu'il n'y a pas d'exemple qu'elle ait été prise ni ordonnée dans les nouveaux tribunaux.... Eh! en attendant, il faudrait en croire à des actes erronés ou mensongers, et condamner quelquefois des innocens, parce que la voie de l'inscription de faux n'aurait pas été prise, et n'aurait même pas pu l'être.....

Ces dispositions sont trop rigides, elles sont trop abusives ; elles ne sauraient être maintenues. Il faut que des juges puissent asseoir un jugement avec liberté, avec sûreté de leur conscience, avec pleine connaissance de cause ; et pour cela il faut laisser aux parties une entière liberté dans leur défense, et dans la manière de manifester la vérité.

Art. 505. Cet article est inexécutable sous une foule de rapports, et ne saurait être maintenu ; car, 1.º tel en est le résultat, qu'on pourrait croire qu'aux magistrats de sûreté *seuls* appartiendrait le droit de dresser procès-verbal des délits, ce qui empêcherait tous autres fonctionnaires des lieux de se présenter pour en dresser lorsque quelque événement arriverait dans leurs arrondissemens ; de manière que souvent le magistrat de sûreté, n'ayant pas pu être averti *à temps*, procès-verbal du délit ne serait pas dressé, et le crime resterait, par voie de suite, ou impoursuivi, ou non prouvé et impuni.

2.º D'autre part, les arrondissemens dans chacun desquels la loi crée un magistrat de sûreté pour la poursuite des délits, sont faits de telle manière, qu'il y a souvent plusieurs lieues de distance d'un lieu à l'autre ; en telle sorte que les déplacemens des magistrats de sûreté ne pourraient pas s'effectuer assez promptement pour pouvoir dresser les procès-verbaux et constater les délits par cette voie : ce qui se rencontrerait plus particulièrement dans l'espèce de l'article suivant *506,* où il est question des homicides, lors desquels il y est défendu d'inhumer le cadavre qu'après la clôture du procès-verbal, qui pourrait n'avoir lieu que plusieurs jours après la mort de l'individu.

3.º D'autre côté, plusieurs délits peuvent avoir lieu simultanément sur différens points de l'arrondissement, éloignés de plusieurs myriamètres les uns des autres. Dès-lors, comment serait-il possible au magistrat de sûreté de se transporter, dans le même temps, aux lieux divers qui requerraient sa présence !.....

4.º La multiplicité des délits pourrait être telle, que les voyages des magistrats de sûreté seraient très-fréquens, et absorberaient la majeure partie et quelquefois la totalité de leurs traitemens ; car, d'après l'article 566, il ne devrait leur être alloué, ainsi qu'aux autres fonctionnaires, dans le même cas de voyages, que 4 fr. par jour, somme que le grand-juge, dans son rapport, avait néanmoins jugée très-insuffisante, et qui l'est en effet, vu la cherté excessive de toutes choses de première nécessité, au point qu'elle pourrait à peine suffire au paiement d'un seul repas.

5.° Enfin, l'article serait nuisible aux intérêts de la nation, en ce qu'il permet au magistrat de sûreté de se faire accompagner d'un ou de deux hommes de l'art, pour vérifier les délits dans toutes ses courses; ce qui coûterait excessivement, parce que ces artistes occupés devraient nécessairement recevoir un salaire qui les indemnisât de leurs soins et de leurs fatigues de voyages, comme des pertes que leur absence ou l'éloignement de leurs foyers pourrait leur causer.

Ce n'est que dans des cas extrêmement rares ou épineux que le magistrat de sûreté devrait *être tenu* de se transporter sur les lieux du délit ; et alors son indemnité devrait être au moins de 15 à 18 francs par jour : ce qui ne devra pas être regardé comme excessif, quand on réfléchira que de tout temps, et encore aujourd'hui, l'on a passé et l'on alloue 12 francs aux huissiers voyageant pour exploiter.

Hors des cas susénoncés, tout agent local, tout fonctionnaire civil ou militaire, doit être autorisé à dresser procès-verbal, et à recueillir les premiers renseignemens, pour transmettre le tout, DE SUITE, au magistrat de sûreté, comme il se pratique aujourd'hui, sans astreindre ces magistrats à faire l'impossible.

Cette observation est d'autant mieux fondée, que, par une contradiction qui ne devrait pas exister dans une loi, les articles 545, 546, 547 et 548, qui suivent, autorisent les juges de paix, leurs suppléans, les commissaires de police, les maires, leurs adjoints, &c., à dresser des procès-verbaux, &c. Il ne fallait donc pas que l'article 505 portât que *les magistrats de sûreté SONT TENUS, à la première connaissance d'un délit, de se transporter sur les lieux pour dresser procès-verbal*, &c., ce qui menerait tout au moins à procurer un double emploi dans les procédures.

Le chap. VI du livre I.ᵉʳ, 2.ᵉ partie *de la police*, traitant des *propréteurs*, donne matière à une foule d'observations sur la création et les fonctions de ces magistrats, qu'on développe dans le titre de l'organisation particulière des tribunaux criminels, et qu'on ne placera pas ici, pour ne pas se répéter inutilement.

On dira seulement qu'il paraît fort extraordinaire qu'on ait voulu leur donner, dans l'article 557, la faculté ou le droit *d'avoir séance et voix délibérative* dans le tribunal de première instance, même pour *les procès civils*, avec le titre *et pouvant exercer les fonctions de vice-président*.

On n'avait jamais conçu un magistrat attaché par essence aux fonctions criminelles, être tour-à-tour, au civil et au criminel, juge de premier ordre et juge d'appel, ou souverain, et prendre sur-tout à volonté *le titre et les fonctions d'un autre.*

Mais que deviendrait le vice - président ordinaire d'un tribunal civil, quand le propréteur voudrait prendre son titre et sa place? Serait-il obligé de se retirer, ou pourrait-il rester à côté de celui qui le débusquerait ! Quel serait alors son droit! quel rang devrait-il prendre?....

Cette constitution de magistrature sans exemple ne saurait être adoptée : il faut la reléguer dans la classe des innovations que le temps et l'expérience n'ont pas encore mûries, et que la sagesse et la prudence doivent bien se garder d'adopter, lors sur-tout qu'il s'agit de les réunir à l'administration de la justice.

Les articles 562 et 563 étant absolument et mot à mot les mêmes que les articles 523 et 524, eu égard aux témoins refusant de comparaître sur les citations à eux données, doivent être supprimés ; sauf à s'en tenir, pour cette partie de la procédure, tant devant les propréteurs qu'aux tribunaux criminels, à ce qui est porté auxdits articles 523 et 524, dont les dispositions doivent suffire pour tous les cas et pour tous les tribunaux.

L'article 587 n'est qu'une répétition de l'article 581, et devrait être supprimé ou tout au moins simplifié, ainsi que les dispositions des articles suivans, qui sont relatifs à l'exécution des mandats d'arrêt, &c.

II.ᵉ PARTIE.

LIVRE II.

Chapitre I.ᵉʳ

L'ART. 617, le premier de ce chapitre, dispose qu'il y aura un tribunal de police pour le ressort de chaque justice de paix.

Toute cette composition, et les réglemens de ce tribunal de police, présentent les inconvéniens les plus graves et les plus préjudiciables aux intérêts des citoyens: car, comment soutenir l'amalgame d'un simple citoyen, sans titre, sans qualité, sans caractère, admis à rendre la justice au tribunal de police avec le juge de l'arrondissement et le juge de paix ! ....

Et comment supporter ou approuver ces choix, et sur-tout ces contraintes, pour forcer les citoyens à vaincre des scrupules qui peuvent leur prescrire de s'abstenir de places qu'ils ne se croient pas propres à remplir ! car il importe peu qu'on soit plus ou moins imposé dans une commune, ou dans un pays quelconque, pour qu'on doive avoir l'aptitude et les talens nécessaires pour juger ses semblables. La fortune qui, dans l'ordonné de la loi, donne les qualités nécessaires pour être appelé, ne saurait donner les facultés morales qui, dans un bon gouvernement, doivent être requises pour exercer la magistrature.

Serait-ce lorsqu'on a trop éprouvé le vice de l'institution des jurés, et que leur suppression est réclamée de tous les coins de la République, qu'on irait encore imaginer et créer une nouvelle sorte de jury, dont les fonctions seraient bien plus augustes, plus solennelles, et plus difficiles que celles qu'il a exercées jusqu'ici, puisque l'on voudrait l'associer au jugement *du fait et du droit*, et le créer juge proprement dit, quand il n'avait été jusqu'ici que juge du fait seul, et subordonné à la direction et à la justice d'un tribunal ! . . .

Et ces médailles d'argent, pour trois jours d'assistance ! . . . . n'y voit - on pas une idée qui ne manquerait pas de prêter aux ennemis de la chose, et qui serait regardée comme une dérision ! . . . .

2.° Le juge de police nommé par le Premier Consul, pour un an, devant aller résider dans tous les chefs-lieux d'arrondissement de justice de paix, et devant recevoir un traitement, surchargerait d'autant le trésor public ; quand, dans la composition actuelle, le juge de paix, salarié pour son état, a l'attribution particulière de ce travail, qui devait rester dans ses fonctions, plutôt que de créer de nouveaux officiers, et un nouveau mode de tribunal, quand aucun inconvénient grave n'a résulté jusqu'à présent de celui qui subsiste depuis la Constitution.

Art. 635. Dans une ville populeuse, il n'est pas possible qu'il ne soit tenu qu'une seule audience par mois ; il ne pourrait pas y être expédié la vingtième partie des contraventions qui s'y trouveraient renvoyées : il faut donc que cet article ait été mal conçu.

Ceci est prouvé par l'article 668, qui dit que le 30 de chaque mois, le juge de police remettra au magistrat de sûreté l'extrait des jugemens de police qui auront été rendus *dans les vingt premiers jours.*

Ou cet article - ci est mal rédigé encore, ou il en résulte que l'audience de police devra ou pourra, s'il y a des affaires, être tenue pendant *les vingt premiers jours de chaque mois,* au lieu d'un *seul jour.*

Et dans le fait, le nombre et la tenue des audiences, ainsi que les jours où elles devront avoir lieu, soit dans ces tribunaux de police simple, soit dans ceux d'arrondissement en police correctionnelle, fixés par l'article 683 *aux cinq derniers jours de chaque mois seulement,* doivent être laissés à la fixation des juges, étant matière des réglemens qui leur appartiennent, d'après les lois existantes, et qui ne sauraient être du domaine d'une loi générale.

Observons, de plus, sur l'article 683, relatif à la police correctionnelle, puisqu'il a quelque chose de commun avec l'article 635, que l'obligation qu'il impose de faire l'instruction *sans interruption,* ne saurait avoir lieu, attendu qu'il y a des affaires tellement longues, et si compliquées de leur nature, qu'elles tiennent plusieurs audiences entières. On ne saurait donc prescrire dans la loi qu'elles seront instruites *sans* interruption. On doit, à cet égard, s'en rapporter aux juges, comme dans une foule d'autres dispositions réglementaires, qui naissent des temps, des lieux et des circonstances, qu'une loi ne saurait prévoir.

Les articles 654 et 655, relatifs aux peines contre les témoins non comparans, sont une répétition des articles 523 et 524, et sont par conséquent inutiles et surabondans.

Art. 671. L'injonction expresse faite au propréteur, de présider le tribunal en l'absence du président, pour le jugement des affaires correctionnelles, donne une surcharge beaucoup trop forte à un magistrat déjà assez occupé par les détails immenses d'une place qui le met à même de présider à l'instruction de toutes les affaires criminelles, et d'assister près de son tribunal particulier au jugement de toutes les procédures, sans qu'il soit encore assujetti à ce surcroît d'occupations. Qu'il puisse y présider quand il en aura la facilité ou le loisir..... ; mais que la loi ne lui fasse pas un devoir d'une fonction qui n'est pour lui qu'une surérogation.

Art. 672. C'est la première fois qu'on avait vu associer dans un tribunal, aux officiers y exerçant le ministère public, d'autres officiers ou magistrats qui ont un état et des fonctions ainsi que des habitudes tout distincts et particuliers de ceux auxquels l'article 672 entend les associer. Les commissaires du Gouvernement ou leurs substituts près les tribunaux, devraient y exercer seuls toutes les fonctions qui, intéressant l'ordre public, la nation ou le Gouvernement, font partie nécessaire de leurs attributions, à quelque matière qu'elles appartiennent ou puissent appartenir. Cette alliance des conservateurs ou inspecteurs forestiers, dans les délits forestiers, ne saurait être tolérée.

Art. 683. Les deux derniers paragraphes de cet article ne présentent qu'une répétition du même précepte énoncé dans l'article 650 pour l'instruction de la procédure, et devrait conséquemment être plus briévement rédigé, pour éviter une confusion et des longueurs qui ne sont déjà que trop multipliées dans le Projet de loi.

Tous les articles suivans, jusqu'au 696.ᵉ, ont trait également à ce qui se trouve prescrit au titre des jugemens de police simple, et devraient être considérablement abrégés.

Art. 712. Cet article présente deux vices également essentiels et frappans, 1.° en ce qu'il renvoie le prévenu à un tribunal de police; 2.° en ce qu'il suppose néanmoins qu'il pourra statuer sur les dommages : car pourquoi, lorsqu'une procédure se trouve entièrement instruite et prête, puisqu'elle a déjà été l'objet d'un premier jugement, ne pas laisser au tribunal criminel, qui est le supérieur et du tribunal d'arrondissement et de

celui

celui de police la faculté de juger en appliquant les peines de simple police, qu'il saurait appliquer aussi bien que le tribunal de premier ordre , plutôt que de l'assujettir à renvoyer l'affaire à celui-ci ! ... N'est-il pas plus expédient , et pour l'ordre public, et pour toutes parties, soit pour l'accusé , soit pour le plaignant, de terminer toute involution de procédures, et d'obtenir un jugement définitif, plutôt que d'aller recommencer, après beaucoup de temps et d'argent perdu , une nouvelle attaque devant un tribunal qui ne rendra même qu'un jugement qui pourra donner lieu à un appel, et par conséquent à revenir devant des juges qui auront commis une première erreur ! ..

Les tribunaux criminels saisis d'un appel de police correctionnelle doivent pouvoir juger le procès , quelque délit ou simple contravention qu'il présente , lorsqu'un premier jugement aura été rendu par un tribunal d'arrondissement sans réclamation sur la compétence de la part des parties intéressées ou des officiers du ministère public.

Il devrait en être de même dans le cas de quelque *nullité* commise en première instance, à raison de laquelle, aux termes de l'article 7 1 5 , le procès doit être renvoyé pour être recommencé à partir du plus ancien des actes annullés ; car il intéresse essentiellement d'abréger , autant que possible , les discussions judiciaires de tous les genres.

D'autre part, comment serait-il possible de faire prononcer des dommages-intérêts par un tribunal criminel qui ne ferait que renvoyer l'accusé au tribunal de police ! Ne pourrait-il pas arriver qu'il y serait trouvé coupable ! et dès-lors c'eût été sans doute mal-à-propos que toute espèce de dommages lui aurait été accordée. Lorsqu'un juge souverain renvoie, pour cause d'incompétence , devant un autre juge, c'est toujours et ce doit être sans préjuger le fonds, dont il décide par le renvoi qu'il ne lui appartient pas de connaître.

L'entier chap. III du liv. II , chap. II du Projet, de loi, relatif aux jurys d'accusation , n'est que l'énoncé des formes déjà éprouvées sur cette partie de la procédure, et n'offre d'autre observation à faire que celle relative à la maintenue des jurys contre le vœu quasi unanime de tous les citoyens et magistrats qui ont des lumières et de l'expérience, et dont il sera parlé sur l'observation générale relative à la composition des tribunaux criminels , à laquelle on se réfère, pour se répéter le moins possible.

Suit le chap. IV des tribunaux criminels, commençant à l'article 770, sur lequel frappe la susdite observation générale.

Art. 864. « La décision du jury ne pourra se former, pour ou contre l'accusé, qu'à l'unanimité. » Cette disposition de l'art. 864, chapitre intitulé *de l'Examen*, ne saurait être maintenue ni approuvée, alors sur-tout que dans le projet de Code on ne fixe aucun délai au jury pour parvenir à cette unanimité voulue ; car il est aisé de sentir combien elle peut devenir dangereuse pour ou contre la vérité et la justice, puisqu'un seul juré sur douze est le maître absolu de la décision à porter, en tenant en échec les autres onze, jusqu'à ce qu'ils viennent se ranger à son opinion, quelque erronée et fautive ou même injuste qu'elle soit.

Une foule de circonstances et de moyens qu'il serait trop long de déduire, et que l'on conçoit assez sans qu'il soit besoin de les énumérer, peuvent séduire, égarer ou corrompre un juré, et le rendre, en outre, maître de la délibération de ses collègues, qui, n'ayant pas l'espoir de vaincre l'entêtement ou le caprice de leur antagoniste en sacrifiant un temps limité, préféreraient céder, et s'y trouveraient même forcés, plutôt que de lui résister pendant un temps dont ils ne prévoiraient pas la durée.

Et n'importe que les huit dixièmes au moins des jugemens soient aujourd'hui rendus, dans tous les tribunaux, à l'unanimité ; la raison en est connue, et ne saurait venir à l'aide de cette disposition, lorsqu'on veut l'obtenir sans limitation de temps : les jurés actuels, qui savent qu'après un délai de vingt-quatre heures fixé par la loi, la simple majorité prononce sur le sort de l'accusé et forme la déclaration, ne tiennent pas à leur avis après une épreuve de quelques heures au plus ; et dès-lors les voix se réunissent de manière à ce que la déclaration paraît toujours unanime.

Ce n'est que dans des cas extrêmement rares et vivement sollicités, que le jury a usé de la faculté de passer les vingt-quatre heures ; et l'expérience a donné la certitude que si le délai, pour la réunion à l'unanimité, n'avait pas été fixe, jamais un jury n'aurait passé vingt-quatre heures à délibérer ; et les plus entêtés et les plus capricieux des jurés auraient formé la délibération, parce qu'il n'y aurait pas eu d'espoir de les faire changer.

Le meilleur mode, si l'on veut toutefois tenir encore à cette institution du jury, si hautement et si généralement blâmée, serait, comme le propose le grand-juge, celui de faire fixer, par le tribunal qui a connaissance des difficultés et des circonstances de la procédure, le délai donné au jury pour s'accorder : passé lequel, la majorité devrait faire la déclaration comme elle le fait et l'a toujours fait dans tous les lieux et dans tous les objets de délibération.

D'après l'article 866, la déclaration du jury doit s'exprimer par cette formule simple : *L'accusé est* ou *n'est pas coupable.*

On avait sans doute senti, depuis long-temps, la nécessité d'abréger les questions à faire au jury ; car, comme dit le président du tribunal de cassation, dans son rapport, *tendre avec trop d'efforts à la perfection, c'est*

souvent s'en éloigner; et, il faut le dire, c'est ce qui est arrivé dans l'établisse-
ment des règles relatives à la position des questions aux jurés de jugement.

Cette seule question, *L'accusé est-il coupable*, pourra donc être faite.

Mais, plus elle donne de latitude au tribunal qui doit appliquer la peine, puisque le jury ne prononce *sur aucune des circonstances aggravantes*, qui, à proprement parler, constituent les dix-huit vingtièmes des délits et varient les peines à l'infini; plus on doit être circonspect sur le choix des juges appelés à prononcer ces peines, plus on doit voir, sur-tout, qu'il importe d'éloigner de la composition d'un tribunal criminel, toute idée *d'un homme seul, prononçant, de son pur et unique mouvement et de sa volonté,* tel ou tel supplice, plus ou moins de peine.

La garantie d'un tribunal éprouvé, d'une réunion *de plusieurs juges* qui ont donné des gages à la patrie et au Gouvernement, de leur fidélité, de leurs talens et de leur attachement, est sans doute nécessaire, et pré-férable au mode autant abusif qu'extraordinaire, de donner à un *préteur seul* l'application de la loi à faire et des peines à prononcer, ainsi qu'il est proposé par le projet de Code.

Les chapitres VIII, IX et X du livre II de la II.ᵉ partie dudit Code, trai-tant des jurés d'accusation et de jugement, donneraient matière, dans une foule d'articles, à plusieurs observations qu'on ne fera pas, dès qu'on a cru devoir proposer la suppression de tout jury, et qu'on démontrera les vices essentiels de cette institution, dans une troisième observation géné-rale, relative à la composition des tribunaux criminels, tels que le nouveau Code propose de les organiser.

L'un des vices les plus essentiels, qu'on ne s'empêchera pas néanmoins de relever, est celui qu'offre le mode proposé de former le jury, qui est laissé au choix exclusif des préfets ; car il en résulte qu'un homme seul pourrait, dans une infinité de circonstances, devenir l'arbitre absolu du sort de ses concitoyens, par la manière dont il ferait le choix de ses jurés. Il tiendrait dans ses mains la fortune, l'honneur et la vie de ses admi-nistrés, le droit de punir ou d'absoudre à volonté, et, par voie de suite, la terrible faculté de remuer, à son gré, toutes les parties de l'adminis-tration, et même celles de l'empire.

Le choix des jurés, si l'on veut les conserver, doit être assujetti à des épreuves, et remis à la prudence et à la garantie de plusieurs fonction-naires recommandables, qui, se surveillant même réciproquement, donnent à la patrie la certitude qu'ils n'ont rien fait ni pu faire que pour le bien commun, pour l'honneur de la justice et pour le bonheur général.

Art. 942. Le président du tribunal de cassation, et le grand - juge, dans leur rapport au Gouvernement, s'étaient accordés, comme il a été dit sur la première observation générale, à déclarer qu'il était indispensable de restreindre les nullités de la procédure criminelle ; car, lorsque la loi impose, disaient-ils, une tâche supérieure aux forces des hommes qu'elle emploie communément, il est bien rare que sa volonté soit remplie.

La loi nouvelle fourmille d'infiniment plus de nullités prononcées que celle qui faisait l'objet de la réclamation de ces deux magistrats ; et cependant les auteurs de celle-là voudraient que, *dans deux ans* il n'y eût aucune erreur ou omission dans les procédures et jugemens criminels, ou ils voudraient en rendre les juges et les tribunaux pécuniairement responsables ! Cette disposition est beaucoup trop rigoureuse, et manque de justice et de discernement.

Elle n'est pas nouvelle, il est vrai : les ordonnances de 1667 et 1670 l'avaient bien portée ; mais indépendamment que ces lois étaient ordonnées de manière que les nullités, bien classées, bien définies, bien caractérisées, ne pouvaient donner lieu au doute ni à l'erreur, ces monumens de sagesse et de justice avaient expressément voulu qu'on pût reprocher justement au juge, pour lui faire subir la condamnation des frais de réfaction, *une faute grave* qui tînt du dol et de la fraude, une mauvaise volonté ou mauvaise foi qui tinssent du crime......

Il faudrait donc, si l'on voulait maintenir l'article, ajouter au moins, en étayant les nullités et les classant de manière que l'on ne pût se méprendre, ajouter cette précision des anciennes ordonnances, qui serait la juste sauve-garde des magistrats.

Les articles 991, 992 et 993 du chapitre XV du même livre II, peuvent donner lieu à de très-grands embarras, par la manière trop générale dont ils sont rédigés. On ne voit pas quelle peut être la nécessité de soumettre à trois membres de l'institut, des écrits où placards tendant à provoquer un crime quelconque : car, ou ils sont clairs et positifs, et alors les lumières seules et ordinaires de la raison doivent suffire pour décider les faits résultant desdits écrits ; ou ils sont douteux et insignifians, et alors point de crime, point de condamnation contre des accusés. Tout ministère de gens de lettres est absolument inutile.

D'ailleurs, faudrait-il, du fond des départemens les plus éloignés, adresser à trois hommes de lettres, membres de l'institut, toute sorte d'écrits ou placards provocateurs à toute espèce de crimes ?

Dans ce cas, l'institut serait bien souvent occupé de pareilles matières ; car il y a un millier de procédures qui ont pour base des placards ou écrits, à l'aide ou par suite desquels bien des crimes ont été commis, tels que meurtres, incendies, dévastation de propriétés, faux en tout genre, attentat aux autorités, &c. &c. &c.

Cette mesure paraît d'une inutilité absolue, ne devant mener à rien d'utile pour la société, et pouvant, au contraire, devenir très-nuisible par les longueurs et les entraves qu'elle mettrait nécessairement dans l'administration de la justice.

L'art. 1034 du chap. XVIII est contraire à tous les principes et à toutes les lois en matière criminelle, qui avaient jusqu'à ce jour décidé qu'*en cas de partage d'opinions,* l'accusation serait rejetée, et l'accusé acquitté ou impoursuivi. On ne voit pas sur quel fondement ou par quelle raison le Projet de Code fait, au préjudice des fonctionnaires ou juges dont il s'agit dans cet article, une exception à la règle commune. Le principe *in mitiorem* était de tous les temps, de tous les lieux, de toutes les législations ; il paraît qu'il devait être maintenu.

Art. 1039. C'est avoir envie d'abuser du remède extraordinaire de la prise à-partie, que d'avoir eu l'idée de la proposer pour le fait énoncé au §. 3 de l'art. 1039, puisqu'il est constant, 1.° que les mandats d'arrêt étant imprimés dans quasi tous les tribunaux, et ne laissant à remplir que les nom, prénoms, âge, profession et demeure de l'accusé, ainsi que le crime dont il est prévenu, la formule imprimée ne manque et ne peut jamais manquer l'énoncé de l'article du Code qui permet au juge d'ordonner l'arrestation; 2.° que l'énoncé du crime dont il y a prévention, est une simple forme qui ne saurait préjudicier ni à l'accusé, si elle pouvait être omise, ni à la partie civile s'il y en a, ni à la partie publique poursuivante ; et que, si elle l'était, cela ne pourrait arriver que par une inadvertance du greffier plutôt que du juge, laquelle, dans aucun cas, ne devrait pouvoir autoriser une prise à partie contre celui-ci, qui doit le plus souvent s'en rapporter au greffier pour les actes de simple forme, et les signer de confiance; que d'ailleurs il est constant que l'omission n'en saurait porter aucune sorte de préjudice à personne.

L'état et les fonctions de juge étaient déjà *trop ravalés,* comme le dit le grand-juge dans son rapport, et n'avaient pas besoin de prêter aux ennemis des institutions nouvelles, de plus amples motifs de les ravaler non-seulement encore davantage, mais d'opprimer et de vexer les magistrats, sur-tout pour des objets si peu faits pour attirer le blâme de la loi et les punitions de la justice.

Dans le droit, la prise à partie est, fut toujours et doit être une première peine très-sensible et très-mortifiante pour un magistrat, fondée ou non. Il faut donc qu'elle ne puisse être permise que dans le cas où l'on pourrait lui reprocher une faute grave, préjudiciable à quelqu'une des parties, non réparable, et sur-tout commise méchamment et à mauvais dessein, et sans aucune nécessité pour le bien public, dont en général le magistrat doit être censé animé dans toutes les parties de sa conduite publique.

Il suit de là que, des huit paragraphes de cet article 1039, sur la prise à partie, le seul §. 7 devrait être maintenu ; savoir, celui portant: « Lorsque,

» dans l'exercice de ses fonctions, il se sera conduit par fraude, par faveur
» ou par inimitié personnelle. »

Aucun des autres, sans l'adjonction de celui-ci, ne saurait autoriser l'injure de la prise à partie; car, s'il importe de punir ou d'empêcher toute espèce de prévarication, il importe aussi très - essentiellement au bien public, au respect dû aux lois et à l'autorité de la justice, que leurs organes et leurs ministres ne puissent pas être sans cesse exposés aux persécutions de la haine et de l'animosité des ennemis que les rigueurs de leur ministère multiplient sous leurs pas.

Art. 1078. La demande en réglement de juges ne pouvant avoir lieu que dans le cas où divers tribunaux ou juges seraient nantis de la même procédure, et instrumenteraient concurremment, il est difficile d'imaginer comment il serait possible de condamner en des dommages-intérêts, et à l'amende, celle des parties qui se pourvoirait pour faire décider lequel des tribunaux ou des juges devait connaître de la contestation.

Si l'on pouvait craindre de succomber en des dépens, des dommages et une amende, pour faire cesser le concours de plusieurs juges de différentes attributions, il serait très-possible qu'on ne voulût pas s'exposer à ces condamnations; et alors, ou les deux tribunaux différens procéderaient et jugeraient, ce qui répugne au droit des gens et à la justice, ou les officiers du ministère public seraient forcés eux-mêmes de recourir par devoir et par honneur au réglement de juges.....

Il est donc inoui de porter une disposition qui condamne le demandeur en réglement de juges, à une amende, à des dépens et à des dommages-intérêts; elle est destructive, par le fait, de la faculté, on dit plus, de l'obligation de se pourvoir, puisqu'il est impossible d'admettre une espèce dans l'ordre judiciaire, où l'on doive souffrir le concours de deux autorités diverses pour statuer sur une même contestation entre ces mêmes parties.

Les articles 1103 et 1104 du chap. XXVI, sur le jury de famille, qui permettent le pourvoi en cassation contre le jugement paternel rendu par ce jury et autorisé par le magistrat, paraissent plus nuisibles et plus dangereux qu'utiles à l'accusé, et manquent le but et l'avantage du jury de famille, puisqu'ils tendraient à donner une publicité fâcheuse à des faits qu'il a dû être dans l'ame et dans l'honneur du père et de l'époux requérant, de soustraire à la connaissance du public, et que la loi l'a même autorisé de tenir cachés, en établissant le mode porté par ledit chap. XXVI.

Les corrections d'une famille présidée par son chef auguste, ne doivent pas sortir de son enceinte; et toutes les fois qu'une parenté réunie a prononcé une condamnation contre l'un de ses membres, laquelle est ensuite autorisée par le magistrat vertueux auquel la loi prescrit de la soumettre, il faut croire qu'elle a été trop méritée, et qu'il importe autant à l'individu condamné qu'au reste de sa famille, et même à l'honnêteté publique, qu'elle ne soit pas déférée à la connaissance universelle, en la dénonçant au tribunal de cassation, quand il serait même possible d'y supposer quelques vices de forme, ou quelques fautes ou omissions qui seraient dans le cas de vicier une autre procédure quelconque.

CHAP. XXVII. *Des Prisons, Maisons d'arrêt et de justice.* Il serait à desirer qu'il y eût dans tous les arrondissemens, et plus particulièrement encore dans les grandes villes, des prisons de peines, distinctes et séparées des maisons d'arrêt, de justice et de correction, ainsi que les différens articles de ce chapitre l'exigent.....

Mais, depuis l'établissement des lois nouvelles, chaque Code, chaque instruction qui ont été faits, ont prescrit les mêmes dispositions, ont émis les mêmes vœux, et cependant aucune n'a eu son exécution. A peine, dans les grandes villes, compte-t-on une maison ou deux au plus, où l'on entasse pêle - mêle, et sans distinction, l'homme malheureux, objet d'une prévention momentanée, ou même le simple détenu pour dette civile, le prévenu en dépôt, l'accusé sous mandat d'arrêt, le condamné à une prison correctionnelle, aux fers, à la flétrissure, à la mort.....; dans ces maisons, écoles abominables du vice, l'enfant impubère tombé dans l'erreur, ou l'homme qui ne fit qu'une faute légère, punis d'une détention momentanée, sortent de ces repaires du crime et du brigandage, infiniment plus corrompus et plus pervers qu'avant de tomber dans l'erreur qui les y fit entrer!.....

Le tribunal ne peut que porter aux pieds du Gouvernement, ses vœux pour que des abus aussi éversifs de toute morale publique, aussi préjudiciables à la société, aussi destructifs de tous principes d'honnêteté et de justice, soient corrigés le plus promptement possible : il ne craint pas de dire ici, parce qu'il en acquis la trop fâcheuse expérience pendant son exercice, que c'est à ce fléau d'indistinction et de malversation des prisons, que sont dus ces torrens dévastateurs de délits et de crimes qui ont inondé la République depuis son établissement; car ce sont pour la plupart des évadés des fers, ou des repris de justice, qui se sont livrés aux excès les plus pervers et les plus ordinaires, souvent par suite de leurs habitudes dans les prisons.

TROISIÈME OBSERVATION.

Sur le Chapitre IV du Livre II, qui traite de la composition des Tribunaux criminels.

LE Projet est inconciliable avec la justice et les principes de la véritable magistrature; il est impolitique; et, sous le rapport des finances, il est ruineux pour le trésor public.

En effet, les lois actuelles portent « que les juges formant un tribunal
» criminel appliquent la peine ; que les tribunaux criminels seront composés
» d'un président, de deux juges et de deux suppléans ; *que les juges conser-*
» *vent leurs fonctions toute leur vie* , à moins qu'ils ne soient condamnés pour
» forfaiture, &c. »

Dans le Projet, ce n'est plus un président, ce ne sont plus des juges
formant un tribunal criminel, qui sont appelés à prononcer sur le sort d'un
accusé ; c'est un *préteur seul* , assisté, pour la forme seulement, d'un propréteur, qui statue en dernier ressort.

Or, l'on ne saurait voir le vœu des lois rempli dans cette organisation ;
car, peut-on, avec quelque fondement, donner à cette réunion d'un
préteur à voix prépondérante avec un propréteur, le titre ou la qualite de juges ?
Cela n'est pas possible.

Il est de l'essence de la magistrature d'être exercée par des hommes égaux
en droit comme en devoir ; et dans tous les temps comme dans tous les lieux,
les voix et les opinions des juges se sont nombrées. Là où n'existerait pas
d'égalité de droit entre les juges, il n'y aurait, il ne pourrait y avoir ni juges ni
justice ; et l'on n'est plus magistrat, l'on n'est plus juge, quand l'opinion que
l'on porte, devient, par l'effet de la constitution du tribunal, inutile et nulle.

Or, c'est ce qui doit nécessairement arriver d'après le Projet présenté,
puisque le préteur a deux voix quand son collaborateur n'en a qu'une, et
qu'il n'y a et ne peut même pas y avoir d'occasion où le *préteur* ne fasse à
lui seul tous les jugemens auxquels il doit assister, quelque bonne et justee
que soit ou puisse être l'opinion du propréteur, si elle est contraire à celle
du préteur.

D'autre côté, le propréteur, subordonné , d'après son institution, au préteur, si le Projet était suivi, subordonné même d'une manière aussi avilis-
sante pour la magistrature que fâcheuse et dégoûtante pour un homme
d'honneur et de caractère, aurait-il le courage de satisfaire sa conscience en
émettant une opinion qu'il verrait n'être pas celle de son supérieur !....
Et s'il la prononçait, ne voit-on pas qu'indépendamment de ce qu'elle ne
serait d'aucune sorte d'utilité, elle pourrait l'exposer au ressentiment d'un
homme qui se croirait peut-être d'une espèce et d'une nature tellement au-
dessus de celles de son collègue, qu'il se trouverait offensé de la contrariété
ou de la résistance qu'il éprouverait !...

Les préteurs ne peuvent être que des hommes : or, un homme est un être
nécessairement fautif, imparfait, assujetti aux passions et aux caprices de
tous les genres.

Sous ce rapport, les haines, les animosités, les vengeances, viendraient
l'assaillir ; et le sort du propréteur serait hors de toute mesure, à moins qu'il
ne renonçât à la liberté de ses opinions, à ses droits de juge, à tous les
devoirs que sa conscience ou son état pourrait lui imposer, et qu'il ne
s'asservît

s'asservît en esclave aux volontés d'un préteur (de qui son sort dépendrait), quelque absolues, quelque tyranniques ou même injustes qu'elles pussent être.

Ce n'est pas ce que les lois ont entendu ni pu entendre en créant des *juges;* et sous ce premier aperçu, le Projet attente à la justice et aux principes de la vraie magistrature.

2.° Il y attente bien plus fortement encore, quand on le voit substituer aux magistrats créés par elles et auxquels elles avaient garanti *l'inamovibilité pendant leur vie,* une espèce nouvelle de fonctionnaires qui ne sont et ne peuvent plus être les mêmes que ceux que le Projet dépouille de leur état et de leurs fonctions.

Or, c'est ce qui ne saurait avoir l'approbation du Gouvernement, juste et éclairé dans ses principes et dans toutes ses opérations.

Le Projet, tel qu'il est offert, ne présente donc, sous ce rapport, ni vraie magistrature, ni *juges,* ni justice : il ne saurait être admis.

D'autre part, des juges criminels institués *à vie* par la loi, avaient le droit de compter sur une inamovibilité qui a de tous les temps été reconnue juste et nécessaire.

Et l'on a dû être d'autant plus surpris du renversement de ce principe, qu'il avait été en quelque sorte renouvelé par le Gouvernement, dans le rapport du grand-juge, mis à la suite du Projet.

« *Des plaintes nombreuses* (y disait-il) *se sont élevées* contre l'organi-
» sation actuelle des tribunaux de première instance : on voudrait, dans cette
» partie, une innovation brusque et soudaine; *mais je ne crois pas que le Gou-*
» *vernement puisse partager cette opinion.*

» Je n'examine pas, continue le grand-juge, si l'organisation qu'on
» attaque pourrait être remplacée par une organisation meilleure ; j'observe
» seulement qu'après de *si nombreuses vicissitudes* dans le sort et dans l'état
» des citoyens, *il est temps que les juges jouissent en paix de places sur l'ina-*
» *movibilité desquelles ils ont eu le droit de compter.*

» Ne peut-on pas, sans d'inutiles commotions, sans employer des moyens
» trop brusques, rectifier et améliorer ce que l'organisation actuelle offre de
» défectueux!. . . . .

» Si quelques tribunaux sont inutiles, et que cette inutilité soit bien dé-
» montrée par l'expérience, on pourra les supprimer.

» Si la nécessité de faire simultanément une multitude de nominations,
» n'a pas permis que tous les choix fussent également heureux, on pourra,
» à mesure *des vacances,* se rendre plus difficile et plus sévère ; et d'esti-
» mables candidats, n'en doutons point, ne manqueront jamais, si à quel-
» que amélioration dans le traitement des juges, le Gouvernement, dont
» l'opinion a par-tout une si grande et si juste influence, daigne ajouter
» quelquefois le témoignage que l'honorable fonction de juge, si long-temps

» abaissée dans des temps de trouble et d'erreurs, a repris maintenant sa
» considération première. »

Et certes, lorsque le chef auguste de la magistrature manifeste au
Gouvernement une opinion qui a pour garans sa sagesse reconnue, les
instructions générales que sa correspondance avec tous les tribunaux de la
République lui ont fournies depuis quatre ans, son érudition profonde, et
son amour aussi fortement prononcé que vivement senti pour l'ordre de
choses actuel, il y a à s'étonner que, sans une raison démontrée et généralement manifestée, l'on propose, dans un Projet de loi criminelle, la
réforme ou l'anéantissement des tribunaux criminels tels qu'ils sont, et la
suppression spontanée de deux cent seize juges, qui, comme le dit le
grand-juge, *ont eu le droit de compter sur l'inamovibilité de leurs places.* -

S'il était vrai que, sur les cent huit tribunaux criminels, quelques-uns
d'entre eux eussent *pu être démontrés* absolument inutiles, ce qui n'est encore
établi d'aucune manière, et ne saurait l'être par l'aperçu fautif que l'un
des auteurs du Projet (Oudart) a donné dans ses observations sur le
travail qu'il attribue à tous, ne serait-il pas plus convenable, et sur-tout
plus juste, de réunir ceux de ces siéges que les localités ou les circonstances auraient rendus inutiles et surabondans, à ceux des grandes cités ou
des chefs-lieux des tribunaux d'appel, dont l'expérience a démontré l'indispensable nécessité, et qui ont établi, par la multitude de leurs travaux
et la sagesse de leur conduite, qu'ils méritaient d'être distingués !

Et dans le cas de réunion, il faudrait même, vu l'augmentation de
population et de travail qui leur serait attribuée, adjoindre les juges dont
les siéges se trouveraient réunis ; ce qui formerait dans ceux-là une seconde
section que l'état des choses et la multiplicité des travaux devraient rendre
nécessaire.

Les auteurs du Projet diraient-ils que les deux cent seize juges criminels
ne perdront pas leurs places ni l'effet de leur nomination *à vie,* puisque,
d'après eux, il doit y avoir dans chaque département autant de propréteurs
qu'il y a d'arrondissemens communaux, lesquels font partie des tribunaux
criminels ; qu'ils seront tous nommés *à vie ;* et qu'étant déjà institués juges
à vie, ils seront nécessairement propréteurs, et, conservant ainsi leurs
places, ne feront que changer de nom !

Eh bien ! sous ce rapport encore, et quand il serait possible d'admettre
cette donnée dans toute son étendue, il n'en serait pas moins vrai que le
Projet dépouille, sans justice et sans nécessité, des magistrats d'une place
de *juge souverain,* et ne leur donnerait qu'une place inférieure et subordonnée, une place qui n'est pas la leur, qui n'est pas celle que la loi leur
avait donnée et qu'elle leur avait garantie.

- On ne saurait donc, sous ce second rapport, admettre le Projet.

3.º En bonne politique, il importa toujours de maintenir des institutions sanctionnées par l'expérience.

Ce ne fut et ne dut jamais être que lorsque des abus et des vices multipliés avaient établi leur inutilité ou même le danger de les laisser subsister, qu'on a pu et dû les remplacer par d'autres.

Or, ici, quels sont les vices démontrés de l'organisation des tribunaux criminels de la République ! quel est le mal qu'ils ont fait ! où est le danger de les maintenir tels qu'ils ont été créés ! . . .

On serait sans doute embarrassé de répondre d'une manière satisfaisante pour l'établissement d'un système qui tend à les anéantir.

On voit, au contraire, que le grand-juge atteste que leur conduite mérite des éloges, et le Gouvernement ne cesse de rendre justice à leur zèle, à leurs lumières et à leur dévouement, puisqu'il vient encore d'ajouter à leurs fonctions ordinaires, par le sénatus-consulte du 8 ventôse dernier, celle de juger en tribunaux spéciaux dans toute la République, conformément à la loi du 23 floréal an 10, les auteurs, complices ou fauteurs de tc te conspiration tendant à attaquer quelqu'un des membres du Gouvernement, à renverser la Constitution et les lois, et à provoquer la dissolution de l'Etat par la guerre civile.

Si donc les tribunaux criminels ont rempli, depuis leur réorganisation, leurs fonctions et leurs devoirs d'une manière irréprochable, s'ils ont mérité l'honneur de nouvelles attributions, s'ils ont prouvé au Gouvernement qu'ils en étaient dignes, il serait autant injuste qu'impolitique de les dissoudre et de les remplacer, sur-tout par un établissement nouveau, qui conséquemment n'a donné ni pu donner aucun gage de son utilité et de sa justice.

On devrait sentir combien il est dangereux et impolitique de livrer sans cesse à des essais nouveaux la connaissance et le jugement des matières criminelles, dans lesquelles malheureusement les bévues et les erreurs sont irréparables, puisqu'elles tranchent sans remède sur la fortune, sur l'honneur et sur la vie des citoyens.

Le Projet est donc, sous tous ces différens rapports, impolitique et dangereux.

4.º Sous celui des finances, il est ruineux pour la République.

En effet, 1.º l'on propose l'établissement d'un préteur tenu de parcourir les divers départemens de sa division, et d'aller, à jours fixes, dans chacun d'eux, au moins une fois chaque trois mois.

On veut qu'il se rende chaque année à Paris, pour rendre compte au Gouvernement de ses observations sur l'administration de la justice criminelle.

On veut en faire un magistrat *vraiment national*, et l'environner de toute la pompe et la considération de la fortune et d'une grande place.

Dès-lors son traitement, dont on n'a pas parlé dans le Projet, et qui serait à la charge de la République, ne pourrait qu'être fort cosidérable, et absorberait sûrement à lui seul le traitement actuel de plusieurs présidens criminels.

Il est assigné dans le Projet au *préteur* une division; mais comme, dans le principe de sa création, il serait forcé d'aller tous les trois mois au moins dans chaque département, et une fois par an à Paris, il ne faudrait pas que la division criminelle embrassât plus de trois départemens, ce qui nécessiterait trente-six préteurs au moins; et quand on ne mettrait leur traitement qu'à 30,000 francs chaque, on trouve une dépense, pour les préteurs seuls, *d'un million quatre-vingt mille francs.*

Or, les présidens des tribunaux criminels actuels étant juges des différens tribunaux d'appel, et n'ayant pour leur service aux tribunaux criminels que moitié du traitement attribué aux juges de ces derniers tribunaux, ne coûtent à la République que 114,900 francs : par où le traitement des préteurs présente à lui seul une surcharge de 965,100 francs, encore même ne compte-t-on le traitement de chaque préteur qu'à 30,000 francs, somme de beaucoup insuffisante, si l'on considère les dépenses énormes que ses voyages continuels dans ses arrondissemens et à Paris devraient lui coûter, et l'état de splendeur et de magnificence que le Projet de loi semble vouloir lui donner.

En cas d'empêchement ou d'absence d'un préteur, on voudrait qu'il ne pût être remplacé, *pour le jugement par jury*, que par un ou plusieurs préteurs voisins, délégués par le Premier Consul.

Mais outre que ce mode est autant inoui qu'injurieux pour les juges associés aux préteurs, qu'on inhiberait par-là de remplir des fonctions que le juste dévolu devrait nécessairement leur donner dans cette partie des fonctions du préteur, comme il le leur donne dans toutes les autres, qui ne voit à combien d'obstacles et sur-tout *de dépenses* ce remplacement ne manquerait pas de donner lieu, puisqu'il faudrait quelquefois, au moment même de l'ouverture des grands-jours, renvoyer un jury convoqué, ainsi que des témoins cités et les parties; écrire au Premier Consul pour obtenir un préteur remplaçant, le faire venir, et renvoyer conséquemment, au temps où ses propre affaires le lui permettraient, le jugement de celles de son collègue absent, malade ou empêché !

On ne craint pas de dire que cette disposition de l'article 780 est impraticable sous tous les rapports.

2.° Dans l'organisation actuelle, deux juges, indépendamment du président, forment les tribunaux criminels.

Ils coûtent, dans le département de la Haute-Garonne, à 3,600 francs chacun, 7,200 francs.

D'après le Projet, *cinq prépréteurs* devraient être établis et payés *comme juges criminels*; leurs traitemens réunis se porteraient à 18,000 francs.

Le Projet crée encore trois suppléans , *qui devraient jouir du même trai-tement que les propréteurs , lorsqu'ils seraient appelés.*

Et comme ils devraient l'être nécessairement dans tous les jugemens sur appel de police correctionnelle, sur référé à la chambre du conseil et tous autres d'instruction , qui sont très - nombreux et qui devraient être quasi tous rendus sans le concours du préteur, il est évident qu'on peut compter que sur trois suppléans souvent appelés , il y aura nécessité de payer au moins le traitement entier d'un ; ce qui fait que les deux juges actuels seraient remplacés par six fonctionnaires salariés, dont le traitement se por-terait à 21,600 fr., quand le leur ne coûte que 7,200 fr.; ce qui présente une surcharge en cette partie, dans un seul département, de 14,400 fr.

Et si l'on applique cette opération, aussi simple que juste et facile, aux 108 départemens de la République , on trouvera une augmentation im-mense de dépense pour l'État , *sans aucun bien dans le changement proposé, sans aucune sorte d'avantage et sans nécessité.*

3.° Il résulte des articles 922 et 925 du Projet, que le nombre de quarante jurés au moins est requis pour commencer l'opération du tirage du sort à l'effet de former le jury , et qu'il est requis *pour chaque affaire ,* puisque chaque accusé a le droit d'en récuser un nombre fixé par l'article 926.

Or, d'après ces dispositions, il serait indispensable de payer l'indem-nité de route, de déplacement et de séjour, à quarante jurés au moins , quand on ne la paye, d'après le mode actuel, qu'à quinze, lorsqu'ils se trouvent pris hors de la ville où siège le tribunal.

Et de plus , comme chaque accusé aurait le droit de récuser ses jurés , il faudrait que les quarante jurés au moins , arrivés le premier jour de la session , demeurassent dans la ville où siége le tribunal qui les aurait con-voqués , pendant tout le temps que devraient durer les grands-jours ; ce qui , en supposant qu'il n'y eût dans les tribunaux que huit ou dix procédures à juger par mois, formerait un nombre de trente au moins chaque trois mois , et nécessiterait une dépense exorbitante pour le traitement de qua-rante jurés au moins *pendant le tiers entier de l'année.*

Et il faut observer encore qu'il y aurait souvent quarante-huit jurés au lieu de quarante , attendu que la loi leur ferait un devoir de se rendre, à moins d'excuse jugée valable , et qu'elle propose de les assujettir à des peines s'ils ne se rendaient pas.

4.° Il faudrait ajouter à cette dépense excessive, celle non moins consi-dérable des frais de voyage et significations faites par huissier aux quarante-huit jurés de la liste, et celles encore d'indemnité aux quinze jurés d'ac-cusation que l'on propose d'appeler , et des voyages et significations des huissiers pour les citer : dépenses qui sont incalculables.

5.° L'article des convocations des jurés doit en outre mettre un embarras extrême dans l'administration de la justice , un retard dans l'expédition des affaires inévitable , et par voie de suite, doit procurer une augmentation considérable dans les dépenses.

L'expérience journalière prouve aux tribunaux qu'il est très-long et très-difficile de rassembler huit jurés d'accusation et quinze de jugement, aux jours et sur-tout aux heures indiqués.

Quelque expresses et même sévères que soient les recommandations qui leur sont faites de se rendre à une heure fixe et déterminée , il s'en écoule toujours plusieurs, même après celles de la surséance , avant qu'ils puissent être tous rassemblés; et l'on voit arriver le plus ordinairement, que, quoique les jurés soient cités pour neuf heures par exemple , il est plus de midi et une heure, souvent plus tard, avant qu'il soit complet........ Que serait-ce si, au lieu d'en réunir huit, il faut en attendre quinze pour le jury d'accusation , et quarante-huit ou quarante au moins pour le jury de jugement, au lieu de quinze !

Il faut être convaincu qu'au lieu de commencer le travail de la séance à neuf ou dix heures du matin , il serait trois et quatre heures de l'après-midi au moins avant que le tribunal pût se livrer aux premières opérations de la séance...... Et dès-lors, que de temps perdu, et que d'argent de plus à dépenser pour la République !

6.° L'article 922 présente encore un vice qui n'est pas médiocre, quand il dispose que si le nombre de quarante jurés n'est pas complet au jour indiqué, *le maire* de la ville où siége le tribunal le complétera , &c. ; car ce serait encore là une opération qui devrait entraîner des longueurs qui seraient toujours au détriment de la chose publique ; opération d'ailleurs inconvenante , quand il serait infiniment plus simple, plus juste et beaucoup moins long de faire remplacer les jurés absens par le chef du tribunal , en les prenant , par exemple , sur les listes antérieures et par la voie du sort.

N'est-il pas, au reste , infiniment dangereux de livrer entièrement, en suivant les art. 904, 905 et 922 du Projet, la formation des listes des jurés au pouvoir administratif?.... car, comme le dit le président Muraire dans son rapport *(page 193 bis)*, « il est à craindre que ce pouvoir » n'ayant aucun point de contact avec les jurés dans l'exercice de leurs » fonctions , ne regarde leur désignation que comme une opération pure- » ment matérielle et indifférente. »

On sait trop qu'elle a été jusqu'à ce jour livrée aux bureaux des administrations, qui l'ont si peu soignée, qu'elle n'a cessé de présenter des vices de tous les genres, même des nullités expressément spécifiées par les lois existantes.

Donner aux préfets la faculté exclusive de faire les listes des jurés, et aux maires celle de remplacer les absens, ce serait donner à l'autorité administrative une influence plus directe sur la justice criminelle, qu'aux tribunaux créés par la loi pour la rendre; .... et, sous ce rapport, ce serait violer les lois, qui prescrivent une ligne de démarcation très-prononcée entre ces deux autorités, et leur défendent de ne pas s'immiscer réciproquement dans les fonctions qui leur sont particulières.

Que la loi, si elle veut conserver l'institution des jurés, fixe les qualités qui seront nécessaires pour être appelé à en faire partie; que des listes, telles qu'elles sont prescrites par la loi du 6 germinal an 8, qui offre le meilleur des modes possibles, puisqu'on y trouve la garantie de plusieurs fonctionnaires qui concourent à leur formation; que ces listes soient envoyées aux tribunaux, et qu'ils forment les différens jurys comme ils le font dans ce moment.

Si les listes sont bien ordonnées, si elles n'offrent que de bons choix; si la loi sur-tout en élimine les illettrés, les systématiques, les hommes à parti; si elle en exclut les gens caduques ou infirmes, les citoyens au-dessous de trente ans; si elle prescrit aux juges de paix, aux préfets et aux sous-préfets, d'apporter, dans la formation générale, le zèle, l'attention et l'exactitude que des opérations d'une telle importance exigent de leur honneur et de leur probité, et qu'ils défèrent à son commandement, on pourrait espérer une amélioration dans cette partie essentielle de l'administration de la justice criminelle.

Il impliquerait sur-tout qu'au jour de la convocation des jurés, on obligeât un tribunal, pour des remplacemens instantanés et non prévus, d'avoir recours aux maires des lieux. Cette mesure est insolite et impraticable; elle entraînerait encore nécessairement des longueurs et des inconvéniens qui sont assez sentis par eux-mêmes pour qu'il ne soit pas besoin de les énumérer et d'en faire ressortir les vices : c'est aux tribunaux eux seuls que devrait appartenir le droit des remplacemens, et nullement aux autorités administratives.

Mais pourquoi s'obstinerait-on à conserver encore cette institution des jurés, empruntée d'une nation voisine, rivale de notre gloire, chez laquelle les crimes de tous les genres abondent de la manière le plus effrayante comme la plus atroce, et qui compte, dans une population de beaucoup inférieure au tiers de la nôtre, une masse de délits, et principalement de vols, de plus des deux tiers au-dessus de ceux qui se commettent en France?

Cette progression inouie de forfaits, trop connue et trop généralement manifestée pour être révoquée en doute, n'est-elle pas la preuve la plus saillante et la plus expressive du vice de l'institution des jurés et de l'instruction criminelle des Anglais?

Et certes, lorsqu'après une expérience de treize années, on s'est convaincu généralement que cette institution ne pouvait pas opérer le bien qu'une théorie purement imitative avait promis aux amis des nouveautés et de l'imitation anglaise, il faut croire et décider qu'elle ne saurait s'acclimater en France, et l'on doit s'en départir.

Puisqu'il est vrai que le Gouvernement et le Sénat se sont accordés pour en suspendre l'effet indéfiniment dans plusieurs départemens ; s'ils ont senti tout récemment l'indispensable nécessité d'attribuer aux tribunaux spéciaux, exclusivement aux jurés, pendant l'an 12 et l'an 13, dans toute la République, les crimes de trahison (sénatus-consulte du 8 nivôse), d'attentat contre la personne des premiers magistrats de la République, et de conspiration contre l'État ; comment aurait-on pu se persuader qu'après l'an 13, les hommes seraient devenus meilleurs, plus judicieux et plus propres aux fonctions de jurés, quand on les en a crus incapables jusque-là !

Qu'on reporte un instant ses regards sur l'état de la République avant le 18 pluviôse de l'an 9, époque de l'établissement des premiers tribunaux spéciaux.

Le meurtre, l'assassinat, l'incendie, l'arrestation des courriers, celle des diligences et des voyageurs, les brigandages de tous les genres, désolaient toutes les parties du territoire français ; et l'impunité, procurée par la faiblesse, l'insouciance ou la prévarication du jury, enhardissait le crime et la scélératesse.

Les tribunaux spéciaux sont institués, ... ils sont investis d'un grand pouvoir, ... ils en usent ; . . . . et bientôt une amélioration aussi prompte que générale dans l'ordre moral et politique, est le fruit de leurs travaux et de leurs veilles. On leur doit la tranquillité dans les campagnes, la sûreté sur les routes, la paix intérieure, l'éloignement, la dispersion ou même la destruction presque totale des bandes affreuses de chauffeurs, d'assassins et de brigands de toutes les classes qui avaient infesté nos contrées.

La nécessité de ces tribunaux, l'utilité éprouvée de leur marche rapide et simple, ont été tellement senties et reconnues, qu'on en a augmenté le nombre ainsi que les attributions.

Cette expérience aurait dû désabuser en entier ceux qui, l'on ne sait pourquoi, tiennent encore à l'institution des jurés, dont les vices n'ont cessé de frapper tous les bons esprits qui ont été forcés de s'en occuper, et dont les plus saillans, sans doute, sont ceux qui tendent à procurer l'impunité du crime.

La décision des faits, confiée par l'institution aux jurés, est en effet celle qui présente le plus de difficultés, et peut-être les seules qu'on rencontre en matière criminelle ; car il est rare d'en trouver dans l'application de la peine, qui est laissée aux magistrats, sur-tout dans un Code où les peines ne sont pas arbitraires, et sont déterminées par une disposition précise pour chaque espèce de délit.

Sans doute que si, dans toutes les accusations, il y avait des témoins qui eussent vu commettre le crime par l'accusé, le seul bon sens d'un juré lui

suffirait

suffirait pour porter une décision juste; mais il se rencontre très - peu de procédures où l'on ait cet avantage.

Il faut le plus souvent recourir à des présomptions et des faits connus et prouvés, tirer les conséquences nécessaires pour former la conviction de la culpabilité; chose que ne peut faire, sans doute, l'homme illettré ou qui n'a fait aucune étude des matières criminelles; chose qui souvent est même très-difficile pour des magistrats éclairés et qui ont l'habitude des affaires. Comment pourrait - on espérer, dès - lors, que des jurés, malheureursement peu ou point du tout instruits, fussent aptes à ces décisions ?.... Cela n'est pas possible. Aussi voit-on d'ordinaire que, craignant de se tromper, ou prêtant aisément l'oreille à la sollicitation, ils absolvent les grands coupables; ce qui fait que la plupart des crimes restent impunis.

Que dans Paris et dans quelques autres grandes villes dont les habitans ont reçu une éducation bien différente de celle qu'ils reçoivent dans les départemens, et sur-tout dans nos campagnes, il se trouve quelques jurés capables de faire supporter encore l'institution, cela pourrait être; mais l'expérience journalière a démontré que, dans les départemens, elle ne pouvait plus se soutenir : car si dans un jury il se rencontre quelquefois un ou deux hommes instruits, ce qui est rare, vu que tous ceux qui sont appelés se présentent avec répugnance, n'y viennent que par la crainte des peines, et fournissent la plupart du temps des excuses et des exoines; s'il s'en rencontre un ou deux un peu instruits, ils forment eux seuls la déclaration, en telle sorte qu'en s'assurant de ces meneurs, ce qui n'est malheureusement que trop aisé, on est sûr de faire acquitter les coupables, et le crime reste par-tout impuni.

Cette institution ne saurait donc tenir plus long-temps contre les résultats d'une expérience qui a trop prouvé que les Français ne sauraient ou ne voudraient jamais la pratiquer, et qui est totalement étrangère à leurs mœurs, à leurs habitudes, à leur caractère.

Le meilleur moyen d'administrer la justice criminelle, celui qui présenterait nécessairement, comme le dit le grand-juge dans son rapport, le plus de garantie contre les séductions de tous les genres qui assiégent l'homme institué par la loi pour juger ses semblables, serait celui de réunir un nombre suffisant de bons juges, de magistrats éclairés et probes, huit ou dix hommes vertueux, et ayant donné des gages à la patrie et des garans à leurs concitoyens, qui, à l'instar des tribunaux spéciaux actuels, feraient l'instruction de la procédure, et la jugeraient conformément à la loi de 1670, modifiée par les décrets du mois d'octobre 1789, ainsi que le président du tribunal de cassation en a présenté le vœu au Gouvernement, dans son rapport; sauf, si l'on voulait, le recours au tribunal de cassation, si mieux l'on n'aimait, en conservant la marche plus rapide, plus sûre et plus utile des tribunaux spéciaux, ne laisser au tribunal de cassation que la connaissance de sa compétence, et se reporter toujours, pour le jugement définitif, au mode tutélaire des lois de 1789.

Et, dans ce cas, il serait à propos, sans doute, de réunir les juges des tribunaux criminels aux tribunaux d'appel, pour en faire des juges tournaires, afin de prévenir en eux, comme le dit le grand-juge, « la sorte d'endurcis-» sement que peut faire naître l'habitude de juger les crimes, et de leur laisser » cette portion de sensibilité qui n'est point incompatible avec la fermeté » nécessaire pour appliquer des lois rigoureuses. »

Toute nouvelle tentative de jurés sera, on ne craint pas de le dire, infructueuse et sans effet : l'expérience ne saurait nous égarer. Une vaine théorie a été jugée et généralement condamnée par la pratique et par les épreuves de chaque jour, faites par tous les tribunaux de la République.

Dans quelque classe qu'on ait pris les jurés, dans quelque classe qu'on veuille les prendre, on s'est convaincu et l'on ne cessera de se convaincre qu'il n'y en a pas un qui ne cherche à se soustraire à l'exercice de fonctions qui lui sont et lui seront à charge ; que toujours il y aura des choix, sinon mauvais, du moins excessivement douteux ; que des entraves multipliées enrayeraient sans cesse la marche de la justice criminelle ; que jamais des hommes qui pourront se flatter *que les erreurs et les écarts trouveront leur excuse dans une inexpérience dont on ne saurait leur faire un crime,* n'offriront la garantie que des magistrats obligés par devoir d'être instruits et appliqués, doivent nécessairement fournir à la société et à leurs concitoyens.

Eh ! d'après cela, pourquoi ne terminerait-on pas enfin cette grande lutte entre les partisans d'une institution prise chez une nation qui donne l'exemple affreux des forfaits les plus abominables, et ceux qui, ayant su la juger depuis long-temps, voudraient, sinon la renvoyer pour jamais dans le climat barbare où elle prit naissance, l'ajourner du moins pour un temps suffisant et capable de la rendre ou meilleure, ou moins défectueuse ?. . . . . . .

Toulouse, le 21 floréal an 12. *Signé* GUYON, *président;* L. LOUBERS (de Toulouse), MONTANÉ-LA-ROQUE, *juges;* LACROIX, LAFITEAU, J. B. CASSAIGNE, *suppléans;* ROQUE, *commissaire du Gouvernement.*